ATRAIR, RECRUTAR & SELECIONAR

Grupo Editorial Nacional

O GEN | Grupo Editorial Nacional – maior plataforma editorial brasileira no segmento científico, técnico e profissional – publica conteúdos nas áreas de ciências sociais aplicadas, exatas, humanas, jurídicas e da saúde, além de prover serviços direcionados à educação continuada e à preparação para concursos.

As editoras que integram o GEN, das mais respeitadas no mercado editorial, construíram catálogos inigualáveis, com obras decisivas para a formação acadêmica e o aperfeiçoamento de várias gerações de profissionais e estudantes, tendo se tornado sinônimo de qualidade e seriedade.

A missão do GEN e dos núcleos de conteúdo que o compõem é prover a melhor informação científica e distribuí-la de maneira flexível e conveniente, a preços justos, gerando benefícios e servindo a autores, docentes, livreiros, funcionários, colaboradores e acionistas.

Nosso comportamento ético incondicional e nossa responsabilidade social e ambiental são reforçados pela natureza educacional de nossa atividade e dão sustentabilidade ao crescimento contínuo e à rentabilidade do grupo.

EDUARDO **FELIX**

ATRAIR, RECRUTAR & SELECIONAR

UM GUIA PRÁTICO DE AQUISIÇÃO DE TALENTOS

gen | atlas

- O autor deste livro e a editora empenharam seus melhores esforços para assegurar que as informações e os procedimentos apresentados no texto estejam em acordo com os padrões aceitos à época da publicação, *e todos os dados foram atualizados pelo autor até a data de fechamento do livro*. Entretanto, tendo em conta a evolução das ciências, as atualizações legislativas, as mudanças regulamentares governamentais e o constante fluxo de novas informações sobre os temas que constam do livro, recomendamos enfaticamente que os leitores consultem sempre outras fontes fidedignas, de modo a se certificarem de que as informações contidas no texto estão corretas e de que não houve alterações nas recomendações ou na legislação regulamentadora.
- Data do fechamento do livro: 19/02/2025
- O autor e a editora se empenharam para citar adequadamente e dar o devido crédito a todos os detentores de direitos autorais de qualquer material utilizado neste livro, dispondo-se a possíveis acertos posteriores caso, inadvertida e involuntariamente, a identificação de algum deles tenha sido omitida.
- **Atendimento ao cliente: (11) 5080-0751 | faleconosco@grupogen.com.br**

  Editora Atlas Ltda.
  Uma editora integrante do GEN | Grupo Editorial Nacional
  Travessa do Ouvidor, 11
  Rio de Janeiro – RJ – 20040-040
  www.grupogen.com.br

- Capa: Manu | OFÁ Design
- Imagens de capa e quarta capa:
  ©Freepik/anettastar
  ©Freepik/katemangostar
- Editoração eletrônica: Padovan Serviços Gráficos e Editoriais
- Ficha catalográfica

CIP-BRASIL. CATALOGAÇÃO NA PUBLICAÇÃO
SINDICATO NACIONAL DOS EDITORES DE LIVROS, RJ

F36a

Felix, Eduardo

Atrair, recrutar & selecionar : um guia prático de aquisição de talentos / Eduardo Felix. – 1. ed. – Barueri [SP] : Atlas, 2025.
il.

Inclui bibliografia e índice
ISBN 978-65-5977-697-9

1. Administração de pessoal. 2. Pessoal - Recrutamento. 3. Pessoal - Seleção e admissão. I. Título.

24-95420 CDD: 658.311
CDU: 658.310.8

Gabriela Faray Ferreira Lopes - Bibliotecária - CRB-7/6643

DEDICATÓRIA

Dedico essa obra:

Ao meu pai, Inadir (*in memoriam*), que me adotou aos 58 anos. Muitos foram contra a adoção; o argumento era que ele estava velho demais para isso e, se morresse, deixaria uma criança no mundo. Ele viveu até os 82 anos e viu eu me formar na faculdade. Essa é para você, que acha que está velho(a) para começar a fazer algo. Desde que eu nasci até ele morrer: ele nunca deixou de acreditar em mim.

À minha esposa, Adagneves, que tem sido a melhor coisa que aconteceu na minha vida; sou grato por tudo. Sem ela, eu não seria metade do que sou hoje. É ótimo ter com quem estar e para quem voltar.

À minha irmã, Cristiane, e ao meu cunhado, Fábio, que estiveram ao meu lado quando meu pai não era capaz ou aqui não estava mais.

À minha sogra, Neia, e ao meu sogro, Bira, que estiveram ao meu lado e me apoiaram nos últimos anos.

À minha amiga Aline, por ter me ajudado e ter sido uma pessoa maravilhosa na minha vida nos últimos anos.

A todos os amigos que me ajudaram e fizeram parte do meu crescimento como pessoa e profissional.

A todos os clientes a quem assessorei.

Sem vocês essa obra não existiria. Obrigado por tudo!

NOTA SOBRE O AUTOR

Eduardo Felix é especialista em Recursos Humanos, com foco em Talent Acquisition, Recrutamento e Carreira. É bacharel em Administração de Empresas e tem cinco cursos de pós-graduação concluídos: Planejamento, Implementação e Gestão da Educação a Distância (Universidade Federal Fluminense – UFF); Gestão de Pessoas (Pontifícia Universidade Católica do Paraná – PUCPR); Psicologia Organizacional (Universidade de Guarulhos – UNG); Gestão em Administração Pública (UFF); Gestão em Saúde Pública (UFF). Atualmente, está cursando a sexta pós-graduação na área de Gestão Estratégica de Pessoas (Universidade Estácio de Sá).

Com mais de 20 anos de experiência em empresas de diversos portes, incluindo multinacionais, ele se destaca como mentor para entrevistas de emprego, tendo recolocado mais de 600 clientes no Brasil e no exterior desde 2018 com mais de 90% de aproveitamento. Além de oferecer treinamentos individuais e coletivos para profissionais de RH e lideranças, atua como professor de ensino superior na disciplina de Recursos Humanos em diversas instituições, dentre elas a Fundação Armando Alvares Penteado (FAAP). Reconhecido como palestrante, seu tema central são os vieses inconscientes na tomada de decisão. Em 2024, foi reconhecido pela Favikon como o profissional de RH mais influente do Brasil e do mundo e o terceiro mais influente do Brasil dentre todas as categorias, e pelo prêmio iBest como top 5 de RH e top 20 do LinkedIn, com mais de 300 mil seguidores. Nos últimos anos, esteve presente nas principais listas de reconhecimento aos maiores profissionais do Brasil e da América Latina, como o TOP HR Influencers da GoIntegro. Acumulou parcerias com grandes marcas e é o maior produtor de artigos do LinkedIn Brasil em RH, tendo o maior engajamento da sua área. É fundador da Expery Company, empresa especializada em treinamento e consultoria em aquisição de talentos.

Para seguir o autor nas redes sociais e visitar seu *site*, acesse o QR Code.

uqr.to/1y6cu

APRESENTAÇÃO

Apesar das transformações digitais, das novas tecnologias, da inteligência artificial e de todas as mudanças constantes pelas quais o mundo vem passando, parece que a área de Recrutamento e Seleção parou no tempo.

Requisitos absurdos em descrições de vaga parecem exigir um protagonista para receber salário de figurante, com autonomia de coadjuvante. Os salários são baixos, os benefícios são ruins e os processos de aquisição de talentos são malconduzidos.

As escolhas de tecnologias, ao invés de ajudar a pessoa candidata, muitas vezes atrapalham e fazem todas as partes envolvidas perderem tempo. Quem nunca teve que anexar um currículo e depois preencher as mesmas informações em um formulário?

Além disso, os testes são absurdos! Será que alguém do RH ou uma pessoa que é líder conseguiria passar no teste que aplica para as pessoas candidatas? Parece que estão no piloto automático, compram um pacote de testes apenas porque a empresa diz que os métodos são validados, mas validados por quem? Esqueceram de pesquisar.

Entrevistas com perguntas pessoais, invasivas e inconstitucionais são cada vez mais comuns. Vejo mais do mesmo, perguntas muitas vezes copiadas da Internet. Um dos meus bordões em consultorias e treinamentos para profissionais de RH e líderes é: "Se não sabe o que fazer com a resposta, não faça a pergunta".

Pare para pensar, pergunte para si mesmo, caso conduza esses processos, ou para as pessoas que conduzem: qual é o critério que utilizam para pontuar as respostas mais adequadas, comparar as pessoas candidatas, classificar cada uma delas para posterior escolha? Será que fazem anotações?

Dessa maneira, as etapas parecem infinitas e muitas pessoas candidatas sequer têm um retorno, quanto mais um *feedback* específico acerca da não aprovação.

Muitas das pessoas que são contratadas vivem um verdadeiro inferno porque não fazem o que estava descrito na vaga, a empresa não é aquilo que divulgou e a incoerência impera. Muitas pedem demissão por não aguentarem mais.

Se você for uma pessoa candidata ou se já procurou emprego alguma vez na vida, provavelmente se deparou com uma ou mais situações descritas anteriormente, não é mesmo?

E o que isso tem a ver com este livro, direcionado para líderes e profissionais de Recursos Humanos? O seu objetivo não é atrair, recrutar e selecionar os melhores talentos? Pois, para começar, precisa entender como esses talentos se sentem.

Depois você precisa entender que o processo é amplo e deve ser trabalhado por etapas, ilustradas em um funil de recrutamento. Cada etapa tem métricas e indicadores para que você avalie, com base em dados, o que funciona e o que precisa ser melhorado.

Há muitos livros que trazem conceitos separados, a maioria com muita teoria e pouca aplicabilidade prática. Neste livro, trarei sete etapas de um funil de recrutamento, com referências de diversas obras, pesquisas e metanálises para você saber o que é melhor, o que funciona e o que não deve ser utilizado em seus processos.

No primeiro capítulo, mostro a importância da diversidade e como entender os seus próprios vieses inconscientes antes mesmo de se aprofundar em cada uma das etapas do funil. Você aprenderá que você e todas as pessoas têm vieses e há como mitigar o efeito de cada um deles – apresentarei os principais.

No segundo capítulo, introduzo o funil de recrutamento, explico a diferença entre o recrutamento e a seleção e a aquisição de talentos (TA). Por último, mostro como alinhar a estratégia organizacional com a estratégia de aquisição de talentos, para que você possa planejar a sua força de trabalho. Trago diversas métricas e indicadores de TA.

No terceiro capítulo, exploro a primeira etapa do funil, que é a conscientização, com foco no *Employer Branding* (EB) e no *Employee Value Proposition* (EVP) e seus desdobramentos, com diversas dicas práticas, métricas e indicadores.

No quarto capítulo, ensino a mapear as competências organizacionais e individuais a partir de métodos diferentes e a planejar o seu processo de modo a atrair as melhores pessoas candidatas, escolhendo um *Applicant Tracking System* (ATS), reunindo-se com a liderança, criando um programa de indicações etc.

No quinto capítulo, abordo a etapa de interesse. Além do atendimento humano, que deve ser rápido e objetivo, há elementos que podem automatizar o seu atendimento, como as FAQ (perguntas frequentes) e a utilização de *chatbots*.

O sexto capítulo, destinado à etapa de candidatura, dedico à experiência da pessoa candidata. Ajudo em uma das etapas mais críticas, que é fazer com que a pessoa se candidate a uma vaga em sua organização.

No sétimo capítulo, trato dos testes, da validade, da confiabilidade, do que funciona e do que não funciona. É um capítulo crítico, pois muitas pessoas que trabalham na área têm apego a determinados testes, apesar de inúmeros estudos apontarem a inutilidade de cada um deles.

No oitavo capítulo, abordo as entrevistas de emprego - o que funciona e o que não funciona, como pontuar e classificar e como extrair as respostas das pessoas candidatas.

No nono capítulo, ensino sobre a contratação. Muita gente acha que acaba por aqui, mas ainda precisamos fazer com que a pessoa candidata aceite a oferta. Muitas vezes você precisará negociar. Caso a pessoa aceite a vaga, você ainda deverá integrar a nova pessoa colaboradora (*onboarding*). Tudo isso é abordado de maneira prática e objetiva.

Por fim, no décimo capítulo, explico a busca ativa de pessoas candidatas a partir do LinkedIn Recruiter e do Recruiter Lite, serviços pagos (*premium*) do LinkedIn, que ajudarão ainda mais o seu processo de Aquisição de Talentos.

O autor

AGRADECIMENTOS

Agradeço à minha esposa, à minha amiga Aline Sousa e à Ana Paula do Grupo GEN por confiarem no meu trabalho.

Obrigado pela oportunidade de escrever um livro que é de grande importância para pessoas que atuam com Aquisição de Talentos, sejam elas do RH, sejam elas líderes de quaisquer áreas.

Material Suplementar

Este livro conta com QR Codes com *links* diversos para conteúdos adicionais:

- Teste para avaliar vieses inconscientes
- Figura com os principais vieses inconscientes catalogados
- Mais de 1.000 modelos de descrições de cargo
- Outras plataformas que também permitem a pesquisa booleana
- Integrações de contratação com o LinkedIn (CRM)
- Recurso Recruiter System Connect (RSC)
- Integrações de vídeo para agendamento de calendário no Recruiter
- Sincronização de e-mail diretamente do LinkedIn Recruiter (E-mail Syncing)
- Ferramenta de análise de dados do LinkedIn que fornece *insights* estratégicos sobre talentos (LinkedIn Talent Insights)
- Principais atualizações de Inteligência Artificial no LinkedIn Recruiter

Para acessar esse conteúdo, basta apontar a câmera de seu celular ou *tablet* para o QR Code.

SUMÁRIO

Capítulo 1
Vieses Inconscientes e Diversidade

Capítulo 2
Funil de Recrutamento e Aquisição de Talentos

Capítulo 3
Conscientização

Capítulo 4
Atração

Capítulo 5
Interesse

Capítulo 6
Candidatura

Capítulo 7
Avaliação

Capítulo 8
Entrevista

Capítulo 9
Contratação

Capítulo 10
Busca Ativa de Pessoas Candidatas, Pesquisa Booleana e LinkedIn Recruiter, Recruiter Lite e Talent Solutions

1

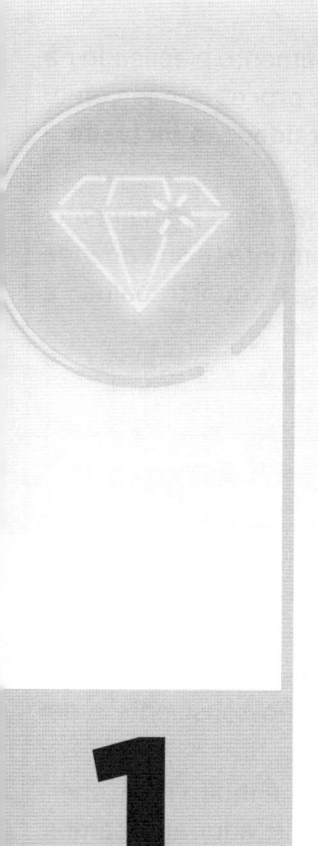

Vieses Inconscientes e Diversidade

Introdução: vieses inconscientes

Antes de qualquer informação técnica, precisamos corrigir algo que muitas vezes está enraizado – e muitos de nós nem sabemos –: o preconceito, que, seja lá qual for, promove parcialidade e injustiça nos processos de atração, recrutamento e seleção. Neste capítulo, vamos combater a discriminação na prática.

O primeiro passo: implementar um treinamento sobre **diversidade** e vieses inconscientes para pessoas profissionais de Recursos Humanos (RH) e pessoas líderes de quaisquer áreas que exerçam funções ligadas aos processos de atração, recrutamento e seleção.

O treinamento terá várias etapas:

1. introdução aos vieses inconscientes e conscientização;
2. identificação dos vieses inconscientes, o impacto que causam nos processos de atração, recrutamento e seleção, e algumas estratégias que utilizaremos para mitigar e até mesmo evitar os vieses inconscientes;
3. o monitoramento e a avaliação contínua para ajustes necessários;
4. manter o compromisso com a diversidade, a inclusão e o pertencimento.

Ao final deste capítulo, você estará apto a montar o treinamento e aplicá-lo na prática em sua empresa, para que as pessoas envolvidas no processo não cometam injustiças e **trabalhem a igualdade, a equidade, a diversidade, a inclusão e o pertencimento**.

A seguir, você terá as informações necessárias para implementar o treinamento. No final de todas as etapas, deixarei uma sugestão para você montar a sua agenda de treinamento, que deve ser adaptada à realidade da empresa na qual trabalha - é apenas um modelo.

1.1 Etapa 1: Conscientização

1.1.1 Rápido e devagar: dois modos de pensar

Para que você possa entender sobre o tema, é essencial saber como nosso cérebro opera. Segundo Kahneman (2012), há dois modos:

O **sistema 1** é mais rápido, automático e reativo. É o que chamamos "**piloto automático**". Fica ligado a maior parte do tempo de modo não consciente e demanda menos esforço cognitivo para tomar uma decisão.

Já o **sistema 2** é mais lento, controlado e consciente. Exige muito mais energia e mais esforço cognitivo para tomar uma decisão ou agir: aqui analisamos, raciocinamos e usamos nossa capacidade de abstração para tomar uma decisão de maneira **consciente**.

Você já se sentiu exausto(a) quando teve que fazer alguma atividade que demandava um esforço mental maior, por exemplo, uma prova? Assim como fazer atividades físicas intensas, pensar de maneira intensa também cansa: o nosso cérebro gasta bastante energia no processo de tomada de decisão.

Essa é a razão pela qual não usamos o sistema 2 com maior frequência – mesmo que seja o sistema ideal para raciocinar de verdade. **O sistema 1 corresponde a 90% das nossas decisões** – e não são poucas que tomamos diariamente.

De acordo com o artigo publicado na *Harvard Business Review*, "A Simple Way to Make Better Decisions", de Amanda Reill,[1] **tomamos mais de 35 mil decisões por dia**: das mais simples e comuns, como escolher a roupa para ir ao trabalho, a maquiagem que será utilizada, o que iremos comer no almoço, até as mais complexas, como quem vamos contratar ou demitir.

---

1 Disponível em: https://hbr.org/2023/12/a-simple-way-to-make-better-decisions. Acesso em: 11 nov. 2024.

Quando o sistema 1 funciona com dificuldade, ele recorre ao sistema 2 para fornecer um processamento mais detalhado e específico que talvez solucione o problema do momento. No entanto, o maior problema é quando confiamos no sistema 1 para uma questão muito complexa.

Entendeu como nosso cérebro toma decisões na prática? Trazendo para o universo da atração, recrutamento e seleção, não podemos escolher um currículo ou uma pessoa candidata para contratar baseados no "piloto automático". A decisão precisa ser analisada de modo crítico.

1.1.2 O que são os vieses inconscientes?

Neurocientistas apontam que o nosso cérebro recebe milhões de *bits* de informação por segundo, mas só temos consciência de uma pequena parcela do que recebemos.

Para lidar com tudo isso, nosso cérebro desenvolveu **atalhos mentais** para que possamos **agir por instinto** e evitemos pensar mais a fundo: os vieses inconscientes, que nos ajudam a tomar decisões à medida que o nosso cérebro processa milhões de informações por segundo.

São baseados em experiências passadas moldadas pelo nosso conjunto de crenças e valores, da bagagem que acumulamos durante a vida: tendemos a fazer **associações automáticas**, que **podem resultar em suposições, estereótipos e julgamentos**.

São **rótulos** que damos a pessoas e a coisas a partir de uma série de acontecimentos em nossas vidas; referem-se às associações e reações automáticas que surgem quando encontramos uma pessoa ou grupo.

Em vez de mantermos a neutralidade, tendemos a associar estereótipos positivos ou negativos a determinados grupos e deixar que esses preconceitos influenciem o nosso comportamento em relação a eles.

1.1.3 Como surgem os vieses inconscientes

Ao longo da vida somos influenciados pela nossa família, pelos nossos amigos, pelos ambientes que frequentamos, pelas publicidades a que somos expostos, pelos filmes, desenhos e seriados a que assistimos, que criam em nossa mente **referências e preconceitos que nos acompanham**.

Vou dar um exemplo: você provavelmente foi acostumado a ouvir relatos de que pessoas asiáticas são inteligentes. Aí você se depara com uma e, mesmo sem nunca ter conversado com essa pessoa, decide que ela é inteligente.

Imagine que você esteja conduzindo um processo para uma área bem estratégica. Caso seja afetado por esse viés, sua tendência será ignorar critérios objetivos e contratar essa pessoa baseado nesse viés, causando injustiça com outras candidatas.

De acordo com neurocientistas, essa **formação de estereótipos** na cabeça das pessoas ou grupos é inevitável. Entretanto, ao se associar um juízo de valor a esse viés inconsciente, muitas vezes são gerados preconceitos e discriminações, que prejudicam o nosso processo de atração, recrutamento e seleção.

Como você já sabe, os vieses nascem de uma mistura de processos culturais e cognitivos, ou seja, nossa tendência é enxergar o mundo de acordo com as nossas referências e experiências de vida. Não podemos levar isso para o nosso trabalho como pessoas recrutadoras e entrevistadoras!

No processo de contratação, quando RH e lideranças realizam uma entrevista, podem, sem saber, ser vítimas de um viés que possam ter. Isso pode afetar se decidiram contratar ou não com base na atitude subconsciente em relação a essa pessoa durante a entrevista.

1.1.4 Como podem influenciar decisões nos processos de atração, recrutamento e seleção?

Caso não tenhamos conhecimento de quais são os vieses, como identificá-los e como mitigar cada um deles, pode haver **impactos negativos no resultado dos processos de atração, recrutamento e seleção, desde o alto executivo até a base operacional de sua empresa**.

Os **vieses inconscientes** têm um efeito crítico e problemático no nosso **julgamento** e nos fazem tomar decisões a favor de uma pessoa ou de um grupo em detrimento de outros, mesmo quando não temos a intenção de discriminar.

Pesquisas mostram que **o processo de contratação é imparcial e injusto**. O racismo inconsciente, o idadismo e o sexismo, por exemplo, desempenham um grande papel em quem é contratado. A boa notícia é que existem medidas que você pode tomar **para reduzir vieses inconscientes**.

1.2 Etapa 2: Identificação dos vieses inconscientes

1.2.1 Todos nós temos vieses inconscientes

Você sabia que todo ser humano tem vieses inconscientes? Não devemos nos sentir envergonhados, pois é natural do ser humano – como você aprendeu, nosso cérebro funciona dessa maneira.

Por isso, quero fazer um alerta: **os vieses não são necessariamente algo negativo**. Diariamente precisamos tomar decisões de **modo automático**, sem que tenhamos que fazer análises profundas. O maior problema mesmo é quando ficamos limitados aos preconceitos.

1.2.2 Teste para avaliar os vieses inconscientes

Existe um teste para avaliar vieses inconscientes chamado "Teste de Associação Implícita" (IAT). O teste avalia o viés baseado na rapidez com que a pessoa compara um rosto com um termo positivo e depois compara-o com a rapidez de sua resposta perante termos difíceis.

Dessa maneira, precisamos nos atentar: de onde vêm algumas crenças que temos? Para respondermos a essa pergunta, precisamos primeiro saber como surgem os vieses inconscientes.

Para fazer o teste, acesse o QR Code.
uqr.to/1vdbc

1.2.3 Diferença entre o viés inconsciente e o viés explícito

O **viés inconsciente** ocorre quando temos uma inclinação a favor ou contra uma pessoa ou grupo que surge **automaticamente**. Acontece **sem que tenhamos consciência** disso e, portanto, nossas ações às vezes não são mal-intencionadas.

O **viés explícito** inclui atitudes positivas ou negativas das quais estamos totalmente cientes e expressamos abertamente, que fazem parte de nossa visão de mundo.

Apesar de suas diferenças, o viés inconsciente pode ser tão problemático quanto o viés explícito. Ambos podem levar a um comportamento discriminatório.

1.2.4 Quantos tipos de vieses inconscientes existem?

Há inúmeros exemplos de vieses inconscientes estudados e analisados por especialistas. Existe um infográfico com mais de 188 tipos de vieses cognitivos listados. Disponibilizamos uma versão traduzida na Figura 1.1, que você pode acessar pelo QR Code a seguir.

uqr.to/1vpaq

Figura 1.1 Principais vieses inconscientes catalogados.

Fonte: adaptada de https://medium.com/thinking-is-hard/4-conundrums-of-intelligence-2ab78d90740f. Acesso em: 24 set. 2024.

Os vieses inconscientes são muitos e precisam ser identificados e combatidos. A melhor maneira de evitar que eles tomem conta das nossas relações é conhecer os principais que ocorrem nas organizações e aprender a sermos vigilantes para que ocorram com menor frequência.

> **NOTA**
>
> Não é possível eliminar completamente os vieses inconscientes. Todos nós temos e eles são essenciais para a nossa sobrevivência e para a nossa carreira. Apesar disso, ao conhecermos e reconhecermos esses vieses, estaremos aptos a tomar as melhores decisões. E é o que você vai aprender a seguir.

1.2.5 Conhecendo os principais tipos de vieses inconscientes e como combatê-los na prática

1.2.5.1 *Viés da afinidade ou de semelhança*

Você já teve a sensação de se sentir mais **confortável** perto de pessoas que são parecidas com você? Pois é... somos naturalmente atraídos a gostar e favorecer pessoas que são semelhantes a nós. As pessoas buscam se conectar, escolher ou avaliar outros indivíduos que compartilham dos **mesmos interesses**.

Como resultado, podemos criar um grupo de pessoas cujos estilos de pensamento e de trabalho são praticamente idênticos ao nosso, o que pode fazer com que uma equipe fique **estagnada**. Há poucas novas ideias, novas abordagens etc., porque todos são iguais.

Isso significa que farei uma **avaliação melhor de quem se parece comigo**, seja por questões de gênero, raça, idade, história de vida, entre outros fatores. Com o tempo, o viés de afinidade na contratação pode dificultar os esforços de diversidade e inclusão de uma empresa.

EXEMPLO

Uma pessoa que não é treinada sobre os vieses inconscientes tende a contratar outra que tenha características similares, pois acredita que a nova contratada executará melhor o seu trabalho por ser semelhante, como ter a mesma cor de pele, ter estudado na mesma universidade, frequentar a mesma religião etc.

Consequência desse viés: quando buscamos essas similaridades, tendemos a negligenciar as competências de outras pessoas, que correspondem a uma das partes mais importantes dos processos de atração, recrutamento e seleção.

Como combater o viés da afinidade?

- Vamos trabalhar em outro capítulo as fontes de recrutamento. Você deverá diversificá-las para ter um *pool* mais amplo de pessoas candidatas.
- Para avaliar de maneira justa, **descreva bem a vaga de emprego** a partir das **competências mapeadas** e utilize o método de **entrevista estruturada** baseada em competências, para que você tome decisões baseadas em evidências a partir de critérios objetivos.
- Promova a equidade no processo de atração, recrutamento e seleção a partir do estabelecimento de uma política de diversidade, inclusão e pertencimento.

NOTA

O mais importante não é que a pessoa seja semelhante a você, e sim mais adequada para uma posição, cultura e estratégia.

1.2.5.2 *Viés da confirmação*

Nesse viés, temos a tendência de **procurar informações que confirmem as nossas opiniões** e **ignorar dados que contrariem o que já acreditamos**, mesmo que haja dados provando que as informações nas quais acreditamos são inexistentes.

Nós olhamos apenas para o que desejamos ver, só levamos em consideração o que esteja de acordo com a nossa opinião, ponto de vista e expectativa, não importa quantas informações e dados relevantes tenhamos para confrontar. A Figura 1.2 otimizará o seu entendimento.

Tudo isso **afeta negativamente** nossa capacidade de pensar crítica e objetivamente para tomar uma decisão, o que pode levar a interpretações distorcidas de informações e a ignorar informações com visões opostas.

EXEMPLO

Quando **não estruturamos a entrevista de emprego**, negamos a igualdade para que todas as pessoas candidatas respondam às mesmas perguntas.

Dessa maneira, pessoas entrevistadoras podem fazer perguntas tendenciosas, buscando confirmar suas crenças sobre uma pessoa candidata em vez de fazer perguntas neutras que permitam uma avaliação objetiva.

Se eu não estruturo a entrevista e a conduzo de modo aleatório, posso dar ênfase excessiva em traços positivos para quem eu gosto, facilitar as perguntas, ou em traços negativos para quem não gosto, dificultando a vida da pessoa candidata.

Muitas dessas percepções surgem a partir de preconceitos inconscientes, como acreditar que homens são melhores que mulheres, que pessoas com deficiência são incapazes, que pessoas mais velhas perdem a capacidade de aprender etc.

Consequência desse viés: quando pessoas candidatas são contratadas baseadas nesse viés, há a possibilidade de contratação de pessoas menos qualificadas, falta de diversidade, baixa taxa de retenção e até mesmo danos à reputação da marca empregadora.

Figura 1.2 Representação gráfica do viés da confirmação.

Como combater o viés da confirmação?

- Quem participa dos processos de atração, recrutamento e seleção pode criar **consciência** desse viés e reconhecer que deve manter a mente aberta para **ideias novas e diferentes**. Às vezes, ajuda a interpretar "advogado do diabo", oferecendo novas maneiras de pensar.

- **Reúna fontes variadas**: sempre que você estiver testando uma hipótese ou conduzindo pesquisas, reúna informações de uma ampla variedade de fontes para obter uma perspectiva equilibrada.
- **Conheça autores diferentes**: existem muitas metodologias, que devem ser aplicadas de acordo com a cultura e a estratégia da empresa. Não existe uma única maneira de fazer as coisas.

  Exemplo: as competências podem ser mapeadas de acordo com diversas metodologias disponíveis na literatura nacional e internacional. O mais importante é adequar às necessidades da sua organização.
- Caso utilize algum sistema ou plataforma para automatizar o seu processo de recrutamento, **remova informações pessoais** que possam despertar preconceitos.

  Exemplo: retire a idade, o nome das instituições de ensino que frequentou, o gênero, o endereço, o bairro etc. Tudo isso ajuda a mitigar vieses implícitos e explícitos.
- **Padronize as perguntas da entrevista**: ao recrutar novos talentos, **crie uma lista de perguntas padrão por cargos da entrevista estruturada e por competências** para evitar fazer perguntas tendenciosas, fora do tópico ou pontuais que podem ou não confirmar suas crenças sobre um candidato. Você irá aprender isso mais para frente.
- Quando você opta pela entrevista por competências, faz apenas perguntas profissionais sobre experiências e resultados passados para que você avalie objetivamente se podem se repetir no futuro.

NOTA

Quando você opta pela entrevista estruturada e padroniza as perguntas da entrevista, dá condições de igualdade para todas as pessoas candidatas.

1.2.5.3 *Viés da ancoragem ou de primeira impressão*

Significa **julgar** outra pessoa **antes de conhecer** os fatos, formar uma opinião antes de ter informações suficientes para tomar uma decisão. Ocorre quando confiamos de modo excessivo na primeira informação que recebemos para basear a nossa tomada de decisão.

Você já ouviu falar que a primeira impressão é a que fica? É por aí: damos mais importância à primeira informação que recebemos. Caso você pesquise na *web*, terá acesso a inúmeros estudos demonstrando que levamos menos de 1 minuto para determinar o que sentimos por alguém.

Há estudos que apontam que um **sorriso** inspira confiança e disposição, e classificam pessoas candidatas sorridentes como mais atraentes e propensas a serem contratadas, pois demonstram **confiança**.

NOTA

Há pessoas que não conseguem ser elas mesmas nas entrevistas, por isso não acredite em suas primeiras impressões. Outras não se preparam adequadamente e ficam nervosas: por mais alinhadas que estejam com as competências mapeadas, não conseguem fazer uma boa entrevista.

Outros inúmeros estudos apontam que as pessoas entrevistadoras tomam decisões nos primeiros minutos de entrevista: o sorriso ajuda a reforçar o viés da primeira impressão, bem como o "falar bem" (pessoas entrevistadoras tendem a preferir pessoas candidatas extrovertidas).

Um dos estudos, de Wiley, aponta que 52% dos entrevistadores tomam a sua decisão sobre um candidato entre 5 e 15 minutos de entrevista. O restante é mais precoce.

Infelizmente, nossas observações sobre outras pessoas com base nas primeiras impressões que criamos são geralmente incompletas e imprecisas. Esse preconceito nos influencia a colocar mais peso na informação recebida primeiro do que na informação que coletamos posteriormente.

Como esse viés se manifesta no processo de atração, recrutamento e seleção? Muitas vezes ele é a principal causa da maioria dos erros de contratação.

Se nos sentirmos positivos com relação a uma pessoa, imediatamente teremos a tendência de perguntar coisas mais fáceis e favorecer informações que se alinhem com nossos bons sentimentos.

NOTA

Esse viés pode ser combinado com outros e prejudicar a nossa tomada de decisão, que no processo em tela deve obedecer a critérios objetivos para que se reduza ao máximo a subjetividade.

Por outro lado, se nos sentirmos negativos com relação a um candidato desde o início, é provável que façamos perguntas mais difíceis e desconsideremos informações que conflitem com nossos sentimentos negativos.

Em resumo, nós procuramos, ainda que inconscientemente, uma maneira de confirmar a nossa primeira impressão.

Consequências desse viés: decisões rápidas e superficiais e previsões imprecisas, pois não há análise detalhada de todas as informações: a concentração é só no sentimento da primeira impressão - muitas vezes baseado em preconceitos, que prejudica a diversidade.

Tendemos a tomar decisões injustas: as pessoas que não causaram uma primeira boa impressão são eliminadas, e isso pode reduzir a eficácia do processo, aumentando a rotatividade e os custos do processo.

Como combater o viés da ancoragem?

- Em vez de confiar em uma informação para tomar uma decisão, é importante olhar para o todo. Leva tempo para tomar uma decisão ponderada. Anote para decidir depois - avise que vai fazer anotações.
- Realize uma pesquisa completa: a primeira opção nem sempre pode ser a melhor. Explore várias opções possíveis e seus prós e contras antes de decidir.
- Faça um *brainstorming* com a sua equipe: discutir determinada decisão com seus colegas de equipe pode ajudar a revelar os pontos fortes e fracos de um processo.
- Tenha uma equipe diversificada para que, ao final das análises de currículos e das entrevistas de emprego, possa refletir sobre as suas primeiras impressões.
- Entenda que, nas entrevistas virtuais, o fundo de tela da pessoa candidata poderá ser a casa dela. Já pensou se a pessoa está cuidando de uma criança ou de um idoso? Ou se tem outros afazeres e a casa não está organizada?
- Comunique-se claramente e instrua de acordo com os seus desejos para que você não seja contaminado pelo viés.
- Caso seja difícil para você não julgar, opte pela chamada de voz - pelo menos na entrevista inicial, sem vídeo. Há estudos que apontam que isso também funciona.

NOTA

Quando estiver entrevistando uma pessoa candidata, você deve fazer anotações e transcrever a entrevista de emprego. Durante esse processo, além de anotar as evidências apresentadas a partir das respostas coletadas, você deverá identificar e anotar as suas primeiras impressões. Pela pontuação das respostas, você deverá comparar as evidências reais com as suas primeiras impressões. Isso ajudará a identificar e corrigir esse e outros vieses inconscientes.

1.2.5.4 *Efeito* halo *ou viés da auréola*

Esse viés ocorre quando temos uma impressão geral positiva de alguém por conta de uma ou mais qualidades ou traços, ou seja, uma característica é considerada tão positiva que ofusca as negativas e faz com que sejamos permissivos com os defeitos de alguém. É uma **generalização**.

A partir daí, julgamos, analisamos e tiramos conclusões para posteriormente formularmos um estereótipo global do indivíduo com um ou mais fatores, como aparência, vestimenta, postura e fala. É preciso ter **atenção** para identificar esse viés.

Quando não cuidamos do efeito *halo*, construímos a imagem de alguém com base em informações limitadas, o que pode fazer com que coloquemos alguém em um pedestal no qual não deveria estar. Após isso, avaliamos positivamente o restante das informações não pelo que elas são, mas baseados na primeira impressão.

EXEMPLO

Uma pessoa recrutadora supervaloriza pessoas que se formaram em instituições renomadas, escolhe o currículo de acordo com a reputação da instituição e atribui qualidades positivas à pessoa candidata, como competências técnicas e comportamentais, sem avaliar com maior profundidade as competências adquiridas em experiências anteriores.

Há também o caso da aparência física, do carisma, que atraem bastante: muitas pessoas recrutadoras atribuem qualidades positivas a uma pessoa por conta da boa aparência, do carisma, da extroversão.

Ainda podemos combinar com a primeira impressão, pois a pessoa entrevistadora, quando é influenciada no início, pode ter a tendência de atribuir qualidades positivas a qualquer resposta da pessoa candidata, mesmo que seja genérica ou sem sentido.

Um dos casos mais clássicos é o daqueles que escolhem as pessoas que vão contratar porque trabalharam na mesma empresa: uma combinação com o viés da afinidade.

1.2.5.5 *Efeito* horn *ou viés do chifre*

É o oposto do efeito *halo*: aqui, temos uma impressão negativa de alguém com base em uma característica ou experiência. Selecionamos um traço negativo da pessoa para criar uma imagem desfavorável no todo, apagando qualquer possibilidade de características positivas no processo.

EXEMPLO

Vamos dizer que você não goste de determinada pessoa candidata porque ela se veste de uma maneira que você não aprova de forma alguma ou fala alto, o que você detesta. Anote e deixe as impressões para o final da entrevista.

Como combater o efeito *halo* e o efeito *horn*?

- Anote o que você gostou muito de uma pessoa durante uma entrevista de emprego. Não decida na hora. Quando acabar, analise se o que você gostou muito é uma característica que seja muito importante para você ou para a empresa. Isso vale para qualquer outro processo de gestão de pessoas. Reserve um tempo para que você possa ter dados para ter impressões mais concretas; julgue baseado em evidências.
- Lembra dos itens mencionados para combater os vieses já citados? Você pode usar muitas dessas dicas para combater tanto o efeito *halo* quanto o efeito *horn*. Em todos os casos, você entende a importância de o treinamento sobre vieses inconscientes ser contínuo e regular.

1.2.5.6 *Viés da percepção*

Sabe aqueles estereótipos pelos quais somos influenciados ao longo do tempo pela sociedade? Com base em achismos, por conta de nossa percepção sem critérios, reforçamos esses estereótipos sem base concreta em dados e fatos. Fatores como idade, forma física, gênero e sexualidade passam a ser utilizados para desqualificar alguém devido a generalizações criadas pela sociedade.

Quem nunca pensou que a pessoa que fala bem pode se tornar vendedora? Ou a que trabalha bem em equipe?

EXEMPLO

Nos processos seletivos, podemos discriminar mães e contratar mulheres que não têm filhos por entendermos que as mulheres com filhos são incapazes de dar conta da rotina, ou de contratar apenas pessoas magras por acharmos que pessoas obesas são preguiçosas.

1.2.5.7 *Idadismo, etarismo ou ageísmo*

É a discriminação por idade, uma das maiores reclamações dos usuários do LinkedIn. Quem tem esse tipo de preconceito acredita que as pessoas mais velhas não são tão competentes quanto as mais jovens, que são favorecidas.

É sua responsabilidade não deixar que esse tipo de preconceito se multiplique, já que você poderá ser vítima algum dia: muitos envelhecem. Grupos considerados minorizados, como mulheres, LGBTQIAPN+ e pessoas negras, por exemplo, são mais afetados porque há preconceitos diretamente ligados a eles.

O idadismo tem fundamento, segundo pesquisadores?

Não mesmo! Stephen P. Robbins, em seu livro *Lidere e Inspire*, aponta que a evidência geral indica que idade e desempenho no trabalho não estão relacionados. Na realidade, de modo geral, o desempenho melhora com a idade e, quando declínios ocorrem, eles tendem a ser pequenos. Captou?

Dá para combater o idadismo?

Claro! Primeiramente, é preciso estudar: a nossa pirâmide etária mudou, estamos envelhecendo. Além disso, a expectativa de vida aumentou bastante e não envelhecemos mais como antigamente. É necessário mesclar pessoas mais jovens e mais velhas nas mesmas equipes de trabalho.

1.2.5.8 *Viés de gênero*

Ocorre quando determinado sexo é tratado mais favoravelmente do que outro, ou seja, alguém pode estar recebendo um tratamento melhor quando é contratado, quando tem o desempenho avaliado, quando é promovido... e isso afeta negativamente mais as mulheres.

O viés de gênero pode se manifestar de várias maneiras: falta de oportunidades de carreiras para as mulheres, diferença de salários para a mesma função entre gêneros, a maioria dos cargos de liderança ser ocupada por homens...

É só olhar para o topo das organizações. O que tem mais por lá? Acertou quem respondeu "homens". Apesar dos esforços para a igualdade de gênero nas lideranças dentro das organizações, ainda estamos engatinhando. É preciso olhar com mais carinho para que a gente acabe com esse desequilíbrio.

Como combater o viés de gênero?

As empresas devem se comprometer com a agenda da igualdade de gênero e do empoderamento feminino.

Conclusão

Esteja ciente dos vieses estudados neste capítulo e procure por outros que possam prejudicar a sua tomada de decisão.

1.3 Etapa 3: Monitoramento e avaliação contínua

1.3.1 Individual

O primeiro passo é **reconhecer**, ter consciência dos seus vieses inconscientes. Quando isso ocorre, você é capaz de mitigar os seus efeitos. Quando você adota medidas para renovar o seu processo de atração, recrutamento e seleção, você contribui para um ambiente de trabalho mais justo.

O segundo passo é exercitar o **autoconhecimento**, pois assim será possível identificar a origem de uma crença. Uma pergunta legal é: "O que me faz acreditar nas coisas que eu acredito hoje, nesse momento?". Aí podemos analisar e sair do "piloto automático" para iniciar o processo de desconstrução.

Quando percebemos que somos limitados e preconceituosos e descobrimos o que nos levou a pensar de determinada maneira, somos capazes de pensar e agir para nos tornarmos pessoas melhores, que se tornam líderes melhores e, com isso, são capazes de promover um ambiente mais diverso e inclusivo.

Um passo complementar ao segundo é **estudar**, absorver conhecimentos, especialmente sobre as raízes dos preconceitos do nosso país - há pouco tempo, por exemplo, éramos uma nação escravocrata. Já é um ponto de partida para ajudar a mudar o seu modo de pensar e de agir.

Por último, é necessário entender que **não tem como acabar com os vieses**, mas é possível controlá-los. Portanto, será algo contínuo, afinal, algumas coisas nos foram ensinadas desde o nosso nascimento e algumas delas não mudam de um dia para outro. É necessário paciência e ação ao mesmo tempo.

1.3.2 No local de trabalho

No universo corporativo, os vieses são comuns nos processos de atração, recrutamento e seleção. Comece a observar se em sua empresa os times são "à imagem e semelhança" de quem é chefe - ou do chefe do chefe.

Será que temos mais homens ou mulheres ocupando cargos de liderança? Pessoas brancas ou negras? Cis ou trans? PcD tem? Esteja ciente dos vieses que podem te influenciar e use o sistema 2 (lembra dele?) para fazer uma análise mais profunda antes de tomar uma decisão complexa.

Olhe para os fatos e os dados e deixe de lado sentimentos, palpites, suposições e achismos. Adote uma postura vigilante quanto à forma que se comporta ao avaliar coisas ou pessoas: está fazendo do jeito certo ou está no "piloto automático"?

1.3.3 Cultura organizacional e liderança

As pessoas na organização precisam de conscientização. Em primeiro lugar, é necessário entender que a cultura organizacional é moldada de cima para baixo, portanto, a alta liderança precisa ter as atitudes transformadas, pois, caso não compre a ideia, pode prejudicar o restante do processo.

Vem de cima para baixo porque deve ocorrer em um efeito cascata, passando pelas lideranças táticas e operacionais, já que essas lideranças fazem gestão de pessoas e contratam e avaliam desempenho, por exemplo; por isso, podem tomar decisões equivocadas.

1.3.4 Pesquisas

Além de tudo isso, é possível realizar pesquisas com as pessoas que trabalham e com as que já trabalharam na empresa e realizar auditorias. O RH e a liderança devem criar estruturas para identificar e minimizar os vieses inconscientes. Lidar com as diferenças não é fácil e nem intuitivo.

As empresas devem oferecer atividades, treinamentos e ferramentas para desenvolver a habilidade de lidar com as diferenças e se abrir para o novo para conseguir criar um ambiente acolhedor e inclusivo, que respeite as pessoas e saiba que diferenças não são defeitos. Há diversos benefícios ao trabalhar os vieses inconscientes.

1.3.5 Questionamentos para si – o modo de monitorar os seus vieses

Quais preconceitos eu mesmo experimentei em algum processo? Como isso me afetou?

Essa pessoa candidata ou sua situação me lembra outra pessoa? Essa associação é aplicável a essa situação?

Qual é a diferença entre o meu estilo de trabalho e o da pessoa da qual estou avaliando o currículo ou entrevistando? Qual é a diferença entre as abordagens? São erradas ou apenas diferentes? Elas podem contaminar e influenciar a minha decisão na avaliação?

Que estratégias e táticas posso colocar em prática para me engajar plena e conscientemente, deixando meus filtros de lado?

1.3.6 Atração, recrutamento e seleção: o que fazer?

Para que dificultar se podemos facilitar? Verifique maneiras de simplificar o processo de contratação. Os tópicos a seguir serão trabalhados com maior profundidade em capítulos posteriores.

1.3.6.1 *Questione-se sobre o planejamento*

Para que etapas desnecessárias? O que falar dos testes? Sabe o raciocínio lógico? Será que é realmente útil? Qual é a base científica para isso? Pesquisou? Ficam as provocações aqui.

Comece a desconstruir a maneira que você está contratando para buscar os vieses inconscientes. Peça à equipe que faça o teste do viés implícito para entender quais são os seus possíveis vieses.

1.3.6.2 *Descrição dos cargos*

Atenção às palavras que você vai escolher. Vai favorecer alguma pessoa candidata? Especifique ou até mesmo detalhe as reais atividades do dia a dia da possível pessoa contratada. Que tal optar por escrever de forma inclusiva? E as atividades descritas, são realmente necessárias?

1.3.6.3 *Recrutamento*

Que tal utilizar uma plataforma que possibilite a remoção de algumas características, como o nome da pessoa candidata, o endereço e a instituição na qual estudou? Vai ajudar bastante a remover grande parte dos vieses inconscientes.

1.3.6.4 *Seleção*

Em vez de propor alguns testes que não têm eficácia comprovada e trazer pessoas para entrevistar que não terão influência no trabalho da pessoa contratada, que tal dar uma amostra do trabalho para que ela possa desenvolver? Vai se surpreender!

Adote a entrevista estruturada. Existem diversos autores que apontam que a entrevista não estruturada não tem validade e reforça diversos vieses cognitivos. Vou explicar rapidamente a diferença entre a entrevista estruturada e a não estruturada.

Faça perguntas de aspecto profissional e de maneira específica: fuja das perguntas prontas nos buscadores *web*. Concentre-se nos fatores que impactam diretamente no desempenho e definem o sucesso na função. Crie um questionário com as mesmas perguntas para todas as pessoas.

1.4 Etapa 4: Compromisso com a diversidade

1.4.1 Diversidade: introdução e grupos minorizados

Primeiramente, vamos entender um pouco sobre diversidade, que é o respeito e a valorização das diferenças nas organizações. A seguir, temos uma analogia para termos que dependem uns dos outros.

Diversidade - um lugar na mesa

Inclusão - você pode falar

Pertencimento - você é ouvido!

Grupos minorizados: não necessariamente são minorias - no Brasil, há mais mulheres do que homens e mais pessoas negras (pretos e pardos) do que brancas. É um termo guarda-chuva para classificar grupos que sofrem por conta da discriminação, falta de direitos, falta de representatividade em cargos de liderança, falta de poder etc.

A minorização aponta que um grupo é menos privilegiado não apenas pela história ou pela própria existência, mas também por uma situação provocada, de forma intencional ou não intencional (aqui entram os vieses inconscientes), por outras pessoas, grupo de pessoas ou até mesmo pela própria sociedade como um todo.

Para que o tema possa ser introduzido de maneira satisfatória, entenda o que diz um trecho da Constituição Federal, que é o documento mais importante do nosso país e que serve como base para todas as leis.

> ART. 3º Constituem objetivos fundamentais da República Federativa do Brasil:
>
> [...]
>
> IV - Promover o bem de todos, sem preconceitos de origem, raça, sexo, cor, idade e quaisquer outras formas de discriminação.

Para que o conceito de diversidade fique próximo da realidade que vamos enfrentar nos processos de atração, recrutamento e seleção, é necessário diferenciar igualdade de equidade. Observe a Figura 1.3.

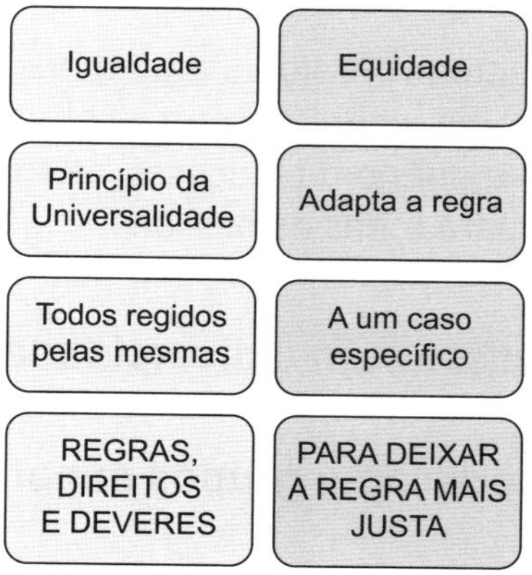

Figura 1.3 Comparativo igualdade *versus* equidade.

Fonte: adaptada de https://www.tjdft.jus.br/acessibilidade/publicacoes/sementes-da-equidade/diferenca-entre-igualdade-e-equidade.

Para que haja equidade, é essencial dar às pessoas candidatas e colaboradoras o que elas realmente precisam para que recebam as mesmas oportunidades sem deixar de levar em consideração as diferenças individuais de cada pessoa.

A Lei nº 13.146, de 2015, conhecida como "Estatuto da Pessoa com Deficiência" (PcD), define barreira como:

> [...] qualquer entrave, obstáculo, atitude ou comportamento que limite ou impeça a participação social da pessoa, bem como o gozo, a fruição e o exercício de seus direitos à acessibilidade, à liberdade de movimento e de expressão, à comunicação, ao acesso à informação, à compreensão, à circulação com segurança, entre outros.

De acordo com a lei, há seis formas de barreiras inerentes à vida das PcD. O ideal seria que houvesse a remoção de barreiras no trabalho para que as PcD não sofram com a desigualdade de condições com as demais pessoas – o que nem sempre é possível.

1.4.2 Principais formas de discriminação segundo a Constituição

Conheça os principais modos de discriminação que estão presentes na nossa Constituição Federal e, a partir de cada um deles, entenda as perguntas que você não deve fazer nas entrevistas de emprego para não discriminar e apoiar a diversidade.

1.4.2.1 *Idade*

É vedado ao empregador impor um limite mínimo e/ou máximo de idade ao candidato, por ser considerado discriminação perante a lei. As exceções, segundo a Constituição Federal, podem ser observadas na Figura 1.4.

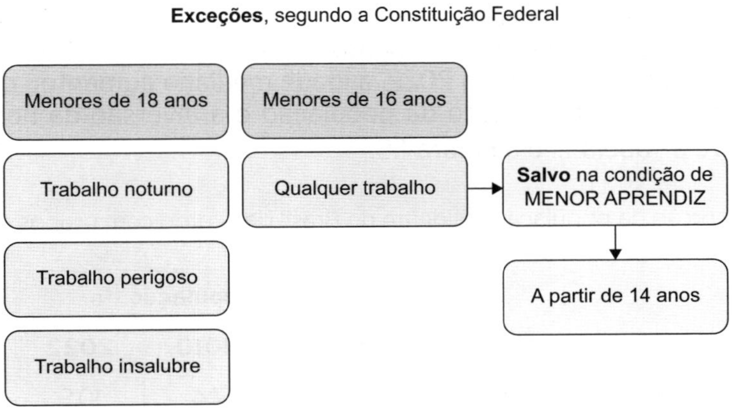

Figura 1.4 Limites de idade nos processos de aquisição de talentos: situações permitidas por lei.
Fonte: adaptada do artigo 7º, inciso XXXIII, da Constituição Federal de 1988 – https://www.planalto.gov.br/ccivil_03/constituicao/constituicao.htm.

Na prática:

Perguntas discriminatórias proibidas em formulários e entrevistas:

- Como você vai lidar em uma equipe composta **apenas de jovens**?
- Você acha que com a **sua idade** vai lidar bem com a **mudança tecnológica**?
- Quantos **anos** você tem?
- Você não acha que é **muito jovem** para liderar uma equipe de pessoas mais experientes que você?

Atualmente, **há quatro gerações que estão trabalhando simultaneamente** no mercado (ver Quadro 1.1). Apesar disso, 8 em cada 10 têm dificuldade de conduzir o ambiente multigeracional. Entenda como funciona a **diversidade geracional**.

Quadro 1.1 Divisão entre gerações no Brasil.

Baby boomers (1946-1964) 16% (33 milhões)	Geração X (1965-1980) 26% (55 milhões)
Millenials (1981-1998) 34% (70 milhões)	Geração Z (1999-2019) 24% (51 milhões)

Fonte: https://epocanegocios.globo.com/Empresa/noticia/2019/09/millennials-ja-sao-maioria-da-populacao-do-pais-e-70-da-forca-de-trabalho.html.

Hoje em dia, **muitas pessoas discriminam por conta da idade**. Pessoas recrutadoras recebem currículos, verificam a idade e descartam. Já as entrevistadoras perguntam a idade da pessoa, fator irrelevante para a maioria das profissões, especialmente as que não exigem trabalho braçal.

Até 2019, os *Millenials* já eram maioria – 34% da população e 50% da força de trabalho. Há uma estimativa de crescimento desse grupo: até 2030, ocuparão 70% dos postos de trabalho. De 2010 a 2022, a idade mediana aumentou de 29 para 35 anos, refletindo o envelhecimento da população e a inversão da nossa pirâmide etária. Observe a Tabela 1.1 e a Figura 1.5.

Tabela 1.1 Proporção da população residente no Brasil de acordo com grupos de idade.

	% população		
	1980	**2010**	**2022**
65 anos ou mais	4	7,4	10,9
Crianças até 14 anos	38,2	24,1	19,8

Fonte: adaptada de https://educa.ibge.gov.br/jovens/conheca-o-brasil/populacao/18318-piramide-etaria.html.

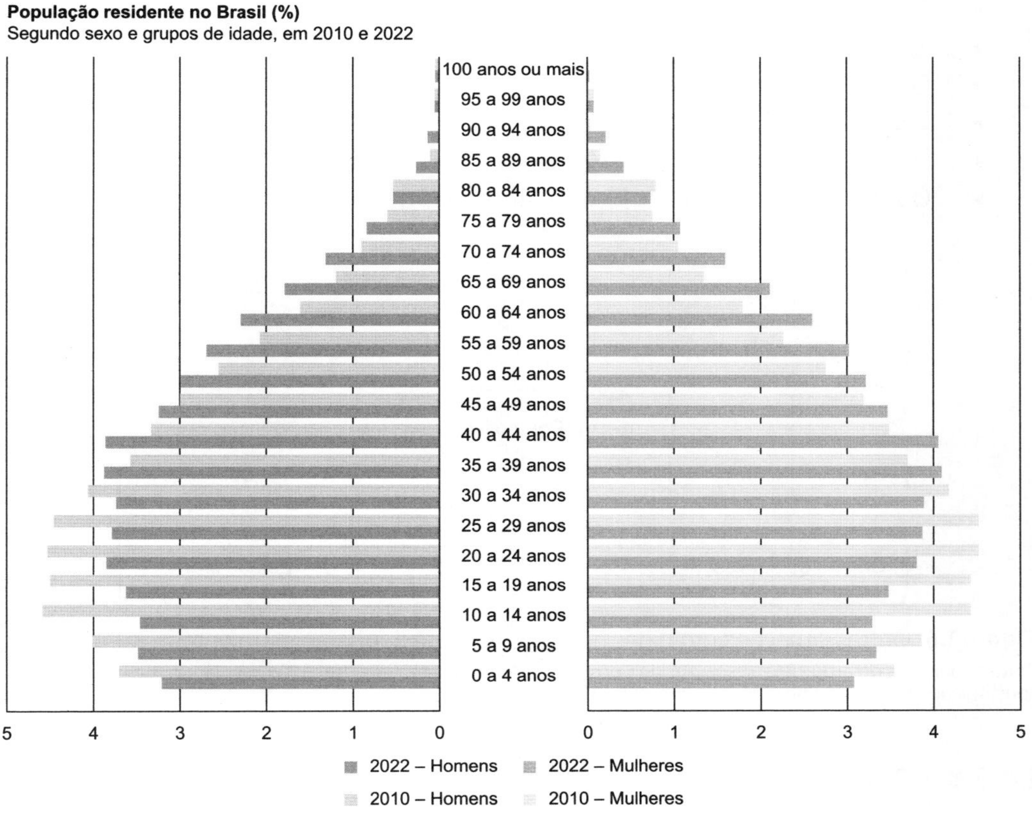

Figura 1.5 População residente no Brasil (%) segundo gênero e grupos de idade (2010 e 2022).
Fonte: https://educa.ibge.gov.br/jovens/conheca-o-brasil/populacao/18318-piramide-etaria.html.

1.4.2.2 *Diferenças por motivos diversos*

Outro artigo trata das diferenças proibidas por diversos motivos – e, mesmo assim, muitas pessoas, por falta de conhecimento, discriminam de modo inconsciente: daí a importância do treinamento sobre os vieses inconscientes. Observe a Figura 1.6.

De acordo com a Constituição Federal, precisamos respeitar a intimidade, a família ou situação conjugal da pessoa candidata (inclusive o questionamento sobre gravidez ou intenção de engravidar). Veja a seguir uma lista de perguntas discriminatórias proibidas.

Perguntas discriminatórias proibidas:

- Como vai o casamento?
- Está grávida?

- Tem filhos? Pretende ter (mais)?
- Com quem você mora?
- O que seu cônjuge faz?
- E seus pais?
- Nossa, por que não se casou ainda?
- Quem vai ficar com seu(ua)(s) filho(a)(s) quando adoecer(em)?

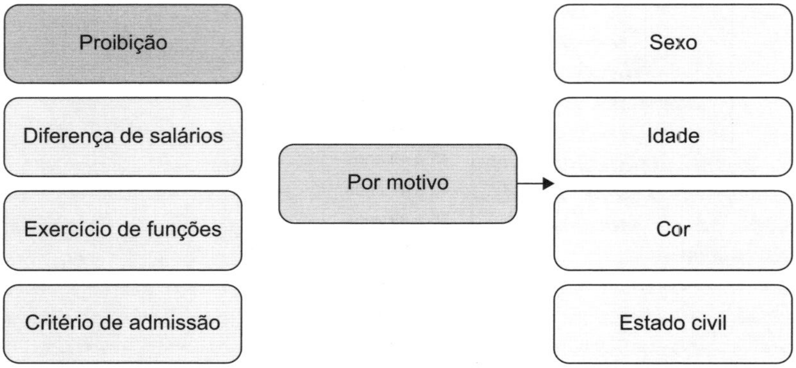

Figura 1.6 Outras situações proibidas nos processos de aquisição de talentos.
Fonte: adaptada do artigo 7º, inciso XXX, da Constituição Federal de 1988 — https://www.planalto.gov.br/ccivil_03/constituicao/constituicao.htm.

1.4.2.3 *LGBTQIAPN+*

O Supremo Tribunal Federal (STF) criminalizou a homofobia e a transfobia em 2019, mas, em alguns casos, a prática é velada - ou nem tanto, conforme as seguintes perguntas discriminatórias:

- Você é homossexual? Percebi pelo jeitinho...
- Qual é o nome do seu marido? Joana (a candidata se chama Maria).

Por isso, o processo de atração, recrutamento e seleção - principalmente o de seleção - não deve conter perguntas de cunho pessoal, pois tendem a ser discriminatórias e a reforçar vieses conscientes e inconscientes.

1.4.3 Estabelecendo metas de diversidade: hora de firmar o compromisso

Existem muitos estudos - muitos deles de instituições renomadas - que trazem estatísticas e resultados (inclusive financeiros) sobre a diversidade, como os inúmeros benefícios, problemas causados pela falta de diversidade e motivos das falhas de ações de diversidade.

Por isso, estabeleça metas de diversidade e crie indicadores para mensurar o que quer alcançar, seja em número de contratações, seja em número de pessoas candidatas pertencentes a grupos considerados minorizados.

Para começar a firmar um compromisso com a diversidade, você deve gerar dados que sejam confiáveis para que você tenha um plano que possa revelar pontos fortes e pontos fracos em seu processo de atração, recrutamento e seleção com relação ao compromisso com a diversidade.

O primeiro passo é convencer as partes que têm maior poder de decisão na empresa, como executivos e diretores - muitas vezes, a cultura organizacional é moldada de cima para baixo e o exemplo faz com que valores, crenças e comportamentos sejam replicados -, como um efeito cascata.

1.4.4 Planejamento para alcançar a diversidade

1.4.4.1 *Planejando a pesquisa*

Como saber se as pessoas colaboradoras se sentem incluídas em um ambiente diverso? Perguntando! Jamais inicie um plano baseado em achismos. Estruture uma pesquisa para que as pessoas participantes possam responder e avaliar.

> **NOTA**
>
> As pessoas precisam confiar na empresa para que forneçam respostas reais. Para melhorar a confiança, garanta confidencialidade e faça um trabalho de conscientização, com uma comunicação clara acerca dos objetivos reais da pesquisa. Não se esqueça de divulgar os resultados - e de fazer algo com os resultados, como implementar melhorias - e divulgar novamente.

Sugestão de perguntas quantitativas que você pode fazer para entender a composição de seu quadro de pessoal

- Qual é a sua idade? (Vai descobrir a idade média das pessoas)
- Com qual gênero você se identifica? (Trazer opções)
- Você se identifica como transgênero?
- Qual é a sua orientação sexual?
- Tem alguma deficiência? Se sim, qual?

Seu objetivo poderá ser saber qual é o percentual de grupos considerados minorizados em sua força de trabalho, por exemplo.

Sugestão de perguntas qualitativas para entender a experiência das pessoas (aqui você pode utilizar uma escala para que as pessoas possam avaliar, por exemplo, de 1 a 5 ou de 1 a 10)

- Eu posso expor abertamente para as pessoas e lideranças as minhas ideias e opiniões?
- A empresa tem planos de carreira baseados na meritocracia e conta com critérios objetivos e transparentes para contratação e promoção?
- A empresa tolera abusos e microagressões direcionadas aos grupos considerados minorizados?
- Eu sinto que pertenço à organização?
- Todas as pessoas têm igualdade de oportunidades de crescimento e de desenvolvimento?

Com os resultados das pesquisas, você pode começar a criar indicadores para acompanhar a diversidade, como o aumento da representatividade dos grupos considerados minorizados em diferentes níveis hierárquicos, a retenção de talentos contratados, o número de denúncias por discriminação, a qualidade da contratação etc.

1.4.4.2 *Distribuição, aplicação, análise e monitoramento dos resultados da pesquisa*

Em primeiro lugar, entenda que as pessoas atualmente têm pouco tempo e muitas outras atribuições. Por isso, a pesquisa deve ser objetiva e a data de preenchimento deve ser feita com antecedência, com comunicação transparente sobre o tempo de preenchimento e objetivo, por exemplo.

Você pode oferecer algum tipo de recompensa para estimular as pessoas a preencherem a pesquisa. Falaremos sobre o tema em um capítulo posterior. Dê um prazo ampliado (p. ex., até 2 ou 3 semanas) para que as pessoas tenham tempo suficiente para responder, pois há questões sensíveis.

Você precisa de dados que sejam suficientes em relação ao seu objetivo principal e deve se preparar para que as respostas sejam insuficientes, afinal, caso nunca tenha feito esse tipo de pesquisa, saiba que representa um processo de mudança, fator que gera resistência natural das pessoas.

Pode ser que a experiência geral da pessoa colaboradora não seja boa, que a cultura seja fraca e que ainda não esteja preparada para um processo de mudança organizacional. Por isso, é essencial o que foi dito no início desse tópico: a alta liderança precisa participar de maneira ativa para firmar o compromisso com as ações de diversidade.

Caso existam problemas, só crie outra pesquisa quando os problemas forem resolvidos. Sugestão: comece pelo mais urgente. Para refinar a sua estratégia de diversidade, aconselho que as pesquisas sejam semestrais ou anuais.

Já as pesquisas de satisfação podem ser trimestrais. As reuniões um a um com a liderança devem ser no mínimo mensais e ainda é possível ter reuniões mensais, trimestrais ou semestrais com as partes interessadas.

1.4.4.3 *Revisão das práticas de atração, recrutamento, seleção, integração e das políticas de gestão de pessoas*

O RH e a liderança devem atuar em conjunto para revisar constantemente as práticas de atração, recrutamento e seleção para que o processo seja justo e imparcial, baseado em critérios objetivos.

Um dos pontos mais importantes é o treinamento regular sobre vieses inconscientes, já que todos nós os temos, sabemos que podem prejudicar uma pessoa ou um grupo e que podem surgir a qualquer hora.

Hoje em dia, na rede social LinkedIn, há diversos comentários de pessoas que sofrem com falta de respeito, assédio moral e sexual, discriminação nos processos de atração, recrutamento e seleção. Não há mais espaço para isso, mas infelizmente são coisas ruins que ainda acontecem.

Por isso, as políticas precisam ser revistas e a liderança precisa ter um conhecimento profundo acerca delas para que proporcionem um ambiente de bem-estar e que cuide da saúde mental das pessoas, pautado pela diversidade, pela inclusão e pelo pertencimento.

Há muitas empresas que têm culturas fortes e saudáveis em apenas alguns departamentos, enquanto outros são culturas fracas e tóxicas. É preciso atenção contínua para que coisas ruins não se disseminem na cultura. Por isso, a liderança deve dar o exemplo e participar das ações de diversidade.

Sabe os itens anteriores? Eles precisam ser explicados para a pessoa contratada. Quando você proporciona uma boa experiência na integração, a pessoa contratada sente que fez a escolha certa. É essencial que a liderança mostre que o local é seguro e que as pessoas se respeitam.

1.5 Sugestões de agenda para o seu treinamento sobre vieses inconscientes e diversidade

O profissional de RH atual deve ser estratégico, ou seja, deve conhecer o negócio e trabalhar junto à liderança para alcançar os objetivos da empresa. Para isso, deve mostrar que a diversidade é um compromisso de todas as pessoas e departamentos – e não apenas do RH.

Deve entender que as pessoas têm outros afazeres e que um treinamento assim pode ocupar o tempo - por isso, é essencial terem apoio da alta direção, pois vão ajudar as outras lideranças a entenderem a importância do treinamento.

1.5.1 Sugestão de agenda na prática

Sabendo das outras responsabilidades das pessoas que participarão do treinamento, você deve cuidar para que não tome tanto o tempo delas e para que consiga trazer de maneira profunda cada um dos temas deste capítulo.

1.5.1.1 *Em uma semana: de 4 a 5 horas de treinamento*

Divisão do treinamento

Dia 1: conscientização sobre a diversidade e os vieses inconscientes **(de 30 a 50 minutos)**.

Dia 2: identificação dos vieses inconscientes, o impacto que causam nos processos de atração, recrutamento e seleção e algumas estratégias que utilizaremos para mitigar e até mesmo evitar os vieses inconscientes. Peça às pessoas que pensem em exemplos sobre vieses inconscientes e que os anotem para falarem no próximo dia **(de 50 a 60 minutos)**.

Dia 3: discuta os exemplos trazidos, fale sobre os impactos na prática e inicie falando sobre o monitoramento e a avaliação contínua para ajustes necessários **(de 40 a 60 minutos)**.

Dia 4: discuta sobre a diversidade e as práticas inclusivas que as pessoas podem trazer para melhorar os processos de atração, recrutamento e seleção. Estimule a discussão de práticas inclusivas e fale tudo sobre o compromisso com a diversidade. Peça às pessoas que criem algo relacionado ao processo de atração, recrutamento ou seleção para ser trabalhado no próximo dia **(de 30 a 60 minutos)**.

Dia 5: *role-playing* (dinâmica) - peça às pessoas envolvidas que se organizem em duplas para que sejam capazes de identificar vieses inconscientes e ações discriminatórias contrárias à diversidade. Você pode propor que troquem as duplas para que tenham acesso a trabalhos diferentes.

Entenda que é apenas uma sugestão. O conteúdo, a carga horária e se será dentro de uma semana, 15 dias ou um mês, por exemplo, dependem de vários fatores, como a disponibilidade das pessoas, se será virtual ou presencial, o espaço, o orçamento etc. Por isso, o treinamento que será realizado deverá ser avisado com antecedência.

Conclusão

Não há como falar dos vieses inconscientes sem falar sobre a diversidade, a inclusão e o pertencimento, que são essenciais e benéficos para diversos aspectos em uma organização e precisam ser implementados e acompanhados de maneira contínua.

Espero que você consiga implementar esse treinamento em sua organização para que possamos concluir o nosso objetivo fundamental constitucional, que consiste em não tolerar qualquer modo de discriminação, mesmo que inconsciente. Por isso, acredito que o poder de contratar não deve estar "nas mãos" de uma única pessoa, pois a tendência é a arbitrariedade.

Não deixe de consultar referências bibliográficas, buscar artigos científicos, revistas especializadas e *sites* nacionais e internacionais para que tenha acesso a diversos pontos de vista. Lembre-se de que as empresas se diferenciam pela cultura organizacional e que, muitas vezes, você pode combinar técnicas para que a implementação do treinamento dê certo.

2

Funil de Recrutamento e Aquisição de Talentos

Introdução

Em resposta a um mundo que muda de modo constante e a um mercado cada vez mais competitivo, o **funil de recrutamento** surge como uma abordagem estratégica e estruturada para a aquisição de talentos, pois proporciona uma **visão ampla** do processo.

Dessa maneira, as pessoas que conduzem os processos de aquisição de talentos têm **maior controle de cada etapa do funil**, desde a primeira interação de uma pessoa (mesmo ainda não sendo candidata) com a marca empregadora até a sua contratação e integração na equipe.

O funil de recrutamento faz com que o processo de aquisição de talentos seja contínuo e multifacetado, e facilita a **identificação de pontos críticos** para ajustes em tempo real para que a estratégia de aquisição de talentos seja alinhada com a estratégia organizacional de maneira constante.

2.1 Conceito e importância

É uma **representação visual** de um funil composto de diversas etapas. O funil permite uma abordagem estruturada e um **passo a passo**, que pode otimizar o tempo e os recursos das pessoas recrutadoras e das pessoas líderes, além de simplificar o processo de recrutamento e melhorar a **experiência da pessoa candidata (*candidate experience*)** - tema que será abordado em outro capítulo.

Um dos principais benefícios ao se adotar o funil de recrutamento como ferramenta de aquisição de talentos é proporcionar uma **experiência customizada** para as pessoas candidatas em **cada uma das etapas**, que serão abordadas neste capítulo de modo introdutório e aprofundadas ao longo desta obra.

Além da experiência customizada, o funil de recrutamento proporciona diversas formas de **análise de dados**. Quando você coleta as informações em cada etapa do funil, pode tomar decisões baseadas em evidências, identificar tendências, prever necessidades futuras e atuar em tempo real para solucionar necessidades atuais.

A **capacidade analítica** é essencial para que você possa melhorar de maneira contínua cada uma das etapas do funil de recrutamento e mantenha a sua organização competitiva no mercado de talentos. Para isso, você conhecerá as principais métricas e KPIS (*key performance indicators*/indicadores).

Neste capítulo, você terá uma visão geral do funil de recrutamento, seus benefícios, etapas e métricas para que seja capaz de começar a implementação de seu processo de aquisição de talentos, que vai muito além do recrutamento tradicional.

2.1.1 Como o funil de recrutamento funciona?

Na boca do funil, começamos o processo com um maior número de pessoas candidatas, e conforme avançamos há, em cada etapa, uma **triagem progressiva**, um filtro das pessoas mais promissoras, para que, no final do funil, você contrate e integre os melhores talentos de acordo com a sua cultura e com os seus objetivos estratégicos.

2.1.2 E as pessoas que não avançam em cada etapa do funil?

Ao longo dos capítulos, você também será capaz de lidar com as pessoas que não avançam nas etapas do seu funil, pois só assim proporcionará uma experiência boa e completa para cada uma delas.

2.1.3 Por que eu devo começar a utilizar um funil de recrutamento?

Além de você criar um ecossistema próprio para o seu processo de atração, recrutamento e seleção, o funil te ajudará a evitar e a corrigir um dos casos mais comuns em um processo de contratação: a desistência das pessoas candidatas em uma ou mais etapas. O motivo? Experiências ruins.

Quem nunca visualizou no LinkedIn relatos de pessoas candidatas insatisfeitas com processos seletivos com etapas excessivas, como testes, entrevistas, falta de *feedback*, atrasos ou faltas injustificadas seguidas ou não do desaparecimento da pessoa entrevistadora - entre outros aspectos que provocam péssimas experiências?

2.1.4 Quantas etapas há em um funil de recrutamento?

Você pode criar o seu funil de acordo com as necessidades e os recursos da sua organização. O funil que utilizarei servirá como modelo de inspiração para que você possa implementar na sua organização e será composto de sete etapas, conforme a Figura 2.1.

As três primeiras etapas correspondem ao **Marketing de Recrutamento**, e as quatro últimas etapas, ao **Recrutamento** propriamente dito. Todas as etapas do funil correspondem ao processo completo de **Aquisição de Talentos**.

2.1.4.1 *Funil de recrutamento com sete etapas*

Figura 2.1 Funil de recrutamento com sete etapas.

Fonte: adaptada de *Optimizing the Recruitment Funnel in an ITES Company: An Analytics Approach* – ScienceDirect. Disponível em: https://www.sciencedirect.com/science/article/pii/S1877050917326753

Na primeira etapa, chamada **conscientização**, imagine que 5 mil pessoas **tomem conhecimento** sobre a sua empresa por meio de vários canais de comunicação e comecem a entendê-la como um potencial empregador. Nem todas têm interesse em explorar mais informações sobre a sua empresa por não se identificarem, não se sentirem qualificadas o bastante, entre outros motivos. Por isso, apenas 2 mil pessoas se **sentem atraídas** para explorar informações sobre as oportunidades, que é a segunda etapa, denominada **atração**.

Das 5 mil pessoas, apenas 2 mil mostram interesse em explorar mais informações sobre as oportunidades, enquanto as outras não se identificam com a empresa ou não se sentem qualificadas o suficiente de acordo com a vaga divulgada.

Apesar de se sentirem atraídas, nem todas se sentem interessadas; assim, apenas 1 mil avançam para a terceira etapa, denominada **interesse**, na qual entram no *site* de carreiras, nas redes sociais, acessam as perguntas mais frequentes e até mesmo entram em contato com o pessoal de aquisição de talentos para sanarem dúvidas.

Dessas 1 mil pessoas, apenas 500 atendem aos requisitos (ou não) e decidem se **candidatar** - as demais são rejeitadas por não atenderem aos requisitos ou por questões de mercado em procura, ou seja, muitas candidaturas por vagas, e, apesar de serem qualificadas, não avançam.

Dessas 500 pessoas, 50 passam para a etapa **avaliação** e podem fazer testes diversos, participar de entrevistas iniciais por telefone (*phone screening*), triagem por vídeo etc. - nem todas conseguirão ser aprovadas nessa etapa.

Das 50 pessoas, apenas 25 vão para a sexta etapa, a de **entrevistas** com o pessoal de aquisição de talentos e/ou liderança(s). Das 25, dentro desse mesmo processo, poderemos ter de três a cinco finalistas, mas temos apenas uma vaga.

Na etapa de **contratação**, apenas uma pessoa será contratada. Essa pessoa receberá a oferta de modo formal e, caso aceite, será integrada à equipe e à empresa por meio do processo de *Onboarding*.

2.2 Mudanças no recrutamento

O recrutamento mudou nos últimos anos. Em um passado não muito distante, bastava publicar uma vaga, veicular um anúncio ou compartilhar em mídias sociais para que as pessoas se candidatassem - hoje, isso ainda funciona, mas para que as empresas melhorem a possibilidade de contratar os melhores talentos, é pouco. **Aqui temos uma lacuna**.

Atualmente, uma das principais mudanças do mundo do recrutamento está relacionada à tecnologia e às transformações digitais. Hoje, temos acesso a recursos que otimizam o nosso trabalho, como a Inteligência Artificial (IA) e os ATS (do inglês *Applicant Tracking Systems*, ou Sistemas de Rastreamento de Candidaturas).

Apesar de a tecnologia ser necessária para o processo de recrutamento, não é suficiente; é parte de um todo, ou seja, a tecnologia ajuda, mas não resolve os principais problemas, como se antecipar às necessidades futuras de pessoal em um mundo que muda e evolui de modo constante. **Aqui temos outra lacuna**.

Por isso, o primeiro passo é entender que o modo antigo de recrutar funciona, mas não para todos os casos, mesmo com o apoio dos recursos tecnológicos atuais. Antes de entendermos cada etapa de um funil de recrutamento, precisamos aprender a diferenciar o recrutamento da aquisição de talentos para que possamos escolher uma dessas abordagens de acordo com a nossa necessidade.

2.2.1 Recrutamento *versus* aquisição de talentos (*Talent Acquisition*)

Enquanto a aquisição de talentos é estratégica e foca no longo prazo, priorizando a criação de um *pipeline* de talentos para ajudar a empresa a crescer, o recrutamento é tático e foca no curto prazo, ou seja, busca o preenchimento imediato das vagas.

São metodologias diferentes, com focos diferentes. Ambas são importantes, e a escolha e a utilização dependem das necessidades do seu negócio, das competências mapeadas, da cultura organizacional e de diversos recursos, como tempo e orçamento.

Trocando em miúdos, o recrutamento é **apressado**, ou seja, reage às **necessidades imediatas** de pessoal. Já a aquisição de talentos é mais **paciente**, pois reage mesmo quando a organização não está contratando de maneira ativa e, com isso, prevê as **necessidades futuras**.

Para recrutarmos, precisamos anunciar uma vaga e/ou buscar o apoio de uma agência de recrutamento ou de um *headhunter*, por exemplo, para que possamos encontrar pessoas que estão se candidatando ativamente às vagas divulgadas.

Para a aquisição de talentos, utilizaremos variadas estratégias de recrutamento, como construir uma boa reputação da marca empregadora, participar de eventos, criar programas de indicação etc., de modo a atrair pessoas candidatas mesmo que elas não estejam procurando emprego ativamente.

Por último, quero que entenda que **o recrutamento é o subconjunto do funil de recrutamento**. Veja no Quadro 2.1 as principais diferenças entre recrutamento e aquisição de talentos.

Quadro 2.1 Recrutamento *versus* aquisição de talentos.

Recrutamento	Aquisição de talentos
Foco nas substituições imediatas. É pontual e de curto prazo. É operacional ou tático.	Foco em se antecipar e planejar necessidades futuras. É contínua e de longo prazo. É estratégica.

(continua)

(continuação)

Recrutamento	Aquisição de talentos
Volume estável ou grande de vagas (nível de entrada; p. ex., assistentes, analistas, estagiários).	Foco em vagas estratégicas e/ou em vagas de difícil preenchimento.
Normalmente, o processo é finalizado após o aceite da oferta de uma pessoa candidata escolhida.	Começa antes do recrutamento e continua até a integração da pessoa candidata escolhida.

2.2.2 Aquisição de talentos e funil de recrutamento

Um processo de aquisição de talentos é composto de pessoas que passam por diversas etapas em um **funil de recrutamento**. Cada uma dessas etapas importa, pois em cada uma delas seremos capazes de melhorar a experiência dessas pessoas. O funil compreende dois grupos de etapas: o Marketing de Recrutamento e o Recrutamento.

Assim, pessoas recrutadoras e líderes podem e devem inicialmente adotar uma **mentalidade de marketing** para que sejam capazes de criar estratégias para influenciar, engajar e fazer as pessoas candidatas agirem para que seja possível contratar e reter os melhores talentos.

Ao adotar **ferramentas de marketing** no recrutamento, será possível entender como as pessoas candidatas se sentem ao longo desse processo, como identificar suas necessidades e despertar o desejo de elas quererem trabalhar em sua organização. Correspondem à primeira, à segunda e à parte inicial da terceira etapa da experiência da pessoa candidata.

A seguir, apresentarei o **Marketing de Recrutamento**, que surge para ajudar as equipes de Aquisição de Talentos a criarem um funil com as melhores pessoas candidatas, a criarem e manterem uma marca empregadora positiva e a proporcionarem às pessoas candidatas uma experiência fantástica e única ao longo do processo.

2.2.3 Marketing de Recrutamento: o que você precisa saber

2.2.3.1 *Diferença entre os objetivos da área de Marketing e do Marketing de Recrutamento*

- A área de Marketing tem objetivos, como promover diversas ações para aumentar o reconhecimento da marca, impulsionar o engajamento e converter *leads* em clientes pagantes e, consequentemente, impulsionar a venda de produtos ou serviços.

- Já o Marketing de Recrutamento objetiva atrair pessoas, os melhores talentos para preencher vagas de emprego, seja de maneira ativa, ou seja, os profissionais de aquisição de talentos procuram as melhores pessoas candidatas; seja de maneira passiva, na qual as pessoas candidatas se candidatam às vagas.

Em ambos os casos, precisamos entender sobre o nosso público-alvo, nossa marca – no caso do recrutamento, a marca empregadora (EB, do inglês *Employer Branding*), utilizar os canais e ferramentas mais **adequados** para atingir os nossos objetivos, proporcionar a melhor **experiência** possível para que consigamos **engajar** as pessoas candidatas.

O Marketing de Recrutamento é essencial para criar laços e se envolver com as pessoas candidatas em cada etapa de sua jornada. Seremos capazes de criar conteúdo direcionado, campanhas em mídias sociais, táticas como o *storytelling* e o EB, entre outras, tudo isso para atrair gente que realmente se interesse pela nossa cultura para que possamos ter sucesso a longo prazo.

2.2.3.2 *O Marketing de Recrutamento pode ser interno ou externo*

No interno, conscientizamos as pessoas que já trabalham na organização sobre as oportunidades de crescimento e desenvolvimento, sobre planos de carreira e de sucessão e sobre oportunidades específicas de acordo com cada perfil desejado. No externo, o objetivo é trazer novos talentos para a nossa organização.

2.3 Voltando ao funil de recrutamento

O funil de recrutamento é utilizado no recrutamento interno, externo, ativo e reativo. Utilizando essa ferramenta, você será capaz de identificar como uma pessoa candidata passa por cada etapa do funil, que será explicada superficialmente a seguir (os próximos capítulos serão destinados a aprofundar cada uma das etapas).

2.3.1 Marketing de Recrutamento: os três primeiros estágios do funil de recrutamento

O funil de recrutamento que foi utilizado como modelo tem sete etapas, das quais as três primeiras correspondem ao Marketing de Recrutamento, que começa bem antes de divulgar uma vaga de emprego. Explicarei cada uma dessas etapas de modo superficial, pois serão abordadas posteriormente, em capítulos individuais.

2.3.1.1 *Conscientização: o topo do funil e o plantio da semente*

Corresponde à primeira impressão de uma pessoa candidata acerca da sua marca empregadora. Por isso, é hora de ter consciência da reputação e do posicionamento da sua marca perante as pessoas candidatas em potencial ativas e passivas, ou seja, é necessário compreender a satisfação e as preferências atuais e futuras dos talentos.

Para isso, é necessário avaliar as percepções do mercado de trabalho e de talentos sobre a sua marca empregadora (EB) e a satisfação e as preferências da sua proposta de valor para as pessoas colaboradoras (EVP, do inglês *Employer Value Proposition*, Proposta de Valor do Empregador), que serão abordadas no próximo capítulo, destinado à primeira etapa do funil.

EB (*Employer Brand*):[1] é como as pessoas percebem a marca da sua organização como empregadora.

EVP (*Employer Value Proposition*): é o conjunto de atributos que faz com que a sua organização seja desejada como empregadora.

***Employer Branding*:** é o processo de criação de um lugar diferenciado de trabalho e sua promoção para os talentos de que a organização precisa para atingir as suas ambições. Também é chamado "Gestão da Marca Empregadora".

Dessa maneira, podemos compreender a satisfação e as preferências atuais e futuras das pessoas candidatas e identificar falhas nas estratégias de EB e EVP, que podem causar discrepâncias nos processos de comunicação organizacional.

2.3.1.2 *Atração*

Tudo certo com a etapa anterior? As pessoas candidatas já estão familiarizadas com a sua marca? Se sim, então é hora de atrair essas pessoas para conhecerem as vagas que você precisa preencher.

Nessa etapa, é importante ter boas descrições de vaga, anunciar suas vagas em diversas fontes e, se possível, caprichar em campanhas para divulgar a sua vaga.

2.3.1.3 *Interesse*

Você conseguiu atrair as pessoas candidatas até aqui, certo? Agora é hora de saber se essas pessoas são qualificadas, ou seja, se são pessoas candidatas potenciais. E como saber se são?

---

1 Conceitos traduzidos do *site* Universum: https://universumglobal.com/resources/the-employer-value-proposition/.

Essas pessoas pesquisam sobre a sua empresa, visitam o *site* e os perfis nas mídias sociais. Dessa maneira, sua presença *online* é essencial para o sucesso dessa etapa, mas não de qualquer jeito. As informações devem estar disponíveis *online* e quando as pessoas candidatas perguntarem.

2.3.2 O recrutamento propriamente dito

2.3.2.1 *Candidatura*

Aqui, seu desafio é simplificar o processo de candidatura para reduzir a desistência nessa etapa. Para isso, as pessoas precisam ter acesso às informações da vaga de modo transparente e a avaliação de melhoria deve ser constante.

2.3.2.2 *Avaliação*

Recebeu os currículos? Hora da avaliação! Você pode optar por testes diversos e, se possível, ter apoio de um ATS ou sistema de rastreamento de candidaturas - tema para outro artigo, que vai te ajudar a analisar, classificar e escolher os melhores talentos.

2.3.2.3 *Entrevista*

Por ser uma etapa tradicionalmente mais demorada, pode ser desgastante tanto para quem entrevista quanto para a pessoa que é entrevistada. Muitas pessoas candidatas desistem do processo pela demora nessa etapa e em etapas anteriores.

Um recrutador tem o papel de fazer o RJP (do inglês *Realistic Job Preview*, ou recrutamento realista) e treinar a liderança sobre esse e outros temas, como vieses inconscientes. Perguntas profissionais devem ser apenas e diretamente ligadas às funções desempenhadas.

2.3.2.4 *Contratação*

Aqui é o momento da carta oferta. Jamais se esqueça de que talentos não têm apenas a sua oferta e participam de outros processos. O ideal é entender os objetivos, as necessidades e os desejos da pessoa que deseja contratar.

2.3.3 Conclusão sobre o funil de recrutamento

Depois que a pessoa candidata aceitar a sua oferta, é necessário cuidar do *Onboarding* ou integração.

Quando você consegue entender o funil em sua totalidade, torna-se capaz de pensar de maneira estratégica para descobrir lacunas e oportunidades em suas práticas de recrutamento e seleção ou de *Talent Acquisition* - conceitos diferentes e que são um tema para outro artigo.

Nesse momento, você é capaz de criar o seu próprio funil de recrutamento e de visualizar cada uma das etapas de maneira superficial, além de conseguir acompanhar as etapas da experiência da pessoa candidata. Apesar disso, falta uma etapa: como mensurar a eficácia do seu funil?

Se você não produz dados para tomar decisões, pode ser que esteja perdendo tempo com achismo. Por isso, vamos trabalhar algumas métricas para mensurar a eficácia do seu funil.

2.4 Algumas métricas e indicadores

São utilizadas para acompanhar o sucesso de cada etapa do seu funil de recrutamento por meio de dados que vão te ajudar a tomar as decisões certas para que você seja capaz de implementar melhorias e otimizar o seu processo de aquisição de talentos.

As métricas mais usadas são:

- qualidade da contratação;
- tempo para preencher a vaga;
- custos por contratação;
- fonte de contratação;
- diversidade;
- *candidate experience* (experiência da pessoa candidata).

2.4.1 Qualidade da contratação

Quando você constrói uma **boa reputação** da sua marca empregadora, automaticamente aumenta a qualidade das pessoas candidatas em que entram em seu funil na etapa inicial de conscientização. Quando você melhora a **qualidade das informações**, melhora a etapa de atração, bem como o momento da entrevista.

Pode ser que para muitas pessoas a qualidade da contratação seja uma **métrica subjetiva**, não é mesmo? Entretanto, a partir do momento em que você define critérios objetivos para avaliar e classificar diversos fatores que busca em uma pessoa candidata, **essa subjetividade é reduzida ao máximo.**

Quanto maior a qualidade das suas contratações, maior a chance de reduzir as taxas de rotatividade. A qualidade da contratação representa o quanto a nova pessoa contratada pode ajudar a sua organização a atingir os principais objetivos estratégicos.

No passado, a qualidade de contratação era mensurada apenas a partir do desempenho individual no primeiro ano de trabalho. Hoje, a qualidade faz parte de um todo, ou seja, é um componente da **cadeia de valor de Recursos Humanos (RH)**. Observe o Quadro 2.2 e você perceberá que precisa combinar diversos indicadores para mensurar a qualidade.

Quadro 2.2 Cadeia de valor de Recursos Humanos.

<table>
<tr><th>Eficiência</th><th>Eficácia</th><th>Impacto</th></tr>
<tr><td>Medidas de pré-contratação</td><td>Resultados</td><td>Objetivos organizacionais</td></tr>
<tr><td>Candidate Net Promoter Score (cNPS)</td><td>Mais pessoas candidatas qualificadas</td><td rowspan="12">Alta produtividade
Aumento da qualidade
Reputação da marca empregadora
Redução da rotatividade
Lucro
Etc.</td></tr>
<tr><td>Tempo de contratação</td><td>Marca empregadora</td></tr>
<tr><td>Taxa de aceitação</td><td>Melhor experiência da pessoa candidata</td></tr>
<tr><td>Taxa de rendimento das candidaturas</td><td>Fontes de contratação otimizadas</td></tr>
<tr><td>Etc.</td><td>Redução dos custos de Talent Acquisition</td></tr>
<tr><td></td><td>Etc.</td></tr>
<tr><td>Medidas de Pós-contratação</td><td>Resultados</td></tr>
<tr><td>Pesquisa de satisfação da integração</td><td>Tempo para começar a produzir</td></tr>
<tr><td>Rotatividade da nova contratação</td><td>Alto desempenho individual</td></tr>
<tr><td>Avaliação de desempenho da integração</td><td>Aumento do engajamento</td></tr>
<tr><td>Satisfação da liderança direta</td><td>Etc.</td></tr>
<tr><td>Etc.</td><td></td></tr>
</table>

Como estamos trabalhando em um funil de recrutamento que vai até o momento da contratação, temos até aqui a pré-contratação, que tem como objetivo trazer o melhor talento para a organização. Para isso, precisamos cuidar da experiência da pessoa candidata. As métricas de pré-contratação mensuram a eficiência e a eficácia.

Já as métricas de pós-contratação mensuram o desempenho da nova pessoa contratada - passamos a cuidar da experiência da pessoa colaboradora, que não é o foco deste livro.

O seu maior desafio para calcular a qualidade de contratação será combinar as métricas que fazem sentido para sua organização e ter uma visão geral - e não apenas olhar para o desempenho da pessoa colaboradora, como era feito no passado.

Continuando, vamos falar sobre mais uma métrica: o tempo para contratar uma pessoa candidata.

É uma métrica voltada para a experiência da pessoa candidata, ou seja, para a percepção que ela tem sobre a velocidade das etapas pelas quais passa a partir da candidatura.

Quanto maior o tempo para contratar, maior o custo por contratação. É na fase de candidatura que você começa a contar o tempo, ou seja, tem início no dia em que uma pessoa se candidata e vai até o aceite da carta oferta da pessoa contratada (etapa de contratação).

Como ter essa métrica na prática? Você precisa calcular o tempo médio de contratações para as vagas que fazem processos de recrutamento. Quanto maior a complexidade envolvida nas funções, maior será o tempo de contratação.

Para posições que envolvem uma complexidade menor, em menos de 30 dias você consegue finalizar o processo, mas, em alguns casos, pode ser que tenhamos 5 ou 6 meses para achar a pessoa ideal para contratar.

Para reduzir o tempo de contratação, veja o que fazer em cada etapa.

Na fase de **atração**, menos é mais: que tal automatizar o processo?

Na etapa de **candidatura**, pense como se fosse uma pessoa candidata: você preferiria ser contratado em 3 semanas ou em 3 meses? O tempo para contratar impacta diretamente na experiência da pessoa candidata.

Na etapa de **interesse**, por que não disponibilizar o máximo de informações para as pessoas candidatas e trabalhar com transparência? Simplifique o processo de inscrição para que as pessoas candidatas não fiquem de "saco cheio" e abandonem o processo - menos é mais!

Na etapa de **avaliação**, o raciocínio é o mesmo. Já na etapa de **entrevista**, não se esqueça da triagem inicial pré-entrevista (*screening*) - gravação de vídeos, formulários, contato telefônico -, que ajuda bastante para que não se tenha retrabalho. Na etapa de **contratação**, não demore muito para dar a resposta.

Use seu funil a seu favor: ao acompanhar cada etapa - o que é facilitado pelo apoio de um ATS ou até mesmo quando se armazena em uma planilha do Excel -, você consegue ter um controle maior sobre o tempo para definir o ideal.

2.4.2 Tempo para preencher a vaga

O tempo para preencher a vaga diz respeito ao ínterim entre a aprovação e o aceite da oferta de emprego. É diferente da métrica anterior, tempo para contratar, que vai mensurar o tempo entre a candidatura e o aceite da proposta. Observe a Figura 2.2.

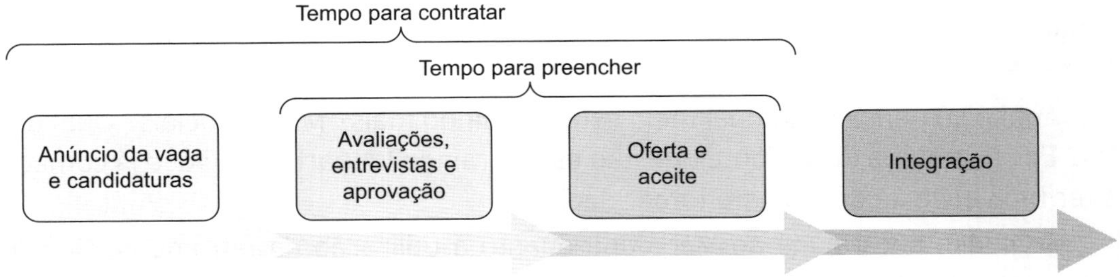

Figura 2.2 Tempo para contratar uma pessoa candidata e tempo para preencher uma vaga de emprego.

Fórmula para calcular o tempo de preenchimento da vaga

Tempo de preenchimento = tempo para preencher a posição 1 (se houver mais, adicionar 2, 3, 4...)/número de pessoas contratadas no período

2.4.3 Custos por contratação

Seu recrutamento é interno, externo ou misto? Não importa! É preciso calcular todos os custos internos, como o salário de quem participa do processo de recrutamento, bônus de indicação de pessoas colaboradoras etc.; e os externos, como ATS ou *software* de recrutamento, publicidade etc.

É possível reduzir o custo em todas as etapas do funil. Muitos profissionais de RH não são valorizados porque são incapazes de trabalhar com números. Se você faz boas contratações e, ao mesmo tempo, consegue reduzir custos de contratação, sai na frente dos seus colegas de profissão.

É uma das métricas que mais demoram para ser calculadas, mas a partir do cálculo dos custos por contratação você será capaz de saber onde está gastando de maneira ineficiente, onde gasta mais dinheiro no processo de aquisição de talentos e onde é possível otimizar seus gastos para direcionar o seu orçamento ao que mais importa.

Para calcular, basta somar todos os custos envolvidos com a contratação e dividir pelo número de contratações em um período específico. A fórmula dos custos por contratação é a seguinte:

(custos de recrutamento interno + custos de recrutamento externo)/total de contratações

2.4.4 Fonte de contratação

De onde vêm as pessoas candidatas? Você pode reduzir os custos de contratação com esse dado. Quando você consegue rastrear a fonte, é capaz de eliminar canais ineficazes. Quando você faz isso de maneira consciente, elimina o achismo e é capaz de obter mais retorno financeiro.

Aqui é só pensar: por qual meio estou atraindo mais? Mídias sociais? Qual delas? Existe alguma outra fonte que não está atraindo? A partir daí, você já começa a ter uma base de dados para tomar decisões.

Se puder, peça ajuda ao Marketing quanto à utilização da ferramenta Google Analytics, para que você seja capaz de rastrear a origem das visualizações da sua vaga. Caso utilize mídias sociais diferentes, poderá perceber que pessoas que vêm de determinada rede social não necessariamente se candidatam. Observe a Figura 2.3.

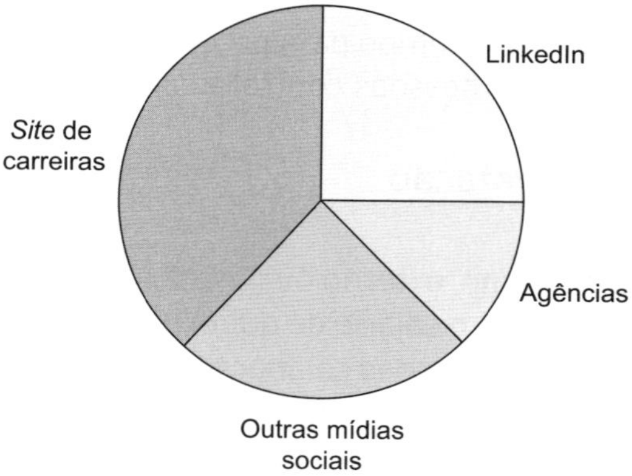

Figura 2.3 Gráfico com exemplos de algumas fontes de contratação.

Outro ponto importante é calcular a quantidade de dinheiro que gastou com anúncios de emprego dividido pelo número de pessoas que se candidataram a cada uma das vagas que você divulgou. Assim, você é capaz de mensurar o custo de cada fonte de contratação.

2.4.5 Diversidade

Existem muitos estudos que apontam os benefícios da diversidade em vários aspectos organizacionais. Aqui, é importante analisar cada etapa do funil com a ótica da diversidade.

Na conscientização, está alcançando grupos considerados minorizados? Não se esqueça de ter a presença de membros desses grupos em seus canais principais.

Na atração, será que você utiliza uma linguagem inclusiva para descrever as vagas?

Na etapa de candidatura, opte por seguir diretrizes de acessibilidade e remova filtros como nome, bairro em que reside, nome da instituição de formação e afins.

Na avaliação, procure praticar a meritocracia. Estude sobre vieses e contrate pela capacidade.

Na entrevista, é importante saber se todas as pessoas entrevistadoras foram treinadas para não cometerem injustiças por conta de vieses inconscientes e preconceitos explícitos: diga não à discriminação, seja ela qual for!

2.4.6 *Candidate experience* (experiência da pessoa candidata)

Métrica essencial para o sucesso do seu funil, pois se a experiência for ruim em algum momento, a pessoa candidata poderá desistir do processo em alguma etapa do seu funil. Caso chegue ao final, você pode ter dificuldades para que a pessoa aceite a oferta. E mesmo que seja contratada, você pode ter dificuldades para reter o talento contratado...

Trarei duas maneiras de mensurar a experiência da pessoa candidata: o cNPS (*Candidate Net Promoter Score*) e a CX Survey (pesquisa de experiência da pessoa candidata). Para criarmos uma pesquisa, precisamos criar perguntas para coletar dados qualitativos e quantitativos.

2.4.7 CYR: *Candidate Yield Ratio* (Taxa de rendimento das candidaturas)

Mostra o percentual de pessoas candidatas que passam e avançam em etapas diferentes do seu processo de aquisição de talentos.

$$\text{CYR} = \frac{\text{Número de pessoas do estágio } x \text{ (p. ex., candidaturas)}}{\text{Número de pessoas que vão para o estágio } y \text{ (p. ex., triagem)}}$$

Você pode utilizar a **pirâmide de rendimento** para melhor visualização dos dados que vai gerar. Quanto mais as taxas de rendimento diminuem ao longo do tempo, mais eficiente o seu processo se torna - e isso não deve diminuir a qualidade da contratação ou de alguma fonte. Você pode utilizar a pirâmide para otimizar o seu tempo de contratação e combinar com outros indicadores.

A **pirâmide de rendimento** pode mostrar os resultados esperados ao contratar uma pessoa candidata para determinado cargo. Observe, na Figura 2.4, que a cada 270 candidaturas, uma pessoa é contratada. Caso queira prever um cenário e contratar, por exemplo, cinco pessoas para a mesma posição, precisará do quíntuplo de candidaturas (5 × 270 = 1.350).

NOTA

Outras métricas e indicadores serão abordados em outros capítulos, em momentos específicos.

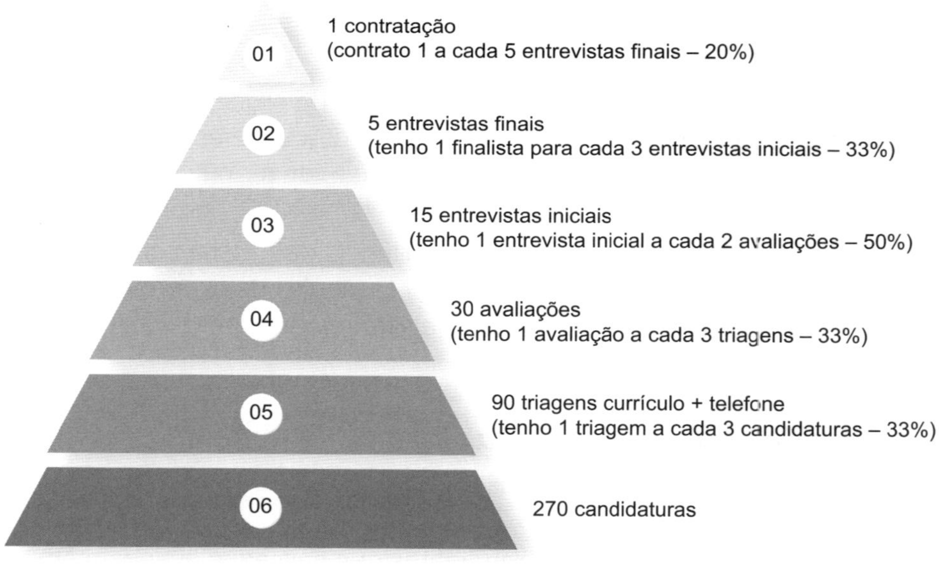

Figura 2.4 Pirâmide de rendimento.

2.5 Planejamento da aquisição de talentos: definição das necessidades e dos objetivos estratégicos

2.5.1 Alinhar o processo de aquisição de talentos com os objetivos estratégicos

A formulação da estratégia organizacional e a estratégia de aquisição de talentos estão **interconectadas**, já que a aquisição de talentos tem um papel fundamental na realização dos objetivos de sua empresa: precisamos contratar as melhores pessoas candidatas.

Existem etapas da estratégia organizacional que são **comuns** na formulação da estratégia de aquisição de talentos. A estratégia da empresa antecede e orienta a estratégia de aquisição de talentos e as etapas são praticamente iguais, como é possível visualizar no Quadro 2.3 - posteriormente, elas serão explicadas passo a passo.

Quadro 2.3 Acompanhamento do planejamento estratégico.

Estratégia organizacional	Estratégia de aquisição de talentos ou *Talent Acquisition* (TA)
Visão	Desenvolvimento da correlação com a visão do negócio
Missão	Missão da área de TA
Análise do ambiente	Análise do ambiente de TA
Análise de capacidades	Análise de capacidades de TA
Definição dos objetivos	Definição dos objetivos de TA
Definição das macropolíticas	Definição das políticas de TA
Elementos estratégicos críticos	Elementos estratégicos críticos
Seleção e desenvolvimento da estratégia	Estratégias de TA para incluir no planejamento estratégico organizacional
Implementação da Estratégia	Implementação da estratégia de TA

Primeiramente, você precisa entender como uma estratégia organizacional **pode ser** formulada. Estabelecendo **a visão** da empresa, ou seja, onde a empresa quer chegar no longo prazo, podemos definir sua **missão**, que descreve o seu **propósito** (a razão de existir) principal. A partir disso, podemos comunicar os valores fundamentais, que vão nos ajudar a guiar os comportamentos e as decisões desejadas.

Caso sua empresa ainda não tenha uma missão declarada, é preciso criar uma. Para isso, é preciso entender o que a sua empresa faz (qual é o seu negócio); para quem a sua empresa vende (quem é o seu cliente); onde a sua empresa está (qual é o segmento); como a sua empresa faz negócios (seus diferenciais e desafios); e com qual objetivo faz (compreender os grupos de interesse).

Busque exemplos de grandes empresas na Internet, pois é fácil encontrar. Procure diversas empresas do seu ramo, inspire-se no que elas fazem e crie a sua própria missão. Para facilitar o entendimento, confira a missão da Expery, minha empresa: criar a melhor experiência possível para as pessoas envolvidas nos processos de *Talent Acquisition*.

Já a visão deve ser encarada como norteadora do que você fará para alcançar a excelência e deve ser compartilhada com todas as pessoas. Para criar sua visão de futuro, você deve pensar em como quer que sua empresa seja percebida por clientes, fornecedores, pessoas colaboradoras, entre outros *stakeholders*.

Portanto, precisamos desenvolver uma correlação da visão da área de aquisição de talentos com a missão e a visão do negócio para que possamos comunicar os valores a partir de diversos meios, como o *site* de carreiras, que é um dos primeiros lugares em que as pessoas candidatas vão buscar informações sobre a sua organização.

Exemplo de visão: Expery

Ser referência em treinamentos de aquisição de talentos até 2026.

Os valores orientam o comportamento das pessoas na sua organização e contribuem para o fortalecimento de sua cultura organizacional. Como exemplos, diversidade, respeito, comprometimento, cooperação etc. O mais importante é que escolha valores que são compartilhados por todas as pessoas colaboradoras.

É muito comum que esses valores estejam restritos à alta liderança e não sejam coerentes com os valores praticados por outras pessoas da empresa, o que pode prejudicar a sua reputação e seus esforços para ter uma marca empregadora de excelência.

Exemplo de valores: Expery

Ex = experiência - Pe = pessoas - R = resultados - Y = *fly* (voo)

Depois, podemos fazer uma **análise do ambiente**, para entender quais os nossos recursos, capacidades, competências e cultura, ou seja, nossas ameaças e oportunidades.

Para fazer a análise do ambiente externo, sugiro que **pesquise** sobre ferramentas que podem ser utilizadas, como **Análise PESTEL** (**P**olítico, **E**conômico, **S**ocial, **T**ecnológico, **A**mbiental e **L**egal), análise de mercado e análise de concorrência.

Exemplo simplificado de Análise PESTEL: Expery

A Expery pode ser influenciada por políticas de educação e capacitação e pode sofrer por conta de mudanças regulatórias (político). As flutuações do mercado podem afetar o orçamento que as empresas disponibilizam para treinamentos, tanto positiva quanto negativamente (econômico).

Ultimamente, temos uma valorização crescente da capacitação profissional, e, após a pandemia, houve maior aceitação aos treinamentos *online*, que podem ser favoráveis à organização (social). Houve avanços em *e-learning*, que trazem novas oportunidades e exigem investimentos em plataformas para assegurar a qualidade dos treinamentos (tecnológico).

A preferência por soluções digitais e que reduza a necessidade de deslocamento pode ser vista como um benefício ambiental. Para encerrar, a empresa deve se atentar à conformidade com a Lei Geral de Proteção de Dados, tanto para treinamentos presenciais *In Company* quanto para treinamentos *online*. Analisamos nossas capacidades, ou seja, o ambiente interno. **A análise de capacidades avalia os recursos internos da empresa**, incluindo competências essenciais, tecnologia e ativos tangíveis. Sugiro que pesquise sobre a ferramenta **análise SWOT** (do inglês ***S**trengths, **W**eaknesses, **O**pportunities and **T**hreats* – forças, fraquezas, oportunidades e ameaças), que servirá como um bom ponto de partida.

Exemplo simplificado de Análise SWOT: Expery

Forças:

- profissionais renomados da área de RH, o que pode ajudar a construir credibilidade e atrair clientes;
- *expertise* em processos de aquisição de talentos e treinamento.

Fraquezas:

- baixa visibilidade no mercado atual;
- dependência inicial de uma base de seguidores para gerar vendas.

Oportunidades:

- crescimento do mercado de treinamentos e cursos *online*;
- aumento da demanda por soluções de RH inovadoras e eficazes;
- falta de empresas que ministram treinamentos práticos – a maioria ensina apenas teoria que não é útil para o mercado atual.

Ameaças:

- concorrência de empresas consolidadas no setor de treinamento e consultoria de RH;
- mudanças nas necessidades e nas expectativas do mercado de trabalho.

Após termos um entendimento sobre o ambiente e as nossas capacidades, é hora de **definir os objetivos**, que são metas que pretendemos alcançar e que devem estar alinhadas com a missão e a visão. Sugiro que utilizem metas **SMART** (do inglês ***S****pecific,* ***M****easurable,* ***A****chievable,* ***R****elevant and* ***T****ime-Bound*), ou seja, metas que são específicas, mensuráveis, alcançáveis, relevantes e com prazo definido.

Exemplo: o mundo ideal seria termos um funil de recrutamento com 100% de aproveitamento, ou seja, todas as pessoas candidatas aceitarem a oferta de emprego (normalmente formalizada a partir de uma carta) – temos concorrentes e as pessoas candidatas procuram muitas vagas.

Portanto, criar uma meta **SMART** relacionada com o aumento dessa taxa de aceitação tem mais a ver com a **melhoria contínua da experiência da pessoa candidata**.

Específica: aumentar a taxa de aceitação da oferta.

Mensurável: em 30% nos próximos 6 meses.

Alcançável: 10% em cada um dos três primeiros bimestres.

Relevante: para maximizar a efetividade e diminuir os custos de contratação.

Prazos definidos: de janeiro a junho do ano XXXX.

Com os objetivos definidos, vamos definir as **macropolíticas**, que vão orientar o comportamento e as decisões por meio de princípios fundamentais. Como exemplo, políticas sobre responsabilidade social, diversidade e inclusão, inovação, sustentabilidade. **As macropolíticas estratégicas orientarão as políticas de aquisição de talentos**.

Também temos que definir quais são os **elementos estratégicos críticos**, ou seja, aqueles elementos que vão influenciar o sucesso da nossa estratégia. A definição se deriva das análises do ambiente, das capacidades e das metas. Aqui, podemos incluir elementos como a eficiência operacional ou a satisfação dos clientes.

E, por último, temos que selecionar, desenvolver e **implementar a estratégia**. Primeiramente, temos que escolher a estratégia que melhor se alinhe com a missão, a visão e os objetivos da empresa. Sugiro que estude, por exemplo, a liderança de custos, a diferenciação e o foco, além das parcerias estratégicas.

Com isso, podemos implementar a estratégia, ou seja, traduzir em ações concretas para alocar recursos, ajustar estruturas e motivar equipes.

Obs.: quando peço que estude determinado assunto, é porque o foco desta obra não é o aprofundamento sobre planejamento estratégico. Você precisa conhecer as etapas de formulação estratégica, que orientarão a sua estratégia de TA.

Agora que você entendeu um processo possível para formular a estratégia organizacional, precisará entender que desenvolver uma correlação eficaz entre a estratégia de aquisição de talentos e a visão do negócio é fundamental para garantir que as práticas de aquisição de talentos estejam alinhadas com os objetivos, a missão e a visão da empresa.

EXEMPLO

Se a visão é ser a empresa mais inovadora do segmento, a estratégia de gestão de talentos deve enfatizar o desenvolvimento de competências de inovação e promover uma cultura de inovação, estimulando a criatividade.

Como poderá perceber, a estratégia é para a empresa um processo global que orientará as estratégias de todas as outras áreas. Já a estratégia de aquisição de talentos é mais específica, ou seja, é um desdobramento da estratégia organizacional direcionada à aquisição de talentos.

Ao alinhar a estratégia de aquisição de talentos com a estratégia empresarial, você será capaz de criar uma força de trabalho competente, engajada e alinhada com os objetivos organizacionais.

A integração eficaz da estratégia de aquisição de talentos na formulação da estratégia da empresa é vital para garantir que as pessoas, competências e culturas organizacionais estejam alinhadas e contribuam para o sucesso organizacional a longo prazo.

A partir dos elementos contidos na estratégia, somos capazes de elaborar indicadores de desempenho e metas. Um exemplo clássico de indicador é o índice de *turnover* ou de rotatividade. A partir daí, temos que saber como estamos para elevar algum percentual, manter ou até mesmo reduzir, dependendo do caso.

Para você ter uma ideia, **a existência de uma estratégia organizacional é uma condição necessária para mapear competências** – este tema será abordado no próximo capítulo. Muitos de vocês podem se questionar sobre o motivo de a estratégia ser uma condição necessária.

A resposta é que **a estratégia é como uma bússola**, ou seja, orienta o que a empresa precisa fazer para alcançar uma situação desejada. Se você não sabe o que quer para a sua empresa, então qualquer caminho serve, certo?

Com a estratégia formulada, podemos fazer o **mapeamento das competências**, que tem como objetivo fundamental descobrir **a lacuna** - ou o *gap* de competências -, que significa quais competências eu necessito para que concretize a estratégia que formulei e quais são as competências já existentes na empresa.

A situação ideal é quando o *gap* de competências não existe, e quando isso acontece, significa que a minha empresa tem todas as competências necessárias para atingir e superar os objetivos.

Como tudo muda o tempo todo e a concorrência é cada vez maior, a situação ideal (inexistência de *gaps*) é cada vez mais rara de acontecer. **O mais comum é que tenhamos uma ou mais lacunas a serem preenchidas ou eliminadas**. Esse é o mundo real que você está vivenciando ou ainda vai vivenciar na carreira.

E se você não agir a tempo para conseguir adquirir as competências que precisa, o *gap* aumenta, e isso faz com que tenha um cenário com uma empresa menos competitiva, pois se você não tem o que precisa, isso prejudica bastante a sustentabilidade do seu negócio.

O **mapeamento das competências** é fundamental porque orienta as ações para desenvolver as competências relevantes, por isso deve ser feito de maneira precisa. Caso o seu mapeamento seja equivocado, você vai prejudicar uma ou mais etapas do seu funil de recrutamento.

O mapeamento faz parte do levantamento das necessidades organizacionais. Na Figura 2.5, é possível visualizar as etapas - algumas serão abordadas nos próximos capítulos.

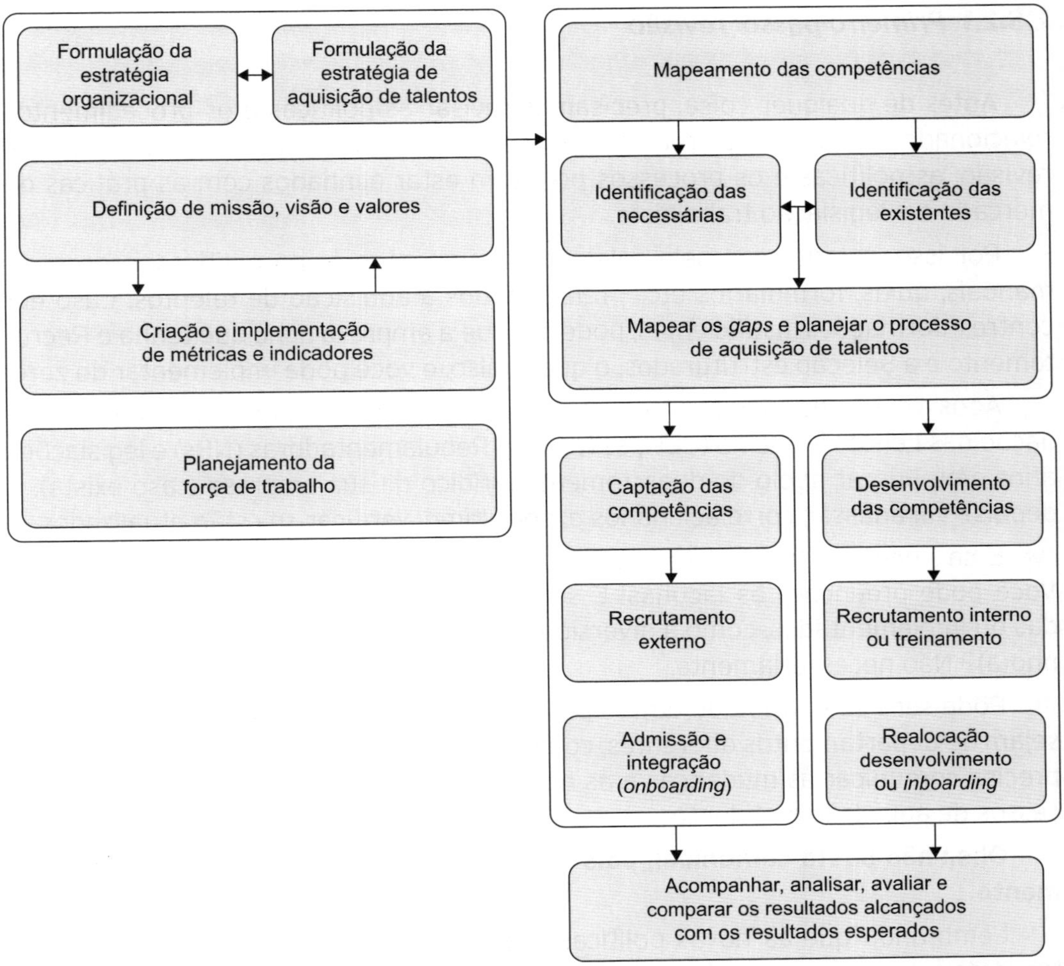

Figura 2.5 Modelo de gestão de pessoas por competências com foco em aquisição de talentos.

Fonte: adaptada de: BRANDÃO, Hugo Pena. **Mapeamento de competências:** métodos, técnicas e instrumentos. 2. ed. São Paulo: Atlas, 2017.

2.5.2 Como implementar e otimizar os processos de *Talent Acquisition* em sua organização

Após o alinhamento da estratégia organizacional com a estratégia de aquisição de talentos, precisamos entender a organização na qual estamos inseridos. Caso a organização seja nova e não tenha um departamento de RH ou de aquisição de talentos, sugiro que termine a leitura deste capítulo aqui e inicie o próximo.

Entretanto, a realidade da maioria das pessoas é trabalhar em empresas com processos e departamentos existentes, por isso, após alinhar as estratégias, é importante que siga os passos a seguir para não cometer erros.

2.5.2.1 *Primeiro passo: revisão*

Antes de qualquer coisa, precisamos revisar as políticas e os procedimentos relacionados às funções de recrutamento e seleção e/ou *Talent Acquisition*. Nessa revisão, as políticas e os processos precisam estar alinhados com as práticas de mercado e a legislação trabalhista.

Por isso, começamos pela coleta de documentos como políticas, processos, manuais, guias, formulários etc. - relacionados à aquisição de talentos. Caso encontre informações insuficientes, pode ser que a empresa ache que tenha o Recrutamento e a Seleção estruturados, o que é falso, e você pode implementar do zero.

Após a coleta dos documentos, você dedicará um tempo para estudar a Consolidação das Leis do Trabalho (CLT), as Normas Regulamentadoras (NRs) e legislações afins e/ou buscar apoio do departamento jurídico de sua empresa (caso exista). E depois? Vai analisar, correlacioná-los e, por último, verificar se estão atualizados.

E se encontrar inconsistências? Você pode atualizar! E se houver lacunas? Você pode preencher as lacunas! E se houver áreas que precisem ser atualizadas ou implementadas, como a diversidade? Você pode começar um projeto! Sozinho(a)? Não necessariamente.

Pode ser necessário que outras pessoas revisem o seu trabalho - mesmo que sejam de departamentos diferentes, como o jurídico. E depois? Se estiver OK, você precisa comunicar as mudanças e as novidades às partes envolvidas com os processos de aquisição de talentos.

Obs.: não basta comunicar, pois as pessoas também precisarão de treinamento.

Lembrando que as novas políticas e procedimentos precisam de ajustes ao longo do tempo. Para isso, é preciso que você faça um monitoramento da eficácia, ou seja, é algo que deve ser constante, pois se não estiver dando certo, você precisa criar um plano de ação para otimizar o que precisa.

2.5.2.2 *Segundo passo: revisão de novo*

Nesse segundo momento, revisaremos o histórico de contratações anteriores. Precisaremos levantar alguns dados, como:

- as datas e os motivos de contratação;
- o tempo que a pessoa permaneceu na empresa;
- o motivo da saída;
- como foi o desempenho;
- se houve *feedback* das pessoas com quem se relacionava etc.

Por que isso tudo? Para identificar áreas de melhoria, oportunidades de crescimento e aprendizado. Um exemplo clássico é quando apenas olhamos para a pessoa de alto desempenho e esquecemos as que enfrentaram desafios ou não atenderam às expectativas. Por que não mudar esse olhar para entender motivos ainda mais enraizados?

Estamos evoluindo com essa revisão? Então vamos buscar padrões, vamos procurar tendências das contratações anteriores. Na prática, o que procurar?

- Rotatividade/*turnover* e absenteísmo por cargos.
- A empresa atraía pessoas candidatas qualificadas?
- Como eram as entrevistas? Não sabe? Peça para acompanhar na posição de observadora e ouvinte. Faça suas anotações para tirar conclusões posteriormente.
- Como as decisões de contratação eram informadas? Qual era o prazo?
- Como era/é a integração (*onboarding*)? É estruturada ou inexistente?

Reuniu todas essas informações? Agora você vai identificar os pontos fortes e os pontos de melhoria. Por isso, é essencial que tenha contato com áreas diferentes, pois se você tiver diferentes percepções sobre o mesmo processo, tem tudo para ter mais pontos de melhoria do que coisas boas.

E por último? Vai ter que desenvolver e implementar ações corretivas, que dependem do resultado das suas revisões. Essas ações precisam ser monitoradas e ajustadas ao longo do tempo.

2.5.2.3 *Terceiro passo: revisão mais uma vez*

Hora de termos acesso às metas e às métricas - se não existirem ou forem insuficientes, estabeleceremos novas (de acordo com o objetivo do negócio). Vamos para a parte prática.

Identificaremos os objetivos do nosso processo para entendermos quais metas e métricas teremos que definir: elas não podem ser escolhidas de maneira aleatória. Se você já sabe quais são os seus objetivos, vou dar alguns exemplos de métricas que você poderá utilizar - alguns já abordados neste capítulo.

- Tempo médio de preenchimento das vagas, desde a abertura até a contratação da pessoa candidata selecionada.
- Taxa de retenção de novas pessoas colaboradoras: as pessoas que permanecem em sua organização por um período. Qual é o percentual?

- Qualidade das contratações: aqui, vamos esperar as pessoas se integrarem e entender a qualidade com base nas avaliações de desempenho e *feedbacks*.
- Satisfação da pessoa candidata: a percepção que ela tem sobre o processo de recrutamento e seleção, coletada por meio de pesquisas ou *feedbacks*.

Sugiro que pesquise sobre outras métricas, pois trarei ao longo desta obra apenas algumas; existem muitas outras. Selecionou as que vai trabalhar? Hora de estabelecer metas para cada uma delas. Por exemplo, você pode ter uma meta de reduzir o tempo de preenchimento das vagas em X% em x ano/meses ou aumentar a taxa de retenção em X%.

2.5.2.4 *Quarto passo: a última revisão*

Agora vamos verificar se a empresa tem um ATS. Não? Planeje-se para implementar um. Já tem? Então, vamos utilizar essa ferramenta para coletar dados de R&S, como datas de abertura e fechamento das vagas publicadas, número de pessoas candidatas, tempo em cada etapa etc.

O tema ATS será aprofundado em um dos capítulos seguintes. Muitos ATS fornecem relatórios, que devem ser coletados e analisados com regularidade. Considere começar a fazer pesquisas para obter *feedbacks* de pessoas candidatas e gestores.

E depois? Vai avaliar o desempenho dos seus processos em relação às metas que estabeleceu para que seja capaz de novamente identificar pontos fortes e oportunidades de melhoria, para que, assim, monitore e faça ajustes.

2.5.2.5 *Último passo*

Desenvolva um programa de treinamento e desenvolvimento para as pessoas que estão envolvidas nos processos de TA/R&S. Não deixe de considerar os desafios específicos enfrentados pelas equipes e pelas áreas.

O programa deve cobrir todas as fases do funil de recrutamento, mas há tópicos que merecem atenção redobrada, como o mapeamento por competências, a entrevista por competências, as ferramentas de recrutamento, os vieses inconscientes, as práticas de diversidade e inclusão etc. Tudo isso na prática.

É preciso também manter a equipe atualizada sobre as tecnologias de recrutamento, como o ATS, as plataformas de *sourcing* etc.

Não se esqueça de incentivar a troca de *feedback* como algo contínuo, pois é importante para que as pessoas aprendam com as experiências e melhorem de maneira contínua. Para isso, é preciso acompanhar, monitorar e mensurar o progresso da equipe por meio de avaliações.

Não deixe de incentivar que as pessoas da equipe participem de eventos relacionados ao TA/R&S, como *workshops*, seminários, feiras etc., e dê autonomia para que as pessoas que já trabalham em sua organização e as pessoas que querem trabalhar nela sejam a maior fonte de propaganda para você.

2.6 Levantamento das necessidades organizacionais

2.6.1 *Workforce Planning*: planejamento da força de trabalho

O *Workforce Planning* é um alinhamento dos objetivos estratégicos do negócio com a estratégia de aquisição de talentos. Diz respeito à entrega de valor estratégico por meio dos talentos e consiste em gerar dados para posterior análise, com o objetivo de prever a demanda futura por pessoas e competências.

O planejamento da força de trabalho pode ser operacional, tático ou estratégico. Quando é operacional, concentra-se no número atual de pessoas colaboradoras até o ano orçamentário seguinte. Quando é tático ou estratégico, o horizonte de tempo é ampliado para os próximos anos, além do primeiro. Portanto, é um processo contínuo.

Assim como o planejamento estratégico, o planejamento da força de trabalho não pode ser rígido, precisa de atualizações em caso de necessidade e deve ser baseado em evidências.

A equipe de TA, para ser estratégica, precisa se envolver no planejamento da força de trabalho, pois é ela que vai cuidar das etapas do funil de recrutamento para atrair, recrutar e selecionar os melhores talentos. Existem alguns questionamentos que servem como ponto de partida para esse planejamento:

- O que é a minha organização?
- O que a minha organização faz?
- Por que a minha organização faz o que faz?
- Em qual direção/destino minha organização está indo?

Depois de responder a essas questões, a primeira etapa do planejamento da força de trabalho é verificar o **alinhamento com a estratégia organizacional**. A segunda é **entender o presente antes de planejar o futuro**, ou seja, você precisa mapear as competências para descobrir as lacunas de competências.

No presente, vai entender as competências que já tem e, no futuro, descobrir as competências que precisa obter, que correspondem aos *gaps* (lacunas). É uma transição. A terceira é **prever necessidades futuras** da força de trabalho a partir de análises de cenários como política, economia etc.

Por último, você precisa **documentar um plano estratégico de força de trabalho** com as ações necessárias para atrair os melhores talentos para a sua organização. Assim como qualquer outro planejamento, é contínuo e carece de revisões constantes.

O objetivo é **identificar lacunas no quadro de pessoal** para que a empresa tenha as competências necessárias para se tornar e se manter competitiva no mercado.

Um bom planejamento da força de trabalho **evita a falta de pessoal** - que gera sobrecarga e estresse, pois normalmente uma pessoa faz o trabalho de pelo menos mais uma outra - e **evita o excesso de pessoal** - as pessoas têm pouco trabalho e podem se desmotivar. Ambas as situações geram custos para a empresa, por isso deve haver o equilíbrio. Quando planejamos a força de trabalho, queremos ter a pessoa certa, no cargo certo, exercendo as funções certas e no momento certo.

O planejamento da força de trabalho ajuda você a identificar problemas de negócios e implicações da força de trabalho e traduzi-los em soluções personalizadas. Não se trata de criar planos. Trata-se de identificar e, em alguns casos, criar a força de trabalho certa para entregar os resultados organizacionais desejados.

Benefícios de planejar a força de trabalho

- disponibilidade do talento quando você precisar;
- mitigação de riscos presentes e futuros e possibilidade de antecipação às mudanças;
- agilidade para mudanças e alinhamentos aos processos e projetos prioritários.

Para que tenhamos o planejamento da força de trabalho com a capacidade certa, precisamos entender sete elementos, que se conectam entre si e proporcionam o equilíbrio que buscamos. **Vamos começar com os principais recursos disponíveis na força de trabalho.**

2.6.1.1 *As pessoas certas*

O time de aquisição de talentos e a liderança devem assegurar que tenham pessoas colaboradoras comprometidas com a cultura e com os objetivos estratégicos da organização.

Questione-se:

- Em qual contexto minha organização está inserida?
- De acordo com a curva de maturidade organizacional, em qual fase está o negócio da minha organização?
- A cultura organizacional é adequada?
- Quais comportamentos devem nortear a nossa cultura para que eu possa alcançar os objetivos estratégicos organizacionais?
- Os comportamentos estão alinhados com o posicionamento da nossa marca empregadora? Etc.

2.6.1.2 *O tamanho certo*

Qual é o número de pessoas colaboradoras necessário para atingir os objetivos organizacionais? É fundamental fazer o cálculo correto da força de trabalho e adaptá-la de modo contínuo.

Questione-se:

- A carga horária das pessoas é adequada, está aumentando ou diminuindo?
- Quais processos podem ou não ser terceirizados?
- A força de trabalho precisa ser aumentada ou diminuída em quais áreas da organização?
- Há cargos que são difíceis de serem preenchidos, que se tornam críticos para o alcance dos objetivos organizacionais? Etc.

2.6.1.3 *A localização geográfica certa*

Essas pessoas estão no lugar certo geográfica e estruturalmente? O que fazer a partir daí? Se não pode fazer, não é uma capacidade. Com a tecnologia, muitas equipes podem trabalhar em localidades diferentes no mundo inteiro, mas ainda existem atividades que necessitam da presença física da pessoa.

Questione-se:

- As pessoas candidatas necessárias estão disponíveis em sua localização geográfica desejada?
- Há a possiblidade de a empresa mudar para áreas/regiões mais baratas sem impactar negativamente os negócios?
- As pessoas estão abertas às mudanças geográficas, caso ocorram?

- Caso ocorra a mudança, há pessoas qualificadas, caso seja necessário contratar mais alguém por conta da criação de um novo cargo ou substituição? Etc.

2.6.1.4 *O momento certo*

A pessoa está lá no momento necessário e pelo tempo que você precisava? Você consegue fazer as mudanças quando são necessárias?

Questione-se:

- Existe algo que pode mudar o seu negócio?
- Existem novas competências ou tecnologias que podem ser necessárias no futuro?
- Precisamos mudar nosso modelo de negócios ou a nossa estrutura em determinado departamento para nos adaptarmos a alguma mudança? Se sim, quando? Etc.

2.6.1.5 *O custo certo*

Os custos diversos envolvidos e o custo total estão certos? A remuneração é justa? Acompanha as práticas de mercado? Está dentro do orçamento disponível?

Questione-se:

- Os custos são calculados corretamente?
- Os custos de pessoal atuais e futuros acompanham/acompanharão as receitas e os lucros esperados?
- Há alternativas melhores para executar os principais processos de aquisição de talentos? Etc.

2.6.1.6 *As competências certas*

As competências se referem ao conjunto de conhecimentos, habilidades e atitudes que variam de acordo com a complexidade das funções e dos resultados esperados pelas pessoas colaboradoras. Esse conjunto é essencial para executar a estratégia e alcançar os objetivos organizacionais, de modo a preencher as lacunas que surgem.

Essa é a parte mais complexa do planejamento da força de trabalho e será trabalhada separadamente em um tópico.

Questione-se:

- Quais competências são necessárias para executar a estratégia presente e a estratégia futura?
- As competências que temos atualmente podem suportar mudanças e inovações previstas? Se sim, por quanto tempo?
- Essas competências estão disponíveis no mercado?
- A liderança está preparada para executar a estratégia e impulsionar o crescimento da organização? Etc.

2.6.1.7 *O modo certo*

Que nível de paridade de gênero estamos tentando alcançar, por exemplo? Qual é o objetivo que estamos buscando, qual é a nossa ambição? Como queremos aumentar a representação de grupos considerados minorizados na força de trabalho?

Questione-se:

- Os talentos são colocados nas funções certas?
- A minha força de trabalho, a estrutura demográfica e a diversidade são ideais na minha organização?
- As unidades de negócios individuais estão estruturadas adequadamente? Etc.

O risco certo - quais são as escolhas que você está fazendo e como elas se equilibram ao longo do tempo?

A aplicação desses sete elementos deve se relacionar com os seus prazos, que podem ser classificados em três segmentos:

- **Planejamento/Gestão de recursos:** ocorre dentro do ano vigente e o foco é na necessidade imediata de pessoal para cumprir lacunas, muitas vezes deixadas por absenteísmo e rotatividade.
- **Planejamento da força de trabalho operacional:** o foco é no ano seguinte ao vigente e analisa a força de trabalho necessária para que se cumpram os objetivos estratégicos.
- **Planejamento tático e estratégico da força de trabalho:** o foco é cumprir os objetivos estratégicos de médio a longo prazo e ocorre a partir de 2 anos após o ano vigente.

Quando você correlaciona os sete elementos dentro dos três prazos de planejamento, é capaz de iniciar o planejamento da sua força de trabalho atual e futura.

Como calcular a força de trabalho?

Não há uma maneira única para calcular a força de trabalho, pois há diversas variáveis envolvidas, e cada organização tem necessidades e objetivos diferentes. Apesar disso, poderemos utilizar algumas informações para calcularmos corretamente a força de trabalho.

O cálculo do planejamento da força de trabalho envolve uma série de etapas e variáveis, e não há uma fórmula única que se aplique a todas as situações, já que cada organização tem suas próprias necessidades e circunstâncias específicas.

No entanto, vou fornecer, no próximo tópico, uma visão geral das principais considerações e métricas que você pode usar para calcular o planejamento da força de trabalho, que deve ser planejada com base em dados e não no achismo.

2.6.2 Indicadores e métricas que ajudam a calcular a força de trabalho

Você pode calcular a **taxa de rotatividade** (**índice de *turnover***) para entender se a sua força de trabalho é estável ao longo do tempo. Ela ajuda a prever as necessidades de aquisição de talentos e é calculada com o número de pessoas colaboradoras que deixaram a organização dividido pelo número total de colaboradores no início do período, multiplicado por 100, assim:

$$\text{Taxa de Rotatividade} = \frac{\text{Número de pessoas que saíram}}{\text{Número total de pessoas colaboradoras no início do período}} \times 100$$

Passo a passo:

Saiba quantas pessoas deixaram a organização (desligamentos voluntários, involuntários ou ambos). Imagine que tenham saído 10 pessoas colaboradoras.

Calcule a média de pessoas:

$$\text{Média de Colaboradores} = \frac{\text{Pessoas colaboradoras no início do período} + \text{Pessoas colaboradoras no final do período}}{2} \times 100$$

Imagine que tenhamos 90 pessoas colaboradoras no início e 110 no final. Substituindo na fórmula e calculando, teremos uma média de 100 pessoas colaboradoras. Como sabemos que saíram 10 pessoas, vamos dividir pela média, que é 100. Multiplicaremos o resultado por 100 e teremos 10% de taxa de rotatividade.

Você pode calcular o **índice de produtividade** para entender a eficiência das pessoas colaboradoras ao executarem suas atividades, que é igual à produtividade atual dividida pela produtividade esperada, multiplicada por 100. Com o resultado, você consegue ver o percentual da capacidade esperada que a organização está operando.

$$\text{Índice de Produtividade} = \frac{\text{Produtividade Atual}}{\text{Produtividade Esperada}} \times 100$$

Passo a passo:

Se eu produzo atualmente 90 itens e a empresa espera que eu produza 100 itens, eu atingi 90% da produtividade esperada pela organização.

O mesmo pode ser feito para área de vendas. Se eu vendi 50 mil em um mês, mas era esperado que eu vendesse 60 mil, alcancei apenas 83,33% da meta.

$$\text{Taxa de Crescimento da Força de Trabalho} = \frac{\text{Número de pessoas colaboradoras atuais} - \text{Número de pessoas colaboradoras anteriores}}{2} \times 100$$

Passo a passo:

Vamos trabalhar com dois períodos.

1. Número de pessoas colaboradoras atuais (dezembro) = 250
2. Número de pessoas colaboradoras anteriores (janeiro do mesmo ano) = 200

Se substituirmos na fórmula e calcularmos, teremos como resultado um crescimento de 25% da força de trabalho no período (janeiro a dezembro, ou seja, um ano).

Existem outros cálculos e indicadores que podem te ajudar a entender a sua força de trabalho, como a **taxa de absenteísmo** e o cálculo do **ROI (retorno do investimento) em aquisição de talentos**.

O mais importante é que você aumente o seu campo de pesquisa com as referências bibliográficas e buscas próprias para descobrir a melhor maneira de atender às necessidades de sua organização.

Conheça diversos autores e seus respectivos pontos de vista, que podem ter semelhanças e diferenças, e não caia no viés da confirmação, pois não se trata de buscar o que é melhor para você, e sim o que é melhor para a organização. Combinado?

2.6.2.1 *Segmentação das suas necessidades de contratação – uma etapa que antecede o mapeamento de competências*

Você precisa mapear os talentos que deseja contratar para que consiga alcançar os objetivos estratégicos de sua organização. Para isso, há duas perguntas que você deve fazer: qual é a importância e o impacto desse talento e quão escassas são as competências dessa pessoa. Utilize o quadrante da Figura 2.6 como ponto de partida.

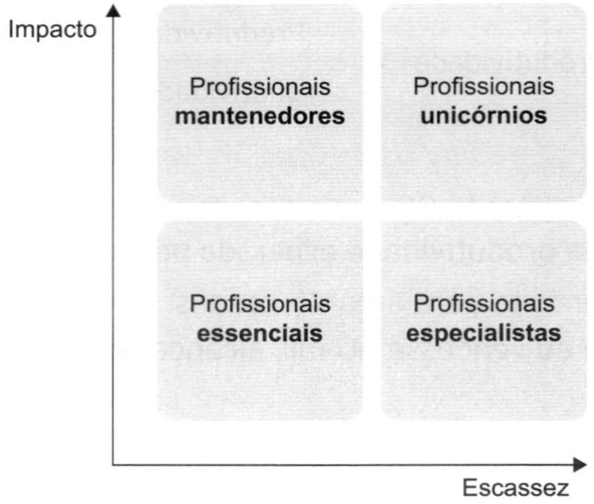

Figura 2.6 Segmentação das necessidades de contratação.

Os profissionais unicórnios têm competências escassas, por isso são difíceis de serem encontrados. Eles custam caro: para você ter um desses em sua equipe, é preciso investir em diversas etapas do seu funil para atrair esse talento raro. Exemplos: executivos *c-level* (CEO, CFO, CMO, CTO, CHRO etc.), especialistas em tecnologia, engenheiros de *software* etc.

Muitas empresas contratam serviços de *headhunters* para buscarem esses profissionais unicórnios e cobram um valor (p. ex., primeiro salário), o que aumenta ainda mais o seu orçamento de aquisição de talentos.

Os profissionais especialistas causam menos impacto que os unicórnios, mas ainda são escassos no mercado. Buscam desenvolvimento na carreira e cuidam da própria carreira, por isso selecionam bem as empresas que são possíveis empregadoras. Exigem competências avançadas e grande experiência. Exemplos: cientistas de dados, desenvolvedores, especialistas em IA, consultores de recursos humanos etc.

Já os profissionais mantenedores são fáceis de encontrar e geram alto impacto. São muito importantes para a continuidade das operações da sua organização e exigem competências específicas e/ou experiência média. Exemplos: média gerência, especialistas em marketing digital etc.

E, por último, os profissionais essenciais, que são fáceis de encontrar e têm baixo impacto individual. Exemplos: analistas de suporte técnico, assistentes diversos (p. ex., administrativos, de RH, financeiros), operadores de máquina etc.

O próximo passo é definir o orçamento de contratação para cada um desses profissionais e distribuir elementos do orçamento nos quadrantes. Assim, você facilita a visualização do seu investimento em aquisição de talentos.

2.6.2.2 *Definindo o orçamento de aquisição de talentos*

Os custos referentes aos gastos totais associados ao processo de aquisição de talentos que devem ser calculados para planejar corretamente o orçamento necessário para a área. Entenda os custos associados ao TA em um investimento.

O primeiro passo para estimar os custos é **revisar o planejamento da força de trabalho** (*workforce planning*) - abordado no tópico anterior - para estimar quantas contrações serão necessárias em determinado período, considerando vacâncias por rotatividade e afastamentos que se repetem de modo padronizado.

Documentos de períodos anteriores + rotatividade

É importante ter acesso aos dados relativos aos documentos de aquisição dos anos anteriores para que você e as lideranças possam discutir de modo a definir o número mais próximo da realidade da sua organização de pessoas a serem contratadas em determinado período.

Além do número de pessoas a serem contratadas, os dados desses documentos podem orientar o cálculo de outros custos inerentes ao processo de aquisição de talentos, como salário das pessoas recrutadoras, divulgação da vaga, EB, ATS etc.

Número de contratações

Exemplo prático:

De acordo com a estratégia de crescimento e o cálculo da rotatividade que você elaborou, é hora de calcular o número total de novas contratações para executar o planejamento da força de trabalho.

Imagine que atualmente você tenha 800 pessoas colaboradoras em seu quadro de pessoal e pretende aumentar esse número com mais 200 contratações em determinado período, chegando a 1 mil pessoas. Esse seria o mundo ideal, mas infelizmente não é, e vou explicar.

Muitas vagas precisam ser preenchidas de modo urgente por conta de demissões inesperadas. Você pode calcular a sua taxa de rotatividade em relação a algum período anterior para estimar essa receita extraorçamentária.

Se não considerar a sua rotatividade, você, até o final do ano, terá 1 mil pessoas colaboradoras compondo o seu quadro de pessoal. Agora, se você previr que 15% das pessoas colaboradoras podem deixar a sua organização, precisará ter mais 150 posições disponíveis para preenchimento para atingir o total de 1 mil pessoas até o fim do ano.

Dessa maneira, seria necessário contratar:

Total: 350 pessoas colaboradoras

- 200 pessoas para preencher novas posições;
- 150 pessoas para substituir o pessoal que pediu demissão ou foi demitido.

Sugestão: você pode criar uma planilha separada por departamentos e definir o número de contratações de acordo com a periodicidade que fizer mais sentido. Exemplo: mensal, trimestral ou semestral (vai depender do seu volume de contratações).

2.6.2.3 *Alguns custos do processo de aquisição de talentos que devem ser considerados*

Tecnologia

Importante saber qual é o plano contratado: se é mensal, anual ou é algo pontual. Seu ATS corresponde às suas necessidades? Você usa alguma plataforma para videoconferências? Outra tecnologia utilizada? Tudo isso precisa ser levado em consideração para definir o seu orçamento.

EB

Teremos um capítulo destinado ao tema, no qual você aprenderá a calcular os custos e o retorno sobre o investimento.

Outros custos

Programa de indicações, (re)formulação da página de carreiras, administração das mídias sociais, testes diversos, eventos da área, recrutamento via agências e *headhunters*, parcerias com instituições, divulgação das vagas, remuneração das pessoas envolvidas no processo etc.

Fórmula dos custos por contratação

A quantidade média de recursos que você gastou para contratar alguém precisa ser calculada para acompanhar o seu orçamento. É igual aos custos totais de aquisição de talentos (abordados anteriormente) divididos pelo número total de contratações.

Conclusão

No próximo capítulo, falarei sobre a etapa de conscientização do funil de recrutamento, essencial para o estágio seguinte, que é o de atração - grande parte desse capítulo será destinado ao Mapeamento de Competências, método complementar à sua estratégia e ao planejamento da força de trabalho.

Conscientização

3

Introdução

Nessa **primeira etapa** do **funil de recrutamento**, o seu papel é **comunicar quais são os benefícios** de trabalhar em sua organização para que as pessoas se **conscientizem** sobre a existência de sua empresa como uma possível empregadora.

Esses **benefícios** que você comunicará vão além de oferecer uma remuneração competitiva: muitas pessoas candidatas estão em busca de propósito, de alinhamento com os valores, de flexibilidade, entre outros aspectos, ou seja, querem saber se você valoriza as pessoas que compõem o seu quadro de pessoal.

O topo do funil deve começar com a **construção da reputação** da sua organização para que você possa atrair e despertar o interesse de potenciais pessoas interessadas em trabalhar em sua empresa. Para que isso seja viável, vamos cuidar da sua **marca empregadora**, que é a essência de sua empresa percebida pelas pessoas candidatas.

É o momento ideal de ter **consciência do posicionamento** da sua marca perante as pessoas candidatas em potencial ativas e passivas para que você compreenda a satisfação e as preferências atuais e futuras dos talentos e seja capaz de atraí-los.

A reputação da sua organização afeta o modo como as pessoas candidatas percebem cada etapa do seu funil de recrutamento, o que impacta se quer ou não trabalhar para uma empresa.

Mesmo que você não saiba, **a sua marca empregadora já existe** - tendo sido criada de modo consciente ou não -, e a essência é percebida por todas as pessoas, é a identidade da sua organização. Exemplos:

- se a **cultura organizacional** e o ambiente de trabalho são tóxicos, aqui começa o trabalho para mudar essa **percepção;**
- se a cultura é forte, baseada na valorização, no respeito e no reconhecimento das pessoas, por que não melhorar ainda mais?

Melhorar a sua marca empregadora pode reduzir o seu custo de contratação e melhorar seus índices de retenção, por exemplo. Por isso, para começar o processo de conscientização e criar um topo de funil capaz de atrair as melhores pessoas candidatas, é preciso responder a uma questão:

"Sua organização é um lugar no qual as pessoas candidatas gostariam de trabalhar?"

Independentemente de a sua resposta ser "sim", "não" ou "não sei", o mais importante é que tenha um porquê, pois será o seu ponto de partida para tornar a sua empresa um lugar que atraia as melhores pessoas candidatas.

3.1 Diferenciando *Employer Branding* de *Employee Value Proposition*

No capítulo anterior, falei sobre os conceitos, que serão repetidos e aprofundados a seguir para que haja um melhor entendimento e, assim, não erre na hora de criar uma estratégia adequada aos objetivos e às necessidades organizacionais.

O ***Employer Branding*** (EB) é o processo de criação de um lugar diferenciado de trabalho e sua promoção para os talentos de que a organização precisa para atingir os seus objetivos. Pode também ser chamado "**Gestão da Marca Empregadora**". É muito mais que uma mera propaganda.

Depois de criar uma marca empregadora que vai diferenciar a sua organização da concorrência, você precisa criar ou otimizar o seu ***Employee Value Proposition*** (EVP), que é a **proposta de valor para a pessoa colaboradora**, que consiste no que você oferece e comunica para que as pessoas candidatas tenham uma razão para escolher trabalhar em sua empresa.

O EVP é uma abordagem **centrada na pessoa colaboradora** e contribui para uma marca empregadora favorável. Um EVP forte é capaz de atrair e engajar os melhores talentos e reduzir os custos de contratação. A Figura 3.1 faz uma analogia aos conceitos.

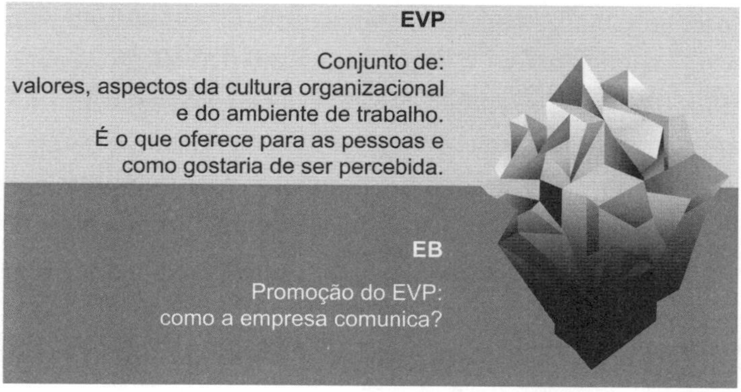

Figura 3.1 *Employee Value Proposition versus Employer Branding.*

Sem uma proposta clara de valor, o EB é um mero discurso, uma mera campanha e você perde tempo e dinheiro ao investir nessa etapa do funil de recrutamento. Para facilitar o seu entendimento, é preciso diferenciar o EVP do EB.

O **EVP** é a **promessa** que você faz para a pessoa candidata, ou seja, é a sua proposta comunicada às pessoas candidatas sobre o que elas receberão em troca de trabalhar para a sua empresa. O EB é a **mensagem compartilhada que mostra como é trabalhar na sua empresa**. Observe a Figura 3.2.

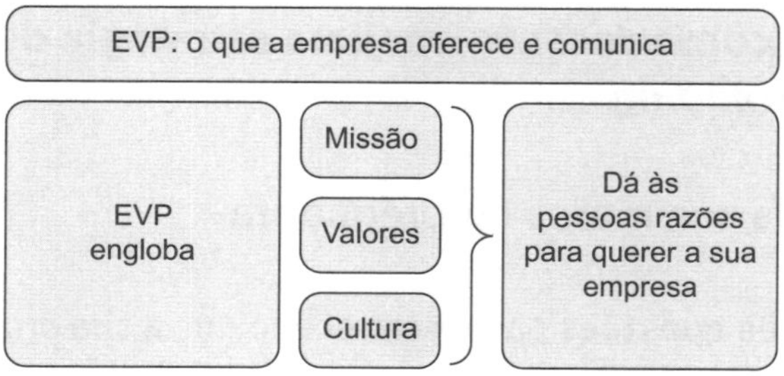

Figura 3.2 *Employee Value Proposition*: o que a empresa oferece e comunica.

O EVP é sobre o que as pessoas ganham e o EB é sobre como as pessoas são informadas sobre isso. Saber diferenciar é um passo importante para que você consiga definir as estratégias adequadas para cada um dos conceitos apresentados. Observe a Figura 3.3.

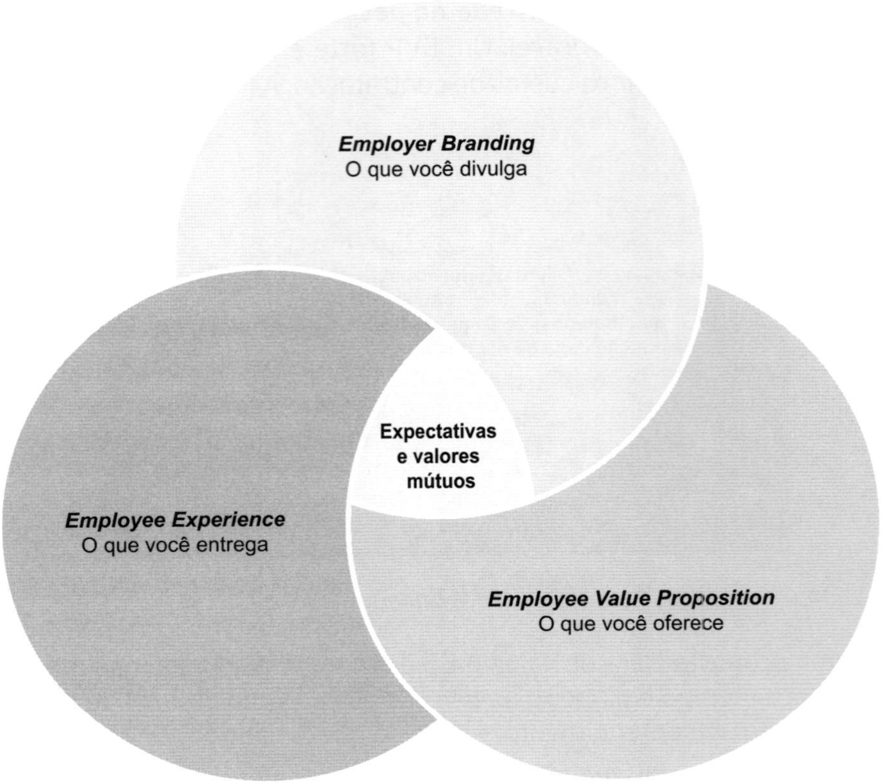

Figura 3.3 Diferenciando *Employer Branding*, *Employee Experience* e *Employee Value Proposition*.

3.2 Na prática: como desenvolver uma estratégia de *Employer Branding*

3.2.1 Revisão da sua marca empregadora

Comece com **três questões** para esclarecer o que a sua organização comunica para as pessoas candidatas:

3. O que você quer comunicar? Como?
4. Com quem você quer se comunicar?
5. Quando vai começar a comunicar?

3.2.1.1 *Como iniciar essa revisão?*

Revisão das redes sociais e de *sites* como Glassdoor, Reclame Aqui etc.

Comece utilizando o 5w2h:

- Onde estão falando da sua empresa?
- O que estão falando?
- Quem está falando?
- Como estão falando?
- Quando falaram?
- Por que estão falando?
- Quanto custa o que estão falando?

Pesquisas com pessoas candidatas, por exemplo, cNPS (*candidate Net Promoter Score*)

Volte ao **capítulo anterior** para ter um entendimento mais amplo sobre a experiência da pessoa candidata e de como calcular e trabalhar com o cNPS.

Entrevistas informais são uma boa pedida, desde que o objetivo seja comunicado previamente e a pessoa candidata aceite.

3.2.1.2 *Revisão das demais etapas do funil de recrutamento*

As demais etapas podem impactar positivamente ou negativamente. Com o cNPS, você terá a visão das pessoas candidatas sobre o seu processo, o que é necessário, mas **não é suficiente**. Que tal você mesmo revisar e fazer uma análise crítica? Responda:

- Sua marca mostra com exatidão como é trabalhar na sua empresa e explica por que devem escolher a sua empresa e não outra para trabalhar?
- As pessoas estão aceitando rapidamente a sua proposta?
- Começam a trabalhar com ânimo?
- Como é o processo de integração?

Crie outras perguntas para entender cada etapa do seu funil de maneira crítica. Por isso é fundamental ter conhecimento sobre vieses inconscientes, tema do primeiro capítulo. Você será capaz de ser imparcial ao fazer essa análise.

3.2.1.3 *Análise SWOT/Fofa*

Vai ajudar a entender os pontos fortes e os pontos fracos de cada etapa do funil, e, assim, saberá o que as pessoas candidatas apreciam ou não para que identifique ameaças e oportunidades.

Com isso, terá uma ideia sólida da estratégia que poderá desenvolver para melhorar essa primeira etapa do funil de recrutamento e melhorar o seu processo de aquisição de talentos.

3.3 Construção do *Employee Value Proposition*

O EVP faz parte da sua marca empregadora. É a partir dele que você será capaz de oferecer recompensas únicas para os talentos que se tornarão a base do seu EB, ou seja, como você vai transmitir isso para quem poderá se candidatar a uma vaga de emprego na sua organização. Observe o esquema na Figura 3.4.

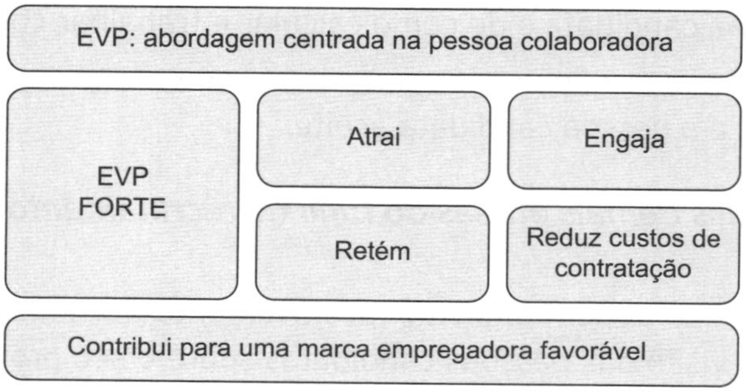

Figura 3.4 *Employee Value Proposition*: abordagem centrada na pessoa colaboradora.

O EVP constitui uma combinação de elementos tangíveis e intangíveis que você promete para as pessoas colaboradoras em troca de produtividade e resultados. Sabe quando você trabalha em uma excelente empresa e pedem a você que descreva como é trabalhar nela? É sobre isso.

Cuidado: muitas empresas criam uma proposta de valor que não é coerente com o que é praticado no dia a dia, e como resultado, contratam pessoas que não se sentem felizes e motivadas. Um EVP eficaz ajuda a contratar pessoas candidatas que estejam engajadas e comprometidas com a sua cultura e os seus valores.

Existem diversos elementos que você pode adicionar ao seu EVP:

- plano de carreira;
- flexibilidade de horário;

- missão, visão, valores e cultura;
- remuneração e benefícios;
- trabalho remoto;
- equilíbrio entre vida pessoal e profissional;
- compromisso com a diversidade;
- valorização e reconhecimento; etc.

O mais importante aqui é trazer a realidade que é praticada em sua empresa. Se você dissemina valores diferentes dos praticados na sua organização, poderá atrair os melhores talentos, mas eles não permanecerão muito tempo em sua empresa. Coerência é fundamental.

3.3.1 Passos para a construção do *Employee Value Proposition* – Avaliação e investigação

Primeiro: avalie o que a sua empresa já oferece e questione-se: quais são os principais fatores que são responsáveis pela minha escolha de permanecer aqui e não ir para outra organização? Respondeu? Depois, classifique as suas respostas em elementos tangíveis e intangíveis.

Segundo: entenda o que as pessoas candidatas buscam em uma empresa antes de se candidatarem. Você pode fazer uma pesquisa interna com as pessoas colaboradoras atuais para entender o que elas mais apreciam e o que elas não gostam em sua organização.

Exemplos de perguntas para pessoas candidatas

Qual é a sua impressão geral sobre a [nome da empresa - trabalharei com o nome Expery] como um local para trabalhar?

Você está familiarizado(a) com a Expery?

Qual a sua probabilidade de se candidatar a uma vaga na Expery?

Você recomendaria a Expery para outra pessoa?

Exemplos de perguntas para pessoas colaboradoras

Quais são os valores mais importantes para você?

A Expery tem esses valores?

Os valores divulgados são coerentes com os praticados?

O que levou você a se candidatar e aceitar uma oferta na Expery?

Alguma expectativa sua não foi atendida ou foi apenas parcialmente atendida?

Você recomendaria a Expery para outra pessoa?

O poder das perguntas similares para ambos os públicos (interno e externo)

Quando você faz perguntas similares aos públicos interno e externo, é capaz de verificar se há lacunas de percepção e, assim, consiga trabalhar para melhorar a experiência da pessoa candidata e da pessoa colaboradora.

DICA

Você pode realizar esse passo com o público interno a partir de um questionário anônimo, contendo ou não a sua marca, para que possa entender as preferências de carreira das pessoas candidatas.

Para o segundo passo, use formulários (p. ex., Google Forms) a fim de criar pesquisas para facilitar a exportação e a análise dos dados. Você pode fazer pesquisas mais específicas em formato de entrevistas.

O terceiro passo é classificar as respostas das pessoas colaboradoras em departamentos e, se possível, em níveis hierárquicos, pois as pessoas são diferentes e têm necessidades e desejos diferentes. Faça o mesmo caso opte por pesquisar junto às pessoas candidatas.

O quarto passo é fazer um *benchmarking* e analisar a concorrência. Se o seu EVP for similar aos das outras empresas, como você vai conseguir se diferenciar? Não vai! Você pode verificar *sites* de carreiras, anúncios de emprego, Glassdoor, mídias sociais etc. Busque informações para entender o que faz o seu EVP ser único e singular.

3.3.2 Execução e revisão

O primeiro passo é entrevistar pessoas colaboradoras individualmente - uma pesquisa mais específica - para entender realmente se o resultado da pesquisa mais geral corresponde ao que elas realmente pensam.

O segundo passo é tabular essas informações e correlacioná-las de acordo com a cultura da sua organização para que o EVP seja coerente, e depois revisar para compreender se as pessoas entenderão cada elemento.

O terceiro passo é comunicar a sua proposta de valor para as pessoas que já trabalham em sua empresa e para as pessoas candidatas que você deseja atrair e contratar. Onde? Nos principais canais que você já utiliza.

Por último, revise constantemente, pois as pessoas podem ter necessidades e desejos diferentes ao longo do tempo. Para isso, as etapas anteriores devem ser revisadas e discutidas com frequência.

3.3.3 Categorias de *Employee Value Proposition*: questione-se

Há diferentes tipos de propostas de valor que podem ser categorizadas para facilitar a sua vida e criar significado para um conjunto de dados.

- **Desenvolvimento**

Há possibilidades para se desenvolver profissionalmente?

- **Liderança**

As pessoas que são líderes são éticas e respeitam as pessoas colaboradoras?

- **Remuneração**

O trabalho é recompensado adequadamente?

- **Social**

É um bom ambiente de trabalho, com pessoas talentosas e uma cultura inclusiva?

- **Aplicabilidade prática**

O trabalho permite que as pessoas apliquem as competências adquiridas?

- **Equilíbrio entre vida pessoal e profissional**

Há flexibilidade suficiente para que se alcance o sucesso dentro e fora do trabalho?

Essas categorias são sugestões. Você pode criar categorias que façam sentido para organizar a coleta dos dados de EVP.

3.4 Pontos importantes para que as iniciativas de *Employer Branding* sejam bem-sucedidas

Modelo *Brand Key*: um ponto de partida

É preciso que você invista tempo e esforço de qualidade definindo os principais componentes da sua marca empregadora. O modelo *Brand Key* é capaz de te orientar para criar a estratégia da sua marca empregadora, com ênfase em encontrar a melhor maneira de transmitir a sua mensagem para as pessoas candidatas.

O maior cuidado que você deve tomar com essa abordagem é que muitas pessoas definem a marca como gostariam que ela fosse vista e não na realidade da marca, que vive nas pessoas e não no modelo. Se a comunicação se afastar da realidade, as pessoas podem perceber a realidade da marca como falsa ou incoerente.

O modelo *Brand Key*, quando é desenvolvido com sucesso, ajuda a moldar o seu direcionamento estratégico e a entender como a sua marca empregadora agrega valor ao seu funil de recrutamento. Observe a Figura 3.5.

Figura 3.5 Modelo *Brand Key* (Unilever).

Força raiz

Devemos mostrar os pontos fortes que fariam com que as pessoas candidatas nos reconhecessem como potencial empregadora: é sobre o nosso posicionamento.

Ambiente competitivo

Devemos fazer uma breve declaração dos nossos principais concorrentes, ou seja, anotar todos os motivos que fariam uma pessoa escolher a nossa empresa e não outra para se candidatar e trabalhar.

Público-alvo

A demografia é importante, mas você precisa priorizar as necessidades e os desejos das pessoas candidatas. O que elas valorizam em uma marca empregadora?

Insight

É o que a pessoa candidata quer. Você precisa descrever as necessidades não atendidas e os motivos pelos quais as pessoas candidatas não avançam em cada um dos seus estágios do funil de recrutamento.

Benefício

Quais benefícios a sua marca empregadora proporciona para a pessoa candidata?

Valores e personalidade

Cinco grandes personalidades de marcas como ponto de partida. Marcas cujos valores são mais atrativos para os clientes são mais reconhecíveis.

Razões para acreditar

Aqui, deve existir coerência entre os benefícios ofertados e o que realmente acontece. Você deve encontrar argumentos que realmente descrevam por que as pessoas candidatas escolheriam trabalhar em sua empresa. Por exemplo: "As pessoas se candidatam a uma vaga de emprego da minha organização porque [...]".

Discriminador

Qual é a real diferença entre você e os seus concorrentes? O que te torna diferente? Descreva.

Essência

Pode ser utilizada como o tema da sua campanha de EB. É o que você é.

3.4.1 Apoio e colaboração da liderança

A **alta liderança** deve apoiar as iniciativas de EB, bem como outras pessoas líderes e demais partes envolvidas. Isso demonstra comprometimento e apoio para que as pessoas saibam que o que você divulga é coerente com o que é praticado no dia a dia de trabalho.

Quando pessoas líderes publicam conteúdo nas mídias sociais para comunicar a marca empregadora, por exemplo, trazer para as pessoas como é a cultura e como os valores são praticados na organização, há maior confiabilidade na marca, o que possibilita melhorar a sua atração.

3.4.2 Clareza sobre objetivos e definição de metas

Coloque-se no lugar das pessoas candidatas e se questione:

"Se eu estivesse me candidatando, teria a mesma percepção da organização que tenho hoje como pessoa recrutadora ou líder?"

"Como eu quero que as pessoas se sintam é o mesmo que estou sentindo nesse momento quando tenho contato com a empresa?"

Agora voltando ao "modo recrutador(a)/líder", quais são os seus objetivos e como você classificaria cada um deles em relação à priorização? Por exemplo, muitas pessoas buscam ampliar a diversidade no local de trabalho. Existe algum público específico que gostaria de atingir? Quais cargos essas pessoas ocuparão? Pense em outras perguntas e vá além do óbvio.

Ao responder a essas perguntas, você pode fracionar esses objetivos em metas e criar um cronograma para organizar o seu fluxo de trabalho. E depois de definir as metas, não se esqueça de definir as métricas para acompanhar e monitorar o seu progresso.

3.4.3 Métricas de *Employer Branding*

Não adianta criar a estratégia se você não é capaz de **mensurar** se o que implementou está funcionando ou não, pois, como em qualquer outra estratégia, o acompanhamento deve ser contínuo, com revisões para ajustar abordagens necessárias.

Com os indicadores certos, você é capaz de ter dados para que lideranças e outras partes envolvidas no processo tenham acesso. Para que você possa começar a definir as métricas necessárias para o seu negócio, faça algumas **perguntas-chave**:

- De quais dados você precisa?
- Como será a coleta desses dados?
- Como será feita a análise?
- Como apresentar para qualquer profissional da organização, mesmo que não seja da área?

Vamos trabalhar com **exemplos hipotéticos**. Imagine que tenhamos duas principais mídias sociais: LinkedIn e Instagram. A primeira tem publicações com muitas impressões e engajamento, já a segunda, mesmo tendo publicações diárias, não está tendo o mesmo resultado.

O que fazer? Primeiramente, **investigar** os motivos de o Instagram ter os resultados esperados para entender se é hora de investir em anúncios pagos e/ou mudar a linha editorial. Pode ser que o formato em vídeo seja mais interessante no Instagram do que no LinkedIn. **É preciso testar**.

Escolhendo os indicadores certos, você será capaz de mensurar a **força da marca empregadora**, que poderá ser medida por meio do engajamento nas mídias sociais, do tráfego no *site* e da frequência de menção à marca. As principais mídias sociais oferecem serviços de análise de dados e ainda serão abordadas com maior profundidade.

3.5 Na prática: como promover a sua marca empregadora

3.5.1 Envolvimento de pessoas colaboradoras

Atualmente, muitas pessoas candidatas buscam se conectar com pessoas que já trabalham em determinada organização para buscar referências e melhorar a qualidade e a precisão da sua pesquisa por potenciais empregadoras.

Por isso, é essencial que você saiba que pode e deve contar com as pessoas que já trabalham em sua organização, pois elas serão capazes de melhorar a reputação da sua marca empregadora para atrair as pessoas candidatas ideais para a sua empresa.

Exemplos de como envolver as pessoas colaboradoras

- intranet;
- reuniões;
- fomento à publicação nas redes sociais, como o LinkedIn;
- comunicação interna.

Como envolver as pessoas colaboradoras

Quando você estabelece políticas e diretrizes de usos de redes sociais e dá liberdade e autonomia para que essas pessoas possam agir de acordo com os valores e objetivos da empresa, você começa a ganhar embaixadores da sua marca empregadora.

- Permita que essas pessoas compartilhem conteúdo.
- Você pode coletar depoimentos reais de funcionários atuais que gostam de trabalhar para você ou de pessoas candidatas satisfeitas e compartilhar em um ou mais canais da sua escolha.
- Você pode gravar um vídeo do dia de um funcionário no escritório. É uma excelente maneira de apresentar sua empresa para possíveis contratações.
- Você pode publicar no *blog* esses depoimentos.

3.5.2 A marca empregadora pode começar de dentro para fora

Você pode treinar todas as pessoas colaboradoras da sua organização sobre a marca empregadora, pois será fundamental para criar diversas iniciativas, como:

- iniciar um programa de embaixadores que já trabalham na sua empresa;
- programa de indicações de novas pessoas colaboradoras etc.

DICA

Pessoas colaboradoras podem ser embaixadoras da sua marca no LinkedIn. Você pode conscientizar, treinar e desenvolver essas pessoas de acordo com as suas ações de EB, mas não pode forçar essas pessoas a fazerem isso. As publicações devem ser naturais e espontâneas para que seja uma relação ganha-ganha.

3.5.2.1 *Crie um programa de pessoas embaixadoras da sua marca*

Você precisa entender o poder que as mídias sociais têm para promover a sua marca empregadora, e o programa de pessoas embaixadoras que já são colaboradoras é uma tendência para a aquisição de talentos.

Existem pessoas que são as maiores disseminadoras da sua marca empregadora e representam a cultura e os valores da sua empresa. Seu papel inicial é identificar essas pessoas que são apaixonadas e recrutá-las para saber se elas estão dispostas a compartilhar experiências positivas.

Caso essas pessoas aceitem ser embaixadoras, o próximo passo é treiná-las para que elas entendam que há responsabilidades envolvidas e que as diretrizes da empresa para publicação nas redes sociais devem ser respeitadas.

Você precisa ajudar as pessoas colaboradoras a utilizarem o LinkedIn e outras redes sociais, para que sejam conhecidas como embaixadoras da marca e divulguem a sua empresa para outras pessoas.

Após o treinamento, sugira conteúdos que possam ser compartilhados e dê liberdade para que algumas pessoas possam compartilhar seus pontos de vista de maneira autêntica e única. Incentive-as a serem ativas e constantes na publicação de conteúdo.

Caso você tenha compreendido a função dos indicadores, saiba que é um trabalho a mais e essas pessoas devem ter suas contribuições reconhecidas e recompensadas de diversas maneiras.

Você pode criar uma comunidade de pessoas embaixadoras da sua marca, formando grupos para incentivar que essas pessoas façam *networking* e colaborem entre si para que possam compartilhar da melhor maneira possível.

Você precisa avaliar o desempenho do programa, por isso acompanhe diversas métricas, como engajamento e outras mencionadas neste capítulo. Não se esqueça de aprimorar o programa: receba *feedbacks*, implemente indicadores e defina prioridades, ou seja, o que é relevante hoje pode não ser amanhã e vice-versa.

DICA

Você pode promover a participação de pessoas candidatas e outros *stakeholders*. Muitas pessoas vão marcar a sua empresa nas redes sociais, portanto, seja uma pessoa ativa para acompanhar os comentários e responda com rapidez e respeito para fomentar a disseminação de sua **reputação como empregadora**.

Crie um tutorial sobre criação/edição de perfil no LinkedIn, de 30 a 60 minutos, caso seja vídeo (não se esqueça das legendas). Você pode fazer por texto com imagens e combinar com o(s) vídeo(s). Também pode ministrar esse treinamento (*online* ou *in company*) ou até mesmo contratar algum profissional externo.

Você pode criar recompensas para estimular as pessoas colaboradoras a criarem e editarem seus próprios perfis, criarem conteúdo e interagirem com o público. As recompensas podem ser criadas a partir de indicadores que devem ser pré-definidos:

- número de novos seguidores;
- recorde de curtidas, comentários e/ou compartilhamentos;
- quantidade de perfis campeões (100% preenchidos) etc.

Muitas dessas recompensas devem constar no seu orçamento, caso decida ir por esse caminho. Lembre-se de que, quanto mais as pessoas que trabalham em sua organização interagem no LinkedIn, melhor para a sua reputação ser cada dia melhor.

Você pode começar pedindo para que a liderança inicie as postagens de maneira ativa, pois nada melhor do que o exemplo. Se a liderança faz, a tendência é que as outras pessoas se envolvam e o comportamento seja replicado.

Entenda bem: o programa de embaixadores não pode existir por existir, deve haver uma ou mais necessidades específicas, caso contrário, será perda de tempo e de dinheiro para você e sua organização.

Por isso, é necessário que você comece a estabelecer objetivos e metas e a criar e implementar métricas e indicadores de desempenho para acompanhar e mensurar o sucesso do seu programa.

Lembre-se de que o programa deve contar com pessoas embaixadoras que representem a cultura da empresa. Trocando em miúdos, aquelas que "têm a cara", "que têm o DNA" da organização. Você pode permitir a candidatura voluntária e/ou abordar algumas pessoas - não se esqueça de definir critérios para essa seleção. Exemplos:

- habilidade de comunicação verbal e escrita;
- criatividade;
- capacidade de influenciar outras pessoas;
- motivação para falar bem da empresa;
- desempenho no trabalho etc.

Um dos pontos mais importantes da seleção é que haja diversidade.

Exemplo prático:

Planejamento

Empresa: Expery (treinamentos corporativos sobre aquisição de talentos)

Primeiramente, como é a participação da sua organização nas mídias sociais? Depois, qual é a disponibilidade da sua organização para iniciar um programa de pessoas embaixadoras? Descobriu? Então é hora de definir o seu público-alvo.

Entenda que as pessoas precisam estar engajadas e que deve existir um alto nível de confiança entre as pessoas colaboradoras e a organização, caso contrário, o programa pode falhar.

Pesquisa para entender se a sua organização está pronta para iniciar um programa de pessoas embaixadoras

A melhor maneira de entender um cenário é questionando, por isso, encomende uma pesquisa para entender se a sua organização está pronta para o programa e se as pessoas se sentem confortáveis para assumir essa responsabilidade como embaixadoras.

Público-alvo

Você precisa definir quais áreas e níveis hierárquicos participarão do programa, entender se essas pessoas têm contas e perfis ativos nas mídias sociais, em quais mídias sociais têm maior nível de atividade e por quais dispositivos acessam as mídias.

Monitoramento das mídias sociais

Temos que criar um ponto de partida, e, para isso, precisamos criar um documento com os principais dados das mídias sociais, que podemos pedir às pessoas participantes. Quanto mais simples, melhor.

Imagine que você me peça para mandar uma captura de tela dos meus dados do LinkedIn de hoje. Eu mandaria para você diversas capturas de tela – o ideal é você criar e oferecer um tutorial para que lhe enviem exatamente o necessário.

Figura 3.6 Análises e ferramentas do meu perfil do LinkedIn.

Como se pode observar pela Figura 3.6, os dados são gerais. Caso queira aprofundar a análise, é necessário clicar em cada um dos quadrantes para ter os dados com maior precisão. Se eu clicar no primeiro quadrante, aparecerá a tela correspondente à Figura 3.7.

Figura 3.7 Análise das impressões do meu perfil do LinkedIn.

Nessa tela, eu posso mudar de 7 dias para 14, 28, 90 e 365 dias. Caso eu queira meus dados nos últimos 365 dias, vou ao canto superior esquerdo, onde está localizado o botão "Últimos 7 dias", e mudo para "Últimos 365 dias".

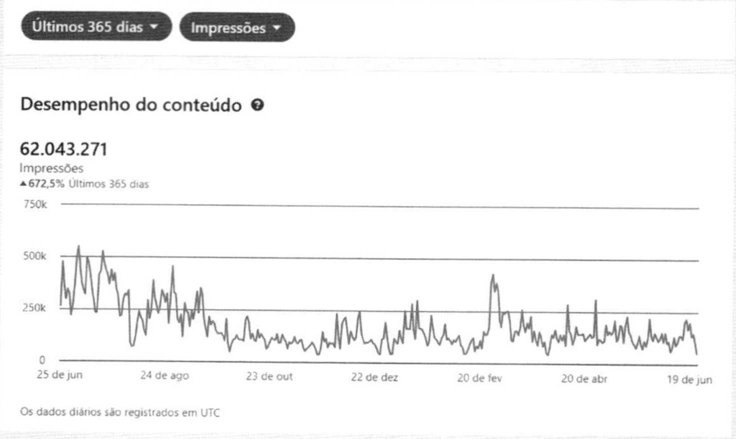

Figura 3.8 Análise do meu perfil do LinkedIn por 365 dias.

As Figuras 3.8 e 3.9 dizem respeito ao número de impressões. Caso eu queira, posso clicar no botão "Impressões" e mudar para "Engajamento", que segue a mesma lógica no tocante aos períodos que eu gostaria de analisar.

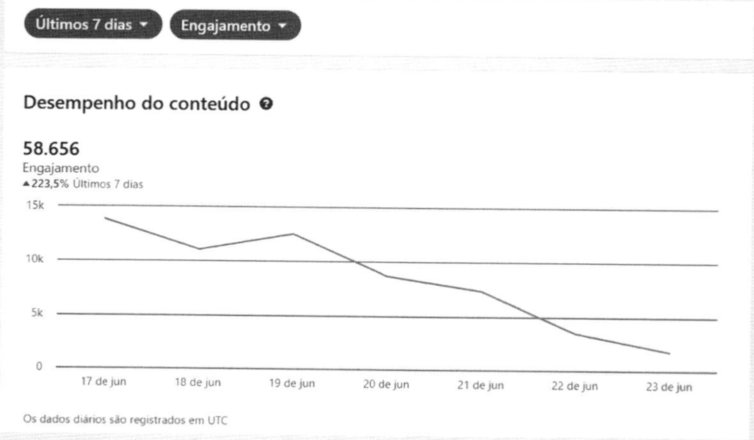

Figura 3.9 Análise do meu perfil do LinkedIn por 7 dias.

Por último, posso acessar as publicações de melhor desempenho global por período, como nos itens anteriores. Observe a Figura 3.10.

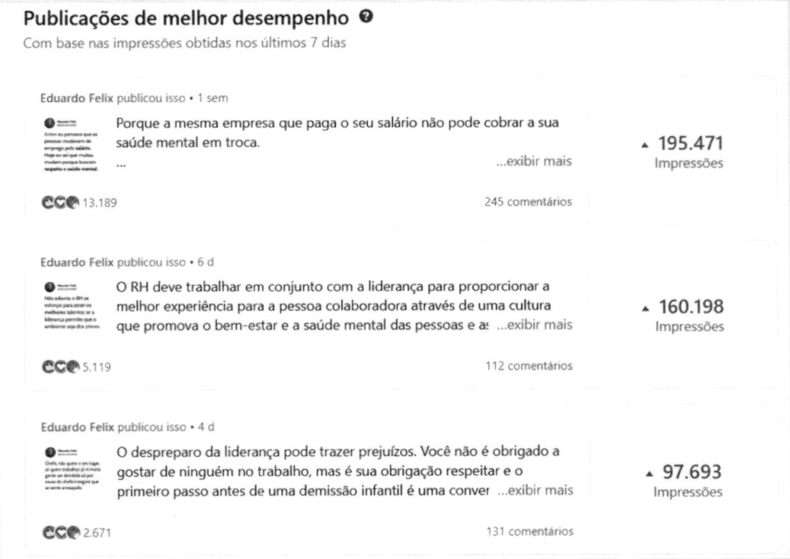
Publicações de melhor desempenho
Com base nas impressões obtidas nos últimos 7 dias
Eduardo Felix publicou isso • 1 sem
Porque a mesma empresa que paga o seu salário não pode cobrar a sua saúde mental em troca.
...
...exibir mais
13.189
245 comentários
195.471
Impressões
Eduardo Felix publicou isso • 6 d
O RH deve trabalhar em conjunto com a liderança para proporcionar a melhor experiência para a pessoa colaboradora através de uma cultura que promova o bem-estar e a saúde mental das pessoas e a: ...exibir mais
5.119
112 comentários
160.198
Impressões
Eduardo Felix publicou isso • 4 d
O despreparo da liderança pode trazer prejuízos. Você não é obrigado a gostar de ninguém no trabalho, mas é sua obrigação respeitar e o primeiro passo antes de uma demissão infantil é uma conver ...exibir mais
2.671
131 comentários
97.693
Impressões

Figura 3.10 Análise do meu perfil do LinkedIn por desempenho.

Você poderá clicar em outros quadrantes para acessar os dados que precisa. Na Figura 3.11, ocorrências em resultados de pesquisa e o nome dos cargos que procuraram o meu perfil no LinkedIn.

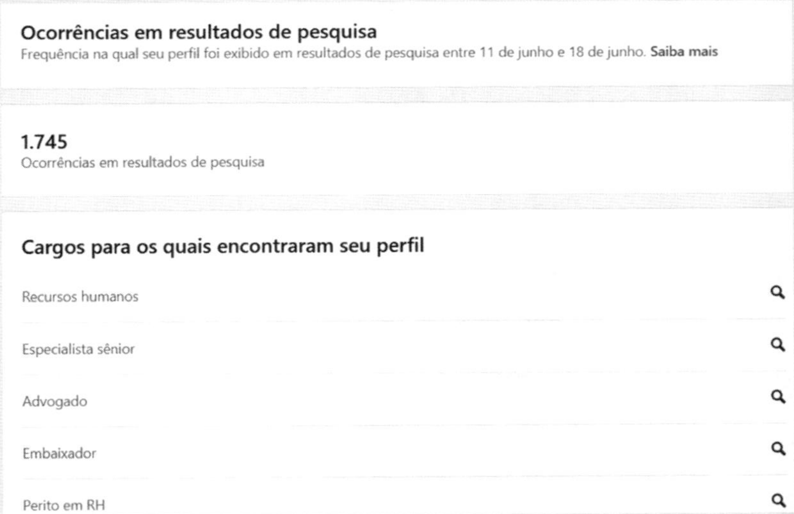
Ocorrências em resultados de pesquisa
Frequência na qual seu perfil foi exibido em resultados de pesquisa entre 11 de junho e 18 de junho. Saiba mais
1.745
Ocorrências em resultados de pesquisa
Cargos para os quais encontraram seu perfil
Recursos humanos
Especialista sênior
Advogado
Embaixador
Perito em RH

Figura 3.11 Análise do meu perfil do LinkedIn por resultados de pesquisa.

Eu posso ter acesso também ao número de visualizações do meu perfil, ou seja, pessoas que entraram no meu perfil para fins diversos – algo difícil de saber de modo quantitativo. Veja a Figura 3.12.

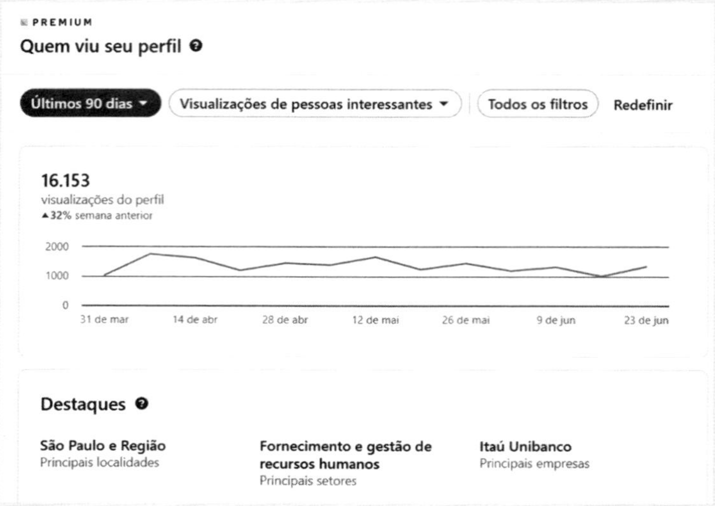

Figura 3.12 Análise do meu perfil do LinkedIn por visualizações.

Você ainda consegue aplicar outros filtros, que são as principais empresas nas quais trabalham as pessoas que te visitaram, os setores e as localidades, ou seja, é possível gerar dados ainda mais qualificados. Observe a Figura 3.13.

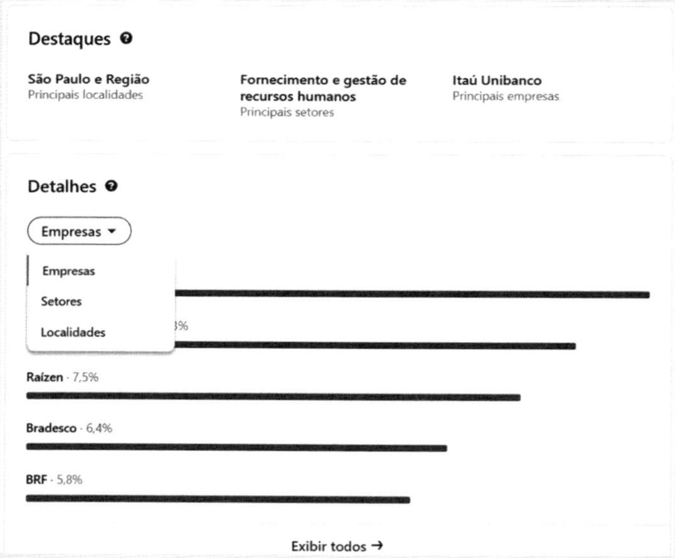

Figura 3.13 Análise do meu perfil do LinkedIn detalhado.

Por último, o mesmo pode ser feito com as postagens. Você precisa clicar em visualizar análise ou no número de impressões. Quando você faz isso, tem uma análise completa da publicação, que pode ser exportada em uma planilha do Excel gerada pelo próprio LinkedIn (botão azul "exportar" no canto superior direito). Observe a postagem na Figura 3.14 e seu desempenho na Figura 3.15.

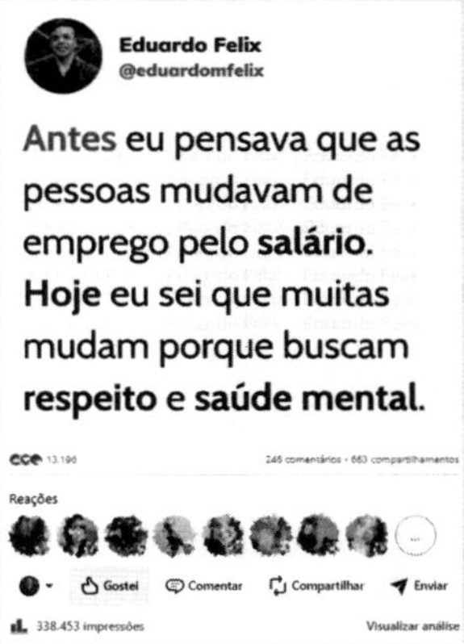

Figura 3.14 Publicação que viralizou no LinkedIn.

Figura 3.15 Análise de uma publicação no LinkedIn.

Eu posso fazer esse tipo de análise com todas as pessoas embaixadoras e depois documentar em uma planilha. Exemplos de campos que você pode utilizar: semana/mês/trimestre/ano da análise, rede social auditada (colocar o nome e o *link* do perfil), impressões, engajamento crescimento/declínio das impressões e do engajamento etc.

Você pode separar as planilhas por mídia social - ter uma apenas para o LinkedIn ou uma apenas para o Instagram. Pode separar por pessoa embaixadora e trazer todos os dados por planilha da pessoa embaixadora. Faça o que for mais prático e atenda aos objetivos organizacionais.

Criação de políticas de uso das redes sociais

Uma das principais falhas de qualquer programa, independentemente de qual seja, é a falta de comunicação (ou a comunicação insuficiente). Para que as pessoas saibam jogar, precisam entender as regras do jogo, e é o seu papel informá-las.

Ao criar as políticas e as diretrizes de uso, você será capaz de gerenciar os riscos de mídia social, pois mostrará como utilizar e como não utilizar as redes. O primeiro passo é criar um contrato de cessão de direitos de imagens e voz e direitos autorais - você pode encontrar facilmente diversos modelos ao pesquisar na Internet.

Exemplo de política geral

A Expery incentiva o uso das redes sociais, mas como no Direito Constitucional nenhum direito fundamental é absoluto, as redes devem ser utilizadas com cuidado, e essa política tem como objetivo facilitar e orientar a sua conduta como uma pessoa colaboradora da Expery, seja utilizando as contas corporativas oficiais, profissionais ou o seu perfil pessoal.

- Definir o que são mídias sociais e, se possível, exemplificar o máximo que puder, além de definir o que são as contas corporativas, profissionais e pessoais.
- Definir ações permitidas e proibidas nas mídias sociais.
- Definir o que configuram as violações à política e quais penalidades.
- Disponibilizar espaços para assinaturas.

DICA

Hoje em dia é possível fazer *benchmarking*. Existem vários grupos de *networking* em canais como o WhatsApp e o Telegram, que reúnem profissionais de aquisição de talentos e lideranças que trocam ideias, informações e documentos. Você pode criar a sua política a partir de uma já existente.

Política para pessoas embaixadoras

Você pode fazer o mesmo em relação à política geral. Um dos pontos mais importantes é trazer a informação de maneira explícita para pensar antes de publicar. Algumas pessoas agem por impulso e acabam prejudicando todas as partes envolvidas no processo.

Exemplo de política para pessoas embaixadoras

O programa de pessoas embaixadoras objetiva a promoção da nossa marca empregadora, e aqui na Expery incentivamos as pessoas colaboradoras a publicarem temas como [definir temas].

Disponibilizaremos mensagens prontas para você utilizar em suas redes sociais profissionais. Além disso, solicitamos que você siga as orientações desta seção ao compartilhar conteúdo relacionado ao seu trabalho em suas contas profissionais ou pessoais.

[definir orientações]

[disponibilizar espaços para assinaturas]

E depois? Você vai estabelecer objetivos e metas, conforme sugestões a seguir.

Objetivos: aqui, vou dizer o que pretendo alcançar ao criar o programa de pessoas embaixadoras.

- Fortalecimento da marca empregadora da Expery para atrair 20% mais pessoas candidatas especialistas em Aquisição de Talentos. Preciso mostrar que a Expery é um ótimo lugar para trabalhar e melhorar a taxa de retenção dessas pessoas especialistas em 10%.

Metas: aqui, vou dizer o que preciso fazer para ter sucesso com o programa de pessoas embaixadoras.

- Começar o programa com 10 pessoas colaboradoras.
- Cada pessoa deverá publicar dois *posts* por semana no LinkedIn (oito por mês).
- Desses *posts*, as pessoas participantes terão um calendário editorial que definirá os principais temas, como tema do mês, histórias de sucesso, trajetória na empresa, cultura organizacional etc.
- Cada pessoa deverá participar de um evento de áudio ou uma transmissão de vídeo por mês, de acordo com o calendário editorial.
- A meta de crescimento de seguidores da Company Page da Expery é de 10% ao mês.

Definição de métricas e indicadores de desempenho: aqui, vou dizer como acompanhar e mensurar o sucesso do programa de pessoas embaixadoras.

- Engajamento: curtida, comentários, impressões, compartilhamentos.
- Crescimento do número de pessoas que seguem a minha Company Page do LinkedIn.
- *Feedback* das pessoas candidatas durante cada etapa do processo de aquisição de talentos.
- Menção à sua marca ou a alguma *hashtag* que você utiliza.

Obs.: existem outras métricas e indicadores que você poderá conhecer ainda neste capítulo.

Seleção de pessoas embaixadoras: aqui, vou dizer como as pessoas podem se candidatar para o programa.

Divulgação da descrição da vaga

Pessoa embaixadora da Expery

Se você tem uma boa experiência na Expery, gosta muito de trabalhar aqui e quer contar para todo mundo, eis uma oportunidade: estamos procurando pessoas que estejam comprometidas com a nossa marca e queiram se tornar embaixadoras oficiais.

Como pessoa embaixadora, você terá a oportunidade de mostrar para o mundo como é trabalhar na Expery, como é a nossa cultura, quais valores nos representam e muitas histórias que são verdadeiros casos de sucesso.

Requisitos: [aqui, você definirá os requisitos necessários. Por exemplo: boa comunicação verbal, escrita, gostar de gravar vídeos, tirar fotos etc.]

Benefícios: [trazer os benefícios tangíveis e intangíveis. Por exemplo: bônus, dia de folga, chegar um dia mais tarde ou sair mais cedo, premiação e reconhecimento públicos, oportunidades etc.]

Você pode divulgar no *site* de carreira da empresa, na intranet, enviar e-mail para todas as pessoas colaboradoras etc., definindo o prazo limite para candidaturas. Você ainda pode ter apoio da liderança para que possam fornecer indicações.

Desvantagens potenciais do programa

Você precisa se planejar para que desvantagens potenciais não prejudiquem o seu programa, como:

Calendário editorial com muitas opções para possibilitar a escolha do conteúdo

Um dos maiores erros que você poderá cometer é achar que as pessoas embaixadoras podem e gostam de falar sobre qualquer assunto. Por isso, seu calendário deve conter uma variedade de assuntos e exemplos de inspiração para que a pessoa embaixadora possa ter um ponto de partida, editar e customizar.

> **DICA**
>
> Importante dizer que as sugestões de textos para cada assunto não devem ser copiadas. Não permita compartilhamento de mensagens exatas. Já vi pessoas embaixadoras diferentes publicando a mesma coisa, o que soa como *spam*.

Falta de pessoas voluntárias e candidatas (ou falta de engajamento)

É importante começar o programa com o time de aquisição de talentos, com as pessoas recrutadoras, com as pessoas que são líderes da pessoa que ainda será contratada.

Falta de autenticidade

Você não pode obrigar a pessoa a publicar e interagir nas redes sociais, pois corre o risco de perder a autenticidade, o que não fará bem para a sua marca empregadora.

Embaixadores internos podem não dar certo

Você acompanhará os resultados do seu programa, e, caso não sejam bons, pode optar por contratar embaixadores externos – influenciadores digitais, por exemplo. Eu mesmo já fui embaixador de diversas marcas em empresas nacionais e multinacionais.

Pessoa embaixadora pediu demissão

O objetivo do programa é fazer com que a sua marca empregadora seja mais valiosa e tenha uma reputação cada vez melhor. Muitas pessoas passam a enxergar a sua marca por conta de uma pessoa embaixadora; sua importância não pode ser esquecida e deve ser enaltecida.

Você precisará entender os motivos para a pessoa ter pedido demissão. Para isso, precisará conduzir uma entrevista de desligamento e, posteriormente, analisar cada um dos motivos apresentados. Algumas sugestões de perguntas para a entrevista de desligamento[1] (ligadas apenas ao programa de embaixadores):

- Como foi a sua experiência como embaixadora da nossa marca?
- Quais foram os seus principais desafios como embaixadora?
- Você achou o tempo dedicado ao programa insuficiente, ideal ou acredita que dedicou tempo demais?
- Você se sentiu sobrecarregada durante alguma etapa? Se sim, qual? Por quê?
- Sugere melhorias para o programa de embaixadores?

---

1 A entrevista de desligamento é um procedimento com maior profundidade e que deve ter outras perguntas. As sugestões deste capítulo são referentes unicamente ao programa de embaixadores.

Antes de criar as perguntas, saiba o que fazer com as respostas. Por isso, é necessário que você crie perguntas que façam sentido ao seu negócio. Depois de entender os motivos e analisar o *feedback* da pessoa que pediu demissão, o próximo passo é comunicar interna e externamente. Por último, selecionar uma nova pessoa para ser embaixadora.

Exemplo de comunicação interna

O colaborador e embaixador Eduardo Felix não faz mais parte da nossa empresa, pois decidiu assumir novos desafios na carreira. Gostaríamos de desejar boa sorte e dizer que somos gratos pelo seu trabalho desenvolvido aqui na Expery. Sua dedicação diária nos ajudou a fortalecer a nossa cultura para atrair os melhores talentos para trabalharem com a gente.

Estamos trabalhando no momento para selecionar uma nova pessoa para ser embaixadora da nossa marca.

Eduardo Felix, CHRO da Expery

Exemplo de comunicação externa

Anunciamos que o colaborador e embaixador Eduardo Felix decidiu aceitar um novo desafio e não trabalha mais na Expery. Agradecemos o seu trabalho de nos ajudar a construir e melhorar a reputação da nossa organização.

Desejamos sucesso na carreira do Eduardo Felix e daremos continuidade ao nosso trabalho de promover o bem-estar e a saúde mental para que as pessoas da Expery tenham a melhor experiência que uma empresa pode proporcionar para que seja um excelente local para se trabalhar e se desenvolver na carreira.

Expery

Pessoa embaixadora foi demitida

Quando a pessoa é demitida, poderemos ter um impacto negativo tanto internamente quanto externamente. Por isso, temos que saber lidar com essa situação para que ela não se torne um problema.

Temos que conversar com a liderança direta para entender o(s) motivo(s) da demissão e entender se a demissão teve fundamento. Depois, se possível, conduzir uma entrevista de desligamento com a pessoa embaixadora para entender a outra parte envolvida no processo.

As comunicações interna e externa vão depender das circunstâncias da demissão e da conversa que você teve com a pessoa. Muitas vezes uma demissão pode ser traumática e, nesse caso, o melhor é não comunicar, mas é importante se comunicar para tomar a melhor decisão.

Falta de treinamento e de acompanhamento

Não tem como "deixar nas mãos" das pessoas colaboradoras e desaparecer. Muitos problemas podem acontecer porque o treinamento é ministrado uma única vez e as pessoas trabalham sozinhas, sem auxílio quando precisam.

O treinamento e o acompanhamento constantes correspondem ao cenário ideal, mas não necessariamente acabarão com todos os seus possíveis problemas, que precisarão de análises mais profundas para compreensão.

Como evitar problemas para ter um programa bem-sucedido

Antes de qualquer coisa, você deve ter apoio da liderança. A pessoa que é líder direta da pessoa embaixadora deve permitir a participação da liderada e ajudar para que as atividades como embaixadora não prejudiquem o seu trabalho.

Planejamento e cronograma

Crie uma política e especifique o tempo máximo em que cada pessoa embaixadora se dedicará ao programa - caso isso não seja feito, poderá prejudicar as suas atividades principais. Além do tempo máximo, o cronograma deverá ser flexível para que a pessoa embaixadora possa conciliar o programa com o seu trabalho fim.

Sugestão de planejamento e de cronograma

Dedicação ao programa: de 1 a 2 horas por semana (de 10 a 20 minutos por dia).

Tempo mínimo: 4 horas por mês. Tempo máximo: 10 horas por mês.

Ferramentas de planejamento e controle de tempo que podem ser utilizadas

- Google Calendar: ideal para compartilhar a agenda e acompanhar as atividades das pessoas embaixadoras;
- Trello: ideal para organizar as tarefas em quadros e listas;
- Toggl: ideal para rastrear o tempo em cada tarefa;
- Google Forms: ideal para criar pesquisas e coletar *feedbacks*.

Peça apoio ao Departamento de Marketing e/ou pesquise ferramentas que podem te ajudar durante o programa de embaixadores.

Primeira semana

Atividade: treinamento

Assunto: detalhamento do planejamento de todas as atividades do mês a partir dos objetivos e das metas da organização e dos planos de ação.

Materiais: distribuição das políticas de utilização das redes sociais, cronograma e calendário editorial com assuntos distribuídos por pessoa (dar possibilidade de 2 a 4 para a pessoa escolher). Permita à pessoa sugerir temas que ela goste e domine e você discutirá se é relevante ou não - pode ser que seja para outro mês.

Obs.: o calendário editorial deverá ter os assuntos do mês, distribuídos por assunto e sugeridos para cada pessoa.

Exemplo:

Sugestões para o mês de janeiro: saúde mental (janeiro branco), tendências para a área de *Talent Acquisition* para o ano, caso de sucesso pessoal e/ou da sua equipe, tema da cultura organizacional. É importante especificar pautas para cada um dos temas.

Ideias para janeiro branco: atividades físicas, equilíbrio entre vida pessoal e profissional, autocuidado etc.

Eduardo Felix poderá escolher um ou mais temas e sugerir outro do seu interesse, que será discutido - não há garantia de aprovação.

Segunda semana

Atividade: produção de conteúdo

O que fazer: publicar de acordo com as diretrizes e o calendário editorial. Engajar (curtir e comentar) as publicações dos colegas de empresa e responder aos comentários das pessoas que interagem no seu *post*.

Terceira semana

Atividade: produção de conteúdo

O que fazer: dar continuidade ao trabalho da segunda semana ou iniciar um novo trabalho, que é a participação em um evento externo ou interno (p. ex., transmissão de vídeo ao vivo ou evento de áudio do LinkedIn).

Quarta semana

Atividade: *feedback*, reconhecimento, recompensa e planejamento do próximo ciclo.

O que fazer: reunir-se com cada uma das pessoas embaixadoras para discutir os resultados, dar o reconhecimento e recompensar. Por último, planejar o próximo ciclo - que pode ser o próximo mês.

Conciliação e integração com as atividades principais

É importante que o calendário editorial direcione os temas para as pessoas que trabalhem em áreas que tenham a ver com o assunto. Esse alinhamento é essencial para que a complexidade da atividade não seja tão grande a ponto de atrapalhar as atividades da pessoa embaixadora.

Flexibilidade

A flexibilidade é essencial para o sucesso do programa. Entenda que o principal são as atividades principais da pessoa - e as atividades de embaixadora devem se adequar a essa realidade - e não o contrário. Não sobrecarregue a pessoa embaixadora, por isso, permita pausas temporárias.

Métricas de desempenho

A comunicação deve ser clara sobre os objetivos e os resultados esperados. Um dos principais resultados é que não adianta a pessoa mandar muito bem no programa de embaixadores e mandar mal no próprio trabalho. Por isso, é necessário que haja *feedbacks* constantes.

O que fazer se uma pessoa tiver dificuldade com seu trabalho principal?

Primeiramente, você deve se reunir para ajustar as atividades de embaixadora a fim de entender o que está acontecendo. Você pode sugerir uma pausa e redistribuir as atividades para outras pessoas do programa, que devem ser consultadas (não pode ser uma imposição).

Sugestão de calendário editorial (apenas um mês)

Janeiro

Semana 1: postagem no LinkedIn sobre as tendências de *Talent Acquisition.*

Semana 2: vídeo nos *stories* do Instagram falando sobre os cuidados da sua empresa com a saúde mental das pessoas colaboradoras.

Semana 3: transmissão ao vivo sobre as novas iniciativas de sua empresa com o cuidado em saúde mental das pessoas colaboradoras para o ano.

Semana 4: reunião para *feedback* e compartilhamento dos resultados.

Observe o Quadro 3.1.

Fevereiro e meses seguintes

Fazer o que foi realizado em janeiro, com mais temas e separando por pessoa embaixadora.

Quadro 3.1 Sugestão de calendário editorial para quatro pessoas embaixadoras.

Janeiro			
Data	**Embaixador**	**Atividade**	**Tempo estimado**
Primeira semana	Embaixador 1	*Post* no LinkedIn sobre as metas da empresa para o novo ano	1 hora
	Embaixador 2	Artigo no *blog* sobre uma história de sucesso do ano anterior	2 horas
	Embaixador 3	*Stories* no Instagram mostrando como a empresa se preocupa com o bem-estar e a saúde mental	1 hora

(continua)

(continuação)

Janeiro			
Data	**Embaixador**	**Atividade**	**Tempo estimado**
	Embaixador 4	Evento de áudio no LinkedIn sobe como definir e alcançar metas profissionais no novo ano	2 horas
Segunda semana	Embaixador 1	Post no LinkedIn sobre tendências de *Talent Acquisition* para o novo ano	1 hora
	Embaixador 2	Artigo no *blog* sobre estratégias de *Talent Acquisition* utilizadas pela empresa	2 horas
	Embaixador 3	Participação em *webinar* sobre tendências de *Talent Acquisition* e compartilhamento de *insights*	3 horas
	Embaixador 4	*Feedback* do time de *Talent Acquisition* sobre mudanças nas estratégias de *Talent Acquisition*	1 hora
Terceira semana	Embaixador 1	*Post* no LinkedIn sobre a importância do janeiro branco	1 hora
	Embaixador 2	*Stories* sobre práticas de saúde mental	1 hora
	Embaixador 3	Artigo no *blog* sobre apoio à saúde mental das pessoas colaboradoras	2 horas
	Embaixador 4	Transmissão de vídeo ao vivo sobre como a empresa se preocupa com a saúde mental	2 horas
Quarta semana	Embaixador 1	*Post* no LinkedIn sobre dicas práticas para cuidar da saúde mental	1 hora
	Embaixador 2	*Stories* com depoimentos de como é trabalhar na empresa	1 hora
	Embaixador 3	Artigo no *blog* sobre a importância do equilíbrio entre a vida profissional e a pessoal	2 horas
	Embaixador 4	Participação em evento sobre saúde mental e compartilhamento de *insights* nas redes sociais	2 horas

3.5.3 Marketing de influência

É uma estratégia baseada na utilização de uma ou mais pessoas influentes nas redes sociais para divulgarem seus produtos, serviços, novidades, campanhas, projetos, mudanças etc. Um caminho alternativo para muitas organizações.

Essas pessoas são conhecidas como *influencers*/influenciadoras digitais e podem fazer *posts* pagos, conhecidos como "publiposts" ou apenas "publi", ou seja, você vai remunerar uma ou mais pessoas para fazer um *post* sobre a sua organização.

Você pode definir o *briefing* com a ajuda da sua equipe de Marketing ou contratar uma empresa especializada nesse tipo de serviço para conduzir essa atividade. Você pode até deixar que a pessoa se sinta livre para criar e depois enviar o conteúdo para sua aprovação.

Eu, Eduardo, faço muitas "publis" há muitos anos no LinkedIn e mais recentemente no Instagram e fui parceiro de diversas empresas de diversos segmentos e portes. Algumas parcerias são de longa data: eu já participei até mesmo de eventos próprios e de eventos dos quais as empresas participaram.

É importante você estudar mais sobre o tema para associar a sua marca a uma pessoa *influencer* nas redes sociais. Muitas empresas fazem contrato comigo de exclusividade no segmento que duram alguns meses e as parcerias são duradouras. As publis podem ter diversos objetivos.

3.5.3.1 *Como fazer o marketing de influência na prática*

Defina as redes sociais nas quais as pessoas influenciadoras farão as publis

Por exemplo: LinkedIn e Instagram.

Identifique e selecione essas pessoas

Essas pessoas trabalham com algo conhecido como "*media kit*". Você deve solicitar um orçamento para essas pessoas, dizendo o número de *posts*, o formato da publicação, o prazo para entregas até a aprovação do conteúdo etc. Ou você também pode chegar com um valor e oferecer – a pessoa pode ou não aceitar.

O *media kit* dessas pessoas influenciadoras deve conter métricas como engajamento e aumento do número de pessoas seguidoras – peça também o engajamento de publis anteriores, que tradicionalmente são muito inferiores ao das postagens normais dessas pessoas.

Critérios para a seleção das pessoas influenciadoras

As pessoas precisam ter a ver com o público-alvo e com os objetivos da sua campanha. O engajamento é mais importante que o número de seguidores. E o engajamento de publis é muito mais importante do que o engajamento dos *posts* normais do dia a dia.

Existem alguns tipos de influenciadores que são classificados de acordo com o número de seguidores:

- Nano: até 10 mil;
- Micro: até 50 mil;
- Macro: até 300 mil;
- Mega: até 1 milhão;
- *Top-tier*: mais de 1 milhão.

DICA

Não contrate pessoas influenciadoras apenas pelo número de seguidores, não se iluda. Existem pessoas no LinkedIn, por exemplo, que têm 100, 200, 300, 400, 500, 600 mil seguidores e um engajamento baixíssimo, com média inferior a 100 *likes* por publicação. Algumas dessas pessoas compram seguidores.

Entenda que a linha editorial que a pessoa influenciadora segue terá mais engajamento do que uma publi que essa pessoa fará por você. Por isso, uma alternativa antes de contratar essa pessoa é pedir dados de engajamento e impressões de publis anteriores.

É um erro colocar o número de seguidores como a régua principal – existem pessoas que compram seguidores. O número de seguidores não significa que a mensagem chegará ao número de pessoas que você acha que vai chegar.

Você pode contratar uma plataforma CRM ou acompanhar diariamente essas pessoas para entender a taxa de crescimento do perfil de cada uma delas, já que o engajamento é essencial para o crescimento e essencial para você pagar mais ou menos por uma publi. Exemplo: Favikon.

Outro ponto importante a ser considerado é a autenticidade, ou seja, a maneira única que cada pessoa influenciadora tem para falar da sua marca. Entenda que a pessoa influenciadora sabe como se comunicar com o próprio público – quando você define muitas regras, pode fazer com que a pessoa perca a autenticidade.

Apresente o conteúdo e o *briefing*

No *briefing*, mostre os objetivos da campanha e da colaboração, ou seja, o que você espera alcançar com a parceria. Defina o tipo de *post* que você espera. São vídeos? Figuras com texto? *Stories*? Você fará e entregará um modelo pronto ou a pessoa influenciadora terá que criar? A criação será "do zero" ou a partir de um modelo?

Defina os prazos de entrega: primeiramente, o conteúdo precisa ser aprovado para depois ser publicado. Deixe isso bem claro, pois há influenciadores que publicam sem autorização. Se puder ter o apoio do departamento Jurídico, ótimo, pois precisará criar contratos e avaliar conteúdo.

Saiba quais são os pontos principais que devem ser destacados nas publis, bem como *hashtags*, menção ao nome da empresa etc. Você poderá definir exemplos para inspirar a pessoa influenciadora a criar conteúdo para você.

Você deve acompanhar o desempenho dos *publiposts* com as principais métricas fornecidas por cada mídia social e manter um bom relacionamento com pessoas influenciadoras em caso de querer renovar a parceria em algum momento.

Exemplo de análise de dados

- Alcance e impressões: número de pessoas que viram os *publiposts*.
- Engajamento: total de curtidas, comentários, compartilhamentos e visualizações.
- Tráfego no *site*: visitas ao *site* de carreiras provenientes dos *links* nos *publiposts*.
- Candidaturas: número de candidaturas recebidas durante e após a campanha.

Existem diversas ferramentas de análise no mercado, sugiro que pesquise. Caso tenha que contratar, avalie seus objetivos e suas necessidades para acertar em sua escolha, pois é algo que vai te ajudar a tomar as decisões corretas.

Compare o resultado entre as pessoas influenciadoras e dê *feedback* para cada uma delas sobre o que foi bom e sobre o que precisaria ser melhorado. Com base nisso, ajuste a estratégia com base no desempenho e no *feedback* para campanhas futuras.

Não se esqueça que as pessoas influenciadoras dependem do algoritmo e que o resultado pode ser incerto. Pode ser que um *post* com menos impressões e engajamento cumpra melhor seus objetivos do que um com mais.

Outro ponto: a pessoa influenciadora não tem que converter *leads* - esse é o papel da equipe de vendas, não de uma pessoa influenciadora.

Conclusão

Um dos principais pontos a serem considerados é a associação de marcas: a da sua empresa e a da pessoa influenciadora. Por isso, escolha com cuidado. Os *publiposts* podem ser utilizados com diversos outros objetivos; aqui neste capítulo, trouxe apenas uma sugestão oportuna.

3.5.3.2 *Escolha dos canais*

Você pode divulgar a sua marca por meio das mídias sociais, participando de feiras de emprego e tendo uma página otimizada "trabalhe conosco" em seu *site*.

Exemplos de canais

Em quais canais você vai comunicar a mensagem que promoverá a sua proposta?

- página de carreiras;
- mídias sociais (p. ex., LinkedIn, Instagram, TikTok, Twitter, Facebook);
- anúncios pagos (ver Capítulos 4 e 10);
- vídeos;
- *blogs*;
- *podcasts* etc.

Como escolher os canais mais adequados?

Primeiramente, precisará definir o seu público-alvo: são pessoas candidatas mais experientes ou em início de carreira? Essas informações te ajudarão a segmentar de maneira correta.

Site de carreiras

Tendo ou não um *site* de carreiras, é importante que você revise os objetivos, o público-alvo e pesquise outros *sites* de empresas concorrentes ou não para que seja capaz de fazer atualizações e adequações.

Caso não tenha um *site* de carreiras, é necessário comprar um domínio (p. ex., www.eduardofelix.com). Há diversos planos de assinatura: a maioria oferece planos de 1, 2 e 3 anos. Depois, você precisa comprar um serviço de hospedagem para hospedar o seu *site* – os planos oferecem os mesmos prazos do domínio.

DICA

> Há *sites* que oferecem um pacote de domínio e hospedagem e dão alguns benefícios. Caso você não tenha uma equipe que te ajude, pode contratar alguma plataforma que seja intuitiva e que permita que você mesmo construa o *site*.
> Para domínio e hospedagem, já utilizei Hostinger e Hostgator. Para construção de *sites*, já utilizei ambos citados anteriormente e Wix.
> Você pode optar por hospedar as vagas em seu *site* de carreiras, integrar com algum ATS (do inglês *Applicant Tracking System*, tema para o próximo capítulo) e direcionar para algum *site* específico, como Vagas e Gupy.

Integração com o ATS

Considere o uso de sistemas de gerenciamento de conteúdo para possíveis integrações com o seu ATS – tema que será aprofundado no próximo capítulo, com exemplos de alguns que já utilizei.

Otimize seu *site* para mecanismos de busca (SEO)

Você será capaz de aumentar a visibilidade do seu *site* de carreiras e atrair pessoas candidatas mais qualificadas ao utilizar ferramentas de SEO (do inglês *Search Engine Optimization*, ou otimização para motores de busca/pesquisa).

Inclua palavras-chave relevantes, metas, descrições, títulos de página e URLs amigáveis. Existem plataformas que podem fazer isso por você. Pesquise. Caso tenha uma equipe de Marketing Digital, peça ajuda.

Eu só utilizei a SEMrush, que pode ser cara para empresas de menor porte. A interface é bem intuitiva. Por isso, sugiro que comece a pesquisar sobre as plataformas disponíveis no mercado para contratar a mais adequada à sua realidade.

E-mail marketing

Ferramenta essencial para as suas campanhas de EB, pois você poderá se comunicar diretamente e de maneira mais próxima com as pessoas candidatas para que consiga melhorar a conscientização delas sobre a sua marca empregadora.

Muitas dessas plataformas oferecem capacitação para que você não dependa da equipe de Marketing. Já testei a RD Station e a E-goi (nacionais) e a Mailchimp (internacional).

Você pode entregar conteúdo por e-mail marketing criando um *newsletter*/boletim informativo (necessário definir o período, por exemplo, semanal, quinzenal, mensal). No caso do EB, você pode segmentar para as pessoas colaboradoras (potenciais candidatas internas) e para as pessoas candidatas externas.

É importante criar um título, inserir a data da publicação, ter a logo da empresa para identificação como marca empregadora. Muito cuidado com a saudação personalizada (com o nome da pessoa, por exemplo, "Olá, Eduardo"). Muitos *newsletters* são disparados com o nome errado ou da seguinte maneira: "Olá [nome]!". Não pode ser assim.

Exemplos de conteúdo para o seu boletim informativo via e-mail marketing

Divulgar vagas de emprego, mostrar a cultura organizacional a partir de depoimentos de pessoas colaboradoras, divulgação de eventos e dicas de carreira (como funcionam os principais *sites*, como fazer um currículo, como se preparar para entrevistas de emprego, como fazer transição de carreira etc.).

> **DICA**
>
> Esses assuntos podem ser transformados em *e-books* e utilizados em campanhas pagas nas redes sociais para que você consiga aumentar a sua base de e-mails de potenciais candidatas.
>
> Você pode utilizar o conteúdo gerado via e-mail marketing no seu *site* de carreiras, criando uma página ou seção de *blog* e segmentando por assunto.

3.6 Interlúdio cultura organizacional e clima organizacional: o que você precisa saber para essa e outras etapas do seu funil

A cultura explicada de maneira simples

Nós, seres humanos, podemos até ter muitos pontos em comum, mas o que realmente nos diferencia dos outros é a nossa **personalidade**, que é única. Até aqui tudo bem? Então vamos avançar. Já **as empresas se diferenciam pela cultura**, que é como se fosse a nossa personalidade.

3.6.1 Cultura organizacional: conceito

Ela pode ser compreendida como um conjunto de crenças, valores e atitudes de uma empresa, e como esses aspectos influenciam o comportamento das pessoas colaboradoras. Observe a Figura 3.16.

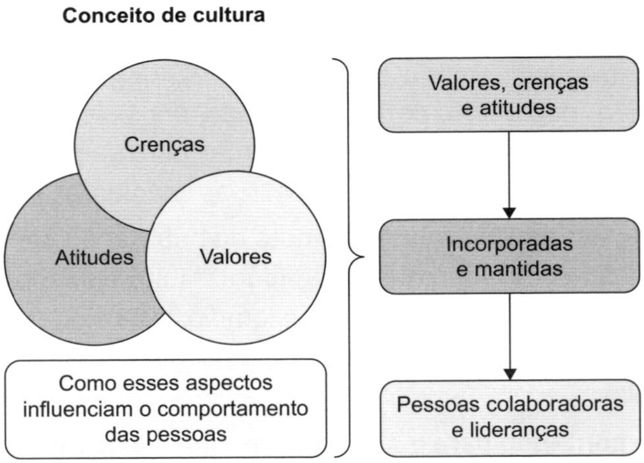

Figura 3.16 Conceito de cultura organizacional.

A cultura é abstrata, e as crenças incorporadas e mantidas pelas pessoas colaboradoras e lideranças são transmitidas e se revelam por meio de políticas e expectativas não escritas. Por isso, é difícil mudar a cultura.

É a mesma coisa que clima? Não! A cultura representa a verdadeira imagem da organização. O clima se refere às percepções e aos comportamentos compartilhados pelas pessoas, é o sentimento de cada uma em relação a uma cultura.

O clima engloba os esforços para mensurar e melhorar o engajamento das pessoas e é muito mais fácil de vivenciar e mensurar do que a cultura organizacional.

É baseado na opinião das pessoas, na atitude que elas têm em relação ao ambiente de trabalho. O clima pode ser também uma resposta emocional a algum estímulo. Observe a Figura 3.17.

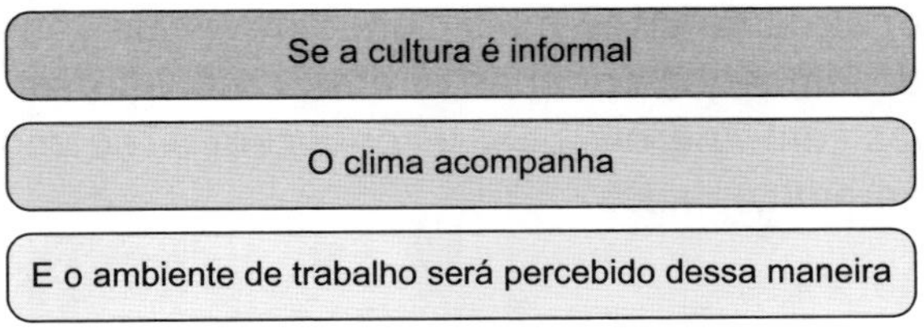

Se a cultura é informal
O clima acompanha
E o ambiente de trabalho será percebido dessa maneira

Figura 3.17 O clima é a maneira como as pessoas percebem a cultura.

3.6.2 Como uma cultura é formada?

Os fundadores moldam a cultura organizacional e depois as pessoas que vão assumindo continuam com a formação de acordo com o que pensam, acreditam e valorizam. O desenvolvimento ocorre ao longo do tempo.

Essa cultura pode ter sido criada por seus principais membros de modo consciente ou pode ter simplesmente evoluído ao longo do tempo. A ideia de cultura organizacional é de alguma forma intangível, não podemos tocá-la e nem a sentir, mas ela está lá, atuando, assim como o ar que respiramos.

Se os fundadores e dirigentes acreditam que uma organização só funciona se controlarem de modo rígido as pessoas colaboradoras, é isso que será implementado, e as políticas e os procedimentos da empresa serão baseados no autoritarismo. No entanto, se acreditam que as coisas são melhores em um cenário de democracia, assim serão as políticas e os procedimentos. Lembra que eu falei que as pessoas se diferenciam pela personalidade e as empresas pela cultura?

É isso: a cultura gera uma identidade que pode ser reconhecida pelas pessoas. O tempo de permanência das pessoas envolvidas no processo de formação e de desenvolvimento da cultura é essencial para a identidade. Vou dar um exemplo: se a rotatividade é alta nesse nível e as pessoas são diferentes em pouco tempo, fica difícil criar uma identidade.

A cultura molda o comportamento e as relações das pessoas em cada organização. É essencial para melhorar esforços de recrutamento, retenção, marca empregadora e engajamento, fatores essenciais para superar a concorrência. A cultura é revelada de acordo com o modo como as pessoas colaboradoras e os clientes são tratados, inclusive pela liderança, pela diversidade e pela inclusão, pela ética no trabalho, entre outros fatores. Observe a Figura 3.18.

As culturas são importantes para o sucesso de qualquer empresa por diversos motivos. Elas oferecem uma identidade organizacional às pessoas colaboradoras, ou seja, essas pessoas conseguem saber o que ela representa. O conhecimento da cultura ajuda as novas pessoas contratadas a entenderem o que ocorre na organização e proporcionam uma visão mais clara, em vez de confusão. Também ajudam a estimular o desempenho por suas tarefas, caso valorize pessoas criativas e altamente produtivas como heróis, pois reconhecem e recompensam - muitas se tornam modelos a serem copiados.

Figura 3.18 Importância da cultura organizacional.

Analise e monitore o desempenho do seu *site* de carreiras

Seu *site* de carreiras oferece a oportunidade de você dar sequência à sua estratégia de EB, pois apresenta diversos elementos da sua organização, como a cultura, o ambiente de trabalho, os benefícios etc. Não é apenas um meio de divulgar suas vagas.

Você pode utilizar **ferramentas analíticas** para entender o comportamento das pessoas visitantes e assim direcionar seus esforços de EB. Você poderá acompanhar diversas métricas, como o tráfego, a taxa de conversão, interações, o desempenho das campanhas etc.

3.6.2.1 *Exemplos de ferramentas analíticas*

Trarei as três ferramentas que já testei e utilizei (duas internacionais e uma nacional). O seu papel como pessoa profissional de aquisição de talentos é pesquisar essas e outras ferramentas existentes e testar o que funciona de acordo com a realidade do seu negócio. Se possível, peça apoio e trabalhe em conjunto com o Marketing.

Internacionais: Google Analytics, SEMrush

Nacional: RD Station

Um dos fatores mais interessantes é que algumas dessas ferramentas podem ser combinadas, dependendo da sua necessidade, disponibilidade de tempo e orçamento.

Com a coleta de dados, você será capaz de ter indicadores e métricas para tomar decisões baseadas em dados. Alguns dos principais são listados a seguir.

Número total de visualizações

Representa o número total de pessoas que visitam o seu *site* de carreira.

Fonte de visitantes

Vai mostrar a origem das visitas. São provenientes do seu *site* de carreiras? Vem de uma ou mais mídias sociais?

Tempo de duração das visitas

Vai mostrar o tempo que cada pessoa permanece em sua página.

Conversão de pessoas candidatas

Número de candidaturas concluídas/total de visitantes × 100

Taxa de desistência

Número de visitantes que abandonam uma candidatura/número total de candidaturas iniciadas × 100

Experiência de entrevista no Glassdoor

Pessoas colaboradoras atuais e antigas podem analisar a empresa no *site* Glassdoor; com isso, outras pessoas podem ter acesso às análises. É possível avaliar o processo seletivo da empresa.

A classificação da experiência mostra como as pessoas candidatas se sentem em relação aos processos de atração de talentos conduzidos pela sua empresa. Se o percentual é alto, a sua reputação é boa. Se é baixo, pode ser melhorado.

Taxa de aceitação da oferta

Uma alta taxa indica a eficácia de todas as etapas do seu funil de recrutamento, inclusive a primeira, que é a conscientização. É importante coletar *feedbacks* das pessoas candidatas aprovadas e das que recusaram a oportunidade de trabalhar na sua organização para entender os seus motivos.

ROI do *Employer Branding*

A equipe de aquisição de talentos precisa provar que a etapa de conscientização é lucrativa para a empresa. Para isso, ela precisa mensurar o retorno sobre o investimento que a reputação da sua organização proporciona.

Entretanto, fazer esse cálculo é um desafio por conta da natureza qualitativa de muitas das atividades desempenhadas. Apesar disso, você poderá combinar métricas qualitativas e quantitativas para estimar o retorno sobre o investimento.

Objetivos e indicadores de *Employer Branding*

Primeiramente, você precisa definir os objetivos de sua estratégia de EB e os indicadores que serão utilizados para mensurar os resultados da primeira etapa do funil de recrutamento, que é a conscientização.

Alguns indicadores que podem ser utilizados

O aumento do tráfego no *site* de carreiras e na página da empresa no LinkedIn, as curtidas, comentários e compartilhamentos no LinkedIn (e outras mídias sociais), representam o engajamento, o aumento do número de seguidores nessas mídias, das menções positivas nas mídias e nos *sites* como Glassdoor.

É importante acompanhar e mensurar cada um desses indicadores. Por exemplo, se eu ganho mais seguidores, curtidas, comentários, minha marca se torna mais conhecida.

Se o tráfego no meu *site* aumenta e se torna constante, ganho mais visibilidade. Se em *sites* como Glassdoor e nas mídias há muitas avaliações positivas, isso melhora a minha reputação.

Custos de *Employer Branding*

Calcule os custos totais (fixos e variáveis) associados às atividades de EB na etapa de conscientização, como os de produção de conteúdo, investimento em publicidade, marketing digital, *publiposts* com influenciadores, eventos, *softwares* etc. Não se esqueça da remuneração das pessoas envolvidas e do tempo gasto nas atividades.

Atribuição de valores

Essa é uma etapa que funciona melhor com o apoio de uma equipe de Marketing Digital, pois você pode mensurar o Custo por Clique (CPC), por exemplo. Outro ponto importante é verificar a eficácia do tráfego pago (ADS).

Fórmula que pode ser utilizada para calcular o ROI

$$\text{ROI } \textit{Employer Branding} = [(\text{benefícios totais} - \text{custos totais})/\text{custos totais}] \times 100$$

3.7 Na prática: defina os objetivos de *Employer Branding*

Para **aumentar a conscientização** das pessoas candidatas sobre a marca da minha empresa como potencial empregadora, eu preciso:

1. Aumentar o tráfego da página de carreiras
2. Melhorar o engajamento no LinkedIn
3. Melhorar a reputação da minha marca empregadora.

Defina os indicadores relacionados aos seus objetivos de *Employer Branding*

1. **Para aumentar o tráfego do *site* de carreiras, preciso acompanhar:**

» o tráfego do *site* de carreiras por meio de visitas diárias, semanais, quinzenais e mensais;
» a taxa de conversão de pessoas visitantes para pessoas candidatas.

2. **Para melhorar o engajamento no LinkedIn, preciso acompanhar:**

» o engajamento (curtidas, compartilhamentos, comentários);
» o crescimento do número de seguidores.

3. **Para melhorar a reputação da minha marca, preciso acompanhar:**

» menções positivas na mídia e em *sites* de avaliação como o Glassdoor.

Defina em detalhe os custos de *Employer Branding* (valores fictícios)

Produção de conteúdo

Vídeos de marca empregadora: R$ 10.000,00

Publicidade e marketing digital

Google Ads: R$ 5.000,00

LinkedIn Ads: R$ 10.000,00

Eventos de marca empregadora

Webinars e eventos *online*: R$ 5.000,00

Ferramentas de monitoramento

Assinatura de ferramentas de análise de redes sociais e monitoramento de marca: R$ 5.000,00

Tempo das pessoas colaboradoras envolvidas no processo de *Employer Branding*

Remuneração e horas dedicadas à gestão da marca empregadora: R$ 25.000,00

Custo total: R$ 60.000,00

Mensure o impacto dos benefícios de *Employer Branding*

É importante você fazer um antes e depois para encontrar um aumento ou redução. Calcule de acordo com os itens sugeridos a seguir.

- aumento no tráfego do *site* de carreiras;
- engajamento nas redes sociais;
- redução nos custos de recrutamento.

Calcule o valor dos benefícios totais

Imagine que o valor do tráfego tenha sido de R$ 20.000,00; do engajamento, R$ 30.000,00; e da redução dos custos de recrutamento, R$ 30.000,00, totalizando R$ 50.000,00 em benefícios totais.

Utilize a fórmula com os dados coletados

ROI *Employer Branding*	=	[(benefícios totais – custos totais)/custos totais] × 100
ROI *Employer Branding*	=	[(80 mil – 60 mil)/60 mil] × 100 = 33,3%

Interprete o resultado do ROI de *Employer Branding*

O ROI é de 33,33%, ou seja, para cada R$ 1,00 investido em atividades de EB, a empresa obteve um retorno de R$ 0,33 além do investimento inicial. Isso significa que o retorno é de 33,3% do valor investido, que é considerado positivo e mostra que as estratégias adotadas geram mais valor do que o custo, tornando o investimento em EB algo a ser considerado pela empresa.

3.7.1 Crie uma apresentação para a alta liderança: conselho, direção e/ou gerência

Com os dados conforme explicados anteriormente, você poderá utilizar os elementos trazidos neste capítulo e adicionar outros de acordo com o seu objetivo de EB. E o próximo passo?

Você pode e deve **criar uma apresentação** para mostrar esses cálculos e, assim, obter apoio e até mesmo uma verba a mais em seu orçamento de aquisição de talentos no que tange à etapa de conscientização, a primeira do funil de recrutamento.

Você pode iniciar a sua apresentação com o seu **objetivo** ao mostrar os dados, **mostrar a importância** do EB. Logo depois, pode **descrever as atividades** que receberam o investimento e os objetivos do projeto.

Depois, utilize os indicadores e explique os métodos usados para a coleta de dados, mostre o valor total dos benefícios totais, dos custos totais e do ROI, com sua devida interpretação. Abra para perguntas e respostas.

Dicas finais para a sua apresentação

Utilize gráficos, tabelas e infográficos no seu *slide*, traga apenas os pontos mais importantes, valorize o tempo das pessoas que se reuniram para te ouvir e prepare-se para as principais perguntas. Você pode usar o *storytelling* para mostrar o ciclo de vida das suas iniciativas de EB.

Mídias sociais

Existem diversas mídias sociais; falarei sobre o **LinkedIn**, que é a minha especialidade - tenho centenas de milhares de seguidores - e oferece inúmeras maneiras de você mostrar a sua marca empregadora de modo a otimizar a primeira etapa do seu funil de recrutamento.

A página da sua empresa no LinkedIn pode ser uma extensão do seu *site* de carreiras, permitindo recursos adicionais para mostrar sua marca empregadora e atrair o talento certo para suas oportunidades.

Enquanto as páginas da empresa oferecem informações básicas da empresa que agradam tanto aos clientes quanto aos candidatos, as páginas de carreira são adaptadas especificamente aos candidatos a emprego e dão à sua marca empregadora a oportunidade de brilhar.

LinkedIn - Página de carreiras

O LinkedIn é a maior rede social profissional do mundo, não para de crescer e é nela que você poderá alcançar, interagir e atrair os melhores talentos. Muitas pessoas candidatas acessam a página das empresas no LinkedIn para saber mais sobre seu negócio após visualizarem uma oportunidade de emprego divulgada.

A página de sua empresa no LinkedIn é gratuita e sua obrigação básica é mantê-la atualizada e ativa com informações que as pessoas candidatas precisam saber acerca da sua organização.

Para você ter uma ideia, páginas com todas as informações completas obtêm 30% a mais das visualizações semanais. E quais os dados necessários para completar a sua página? Logotipo, imagem de capa, visão geral, URL do *website*, setor, tamanho da empresa, localização e um botão de chamada para ação ou *call to action*. Caso tenha contato com a equipe de Marketing, peça ajuda para fazer as alterações de acordo com os objetivos de sua organização.

Você sabia que uma pesquisa do LinkedIn descobriu que 68% das pessoas candidatas alinham sua busca de emprego a questões que lhes interessam? Portanto, destaque os valores da sua empresa na seção "Compromissos" da sua página no LinkedIn.

Na seção de compromissos, você poderá incluir sua posição sobre diversos elementos que podem compor o seu EVP, como diversidade e inclusão, equilíbrio entre vida pessoal e profissional etc.

Para que as pessoas candidatas possam avaliar a autenticidade dos seus compromissos, você pode publicar artigo e vídeos, por exemplo, que reforçam a reputação da sua organização.

Você pode e deve compartilhar suas políticas de local de trabalho para ajudar as pessoas candidatas a entenderem suas diretrizes para trabalho presencial, remoto ou híbrido, assim como benefícios, horários, se o escritório aceita animais de estimação etc.

Banner

Especificação da imagem: 1128 (w) × 191 (h) pixels. Há diversas plataformas que servem para que você possa criar o seu *banner* sem a ajuda de uma pessoa profissional da área.

Sua imagem de *banner* é a primeira chance de se destacar e fazer com que sua marca seja reconhecida. Você pode atualizar o seu *banner* para anunciar um novo produto, comemorar uma premiação ou promover um evento.

Seu *banner* pode e deve mudar com o tempo. Você terá visitantes repetidos, então mantê-lo atualizado mostra que você faz parte de uma empresa que cuida da própria reputação.

Eu utilizo o programa Canva para criar *banners*; criei vários logos ao longo da minha carreira por meio dessa plataforma.

Título

Fica abaixo do nome da empresa. Dependendo de seus objetivos, você pode querer resumir o que sua empresa faz, sua missão ou o tipo de talento que você está procurando. Observe a Figura 3.19.

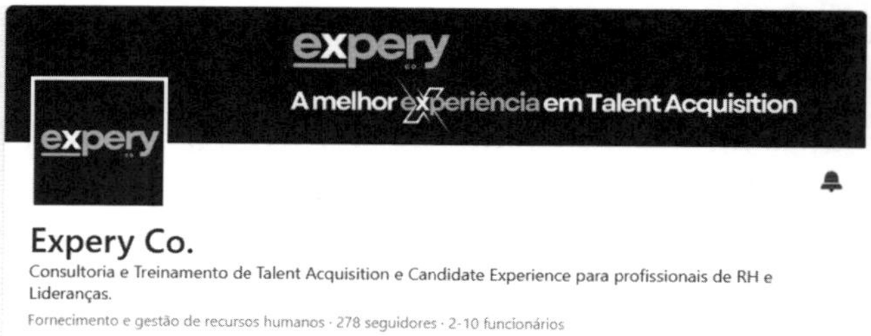

Figura 3.19 *Company Page* da Expery no LinkedIn.

DICA

Muitas pessoas colaboradoras podem utilizar o *banner* e o conteúdo da sua página nos seus próprios perfis pessoais. Facilite a vida das pessoas colaboradoras criando opções customizáveis.

Seção "Sobre"

A seção "Sobre" oferece espaço para que você insira dados de produtos, serviços e dados institucionais, como missão, visão e valores. Opte por parágrafos curtos, com um tom amigável e que reflita a cultura da sua organização. Observe a Figura 3.20.

Figura 3.20 Visão geral: campo "Sobre", ou seja, as principais informações de sua empresa.

Edite a sua página

Clique em "Editar página" no canto inferior esquerdo da sua tela. Abrirá uma janela com vários itens que podem ser editados. O primeiro deles é a visão geral, na qual você digitará a descrição de sua empresa e outras informações solicitadas, conforme a Figura 3.21.

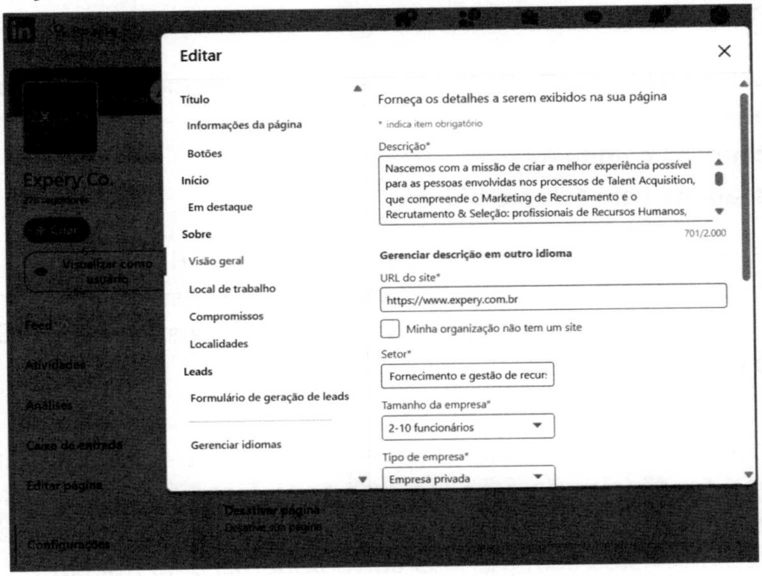

Figura 3.21 Edição da *Company Page*.

Para inserir as demais informações, basta clicar em outros tópicos e preencher de acordo com as informações que tem. A plataforma é intuitiva e não exige que você tenha um conhecimento profundo sobre o tema.

Produção de conteúdo

Regra número 1: seja constante nas mídias que escolheu, não abandone jamais. Mostre seus valores, sua visão.

Regra número 2: seu conteúdo deve refletir a reputação da sua marca. Por isso, as imagens e os vídeos devem ter boa qualidade.

Regra número 3: seja transparente. Não comunique o que você não faz: seja coerente (p. ex., fala que é uma empresa diversa, mas não há diversidade)!

Caso seja possível, peça apoio à equipe de Marketing, pois poderá envolver edição de fotos e/ou de vídeos, *storytelling* etc.

Quando você segue essas regras, fica mais fácil criar qualquer tipo de conteúdo, pois, em algum momento, você criará uma identidade visual que será percebida pelas pessoas candidatas, que, aliada à clareza sobre os seus valores, tornará a sua marca empregadora única. Isso facilita a atração de pessoas candidatas com valores convergentes aos que você divulga.

Ser transparente é fundamental em todas as etapas do funil de recrutamento, e aqui não é diferente. Quando você age dessa maneira, poderá reduzir o número de pessoas candidatas inadequadas e aumentará o número de pessoas candidatas adequadas.

Produção de conteúdo na página de sua empresa no LinkedIn

Modos de postagem:

- ***posts* normais: opte por postagens que informem, inspirem ou entretenham;**
- **perguntas e enquetes;**
- **postagens com fotos e vídeos.**

Obs.: os vídeos não precisam ser criações originais. Reaproveitar clipes de imprensa ou discursos passados também funciona bem. Observe que todos os vídeos postados na página da empresa também são puxados para a guia "Vídeo", outro bom motivo para publicá-los.

Blogs

Você pode integrar o seu *blog* ao seu *site* de carreiras e trazer conteúdos práticos, notícias, tendências da área etc. Isso pode fazer com que muitas pessoas candidatas se conectem com a sua marca. Outro ponto que pode ser utilizado nos *blogs* é fazer entrevistas com pessoas colaboradoras, algo útil para disseminar a cultura organizacional.

Podcasts

Muitas pessoas candidatas ouvem *podcasts*, e esse é um meio para atingir outras pessoas. Você pode combinar com pessoas colaboradoras que sejam embaixadoras para trazer a realidade da organização de modo que as pessoas entendam como é trabalhar nela.

Você poderá criar cortes do seu *podcast*, ou seja, cenas que têm informações importantes para que sejam publicadas nas redes sociais que você utiliza e até mesmo aproveitar esses cortes para alguma ação específica dentro do seu *site* de carreiras.

Conclusão

Identifique o que torna a sua empresa um lugar no qual as pessoas gostariam de trabalhar. Identificou? Divulgue! Assim, você será capaz de **atrair** as melhores pessoas candidatas, tema do próximo capítulo.

4

Atração

Introdução

Na primeira etapa do funil, a conscientização, o objetivo é aumentar o conhecimento da sua marca empregadora para pessoas candidatas. Nesse momento, seu *Employee Value Proposition* (EVP) está definido e a sua estratégia de *Employer Branding* (EB) está em prática.

Se está tudo certo com a etapa de conscientização e as pessoas candidatas já estão familiarizadas com a sua marca, o próximo passo é atrair essas pessoas para conhecerem as vagas que você precisa preencher.

Este capítulo é dedicado à segunda etapa do funil: **a atração**. O objetivo é orientar uma pessoa candidata para uma vaga de emprego específica. Nessa etapa, é importante ter as competências mapeadas, descrever de vaga, anunciar suas vagas em diversas fontes e, se possível, caprichar em campanhas para divulgar sua vaga etc.

Obs.: muitas pessoas que trabalham com aquisição de talentos acreditam que a etapa de atração é **apenas** para divulgar as vagas. **Não é!** Como é uma continuação da etapa anterior, a conscientização, a atração envolve **mostrar elementos da cultura organizacional** para atrair pessoas candidatas qualificadas.

Essa segunda etapa representa **o primeiro estreitamento do funil** e vai reduzir o *pool* de pessoas candidatas. Nem todas as pessoas candidatas que já têm consciência da sua marca empregadora se candidatarão e o **seu objetivo será ter o maior número de pessoas candidatas nessa etapa de atração**.

Quanto maior o número de pessoas candidatas que você conseguir atrair nessa etapa, maior será a sua chance de encontrar a pessoa candidata ideal com as competências necessárias para ocupar determinada vaga em sua organização.

Por essa razão, você precisa atrair pessoas qualificadas e que tenham as competências que você precisa para atingir os objetivos organizacionais. Para que isso aconteça, você precisa ter essas **competências previamente mapeadas**.

4.1 Mapeamento das competências

4.1.1 Introdução: teoria

A **gestão por competências** é uma maneira de fazer a gestão de pessoas a partir da compreensão das competências que as pessoas em sua organização já têm e das que elas ainda não têm.

Quando fazemos a gestão de pessoas por competências, **criamos dados** para tomar decisões e criar estratégias para melhorar a nossa força de trabalho - e fugimos do achismo.

Neste livro, não tratarei da gestão por competências como um todo e **me limitarei a falar sobre o mapeamento das competências**, essencial para que possamos alinhar as competências das pessoas colaboradoras com as necessidades organizacionais, baseados na missão, na visão, nos valores e nas estratégias.

E o que a gestão por competências é capaz de fazer?

- Orienta diversos processos de gestão de pessoas (p. ex., *Talent Acquisition* - TA, integração, treinamento, avaliação de desempenho etc.). Neste livro, o foco é apenas a aquisição de talentos.
- Promove o desenvolvimento pessoal e profissional das pessoas colaboradoras para que se possa alcançar o sucesso organizacional de maneira sustentável. Ou seja, é um método vantajoso para as todas as partes envolvidas.
- Possibilita a promoção de uma cultura forte e um ambiente colaborativo, que valoriza a aprendizagem contínua, a inovação e o desenvolvimento das competências individuais e organizacionais.

4.1.1.1 *Entendendo as competências*

Dois tipos de competências: organizacionais e individuais

Individuais: didaticamente, diferenciam as competências técnicas das comportamentais – como o próprio nome diz, são inerentes às pessoas colaboradoras. São elas:

- **Competências técnicas:** conhecimentos + habilidades

São atribuições básicas para que uma pessoa colaboradora possa exercer as funções e as atividades, lidar com a responsabilidade e a complexidade e trazer os resultados esperados inerentes a um cargo. São todos os conhecimentos e habilidades adquiridos ao longo do tempo.

Os conhecimentos dizem respeito ao **saber** de modo formal e informal. Adquirimos conhecimento por meio da formação acadêmica, dos cursos extracurriculares, de idiomas, de conhecimentos gerais.

As habilidades dizem respeito ao **saber como fazer**, também de modo formal e informal. Quando colocamos em prática o nosso conhecimento, desenvolvemos as habilidades.

- **Competências comportamentais:** atitudes

São as nossas atitudes, ou seja, como nos comportamos mediante situações diversas para praticar uma habilidade de determinado conhecimento.

É o **ser ou querer fazer**. É o modo que você reage aos fatos e outras pessoas no seu dia a dia de trabalho. A liderança, a criatividade e o trabalho em equipe, por exemplo, são competências comportamentais.

- **Competências organizacionais**

São o conjunto de fatores que tornam uma empresa única e moldam a sua identidade como organização no mundo corporativo. Quando temos um conjunto de competências organizacionais, formamos o **diferencial competitivo** de uma organização.

Dividem-se em **competências básicas**, que são indispensáveis para uma empresa se manter ativa, e **competências essenciais**, que contribuem para criar uma vantagem competitiva.

As competências organizacionais representam expectativas dos *stakeholders* relacionadas ao desempenho da empresa, ou seja, o que a empresa deve ser capaz de fazer para alcançar os seus objetivos – tudo isso deve ser descrito.

As competências individuais representam as expectativas da empresa relacionadas ao desempenho das pessoas colaboradoras e devem indicar o que cada uma dessas pessoas deve ser capaz de realizar no trabalho e qual é o comportamento esperado para alcançar os objetivos da empresa.

4.1.1.2 *Resultados + complexidade + espaço ocupacional*

Ser competente, ou seja, ter o conjunto de conhecimentos, habilidades e atitudes, não é garantia de que você vai agregar valor para uma empresa. Portanto, além de ser competente, você precisa **gerar valor e entregar resultados**.

Muitas empresas avaliam a partir da geração de valor e da entrega de resultados, que configuram dois dos principais elementos para que uma pessoa seja contratada, promovida, demitida e receba reconhecimento, bonificação e melhoria na remuneração.

Portanto, não adianta uma pessoa ser competente se não gera valor, se não entrega os resultados que a empresa necessita. Tão importante quanto as competências, a geração de valor e a entrega de resultados é a **complexidade**, que se liga ao fato de a situação exigir níveis diferentes de articulação do repertório de determinada pessoa.

Conforme vamos avançando na carreira, lidamos com níveis maiores de complexidade das nossas funções. Muitas injustiças ocorrem com pessoas que ocupam um espaço ocupacional maior, ou seja, lidam com níveis crescentes de complexidade das suas atribuições e responsabilidades sem mudar de cargo. Muitas dessas pessoas são sobrecarregadas sem sequer receberem reconhecimento.

4.1.1.3 *Identificação e análise dos* gaps *(lacunas)*

A **lacuna** é uma discrepância entre as competências que uma pessoa colaboradora ou candidata necessita para ocupar determinada vaga e as competências que ela já tem.

Exemplo: pode não haver pessoas suficientes com as competências necessárias para ocupar determinados cargos em uma ou mais áreas. Isso configura uma lacuna, que pode dificultar a ocupação de determinadas vagas e impactar de modo negativo em diversos indicadores e em diversas áreas do seu negócio.

Com o **mapeamento das competências**, vamos identificar as competências necessárias para cargos específicos (o que não temos atualmente) e inventariar as existentes (que já temos) para que tenhamos a certeza das competências que precisam ser aprimoradas/desenvolvidas e das que precisam ser adquiridas.

4.1.1.4 *Momentos para mapear as competências*

1. Quando o cargo é criado.
2. Atualização de cargos existentes (antes ou no momento da requisição de uma vaga).
3. Quando os resultados da sua empresa estão muito abaixo do esperado.
4. Crescimento: quando você quer expandir para uma nova área e entender as competências que você exigirá.
5. Mudança de tecnologias etc.

Definição dos objetivos e análise da força de trabalho

Para mapear as competências e analisar as lacunas, você precisa definir os seus objetivos para compreender quais competências realmente necessita.

> EXEMPLO
>
> **Meta:** dobrar o valor de algum indicador de desempenho atual em X anos por meio da implementação das tecnologias Y e X. Primeiramente, você deve verificar se existem pessoas colaboradoras que tenham competências em relação às tecnologias.
>
> Caso as pessoas colaboradoras atuais não tenham as competências, há uma lacuna, que você pode optar por preencher ao desenvolver as pessoas colaboradoras atuais ou ao contratar novas que tenham competências específicas para implementar essas duas tecnologias.

Mensurando as competências da força de trabalho existente

No exemplo anterior, a partir dos seus objetivos, você descobriu que precisa analisar a sua força de trabalho atual para mensurar se essas pessoas colaboradoras têm ou não as competências de que você necessita. Para descobrir essas lacunas, há diversos meios:

- pesquisas;
- entrevistas individuais;
- *workshops* em grupo;
- exame de indicadores de desempenho individuais;
- dados de avaliações de desempenho anteriores;
- *feedbacks* documentados etc.

Analise suas descobertas a partir do que fez no tópico anterior: se as lacunas forem muito grandes, o treinamento não é um cenário ideal - você precisará, nesse caso, trazer novos talentos para suprir essas lacunas.

O que você precisa saber antes de mapear as competências

A resposta pode ser óbvia para muitas pessoas, mas antes de mapear as competências eu tenho que saber quais as principais competências que devo conhecer para escolher, pois na primeira etapa tradicional, que consiste em uma análise documental, precisarei de um dicionário de competências.

4.1.1.5 *Dicionário de competências*

Um dicionário de competências inclui as competências necessárias para que você consiga alcançar os seus objetivos organizacionais. Você tem duas opções em relação ao dicionário:

1. criar;
2. comprar.

Minha sugestão antes de qualquer movimento é que busque na Internet com termos primeiramente em inglês: "*competencies dictionary* pdf". Depois, abra diversos documentos, nomeie cada um deles e salve em uma pasta.

Sugiro que desenvolva seu próprio dicionário de acordo com as competências necessárias para o sucesso da sua organização, de tal modo que reflita a missão, a visão, os valores e os objetivos estratégicos.

Caso tenha orçamento disponível, poderá comprar, mas indico a primeira opção para você treinar e aprender sozinho(a). Você pode personalizar a partir de um modelo comprado, assim como faria com os modelos gratuitos.

Dicionário de competências - Classificação das competências por eixo temático

Quando você classifica em eixos temáticos, consegue agrupar competências correlatas a um determinado enfoque de atuação em comum. Vou trazer um exemplo retirado do *site* do Ministério Público Federal. O órgão classifica as suas competências em quatro eixos:

1. coesão e compromisso;
2. flexibilidade a mudanças;
3. estabilidade e acompanhamento;
4. entregas de qualidade.

As competências são nomeadas (p. ex., "trabalho em equipe", "comunicação" etc.) e distribuídas em cada um dos quatro eixos, divididas em competências comuns para todas as pessoas colaboradoras e competências gerenciais.

Cada uma das competências deverá ser escrita conforme os indicadores apurados de acordo com os métodos que você poderá utilizar para mapear as competências, que serão abordados ao longo deste capítulo.

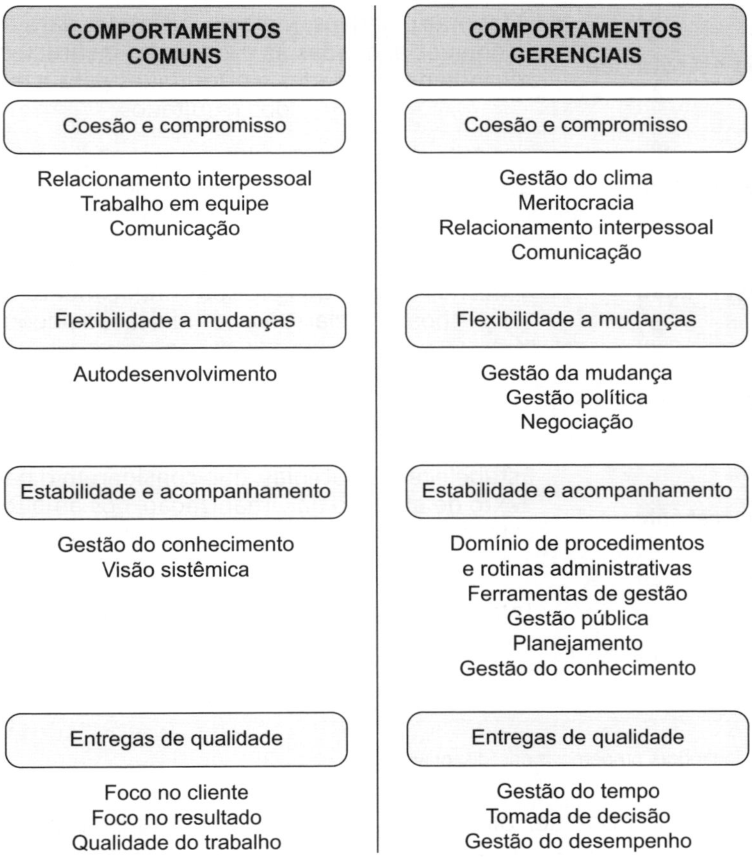

Figura 4.1 Exemplo de dicionário de competências.
Fonte: MPF 001_17_Dicionario_de_Competencias_2_edicao_ONLINE.indd (disponível em: mpf.mp.br).

Na Figura 4.1 e no Quadro 4.1, observamos exemplos de competências detalhadas no dicionário – você mesmo vai detalhar de acordo com a realidade da sua organização e vai usar os modelos apenas como *benchmarking*.

Quadro 4.1 Outro exemplo de dicionário de competências.

Gestão de mudanças	Conduzir processos de mudança organizacional de acordo com a realidade e/ou os desafios apresentados.
Negociação	Estabelecer acordos e consensos com pessoas e grupos de acordo com as condições e contrapartidas da Organização, utilizando técnicas de negociação e legislação vigente.
Orientação estratégica	Elaborar objetivos, metas e iniciativas para as unidades e equipes alinhadas às estratégias institucionais, identificando necessidades e prioridades para a maximização dos resultados.
Planejamento	Definir objetivos, investimentos, ações e resultados de acordo com os objetivos do Planejamento Estratégico da Unidade e da Organização.
Representação	Representar a Organização em eventos internos e externos de acordo com seu conhecimento técnico com postura, clareza e comunicação adequada.
Supervisão de atividades	Avaliar a execução das atividades realizadas pelos colaboradores e unidades subordinadas de acordo com o planejamento e os objetivos da unidade.
Visão estratégica	Estabelecer estratégias, que considerem o papel e o contexto de atuação da Organização, nos âmbitos interno e externo, alinhadas aos propósitos institucionais de curto, médio e longo prazo.
Visão sistêmica	Tomar decisões considerando a interação e a interdependência entre processos de trabalho, setores e unidades, avaliando os impactos de suas ações para a obtenção dos resultados institucionais.

Fonte: ICMbio DicionariodeCompetncias.pdf (disponível em: www.gov.br).

O seu dicionário pode ser ainda mais robusto e ter uma escala de progressão, que pode te ajudar futuramente no mapeamento das competências.

Exemplo com cinco níveis de progressão

Gestão de conflitos: capacidade de facilitar a prevenção, gestão e/ou resolução de conflitos.

Competência principal: essa pessoa pode resolver conflitos entre pessoas de maneira diplomática?

Progressão da escala: grau de envolvimento pessoal na prevenção e resolução de conflitos.

1. Percebe os conflitos:

   » reconhece que há um conflito;
   » respeita os pontos de vista alheio;
   » não resolve o conflito e direciona a situação para quem possa resolver.

2. Lida com os conflitos:

   » mantém o autocontrole ao lidar com conflitos;
   » incentiva ou facilita a resolução de conflitos diretamente;
   » pode iniciar uma discussão aberta e respeitosa sobre o assunto.

3. Redução e resolução de conflitos de maneira proativa:

   » antecipa e toma medidas para reduzir potenciais conflitos já no início;
   » incentiva a comunicação e o *feedback* de maneira contínua.

4. Demonstra inovação para resolver conflitos onde não há interesses compartilhados:

   » promove a gestão e resolução de conflitos;
   » promove a prevenção e a resolução de conflitos na organização;
   » treina outras pessoas para resolver conflitos;
   » presta consultoria ou obtém consulta/mediação para outras pessoas sobre abordagens e processos de resolução de conflitos.

5. Cria um ambiente aberto no qual o conflito é empregado positivamente:

   » cria um ambiente de resolução de conflitos, antecipando e abordando áreas em que potenciais mal-entendidos e conflitos possam surgir e abordando irritantes sistêmicos no local de trabalho;
   » emprega o conflito como catalisador de mudanças positivas.

Você poderá criar um documento em texto corrido com o seu dicionário de competências ou criar uma tabela para melhor visualização, que facilita bastante a tomada de decisão, conforme a mostrada na Figura 4.2.

Figura 4.2 Tabela para orientar o seu próprio dicionário de competências.

4.1.1.6 *Métodos para mapear competências*

- Análise documental.
- Observação.
- Grupos focais.
- Entrevistas.
- Inventário comportamental (Rogerio Leme).

Os quatro primeiros métodos (análise documental, observação, grupos focais e entrevistas) são aprofundados na obra *Mapeamento de Competências* (2017), de Hugo Pena Brandão, que traz uma base teórica mais robusta, com diversas referências aos estudos que validam cada um dos métodos.

O quinto método é o inventário comportamental, aprofundado na obra *Aplicação Prática da Gestão por Competências* (2008), de Rogerio Leme, que traz mais exemplos e detalhamento sobre o método criado por ele.

Há outro método conhecido de mapeamento de competências, elaborado por Maria Odete Rabaglio, que não será abordado por mim.

Meu objetivo nesta obra é trazer a aplicabilidade prática para que você seja capaz de mapear as competências; caso queira aprofundar esse ou qualquer outro tópico contido em quaisquer capítulos deste livro, há uma variedade de referências nacionais e internacionais que servirão como base para que você seja uma pessoa especialista em aquisição de talentos e uma referência em sua área de atuação.

Análise documental

Imagine que você precise mapear as competências da Expery com base na análise documental. Em primeiro lugar, tenha acesso à estratégia para entender o grupo de missão, valores, visão e objetivos estratégicos (MVVE) para analisar esses dados.

Com base em sua análise, acesse o dicionário de competências e descreva de quatro a seis competências que você julgue relevantes para alcançar os seus objetivos. Por último, classifique essas competências em organizacionais ou individuais e, ao lado, marque a origem da informação de acordo com os critérios estabelecidos (MVVE).

A análise documental pode ser feita por outros meios, como manuais, descrições de cargos, avaliações de desempenho, relatórios de treinamento, *feedbacks* documentados etc. Seu papel é solicitar para cada departamento, categorizar os documentos e compilar as informações em um relatório. Observe o Quadro 4.2.

Existe um raciocínio simples, que pode funcionar como ponto de partida, mas não deve ser considerado regra absoluta. Dados de MVVE e determinados manuais normalmente podem ser competências organizacionais; já descrições de vaga, avaliações de desempenho e *feedbacks* podem ser competências individuais.

EXEMPLO

Criar o funil de recrutamento com as etapas integradas entre si e à estratégia da organização.

Essa competência pode ser considerada como "Organização", "Planejamento", "Inovação", entre outras denominações. Por isso, nomear nesse momento não é adequado, pois traz uma visão reducionista propensa a vieses.

A competência deve descrever uma ação que você quer que a empresa e a pessoa colaboradora executem. Caso a descrição seja genérica e vaga, isso pode prejudicar as suas descrições de vaga, comprometer a eficácia do seu funil de recrutamento e causar impacto negativo na experiência da pessoa candidata.

A competência vai representar um comportamento ou desempenho esperado e deve ser descrita com um verbo de ação (prospectar), um objeto de ação (clientes b2b de grande porte do segmento x) e a condição/critério para o desempenho/comportamento (fazendo chamadas frias e visitas diárias presenciais).

O que mais vejo por aí são descrições longas, com muitas ideias em um parágrafo - e muitas dessas ideias são vazias, sem significado. Veja, como exemplo, um trecho de descrição mal redigido:

"Procuramos um profissional capaz de desenvolver, sugerir e implementar [três verbos] soluções estratégicas [quais?] que respondam às necessidades específicas [quais?] da organização. Você será responsável por assumir riscos calculados

Quadro 4.2 Planilha de análise documental.

		Categoria		Origem da competência						
Competência	**Frequência**	**Organizacional**	**Individual**	**Missão**	**Visão**	**Valores**	**Objetivos**	**Manual x**	**DV**	**AD**
*	Alta		X					X		X
*	Média		X			X			X	
*	Alta	X		X	X		X			

Fonte: adaptado de Brandão (2017).

Obs.: a competência não deve ser nomeada (exemplo) "comunicação", "negociação" etc. Deve ser descrita, pois o nome da competência pode ter significados diferentes para diferentes organizações ou até mesmo podem ter o mesmo significado.

[quais?], conciliar [quais?] interesses divergentes e garantir a entrega de compromissos assumidos [quais?], tudo isso com o objetivo de alcançar resultados superiores [quais?]."

Mais quatro verbos e muita confusão.

Planilha para tratar os dados e calcular a frequência absoluta e relativa das competências mapeadas na análise documental

Em primeiro lugar, vamos descrever as principais atividades (ação, objeto da ação e condição). Por exemplo: organizar as suas tarefas e atividades diárias para não perder prazos utilizando aplicativos como o Trello. Vamos fazer isso com outras competências.

Com as competências prontas, a partir de um dicionário vamos dar um nome para cada uma. A do exemplo em questão poderia ser "Organização". Já temos duas colunas em uma possível planilha.

Criaremos mais duas colunas para identificar a frequência absoluta - número de vezes que a competência se repete - e a frequência relativa - percentual que cada uma delas representa em relação ao total de ocorrências. Observe o Quadro 4.3.

Quadro 4.3 Exemplo de como tratar os resultados da análise documental.

Comportamento	Competência	Frequência absoluta	Frequência relativa
Criar estratégias que conquistem o cliente	Foco no cliente	12	40%
Trazer ideias para desenvolver produtos existentes	Criatividade	8	33,33%
Organizar as suas tarefas e atividades diárias para não perder prazos	Organização	10	26,65%
Total		30	100%

Fonte: adaptado de Brandão (2017).

Observação

Competências têm a ver com comportamentos, ou seja, como você se comporta fazendo determinadas atividades em situações específicas que tragam algum resultado tangível ou intangível. Portanto, você pode escolher as pessoas que deseja observar para mapear as competências.

Com base em um dicionário de competências, você precisa fazer anotações de comportamentos específicos em determinadas situações, com os pontos fortes e oportunidades de melhoria.

Você pode comparar os resultados com a análise documental para otimizar a sua análise das lacunas, conforme o Quadro 4.4.

Quadro 4.4 Planilha de observação.

Pessoa colaboradora	Comportamento observado	Competência nomeada	Exemplos	Comentários
Eduardo Felix	Colabora efetivamente com colegas (...)	Trabalho em equipe	Liderou reunião de projeto	Bom desempenho
Felix Mello	Resolve problemas rapidamente (...)	Resolução de problemas	Solucionou falha no sistema	Excelente

Fonte: adaptado de Brandão (2017).

Há diversas maneiras de observar. Você pode participar, ou seja, atuar como se fosse uma pessoa pertencente a determinada equipe que vai observar. Você pode observar e não participar e atuar como uma pessoa observadora propriamente dita. O mais importante não é o modo, mas a relação de confiança mantida com as pessoas observadas. Para isso, não disfarce a sua observação, pois, para ganhar a confiança, você precisa dizer quais são os objetivos.

É recomendável adotar uma estrutura para direcionar o processo, que envolve a elaboração de um roteiro com as competências que serão mapeadas, definir as pessoas e/ou equipes que serão observadas e como você vai registrar, analisar e compilar os dados coletados.

Para aumentar a validade e a confiabilidade da observação, o ideal é que seja feita por mais de uma pessoa e que ambas utilizem mecanismos que elevem a precisão dos registros, como gravações em áudio e/ou em vídeo para posterior interpretação – que configura o maior desafio, já que dependem do nível cognitivo da pessoa observadora.

Questionário

Permite obter *feedback* direto das pessoas colaboradoras sobre as competências que você está mapeando. Pode ser utilizado após a análise documental e a observação, pois vai complementar as informações coletadas nos métodos anteriores, as quais identificarão elementos que irão fazer parte do seu questionário.

Primeiramente, identificamos as competências a partir dos dois métodos anteriores; depois, trazemos uma ordem de importância, classificando-as das de maior para as de menor importância.

Para isso, você precisa escolher uma escala para avaliar o grau de importância. Você pode pesquisar e escolher a escala que preferir. Eu gosto da escala da Figura 4.3 (adaptada de Leme, 2008), por ser mais fácil de se controlar e de evitar dois vieses inconscientes: o da tendência central e o da resposta aleatória. Além disso, pode ser utilizada em diversas metodologias, como a do inventário comportamental, do autor Rogerio Leme.

Comportamento	Muito forte	Forte	Pouco necessário	Não se aplica
Criar estratégias que conquistem o cliente		✓		
Trazer ideias para desenvolver produtos existentes	✓			
Trazer soluções criativas para os problemas que parecem difíceis de resolver			✓	
Apresentar alternativas para melhor aproveitar os recursos orçamentários				✓
Buscar alternativas de procedimento para as limitações técnicas do produto				✓

Figura 4.3 Apuração dos indicadores de comportamento.

Fonte: adaptada de Leme (2008).

Como o viés da tendência central ocorre na prática?

Imagine uma entrevista de emprego ou avaliação de desempenho. Nesses cenários, a pessoa enviesada tende a atribuir notas mais próximas a um ponto médio – em uma escala de 1 a 5, atribui 3, por exemplo, mesmo que haja variação real no desempenho ou nas competências mapeadas e/ou avaliadas em uma entrevista por competências.

Caso você seja uma pessoa líder ou profissional de TA ou RH, acompanhe diversas avaliações e tente identificar esse viés, que causa muitas injustiças no ambiente de trabalho.

Caso identifique esse viés, não julgue. Converse, ouça e entenda, pois há motivos comuns para as decisões serem prejudicadas por esse viés, das quais as principais são:

- evitar conflitos;
- falta de conhecimento para justificar uma classificação mais alta ou mais baixa;
- preferência por essa abordagem – muitas vezes nem sabe o motivo.

Por último, descrevemos o comportamento de cada uma dessas competências. Pode ser que nesse momento você encontre duplicidades, aspectos irrelevantes e até mesmo ambíguos, que devem ser eliminados. A linguagem deve ser simples, clara e objetiva, evitando jargões e palavras técnicas.

Quando deixo bem claro os meus indicadores de competências - "muito forte", "forte", "pouco necessária" e "não se aplica" - para que a pessoa possa marcar apenas uma das alternativas em cada linha de comportamento observado e documentado, evito o viés inconsciente da resposta aleatória.

Como o viés de resposta aleatória ocorre na prática

Esse viés ocorre quando uma pessoa responde ao seu questionário ou qualquer outra pesquisa de maneira aleatória, o que não reflete o que ela pensa de verdade sobre cada item da pesquisa. Isso é ocasionado normalmente por falta de interesse, pressa, questionário longo e/ou mal elaborado, elementos ambíguos e de difícil compreensão etc.

Questionário para mapeamento de competências

Você deve escolher as pessoas participantes de acordo com as competências selecionadas e decidir como vai aplicar esse questionário - se vai ser em papel, via e-mail, via algum sistema etc. Outro ponto importante é definir se as respostas serão ou não anônimas.

O próximo passo é você conscientizar as pessoas sobre a importância das suas próprias respostas e do preenchimento completo do questionário de maneira honesta. As pessoas colaboradoras precisam enxergar os benefícios que terão. Você pode fazer isso de diversos modos.

Comunicação interna

Você pode trabalhar com boletins informativos, artigos em seu *blog*, intranet e até mesmo gravar vídeos informativos para iniciar sua campanha de conscientização.

Exemplo:

Saudações, povo da Expery!

Vamos começar a mapear as competências na nossa empresa e gostaríamos de ressaltar a importância da sua participação ao responder ao nosso questionário, pois sua contribuição nos ajudará a identificar áreas de desenvolvimento [...].

E-mail

Estamos mapeando as competências atuais. Em primeiro lugar, gostaria de dizer que a sua resposta ao nosso questionário é fundamental para o seu próprio desenvolvimento e para o desenvolvimento da empresa. As informações coletadas nos ajudarão a melhorar as nossas práticas de gestão de talentos.

Obrigado pelo seu tempo e você vai nos ajudar a construir um futuro melhor para todos nós.

Reunião de conscientização (estrutura)

Mostre os objetivos, a importância e os benefícios, abra para perguntas e respostas e aplique o questionário na hora (em papel ou *online*), ou peça que respondam depois.

Em uma hora e meia você é capaz de conduzir a reunião e coletar suas respostas. Você pode ter uma reunião com 30 minutos fazendo o trabalho de conscientização, 20 minutos orientando o preenchimento e destinar 40 minutos para o preenchimento. Esteja presente para tirar possíveis dúvidas.

Caso decida coletar as respostas depois da reunião de conscientização, defina um limite de tempo – por exemplo: se a reunião foi na segunda-feira (hoje), o prazo de entrega máximo será na segunda-feira seguinte. Não se esqueça de disparar e-mails e mensagens de WhatsApp diárias, que servem como lembretes do preenchimento.

O que fazer para aumentar a sua taxa de resposta?

Lembretes constantes, individuais e/ou coletivos

Mensagem: Gostaríamos de lembrar que faltam x dias para a entrega do relatório preenchido...

Conversa (telefone, vídeo ou presencial): peça ajuda às lideranças para lembrarem as pessoas colaboradoras de que elas devem preencher o questionário dentro do prazo.

Planejamento para extensão do prazo

Imagine que você defina 7 dias para as pessoas responderem – além desse prazo inicial, você deve ter planejado a quantidade de dias para estender o prazo. Você pode mandar uma mensagem individual ou coletiva informando a extensão do prazo:

Olá, [nome da pessoa]

Notei que você ainda não preencheu o questionário. Para garantir que você o preencha, estou estendendo o prazo por mais X dias [...]

Atenciosamente,

Eduardo Felix, CHRO

Divulgação de relatório de participação

Pessoal, trago boas notícias! 70% das pessoas colaboradoras já responderam e queremos agradecer de coração a quem já respondeu.

E quem ainda não respondeu, ainda há tempo: faltam X dias para preencher. Sem a sua resposta, podemos perder informações essenciais para o desenvolvimento de todas as partes envolvidas.

Ajude-nos a alcançar 100% de colaboração. Conto com vocês!

Atenciosamente,

Eduardo Felix, CHRO

Combinação dos itens anteriores

Como pode ver, os elementos podem ser combinados.

Premiação individual e/ou coletiva

Uma alternativa, caso tenha disponibilidade orçamentária. Você poderá sortear prêmios individuais para as pessoas que preencherem o questionário, como cupons de descontos, *vouchers*, itens de tecnologia, livros, entradas para cinema, *shows*, eventos etc. Os benefícios podem estar ligados ao desenvolvimento, como livros técnicos, cursos, certificações, treinamentos, mentorias etc. Você ainda pode dar a opção de a pessoa escolher.

Você pode estabelecer a colaboração e/ou a competição dentro da empresa, sorteando um prêmio coletivo para a equipe com maior taxa de participação. Caso opte por esse método, você precisa ter um orçamento para caso haja uma grande taxa de preenchimento, com empates entre uma, duas, três ou até todas as equipes.

Caso todas as equipes respondam, você precisa celebrar tal feito e premiar todas as equipes da mesma maneira. Crie um evento para que você garanta uma ótima experiência da pessoa colaboradora. Não se esqueça de comunicar o empate e agradecer o empenho.

Você pode divulgar o sorteio de modo breve, trazendo os itens que serão sorteados e suas respectivas quantidades e quais são os critérios caso haja empate e alta participação. Tudo deve ser transparente.

Depois que as pessoas responderem, não se esqueça de agradecer individualmente e depois coletivamente.

Sugestões de plataformas para elaboração e envio do questionário: Qualtrics, SurveyMonkey, Google Forms etc. Pesquise para identificar o que é melhor para as suas necessidades, como:

- É gratuito ou pago? Quanto custa? O custo é fixo ou variável? E os planos? Mensais, anuais? Algum outro plano especial?
- Os respondentes podem ter senhas individuais?
- Quantas pessoas podem responder de acordo com cada plano?
- Permite que a resposta seja anônima ou identificável?
- Fornece relatórios prontos? Etc.

Grupos focais

É uma técnica de pesquisa que envolve a realização de discussões estruturadas e objetivas com grupos selecionados de pessoas colaboradoras para identificar como as pessoas percebem suas próprias competências.

Há a presença de uma pessoa na função de moderadora/facilitadora (que deve dominar o assunto), que apresenta ao grupo selecionado um roteiro de questões para serem discutidas. Inicialmente, os objetivos são apresentados e com garantia de confidencialidade ou não. A partir daí, perguntas são feitas.

Antes de utilizar essa técnica, é preciso estabelecer um roteiro estruturado com questões que serão debatidas, bem como definir quem vai participar dos grupos focais (de 8 a 12 pessoas participantes - mais do que isso pode inibir a participação de algumas pessoas e possibilitar que outras percam o foco na reunião; e poucas pessoas podem não gerar ideias e serem menos dinâmicas).

Uma dica bem legal é que as pessoas devem ter características homogêneas (exceto pessoas com notória proximidade, pois são influenciáveis). Imagine que você escolha trabalhar com 10 pessoas, sendo o líder do departamento e nove pessoas lideradas. A pessoa que é líder pode influenciar a reação das demais pessoas, ainda mais quando tratamos de pontos sensíveis, o que vai enviesar o grupo.

Dependendo da sua necessidade, você poderá trabalhar com diversos grupos focais. Depois é só definir o local, a data e o horário da reunião e convidar as pessoas que participarão.

É importante gravar e transcrever a reunião, que pode ser presencial ou *online*. A pessoa moderadora precisa no início apresentar os objetivos, dizer que não há respostas certas ou erradas e definir que uma pessoa fale de cada vez, pois fará uma pergunta de cada vez para não confundir as pessoas participantes. Observe o Quadro 4.5.

Quadro 4.5 Mapeamento de competências por grupos focais.

Comportamento	Grupo focal A	Grupo focal B	Frequência absoluta	Frequência relativa
Criar estratégias que conquistem o cliente	X		12	40%
Trazer ideias para desenvolver produtos existentes		X	8	33,33%
Organizar as suas tarefas e atividades diárias para não perder prazos		X	10	26,65%
Total			30	100%

Fonte: adaptado de Brandão (2017).

Entrevista individual

A partir da sua análise documental, você utiliza a técnica de entrevista para coletar informações das pessoas entrevistadas a fim de confirmar as competências necessárias para alcançar seus objetivos estratégicos.

A pessoa entrevistadora deve preparar um roteiro estruturado de perguntas de acordo com as competências que deseja mapear, e quando for entrevistar, conscientizar acerca de alguns tópicos como objetivo, regras da entrevista etc. É recomendável gravar e transcrever as entrevistas.

O número de pessoas entrevistadas vai depender do seu objetivo, não existindo um número mínimo ou máximo para ter como parâmetro.

EXEMPLO

Pergunta para entrevista

Quais competências individuais você julga necessárias para que uma pessoa analista de recrutamento possa entrevistar os melhores talentos?

É importante analisar e interpretar as respostas para definir as competências individuais que importam. Na resposta, é importante identificar um verbo (p. ex., adotar), um objeto de ação (o tipo de entrevista por competências estruturada) e, se possível, critérios (para contratar os melhores talentos para a organização).

As respostas não terão uma estrutura padronizada - caso você queira, pode instruir e conscientizar as pessoas acerca dessa estrutura para facilitar o seu trabalho, trazendo exemplos.

Cuidado com verbos abstratos, como "conhecer", "pensar", "refletir", "compreender", "entender" e afins, pois dificultam a observação de quaisquer comportamentos e desempenhos.

Inventário comportamental para mapear competências comportamentais

É uma metodologia criada pelo autor Rogerio Leme que traz uma lista de indicadores de competências para traduzir os comportamentos desejados e necessários para que estejam alinhados ao MVVE.

Objetivo

Obter uma lista de indicadores que sejam compreendidos por todas as pessoas colaboradoras.

Aplicabilidade

O inventário pode ser aplicado em empresas de todos os portes e segmentos, públicas ou privadas, e em todos os níveis da organização.

4.2 Etapas do levantamento dos indicadores

1. Identificar as **competências organizacionais.**
2. Identificar as **competências de cada função.**

3. Identificar as perguntas para aplicação da avaliação com foco em competências.
4. Auxiliar na criação das perguntas para aplicar a seleção por competências por meio da entrevista comportamental.

Neste capítulo, apenas os dois primeiros passos serão abordados. As outras duas etapas serão abordadas no capítulo destinado ao estágio de entrevistas no funil de recrutamento.

4.2.1 Como identificar as competências organizacionais em cinco passos

4.2.1.1 *Eleger as amostras da rede de relacionamento*

Aqui você vai precisar do apoio das pessoas colaboradoras e deve eleger representantes de todos os níveis e de cada função para levantarem os indicadores de competências organizacionais que reflitam a realidade da sua organização.

Coletar os indicadores
Duração aproximada
Cada turma até 1 hora e meia:
30 minutos - sensibilização;
20 minutos - orientação (coleta);
40 minutos - aplicação e coleta.

Reunião em uma sala

Aqui você precisará reunir os representantes em uma sala e extrair os indicadores.

4.2.1.2 *Conscientização/Sensibilização*

Você precisará conscientizar as pessoas respondentes para que reflitam sobre os comportamentos das pessoas em relação ao sucesso da organização, considerando o MVVE, deixando claro o objetivo da reunião e dando as seguintes instruções:

- não há limite de comportamentos a serem registrados;
- cada pessoa terá apenas uma lista;
- as pessoas não devem se identificar no questionário, nem identificar a quem se refere os comportamentos listados;

- caso haja o mesmo comportamento para pessoas diferentes, não precisa repetir a anotação desse comportamento;
- a pessoa respondente vai anotar apenas o comportamento das pessoas que têm relação direta ou indireta;
- as frases devem ser curtas, objetivas e claras;
- cuidado com o "e" e com a vírgula para evitar ter vários indicadores em uma mesma frase.

4.2.1.3 *Aplicação do questionário*

Você aplicará um questionário para identificar as competências com a atividade: "gosto" (que mostra os comportamentos adequados, admirados, aprovados), "não gosto" (o oposto) e "o ideal seria" (os comportamentos que devem ser implantados ou desenvolvidos).

O levantamento é feito a partir do relacionamento de pessoas na organização. Você dará instruções para que cada pessoa colaboradora liste as competências dos colegas de trabalho que têm relacionamento direto com a função, atribuindo seus comportamentos em uma folha com três colunas com os títulos:

Gosto	Não gosto	O ideal seria

Fonte: Leme (2008).

Em cada uma das colunas serão inseridos os comportamentos, que serão descritos com verbos no infinitivo e de modo afirmativo para que depois sejam transformados em indicadores e, por último, em competências.

A primeira coluna trata dos bons indicadores; a segunda coluna, dos ruins; e a terceira, dos que precisam ser desenvolvidos para que a organização possa atingir o MVVE.

Para facilitar a sua vida no passo seguinte, que é a consolidação e a tabulação dos indicadores, você deve orientar acerca do preenchimento dos formulários. Por exemplo, oferecer uma lista de exemplos de verbos no infinitivo para descrever cada comportamento na coluna "Gosto" (p. ex., "trazer", "elaborar", "analisar" etc.). Descrever a ação após o verbo de modo afirmativo: ser cortês com os colegas de trabalho. Ver Quadro 4.6.

Quadro 4.6 Lista com possíveis verbos.

Nível	Verbos
Conhecimento	Escrever
	Listar
	Rotular
	Nomear
	Dizer
	Definir
Compreensão	Explicar
	Resumir
	Descrever
	Ilustrar
Aplicação	Usar
	Computar
	Resolver
	Demonstrar
	Aplicar
	Construir

Nível	Analisar
Análise	Categorizar
	Comparar
	Contrastar
	Separar
Síntese	Criar
	Planejar
	Elaborar hipóteses
	Inventar
	Desenvolver
Avaliação	Julgar
	Recomendar
	Criticar
	Justificar

Fonte: adaptado de Gramigna (2007).

O mesmo deve ser feito para a coluna "Não gosto". Em vez de a pessoa escrever "Não dar retorno ao cliente após um atendimento", você deve instruir a pessoa a escrever "Dar retorno ao cliente após um atendimento".

Você deve orientar acerca da eliminação de frases duplicadas e de mesmo sentido, pois, muitas vezes, as pessoas respondentes vão escrever as mesmas coisas de maneiras diferentes. É preciso também orientar quanto à não utilização de frases longas, que podem dificultar a posterior interpretação feita por você.

Importante saber que nem todas as pessoas serão capazes de seguir essas instruções e não farão dessa maneira, mas algumas farão, o que vai te ajudar em relação ao tempo dedicado para a próxima etapa.

Quadro 4.7 Inventário comportamental: "Gosto", "Não gosto", "O ideal seria".

Gosto	Não gosto	O ideal seria
Soluciona, de maneira rápida, os problemas do cliente	Não é cortês com os colegas de trabalho	Fosse objetivo ao expor suas ideias
Traz soluções criativas para problemas que parecem difíceis de resolver	Não sabe ouvir *feedbacks*	Compartilhasse os resultados obtidos

Fonte: Leme (2008).

De acordo com o Quadro 4.7, o segundo indicador negativo classificado como "não gosto" é "não sabe ouvir *feedbacks*". Teria como indicador saber ouvir *feedbacks* (saber = verbo no infinitivo) e poderia ser classificado como competência "comunicação".

4.2.1.4 *Consolidação e tabulação dos indicadores*

Associar competências aos indicadores

O próximo passo é um dos mais demorados e complexos, que é listar quantos indicadores cada competência tem, ou seja, os comportamentos necessários para a sua organização cumprir seu MVVE. Você vai analisar todas as respostas e escrever uma lista com os indicadores apurados.

Interlúdio: você precisará de um dicionário de competências

Exemplo de competências que você pode associar aos indicadores

No Quadro 4.8, veremos as competências utilizadas na minha mentoria individual para entrevistas de emprego, com mais de 91% dos clientes recolocados. Entre 2018 e 2024 foram mais de 600 pessoas no Brasil e no mundo, a maioria em grandes empresas nacionais e multinacionais.

Quadro 4.8 Competências utilizadas na minha mentoria individual.

▪ Foco no resultado ▪ Foco no cliente	▪ Liderança ▪ Negociação

(continua)

(continuação)

▪ Comunicação ▪ Criatividade ▪ Cultura da qualidade ▪ Adaptabilidade ▪ Iniciativa	▪ Organização ▪ Relacionamento interpessoal ▪ Trabalho em equipe ▪ Capacidade analítica ▪ Solução de problemas ▪ Etc.

Quadro 4.9 Associação da competência ao indicador.

Indicador de comportamento apurado	Competência associada
Solucionar rapidamente problemas do cliente	Foco no cliente
Soluções criativas para problemas difíceis	Criatividade
Ser cortês e ouvir *feedbacks*	Relacionamento interpessoal
Objetividade ao expor ideias	Comunicação

Fonte: Leme (2008).

4.2.1.5 *Validação das competências e dos indicadores relacionados*

Por último, as competências e os indicadores precisam ser validados. Você precisa se reunir com as lideranças para averiguar se os indicadores apurados condizem com as competências e se cada uma das competências condiz com o MVVE organizacional. Observe o Quadro 4.9.

Pode ser que exista uma ou mais que não tenham sido inventariadas ou até mesmo não sejam condizentes com a realidade organizacional – é preciso analisar e entender cada uma delas para depois avaliar se você pode acrescentar ou excluir uma ou mais competências.

4.2.2 Como identificar as competências de cada função

Agora seu papel é identificar quais das competências são realmente necessárias para cada função. Você trabalhará com no mínimo oito e no máximo 12 competências. Cada uma das competências deverá ter no mínimo três e no máximo 10 indicadores.

Começaremos com um cenário considerando que temos 50 indicadores e oito competências, conforme o Quadro 4.10.

Quadro 4.10 Número de indicadores apurados por competência.

Competências apuradas	Total de indicadores apurados
Foco no cliente	4
Criatividade	11
Organização e planejamento	8
Comunicação	5
Iniciativa	9
Foco no resultado	4
Capacidade analítica	3
Trabalho em equipe	6
Total: 8	Total: 50

Fonte: adaptado de Leme (2008).

Você deverá:

Transcrever as folhas para uma planilha – com as competências já associadas;

Ordenar por famílias de competências próximas (p. ex., comunicação e negociação);

Ocultar a coluna "competências", reler os indicadores e excluir os similares.

E depois?

Você irá se reunir com a diretoria ou comitê de implantação do projeto para confrontar a lista com as competências e os indicadores MVVE da empresa por meio de uma planilha de mapeamento da função. Vai conscientizar a pessoa líder acerca da importância, sobre como preencher a planilha e informar a data de devolução.

Após a devolução da planilha preenchida, vamos calcular o nível de competência para cada função, de acordo com a escala que consta na Figura 4.4.

Como conscientizar acerca dos marcadores?

- **Muito forte:** quando é essencial e direto com a função.
- **Forte:** relação direta com a função.
- **Normal:** não há tanta relação com a função, apesar de poder se aplicar em momentos específicos.
- **Não se aplica:** não tem relação com a função.

Somente os comportamentos classificados nas duas primeiras categorias ("muito forte" e "forte") serão tidos por necessários e considerados para a função. Os demais ("normal" e "não se aplica") não serão utilizados.

Exemplo: na planilha mostrada na Figura 4.4, a primeira coluna apresenta os comportamentos, e as colunas ao lado, quatro níveis de intensidade para que apenas um seja assinalado, representando a maior necessidade para que a pessoa colaboradora tenha melhor desempenho para atingir o MVVE.

Pessoa líder recebe uma lista sem a identificação das competências

Vai marcar os comportamentos necessários para a função

Comportamento	Muito forte	Forte	Pouco necessário	Não se aplica
Criar estratégias que conquistem o cliente		✓		
Trazer ideias para desenvolver produtos existentes	✓			
Trazer soluções criativas para os problemas que parecem difíceis de resolver			✓	
Apresentar alternativas para melhor aproveitar os recursos orçamentários				✓
Buscar alternativas de procedimento para as limitações técnicas do produto				✓

Figura 4.4 Planilha para a pessoa que é líder preencher.

Depois disso, você vai calcular o nível de competência da função (NCF), dividindo o nível máximo da escala do nível de competência pelo número de indicadores de determinada competência para obter a pontuação de cada indicador nessa escala. O nível máximo sempre será 5, pois representa a competência de modo integral, ou seja, 100%.

	Muito forte	Forte	Pouco necessário	Não se aplica
1. Criar estratégias que conquistem o cliente	✓			
2. Trazer ideias para desenvolver produtos existentes				
3. Trazer soluções criativas para os problemas que parecem difíceis de resolver		✓		
4. Apresentar alternativas para melhor aproveitar os recursos orçamentários			✓	

(continua)

(continuação)

	Muito forte	Forte	Pouco necessário	Não se aplica
5. Buscar alternativas de procedimento para as limitações técnicas do produto	✓			
6. Trazer soluções quando faltam recursos para um projeto			✓	
7. Apresentar sugestões de Melhoria Contínua para um projeto				
8. Ter alternativas ou sugestões para solucionar problemas		✓		✓

Figura 4.5 Planilha preenchida pela pessoa que é líder.

Depois que a liderança preencher a planilha, conforme a Figura 4.5, você utilizará apenas as competências marcadas como "muito forte" e "forte". As demais são descartadas. Tome como exemplo também a Tabela 4.1.

Cálculo do NCF

$$\text{NCF} = \frac{\text{Nível Máximo}}{\text{Soma da importância dos indicadores de competência}} \times \text{Soma da importância dos indicadores forte e muito forte}$$

Tabela 4.1 Planilha nível de cada competência para função.

Competências	Nível máximo	Quantidade de indicadores	Peso de cada indicador	Indicadores forte e muito forte	NCF
Foco no cliente	5	4	1,25	...	...
Criatividade	5	8	0,45	4	2,5
Organização	5	11	0,72	...	...
Comunicação	5	5	...	...	...
Iniciativa	5	9	...	...	...
Foco Result.	5	4	...	...	...
Cap. Analítica	5	3	...	...	...
Trab. Equipe	5	5	...	...	...

NCF: nível de competência da função.

No exemplo em questão, calculamos o NCF para a criatividade aplicando a fórmula:

$$NCF = \frac{5}{8}$$

$$NCF = 2{,}5$$

4.2.2.1 *Calculando o peso de cada indicador*

O próximo passo é calcular o peso de cada indicador, que é o nível máximo de cada escala dividido pela quantidade de indicadores da competência. O peso do exemplo em tela é 0,45.

A classificação de cada indicador é mensurada por meio de uma escala de Likert na qual os pontos variam de 0 a 5, sendo que o nível máximo (5) corresponde a 100% de determinada competência. Observe a Figura 4.6.

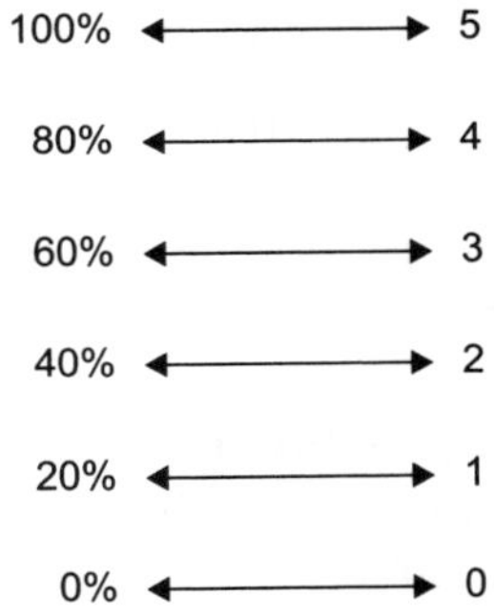

Figura 4.6 Escala de Likert.

Conclusão

Com a aplicação do inventário comportamental, saberemos quais os níveis das competências organizacionais são necessários para determinada função e teremos a subjetividade reduzida, pois decidiremos com base em dados concretos. E, assim, teremos base para:

- descrever uma vaga;
- a partir da descrição, criar perguntas para entrevista de emprego por competências e estruturar o questionário;
- definir critérios objetivos para pontuar as respostas, comparar o desempenho, classificar as pessoas candidatas e, por último, escolher a que será contratada.

Com a aplicação do inventário, você é capaz de saber as competências necessárias para a empresa atingir o MVVE e quais as competências individuais são necessárias e quais são as principais lacunas que devem ser preenchidas.

Lembre-se de que o mapeamento deve ser revisto, bem como a estratégia organizacional e a estratégia de gestão de talentos, já que o mercado é dinâmico e muda o tempo todo.

4.2.2.2 *Dificuldade de mapear as competências*

O mapeamento das competências é um dos processos organizacionais mais complexos que existem, pois há diversas dificuldades e obstáculos que surgem quando vamos mapeá-las. Precisamos criar um plano de ação para cada cenário possível mostrado nas principais dificuldades a seguir.

- **Não ter uma estratégia organizacional formulada**

Ter uma **estratégia organizacional formulada é requisito obrigatório** para gerenciar competências, pois é a estratégia que determina e orienta os objetivos – nem todas as empresas têm uma estratégia.

Caso a empresa não tenha uma estratégia, não há sentido em mapear competências – que funciona como um diagnóstico que tem o objetivo de identificar o *gap* de competências. É perda de tempo. Caso pense em mapear as competências, verifique a estratégia da sua organização.

- **Pessoal da equipe de aquisição de talentos e pessoal da liderança ocupados e preocupados, pessoas colaboradoras desconfiam do processo por falta de conscientização**

O mapeamento é um processo colaborativo, e para que a conscientização ocorra de maneira satisfatória, é preciso ter uma compreensão completa sobre a estratégia e os objetivos da organização para que possamos fornecer uma ampla comunicação a todas as partes interessadas.

- **Subjetividade e falta de clareza das competências, que dificultam o mapeamento**

Para mitigar a subjetividade, é preciso criar critérios objetivos e padronizar os processos, com competências descritas de maneira clara e a utilização de escalas para avaliar cada uma das competências.

- **Atualização das competências**

As competências podem mudar ao longo do tempo devido aos avanços constantes no mundo do trabalho, especialmente quando a tecnologia está envolvida.

Por isso, é necessário que, nas *intake/kickoff meetings*, as competências sejam revistas e atualizadas em caso de necessidade.

- **Confusão de competências técnicas e comportamentais (*soft skills versus hard skills*)**

Muitos meios de comunicação trazem tópicos, como as principais *soft skills* desejadas pelas organizações, o que é desinformação, já que as empresas têm culturas diferentes, estratégias diferentes - portanto, as competências variam entre as empresas, entre as áreas e entre os cargos.

As competências mais importantes dependem da necessidade organizacional. As competências são situacionais, ou seja, uma pessoa utiliza uma ou mais competências de acordo com a situação que ocorre no dia a dia de trabalho.

- **Falta de apoio da alta liderança**

Por ser um processo demorado e muitas empresas quererem resultados rápidos em curto prazo, há uma dificuldade natural de obter o apoio da alta liderança. Muitas vezes, podem existir resistências de pessoas que não querem aceitar a filosofia do modelo ou trazem alguns jargões corporativos, como:

» "Aqui sempre funcionou assim e está dando certo até hoje."
» "Já tentaram mudar, mas aqui ninguém vai aceitar."
» "Você está 'cheio(a) de gás', logo vai ver que aqui nada funciona." Etc.

- **Ineficiência da conscientização**

Muitas vezes, a conscientização é deixada de lado e o resultado piora quando somado à falta de apoio da alta liderança, que deveria dar o exemplo para replicar comportamentos desejados. Por isso, muitas pessoas "não compram a ideia".

- **Inadequação das competências mapeadas**

Muitas vezes o mapeamento até ocorre, mas as competências mapeadas são incompatíveis com a realidade interna da organização. Isso ocorre quando subestimamos ou superestimamos o potencial das pessoas colaboradoras.

- **Descontinuidade das ações**

Muitas vezes, outras tarefas mais importantes se sobrepõem ao mapeamento, e o acúmulo de responsabilidades pode paralisar o projeto de mapeamento.

- **A maior dificuldade: a escolha da metodologia para mapear as competências**

Não existe um modelo único para mapear as competências. Há vários autores nacionais consagrados e que são referências no tema e, apesar de trazerem diversos pontos em comum, apresentam muitas diferenças.

O mais importante é que você pesquise, conheça a visão de cada um deles e adapte e/ou combine as metodologias de acordo com a realidade da sua empresa. Não há a melhor ou a pior, a certa ou a errada, e sim a mais adequada, já que as pessoas e as culturas são diferentes.

4.2.2.3 *Abordagens dos principais autores nacionais sobre mapeamento de competências*

Na literatura nacional, há **cinco autores** que se destacam quando o assunto é mapeamento de competências: Rogerio Leme, Joel Souza Dutra, Maria Odete Rabaglio, Maria Rita Gramigna e Hugo Pena Brandão. É importante que você conheça todas essas maneiras de mapear as competências, pois cada autor tem o seu ponto de vista, que pode ser adequado e/ou combinado às suas necessidades. Falarei sobre os principais pontos trazidos por cada autor.

Rogerio Leme

Utiliza dados quantitativos e qualitativos para identificar as competências necessárias. Para isso, envolve as pessoas colaboradoras no processo de avaliação das competências.

Leme mapeia as competências a partir de indicadores de competências (comportamentos observáveis) de qualquer pessoa colaboradora na empresa, de qualquer nível hierárquico. Esses indicadores são coletados a partir do método do inventário comportamental, criado pelo próprio autor.

Ele ensina a utilizar os recursos internos da própria organização, sem a necessidade de contratar uma consultoria externa. Utiliza fórmula matemática para mensurar o nível de competência de cada cargo. Na minha opinião, representa um "meio-termo" e é o que tem a maior aplicabilidade prática.

Joel Souza Dutra

Vai além do conceito de competência e traz outros conceitos: complexidade e espaço ocupacional. Diferentemente do autor Rogerio Leme, Dutra aponta a necessidade de uma consultoria externa para aplicar a sua metodologia. Na minha opinião, Dutra tem o processo mais complexo.

Maria Odete Rabaglio

Extrai as competências por meio de indicadores retirados dos cargos. A mensuração do nível de competências necessária para a função é definida por consenso do comitê da organização e apoio do consultor externo, após analisar as atribuições de cada cargo. Na minha opinião é a mais simples e fácil de aplicar.

Maria Rita Gramigna

Descreve níveis de proficiência em desempenho. O mapeamento das competências é realizado por consultoria externa e os pesos atribuídos aos perfis de competências são definidos de acordo com a exigência de cada negócio. Na minha opinião é a mais teórica, com menor aplicabilidade prática, mas apresenta a maior importância de modelos de competência.

Hugo Pena Brandão

Ensina diversos métodos, como a pesquisa, a observação, a análise e a descrição. São métodos robustos, mas que consomem tempo das pessoas envolvidas no processo e merecem atenção, pois complementa a visão dos autores anteriores e torna o mapeamento mais concreto.

4.3 Descrição da vaga

A partir do inventário comportamental, é possível descrever as suas vagas a partir dos principais indicadores coletados. Observe a Figura 4.7.

Obs.: a condição e o critério podem se misturar, pois nem sempre é fácil diferenciar. O mais importante é que na descrição da vaga as informações sejam claras, de acordo com o que você precisa das pessoas candidatas.

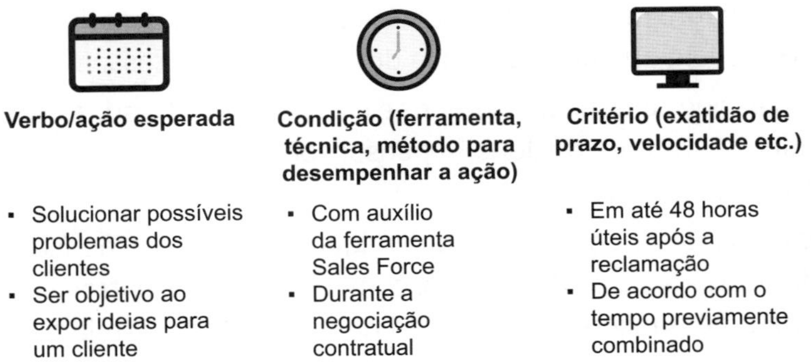

Verbo/ação esperada
▪ Solucionar possíveis problemas dos clientes
▪ Ser objetivo ao expor ideias para um cliente
Condição (ferramenta, técnica, método para desempenhar a ação)
▪ Com auxílio da ferramenta Sales Force
▪ Durante a negociação contratual
Critério (exatidão de prazo, velocidade etc.)
▪ Em até 48 horas úteis após a reclamação
▪ De acordo com o tempo previamente combinado

Figura 4.7 Estrutura para facilitar a redação das atividades que serão desempenhadas ao descrever uma vaga.

Quando você estabelece condições, mostra a importância de tal atividade para que a pessoa tenha o desempenho esperado, fazendo uso ou não de alguns instrumentos ou equipamentos necessários para realizar as atividades do dia a dia.

Exemplos:

- entrevistar pessoas candidatas, observando as competências mapeadas e obedecendo aos critérios para avaliação;
- descrever vagas de emprego para diversos cargos, obedecendo a estrutura estabelecida nas políticas de aquisição de talentos;
- atualizar as competências em cada necessidade de preenchimento de vaga, reunindo-se com a liderança para apurar possíveis alterações etc.

Descrever as vagas de maneira precisa

Existem descrições de vagas que são genéricas. Nesse caso, pessoas recrutadoras atraem mais pessoas candidatas do que deveriam, pois não conseguem especificar o que é necessário.

Exemplo: experiência (de quanto tempo, em qual segmento, em qual porte de empresa etc.) em vendas (de produtos ou serviços) e prospecção (presencial, por telefone?) etc.

Outras descrições de vagas têm requisitos absurdos e muitas vezes inatingíveis. Normalmente ocorrem quando líderes querem verdadeiros super-heróis: a atração é prejudicada pela dificuldade de encontrar alguém que tenha tantos atributos solicitados.

Eu sei que a pessoa que é líder quer o melhor para sua equipe, mas precisa entender se realmente a pessoa candidata pode ser encontrada; se sim, se ela vai utilizar tudo o que fora pedido, caso contrário, poderá se desmotivar. E os Recursos Humanos (RH) devem apoiar a liderança durante esse processo.

E ainda há as que contam com jargões e clichês, como "vestir a camisa", "brilho/sangue nos olhos", "atitude de dono", "pensar fora da caixa", "sair da zona de conforto", "protagonismo" etc.

Além disso, há descrições que não divulgam a remuneração (salário + benefícios). Quando ocorre a etapa de seleção, com a triagem e a entrevista, há perda de tempo, pois há a possibilidade de atração de pessoas que estejam em desacordo com a política salarial da empresa. Observe a Figura 4.8.

O que incluir e o que não incluir em uma descrição de vaga	
Incluir	**Não incluir**
✓ Responsabilidades específicas que a pessoa candidata desempenhará	✗ Resposabilidades que a pessoa candidata não vai desempenhar
✓ Apenas competências que serão utilizadas no exercício do cargo	✗ Conhecimentos em sistemas, processos e idiomas que não serão utilizados
✓ Especificar salário e benefícios	✗ Aspectos discriminatórios
✓ Utilizar expressões completas e concisas para não dar margem a mais de uma interpretação	✗ Expectativas de trabalho fantasiosas
	✗ Expressões subjetivas e jargões

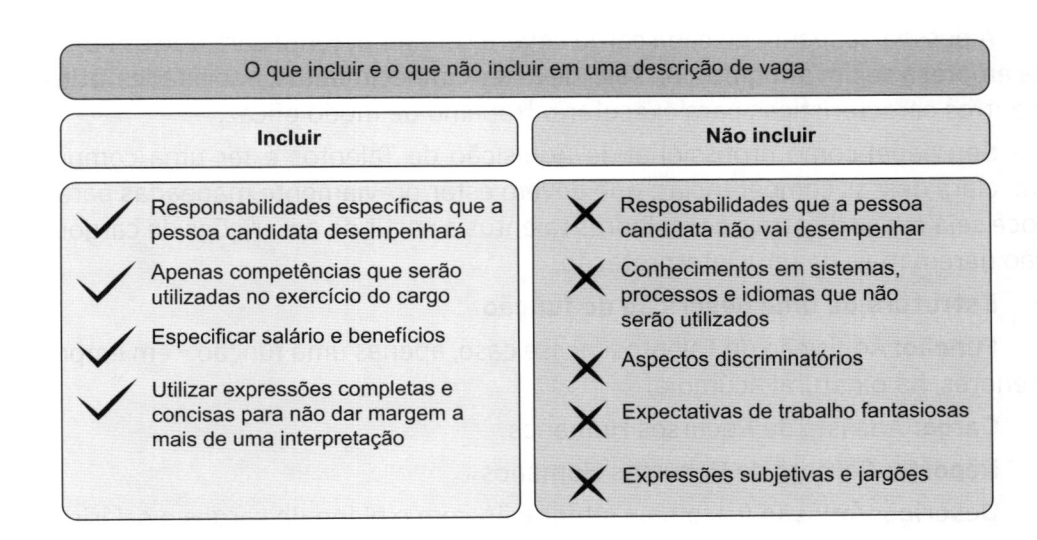

Figura 4.8 O que incluir e o que não incluir em uma descrição de vaga.

4.3.1 Diferenciando o cargo de função

Eu gosto de fazer diversas analogias para que sejam entendidas com facilidade. A primeira é que o cargo é como se fosse uma fotografia, que é estática. A função é como um vídeo, que é dinâmico e contínuo.

Portanto, o cargo é o que está no seu contrato, na sua CTPS, no seu crachá, serve para fins contábeis e de folha de pagamento. Já a função, ou melhor, as funções, dizem respeito ao espaço ocupacional que você preenche e à complexidade de cada função que executa e cada responsabilidade que tem. É o seu papel.

Dessa maneira, anteriormente você aprendeu que o mapeamento das competências é baseado no que você faz no dia a dia e não no cargo que você ocupa. Nosso foco será na descrição das funções.

Um cargo é composto de um conjunto de atividades e responsabilidades específicas que facilitam a obtenção de resultados esperados, que devem estar alinhados com os objetivos estratégicos da sua organização: as funções!

Só para você entender: quando o porte da empresa é menor, provavelmente a estrutura terá menos cargos ocupados. Em uma pequena empresa, eu posso ter apenas uma pessoa ou duas pessoas trabalhando na área de aquisição de talentos - podendo até mesmo assumir outros espaços ocupacionais.

Em uma empresa maior, teremos uma estrutura de cargos mais ampla e provavelmente teremos muitas pessoas compondo uma equipe de aquisição de talentos, cada uma exercendo funções específicas.

A pessoa ocupante de cada cargo deverá ser competente para que os objetivos da empresa sejam atingidos, ou seja, deve ter conhecimentos, habilidades, atitudes e outras características para executar o trabalho de modo eficaz.

Seu papel como profissional de Aquisição de Talentos é ter uma compreensão clara dessas competências, que devem estar previamente mapeadas para que você seja capaz de atrair os melhores talentos a partir de descrições de cargos que não gerem mais de uma interpretação.

Estrutura de uma descrição de função

Função: Aquisição de Talentos (nesse caso, apenas uma função – em empresas menores, há o natural acúmulo)

Cargo: Analista de Recursos Humanos

Reporte: Gerente de Recursos Humanos

Descrição/missão (caso haja integração com o plano de cargos e salários)

Atribuições: tarefas e responsabilidades

Requisitos de acesso: mínimo necessário para participar do processo de aquisição de talentos, ou seja, o quanto a pessoa vai precisar demonstrar. Por exemplo: nível superior completo, MBA em Gestão de Pessoas.

Requisitos de qualificação: o que a pessoa vai precisar demonstrar quando começar a trabalhar.

Competências técnicas: conjunto de conhecimentos e habilidades (saber o que é e saber fazer o que aprendeu). Exemplos: Word, Excel, PowerPoint, SAP, Totvs, legislações, métodos de gestão (p. ex., projetos, projetos ágeis, processos, competências), manuseio de equipamentos etc.

As competências técnicas podem ser mensuradas em níveis de proficiência. Os Quadros 4.11 e 4.12 apresentam duas escalas de mensuração diferentes – as competências técnicas podem variar e precisar de diferentes escalas.

Quadro 4.11 Escala de mensuração de competências técnicas.

Nível	Especificação
0	Não tem conhecimento
1	Tem conhecimento (noções)
2	Tem conhecimento e prática nível básico
3	Tem conhecimento e prática nível intermediário
4	Tem conhecimento e prática nível avançado
5	É especialista, perito

EXEMPLO

Imagine que eu queira uma pessoa profissional que tenha competências técnicas em SAP. O requisito de acesso, ou seja, o mínimo para participar de um processo de atração de talentos é 2, mas eu posso ter um requisito de qualificação 3 quando ela estiver ocupando a vaga.

Quadro 4.12 Escala de mensuração de competências técnicas.

Nível	Especificação
0	Não tem conhecimento
1	Tem noções, sem experiência prática
2	Aplicação, implementação e utilização
3	Análise e avaliação, questiona, propõe
4	Perito, domínio pleno

Fonte: Leme (2008).

Observe a Figura 4.9 e o Quadro 4.13 para modelos de descrição de função.

Título:	**Área:**
Unidade:	
Reporte:	
Funções subordinadas:	

Missão da função

Competências				
Competências técnicas	Nível	Nível de requisito acesso	Competências comportamentais	Nível

Tarefas

Responsabilidades

(continua)

(continuação)

Requisitos de qualificação
Tempo de experiência: Escolaridade: Formação: Cursos:

Requisitos de acesso (preferencial)
Tempo de experiência: Escolaridade: Formação: Cursos:

Informações adicionais

Indicadores de competências comportamentais

Aprovação	
Ocupante	Superior

Figura 4.9 Modelo de descrição de função em branco.

Quadro 4.13 Descrição de função preenchida.

	AQUISIÇÃO DE TALENTOS
	Cargo: ESPECIALISTA EM RECURSOS HUMANOS
	Departamento: RECURSOS HUMANOS
	Reporte: GERENTE DE RECURSOS HUMANOS

MISSÃO DA FUNÇÃO
Apoiar as lideranças em funções de alta complexidade sob sua responsabilidade, na implementação de ações de aquisição de talentos, contribuindo para a atração, o recrutamento, a seleção e a integração de pessoas colaboradoras qualificadas e que atendam às necessidades de crescimento e desenvolvimento da organização. Deve trabalhar em conjunto também com o Departamento de Marketing e de Tecnologia da Informação para cuidar das primeiras etapas do funil de recrutamento.

(continua)

(continuação)

COMPETÊNCIAS TÉCNICAS		
Competência	**Nível ideal**	**Nível mínimo**
Excel	4 - Tem conhecimento e prática nível avançado	3 - Tem conhecimento e prática nível intermediário
Gestão de clima organizacional	4 - Tem conhecimento e prática nível avançado	3 - Tem conhecimento e prática nível intermediário
Mapeamento por competências	4 - Tem conhecimento e prática nível avançado	4 - Tem conhecimento e prática nível avançado
Inglês	4 - Tem conhecimento e prática nível avançado	4 - Tem conhecimento e prática nível avançado
Marketing de recrutamento	3 - Tem conhecimento e prática nível intermediário	3 - Tem conhecimento e prática nível intermediário
Entrevistas por competências	4 - Tem conhecimento e prática nível avançado	4 - Tem conhecimento e prática nível avançado
Técnicas de negociação	4 - Tem conhecimento e prática nível avançado	3 - Tem conhecimento e prática nível intermediário

RESPONSABILIDADE	
Código	**Responsabilidade**
1	Atender de maneira generalista clientes internos de grande porte/complexidade nas diferentes demandas de RH por meio do levantamento de necessidades, propondo soluções específicas em Aquisição de Talentos, com uso da análise crítica e sistemática de cenários setoriais e organizacionais.
2	Propor e aplicar políticas locais de Aquisição de Talentos a serem seguidas pelos clientes internos atendidos.
3	Executar projetos de Aquisição de Talentos sob sua responsabilidade de atendimento e áreas de especialidade de alto impacto e complexidade.
4	Tomar as ações necessárias para o alinhamento das áreas funcionais com estratégias, políticas e processos de Aquisição de Talentos da empresa.

TAREFA	
Código	**Tarefa**
1	Estruturar e conduzir as atividades e as rotinas de sua área/unidade.
2	Promover a Gestão de Pessoas na Organização.

(continua)

(continuação)

3	Elaborar e implementar planos operacionais da área, alinhados aos da Organização.
4	Representar a área/Organização em eventos internos e externos.
5	Propor e elaborar políticas e normas, alinhadas com as diretrizes organizacionais.
6	Desenvolver atividades correlatas a critério do superior imediato.
7	Zelar pela confidencialidade das informações de clientes e da companhia, contribuindo para a conformidade e estabilidade operacional da empresa.

NÍVEL DECISÓRIO	
Nível decisório:	Limitado

QUALIFICAÇÃO	
Escolaridade	Pós-graduação/MBA completo
Formação acadêmica	Gestão de Recursos Humanos, Administração, Psicologia e outros na área de Humanas
Cursos de qualificação	X, Y e Z

REQUISITO DE ACESSO	
Escolaridade	Pós-graduação: Completa/Desejável: MBA cursando
Formação acadêmica	Gestão de Recursos Humanos, Administração, Psicologia e outros na área de Humanas
Cursos obrigatórios	
Experiência mínima	Acima de 10 anos

REQUISITOS DE SAÚDE, SEGURANÇA DO TRABALHO E MEIO AMBIENTE	
NR 1 - 18.1	Cabe ao empregado cumprir as disposições legais e regulamentares sobre segurança e saúde do trabalho, inclusive as ordens de serviço expedidas pelo empregador, de modo a assegurar a proteção de sua saúde e segurança durante suas atividades. Constitui ato faltoso a recusa injustificada do empregado ao cumprimento do disposto no item anterior. O não cumprimento das disposições legais e regulamentares sobre segurança e medicina do trabalho acarretará ao empregador a aplicação das penalidades previstas na legislação pertinente.

(continua)

(continuação)

Treinamentos	
EPIs	

INFORMAÇÕES ADICIONAIS
CBO: 2524

PERFIL DE RISCO
Ergonômico

TREINAMENTOS PARA FUNÇÃO
Seleção por competências; treinamentos obrigatórios da companhia.

APROVAÇÃO		
Responsável pela validação:	**Validação RH:**	**Data da validação:**
		Revisão:

Fonte: Leme (2008).

Competências comportamentais - Informações complementares

Dicas para descrever um cargo

O objetivo é que a pessoa candidata entenda as principais funções e responsabilidades, por isso, evite jargões e palavras desnecessárias. Utilize técnicas de SEO (do inglês *Search Engine Optimization*) para aumentar a visibilidade de suas vagas divulgadas.

Uma das implementações mais importantes: não omita qualquer informação sobre a remuneração, pois muitas pessoas candidatas fogem de vagas divulgadas dessa maneira, pois podem pensar: "se está escondendo o salário e os benefícios, deve ser porque são ruins".

As descrições não precisam apenas conter textos, como eram no passado. Você pode utilizar vídeos curtos para incrementar a sua descrição.

Quando as descrições são mal elaboradas, aumentam a ambiguidade, a subjetividade e o risco de contratações sem critérios objetivos de escolha. Portanto, uma boa descrição da vaga é fundamental, pois reduz o risco de desistências e melhora a experiência das pessoas candidatas. Ao descrever vagas, evite:

- requisitos absurdos;
- requisitos que não serão necessários;
- copiar de outras empresas;
- descrições longas.

Alinhe com a liderança e entenda que não adianta ter boas descrições de vagas se estas forem divulgadas em meios que não vão atrair as pessoas candidatas desejáveis.

Descrição de vaga na prática: um método simples para que você consiga descrever as vagas com maior eficiência e atraia apenas as pessoas que realmente tenham a ver com os requisitos que você definir.

Eu disse que você não deve copiar, mas você pode fazer um *benchmarking* para se inspirar. Por meio do QR Code, você terá acesso a um *link* bem completo (com descrições em inglês).

uqr.to/1vdbe

Publicidade: anunciando a sua descrição de vaga

O seu anúncio deve ser ajustado ao desempenho que você gostaria de ter para que não tenha um custo maior do que deveria ter. Muitas pessoas profissionais anunciam vagas baseadas na intuição para postar, o que pode ter diversas consequências negativas, como:

- dificuldade de atrair pessoas candidatas para determinadas posições;
- volume insuficiente de candidaturas para algumas posições;
- excesso de candidaturas para algumas posições.

No último capítulo abordarei a publicidade das vagas no LinkedIn.

4.3.2 Requisição de Pessoal (RP)

É um documento/formulário que representa um **meio formal para solicitar o preenchimento de uma vaga** recém-criada, cargo ou substituição para uma posição vaga que precisa ser preenchida na sua organização, em caso de demissão, promoção, aposentadoria, afastamento etc.

A Requisição de Pessoal (RP) traz transparência e eficiência ao processo, já que garante **alinhamento entre as partes envolvidas** do negócio com diversos elementos que podem estar incluídos em seu formulário. Isso evita conflitos, gargalos e retrabalho.

Principais motivos para uma RP:

- **Substituição:** precisa de autorização formal.
- **Vaga nova prevista no orçamento (já aprovada):** a pessoa líder imediata aprova e a equipe de Aquisição de Talentos inicia.
- **Vaga nova não prevista no orçamento:** RP.

Quando as vagas são abertas de maneira aleatória, há riscos de cancelamento ou congelamento da vaga, o que traz diversos transtornos à vida do candidato e diversos prejuízos para as empresas.

Ao dar continuidade ao planejamento do processo de TA, você precisa definir alguns pontos, que precisam ser discutidos a partir de suas repostas às questões a seguir, que podem estar incluídas na sua RP:

- Qual é o motivo da abertura de uma nova vaga ou criação de um novo cargo?
- Quais lacunas serão preenchidas? Por quais motivos? Quando serão preenchidas?
- Recrutamento será interno, externo ou misto?
- CLT ou PJ?
- Temporário ou definitivo?
- Tempo integral ou parcial?
- Quantas etapas?
- Quais etapas (métodos de avaliação - entrevistas, testes, diversos)?
- Quais os critérios de desempate?
- Qual o número de vagas para preencher?
- Em quanto tempo?
- Qual o prazo para cada etapa?
- Com quantas pessoas candidatas o processo iniciará?
- Qual será o prazo de resposta para cada etapa? (recomendável 3 a 7 dias; evite perder para a concorrência).
- Qual será o número de finalistas?

A partir das suas respostas, você pode criar o seu formulário ou customizar, dependendo do modo de uso, do modelo etc.

A RP é enviada para pessoa que for responsável pela aprovação do orçamento de pessoal - cada empresa funciona de maneira diferente. Pode ser o CEO, o CFO, o CHRO, o Gerente de RH etc.

O processo de recrutamento deve começar apenas quando a vaga for aprovada. E se a vaga não for aprovada? Pode acontecer algo que infelizmente tem se tornado comum no mercado: o cancelamento ou o congelamento da vaga. Observe a Figura 4.10.

Exemplo:

Uma empresa aumentou o volume de vendas e cresceu 20% no último ano. Você projetou mais 10% de crescimento para os próximos 2 anos e precisa aumentar o seu quadro de pessoal para possibilitar sua meta de crescimento. Você faz cálculos de diversas taxas e percebe que precisa de mais uma pessoa Executiva de Vendas.

Nesse caso, você vai preencher um formulário dizendo o motivo do aumento da equipe, o prazo em que você pretende ocupar essa nova vaga e vai responder várias perguntas supracitadas em tópicos - você pode usar menos, as mesmas ou mais questões. Vai encaminhar o formulário para a pessoa responsável e aguardar a aprovação.

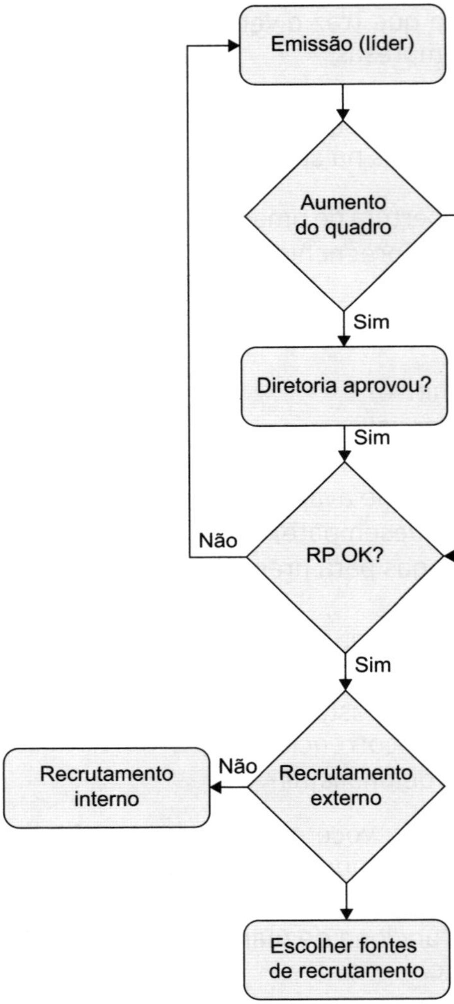

Figura 4.10 Fluxograma de Requisição de Pessoal.

RP e ATS

Muitos ATS (do inglês *Applicant Tracking System*, ou Sistema de Rastreamento de Candidaturas) - item que ainda será abordado neste capítulo - contam com o formulário de RP, que pode ser customizado em alguns ATS, o que torna esse processo mais fácil e ágil de ser gerenciado.

Dúvida comum sobre a Requisição de Pessoal

Quanto tempo demora o processo de uma Requisição de Pessoal?

Depende de diversos fatores, como a velocidade de quem aprova, a complexidade do cargo a ser preenchido, se são as primeiras tentativas ou é um processo a que as pessoas já estão acostumadas.

Erros a serem evitados

Utilizar linguagem complexa, jargões corporativos, ultrapassar o orçamento destinado a uma ou mais vagas etc.

Conclusão

A RP deve conter todas as informações que você precisa para iniciar o seu processo de contratação.

4.3.3 Definindo a etapa de atração e etapas posteriores do funil de recrutamento

Quantas etapas devem existir para a pessoa candidata?

Falamos de etapas de funil para nós, profissionais que queremos transformar pessoas candidatas qualificadas em pessoas colaboradoras da nossa organização. Entretanto, uma dúvida que afeta diretamente a experiência da pessoa candidata é: "Quantas etapas terá o processo de aquisição de talentos?".

Qual é o tempo de duração de cada etapa do funil de recrutamento para a pessoa candidata?

Não há como prever, pois as empresas têm culturas e estratégias.

Quantas entrevistas serão necessárias na etapa de entrevistas?

Lembra da segmentação?

Para pessoas essenciais o processo é menos complexo, portanto, uma entrevista é suficiente. Como há mais profissionais desse grupo, normalmente a facilidade de encontrar é maior e o processo precisa ser rápido. Você pode melhorar a experiência da pessoa candidata fazendo apenas uma entrevista para as pessoas mantenedoras.

Para pessoas especialistas precisaríamos ter duas entrevistas, uma com a liderança direta e outra com uma liderança mais sênior. Um comitê ajudaria a reduzir para uma entrevista.

Já para pessoas unicórnios, no mínimo três, pois não podemos errar e temos que ter pontos de vista diferentes.

Haverá testes? Como definir quais serão os testes mais adequados e quantos serão necessários?

Para escolher os tipos de testes e a quantidade necessária, veja o Capítulo 7, que aborda a etapa Avaliação do funil de recrutamento. Nesse capítulo, trarei elementos que atestam a validade e a confiabilidade. Caso já trabalhe e tenha experiência com aquisição de talentos, pode ser que se surpreenda com a inutilidade de alguns, mas provavelmente nunca questionou o motivo de usar e se realmente funciona.

Para profissionais essenciais, uma triagem por telefone ou vídeo, bem como para mantenedores - para estes, acrescentaria algum teste técnico prático *online*. Para especialistas, adicionaria alguma apresentação, algum estudo de caso; e para unicórnios, utilizaria testes, apresentações e até o *Big* 5, combinaria muitos testes.

Tempo de duração

- Essenciais: até 15 dias.
- Mantenedores: até 30 dias.
- Especialistas: até 45 dias.
- Unicórnios: até 60 dias.

Lembrando que a duração deve ser comunicada.

Atenção à complexidade das funções, que requerem uma avaliação mais detalhada, e à escassez. Todos esses tópicos anteriores são sugestões e não devem ser levados como regra, mas como um ponto de partida para você melhorar a experiência colaboradora.

Como saber se o prazo, os testes e as entrevistas agradam as pessoas candidatas?

Perguntando! Por meio de pesquisas.

Número inicial de pessoas candidatas (*pool* de talentos) para serem entrevistadas

Você deve garantir variedade de opções, mas sem sobrecarregar a equipe de Aquisição de Talentos. Por exemplo: de 20 a 50 pessoas candidatas para cada vaga. O número depende:

- da demanda;
- da disponibilidade de talentos.

Número de finalistas para serem entrevistadas

Em qualquer processo, você deve ter um número de pessoas candidatas finalistas para ter uma base maior para comparação e escolha criteriosa e de reserva em caso de desistência no momento ou algum tempo após o aceite da oferta. O número pode variar:

- de acordo com a quantidade de vagas;
- de acordo com a qualidade das pessoas candidatas.

4.3.4 Analisar o mercado de trabalho – oferta *versus* procura para disponibilidade de talentos

O mercado está em **oferta** quando o número de vagas é maior do que o número de pessoas candidatas disponíveis no mercado. Esse fato dificulta a vida das pessoas profissionais de aquisição de talentos, pois as pessoas candidatas têm mais poder de barganha.

Se está em oferta, a abundância de oportunidades faz com que aumente a competitividade entre as empresas, o que reduz as exigências de contratação e aumenta o investimento em recrutamento e treinamento.

Um dos pontos de atenção do mercado em oferta é a possibilidade de aumento da sua taxa de *turnover*/rotatividade, pois as pessoas candidatas terão mais opções para escolher o lugar em que desejam trabalhar, por isso, podem experimentar a sua empresa e ir para outra que tenha condições mais adequadas para elas.

Isso pode funcionar como um efeito cascata negativo, pois essa rotatividade pode gerar sobrecarga às pessoas colaboradoras que já faziam parte do quadro de pessoal, que também podem pedir demissão para buscarem condições melhores de trabalho.

Outro ponto é o aumento do orçamento de aquisição de talentos por conta do aumento da concorrência pelas melhores pessoas candidatas - você precisará ter um EVP de primeira linha para atrair e reter os melhores talentos.

Características gerais do mercado em oferta (abundância de oportunidades para as pessoas candidatas):

- maior investimento em aquisição de talentos;
- competição mais acirrada entre as empresas;
- redução das exigências de contratação;
- ênfase no recrutamento interno;
- desenvolvimento de políticas de atração de talentos.

O mercado em **procura** é o oposto do mercado em oferta. É quando o número de pessoas candidatas é maior do que o número de vagas. Esse fato dá poder aos profissionais de aquisição de talentos, que contarão com um universo maior de potenciais pessoas candidatas, o que possibilita fatores como negociações salariais a favor da organização.

Nesse caso, as empresas têm maior possibilidade de encontrar pessoas prontas e que haja redução nos custos de treinamento.

Obs.: o mercado em procura pode ocorrer por conta de cenários de instabilidade na economia, queda de aberturas de postos de trabalho e aumento da taxa de desemprego.

Um dos pontos de atenção do mercado em procura é que o aumento de pessoas candidatas durante todas as etapas do funil de recrutamento aumenta o trabalho do pessoal de Aquisição de Talentos e dificulta a escolha das melhores pessoas candidatas.

Características gerais do mercado em procura (escassez de oportunidades para as pessoas candidatas):

- redução do investimento em aquisição de talentos;
- competição menor entre as empresas;
- aumento das exigências de contratação;
- ênfase no recrutamento externo;
- desenvolvimento de políticas de substituição.

Entender se o mercado está em oferta ou em procura faz a diferença na hora de desenvolver a etapa de Atração do seu funil de recrutamento, pois impacta diretamente nos temas que serão abordados a seguir.

4.3.5 Definição do tipo de recrutamento: interno, externo ou misto – qual escolher?

4.3.5.1 *Recrutamento interno*

É quando a equipe de TA considera as pessoas colaboradoras atuais para preencher vagas na organização em que já trabalham. É um tipo de recrutamento que busca identificar pessoas que possam ser promovidas ou transferidas dentro da empresa.

Situações comuns

Planejamento sucessório: preparar uma pessoa que é analista para se tornar supervisora.

Promoção: mudança para um cargo mais alto (p. ex., de gerente para diretora).

Transferência: para outra filial, cidade, estado etc.

Mudanças para áreas parecidas: uma pessoa que é vendedora interna pode se tornar vendedora externa ou uma pessoa de Vendas ir para o Marketing ou atendimento.

Mudança para áreas diferentes: uma pessoa que é gerente financeira assumir a gerência de logística.

Como ocorre?

A vaga é anunciada internamente, via e-mail, intranet da organização, anúncios internos etc., para que as pessoas colaboradoras atuais possam se candidatar caso tenham interesse.

Prós: redução de custos diversos - isso torna o processo mais barato. O desempenho das pessoas já é conhecido, muitas pessoas já estão adaptadas à cultura - isso torna o processo mais rápido. Por oferecer uma oportunidade em outro cargo ou outra área, que representam uma oportunidade de progresso e/ou de mudança, pode melhorar a motivação das pessoas.

Contras: conflitos entre funcionários e pode limitar a inovação e a diversidade cultural.

Quando optar pelo interno?

- Orçamento baixo para aquisição de talentos.
- Cargo que exige que a pessoa já esteja adaptada à cultura organizacional.
- Motivar e valorizar pessoas que já atuam na sua organização.
- Durante o mapeamento, sua organização já tem as competências necessárias.
- Falta de tempo para buscar externamente.

Conclusão

Muitas pessoas profissionais de aquisição de talentos negligenciam a mobilidade interna, que permite o preenchimento das vagas com maior agilidade e menor custo e ainda influencia positivamente no engajamento e na motivação de quem já trabalha na empresa.

A pesquisa de Aquisição de Talentos de Alto Impacto de Deloitte[1] revela que empresas de alto desempenho com funções de TA maduras buscam talentos de fontes internas de diversas maneiras.

4.3.5.2 *Recrutamento externo*

É quando a equipe de TA considera as pessoas candidatas de fora da organização; ocorre quando:

- a equipe de TA publica as vagas *online*, seja no *site* de carreira, seja nas mídias sociais;
- utiliza o serviço de uma empresa de recrutamento;
- utiliza o serviço de uma pessoa ***headhunter*** para buscar talentos;
- participa de eventos e feiras de emprego;
- utiliza um programa de indicação etc.

Obs.: nem todos os canais funcionam bem para todas as funções. Por isso, é importante avaliar de maneira contínua os que são bons ou ruins de acordo com as vagas que você quiser divulgar.

Prós: novas perspectivas e novas experiências: renovação da cultura, diversidade.

Contras: integração mais longa, mais caro, maior possibilidade de dar errado.

Quando optar pelo externo?

- Necessidade de expansão ou de algum tipo de mudança do negócio.
- Trazer novas perspectivas, novas competências e melhorar a diversidade.

4.3.5.3 *Terceirização do recrutamento externo:* headhunters *e agências de recrutamento*

O papel da pessoa *headhunter* no recrutamento externo

A pessoa *headhunter* é especializada em buscar pessoas para posições de alto nível e/ou aquelas que são difíceis de preencher devido à escassez de pessoas profissionais que têm determinadas competências. É uma alternativa para buscar esses tipos de talentos.

Um *headhunter* identifica as necessidades da empresa contratante e, por meio de sua rede de contatos e a combinação com diversas técnicas de busca, aborda diretamente a pessoa candidata quando a encontra.

[1] Disponível em: TA_HITA_INFO_TopFindingsHITA_180320

Marca uma reunião com essas pessoas, verifica se têm o perfil de competências desejado pela empresa por meio de análise curricular e entrevistas, por exemplo, e caso uma ou mais pessoas atendam aos requisitos, a pessoa *headhunter* as apresenta para a empresa contratante.

A pessoa *headhunter* ainda pode atuar em todas as etapas do seu funil de recrutamento com o papel de intermediar a contratação de ponta a ponta e auxiliar a empresa em diversas etapas, como nas entrevistas e na negociação salarial.

Como e quando contratar uma pessoa *headhunter*? Será que eu preciso?

Primeiramente, precisamos voltar ao conceito de segmentação das suas necessidades de contratação, tema presente no Capítulo 2, e identificar o tipo de talento que você quer que a pessoa *headhunter* procure. Precisamos avaliar a relação custo *versus* benefício de cada uma das segmentações.

Para profissionais essenciais, que são mais operacionais, cargos de entrada, de nível inicial, não valem a pena - na maioria dos casos, por conta do custo envolvido e da disponibilidade de pessoas candidatas. Você pode utilizar outros métodos de recrutamento externo.

Para profissionais mantenedores, é recomendado contratar uma pessoa *headhunter* apenas se você tiver muita dificuldade de encontrar o perfil no mercado - como está em procura para a maioria das profissões há tempos no Brasil, contratar uma pessoa *headhunter* é uma alternativa que dificilmente você precisará escolher.

Existem algumas alternativas antes de contratar o serviço de uma pessoa *headhunter*, por exemplo, contratar uma consultoria especializada, participar de eventos de *networking* e pedir recomendações em grupos de WhatsApp.

Para profissionais especialistas, pode ser vantajoso contratar uma pessoa *headhunter*, mas a minha sugestão é que você mesmo busque essas pessoas e não fique apenas refém do recrutamento passivo. No Capítulo 10, ensino a fazer uma busca ativa pelo LinkedIn, gratuitamente ou contratando o serviço *premium* chamado Recruiter.

Para profissionais unicórnios é altamente recomendado ter o apoio de uma pessoa *headhunter*.

Uma das minhas premissas é se antecipar ao mercado e ter uma visão estratégica: você pode criar programas de estágio e/ou de *trainee* para identificar o seu próximo profissional unicórnio. A maneira mais barata de ter o unicórnio é "criando em casa". Você pode criar parcerias com instituições de ensino.

Após identificar suas necessidades e definir qual segmentação ou segmentações precisam desse tipo de serviço, você precisa pesquisar *headhunters* no mercado - há *headhunters* especialistas em profissões específicas, por exemplo.

Há *headhunters* que trabalham de modo independente e há *headhunters* que trabalham para empresas - muitas referências nesse tipo de serviço. Você pode buscar indicações. Participe de grupos de WhatsApp de sua área e pergunte, pode ser que encontre boas referências ou pelo menos um ponto de partida.

Principais empresas que oferecem o serviço de pessoas *headhunters* no Brasil

- Michael Page;
- Robert Half;
- Hays etc.

Por último, você precisa entrevistar e selecionar a pessoa profissional que vai te ajudar a contratar a pessoa profissional que você deseja de acordo com a segmentação pré-estabelecida. Não se esqueça de avaliar o contrato. Peça ajuda ao departamento jurídico, caso haja, e não se esqueça de manter contato constante.

Quanto custa contratar uma pessoa *headhunter* no Brasil?

Assim como qualquer serviço, o valor do investimento para contratação pode variar, mas há algumas práticas comuns, como um percentual do salário anual da pessoa contratada - exemplo: de 20 a 35%, dependendo da segmentação.

Para posições de média gestão, pode ser que cobrem de 20 a 30% do salário anual da pessoa contratada; já para posições de alta gestão e executivas, de 25 a 35% do salário anual.

Como cobrar resultados de uma pessoa *headhunter* e avaliar seu desempenho?

Quando você contrata uma pessoa *headhunter*, precisa ter em mente que ela precisa dar resultado, pois você está investindo tempo e recursos do seu orçamento de aquisição de talentos.

Você precisa definir metas claras de desempenho. **Por exemplo**: qual o tempo máximo para preencher determinada vaga? Qual é a taxa de aceitação das ofertas? Há *feedback* positivo da pessoa candidata e da liderança? É importante trabalhar em conjunto e trazer as principais métricas que você utiliza em seu funil de recrutamento.

E se a pessoa *headhunter* falhar?

Você precisa estabelecer um acordo de nível de serviço (SLA) para detalhar quais são as responsabilidades da pessoa *headhunter* - quais são as principais metas a serem cumpridas, quais métricas serão utilizadas, quais os critérios de sucesso e as consequências por não cumprimento do SLA acordado.

A pessoa *headhunter* pode trabalhar na mais conceituada empresa ou ter os melhores resultados, mas se não entrega o que você precisa, não se prenda a esses aspectos. Se não sentir confiança na parceria, considere outras opções - como uma nova parceria ou outros meios de atrair talentos.

DICA

Manter contato constante é algo estratégico, especialmente por meios nos quais as conversas possam ser documentadas, como e-mail e WhatsApp. Além disso, registros de chamadas e gravações de reuniões *online* também ajudam.

Ao fazer isso, você protege seus interesses, o que pode facilitar qualquer ação legal, caso necessária. Você consegue cobrar resultados quando tem a comunicação documentada. Com isso, você pode negociar compensações e correções, por exemplo.

Diferenciais das empresas que oferecem serviços de *headhunters*

Uma das partes principais durante a contratação é a análise contratual, que deve ser justa para ambas as partes envolvidas. Imagine que você consiga contratar uma pessoa candidata que não atenda às expectativas dentro de um prazo - ou que peça demissão ou seja demitida. Nesses casos específicos, você pode solicitar uma cláusula de substituição. A linha de raciocínio aqui é de acordo com o pagamento do serviço prestado. Imagine que você pague 20% do salário anual da pessoa colaboradora, que permaneceu 9 meses. Captou? Você precisa negociar garantias e possíveis reembolsos.

O papel das agências de recrutamento no recrutamento externo

Uma agência de recrutamento pode te ajudar com o seu processo de aquisição de talentos a partir da etapa de candidatura até as entrevistas iniciais, e pode tornar a sua contratação mais eficiente.

Como e quando contratar uma agência de recrutamento? Será que eu preciso?

Voltando às segmentações, precisamos avaliar se a relação custo *versus* benefício vale a pena, se contratar uma agência de recrutamento vale a pena.

A contratação de uma agência de recrutamento é ideal para posições essenciais (de entrada a intermediária), pois normalmente têm um volume maior e representam um custo mais baixo.

Muitas agências de recrutamento, por terem bancos de dados com muitos currículos cadastrados, tornam a triagem mais rápida, especialmente para um grande volume de profissionais essenciais - muitas vezes pode reduzir a sobrecarga do RH.

Se uma pessoa profissional que ocupa o cargo de Assistente de determinada área (p. ex., assistente de Recursos Humanos) ganha R$ 2.000,00 por mês (bruto), então o salário anual equivale a R$ 24.000,00 e o custo seria de R$ 2.400,00 a R$ 3.600,00 por contratação (de 10 a 15% do salário anual).

Para profissionais mantenedores, pode ser uma boa alternativa contratar uma agência de recrutamento, e o custo tende a ser mais baixo para essas posições do que ao contratar uma pessoa *headhunter*. Uma agência pode fazer a triagem inicial e apresentar para a liderança da sua empresa uma lista de pessoas qualificadas.

Imagine que você precise preencher uma posição de gerente de Recursos Humanos, cujo salário bruto é de 6 mil reais por mês e 72 mil por ano. Seu custo seria de 15 a 20% do salário anual, entre R$ 10.800,00 e R$ 14.400,00 por contratação.

Para profissionais especialistas, a contratação de uma agência de recrutamento pode depender da escassez – caso o mercado esteja escasso de profissionais com as competências que você deseja, o ideal é uma pessoa *headhunter*; já se houver uma oferta razoável, você reduz o seu custo ao contratar uma agência de recrutamento.

Você precisa contratar uma pessoa Engenheira de Dados. O custo ao contratar uma pessoa profissional *headhunter* tende a ser maior do que contratar uma agência. Por isso é importante você ter conhecimento sobre a busca ativa de pessoas candidatas (Capítulo 10) para entender como está o mercado. Há variáveis que podem afetar a sua busca, como localização geográfica, indústria, salário ofertado etc.

Já a minha recomendação para profissionais unicórnios, ou seja, aqueles raros, com competências únicas, é contratar o serviço de uma pessoa *headhunter*.

Quando eu falei sobre a segmentação no Capítulo 2 e trouxe exemplos práticos, tive o objetivo de despertar seu senso crítico, para que você possa avaliar os custos, os benefícios, o impacto e a escassez, a fim de comparar com o seu orçamento e as necessidades do seu negócio.

> **NOTA**
>
> Os valores que eu trouxe sobre o percentual cobrado por agências de recrutamento e *headhunters* são estimativas, que podem variar para mais ou para menos. O mais importante é que você pesquise bastante e avalie o que é melhor para o seu negócio.

Principais agências de recrutamento no Brasil

- Robert Half;
- Michael Page;
- Page Personnel;
- Randstad;
- Adecco;
- Manpower etc.

Quanto custa contratar uma agência de recrutamento?

O custo de investimento pode variar de 10 a 30% do salário anual da pessoa contratada, dependendo da segmentação, ou pode ter um preço fixo, que pode ser cobrado pelo número de pessoas contratadas – existem diversas maneiras de cobrança feitas pelas agências de recrutamento.

Para posições de entrada e intermediárias, é comum cobrar de 10 a 20% do salário anual. Para posições mais altas, o percentual do salário pode chegar a 30%. Por isso, ao escolher entre o serviço da pessoa *headhunter* e o serviço de uma agência de recrutamento, é essencial definir se o custo vale a pena comparado aos benefícios de cada um dos serviços prestados.

Qual é a melhor escolha? *Headhunter* ou agência de recrutamento?

A agência de recrutamento é melhor:

- Quando o volume de contratações é alto, especialmente para posições de entrada a intermediárias, que não exigem um nível muito alto de especialização e quando a empresa precisa preencher rapidamente as vagas de alto volume.

A pessoa *headhunter* é melhor:

- Para posições a partir da média gestão até as de alta gestão e executivas, principalmente quando você está em busca de pessoas com competências escassas e com grande impacto no negócio, como lideranças e técnicos altamente especializados.

Pontos negativos em relação às agências de recrutamento e *headhunters*

Tanto agências quanto *headhunters* não têm tanto entendimento da sua cultura e da sua estratégia como uma pessoa que já trabalha em sua empresa. Ambas trazem um custo fixo por posição preenchida e a qualidade das pessoas candidatas varia de acordo com a sua escolha (tanto *headhunter* quanto agência).

Comparando os custos das agências e de *headhunters* com as pessoas recrutadoras internas

Muitas empresas são de pequeno porte e uma pessoa colaboradora pode ter inúmeros papéis, entre eles, o de recrutadora. Já empresas maiores tendem a dispor de uma estrutura mais ampla e pode ser que tenham uma ou mais pessoas com dedicação exclusiva à aquisição de talentos - as chamadas "recrutadoras".

Partindo de uma média salarial que pode variar de R$ 3.000,00 a R$ 15.000,00 por mês, dependendo de vários fatores mais os benefícios de uma pessoa recrutadora, temos um custo fixo e contínuo. Essas pessoas têm um conhecimento (ou pelo menos deveriam ter) maior sobre cultura e estratégia e têm maior controle sobre o processo de TA.

Além da remuneração, há outros custos envolvidos em diversas etapas do funil de recrutamento, como a contratação de um ATS, o investimento em mídias digitais, entre outros.

Quando você contrata uma agência de recrutamento ou uma pessoa *headhunter*, caso já tenha uma ou mais pessoas recrutadoras, acumula custos que impactam o seu orçamento. Tradicionalmente, os custos com *headhunters* tendem a ser maiores do que com agências.

O que fazer? Avaliar os custos e os benefícios e gerar dados para pautarem a sua tomada de decisão.

4.3.5.4 *Recrutamento misto*

É um modelo híbrido no qual você busca e localiza pessoas candidatas dentro e fora de sua organização, ou seja, combina o recrutamento interno com o recrutamento externo.

Prós: aliar experiências positivas do interno e do externo.

Contras: mais caro e mais demorado.

Definição do processo de Aquisição de Talentos

Escolha dos canais e fontes que funcionam melhor para divulgar suas vagas

Nesse ponto, temos que ser razoáveis: será que temos condições de operar de maneira satisfatória em todos os canais? Quanto mais, melhor, mas só se tiver qualidade. Por isso, aqui é o momento de fazer testes.

Como principais canais temos o *site* de carreiras, as mídias sociais, consultorias externas, *headhunters*, instituições de ensino, plataformas de recrutamento, LinkedIn, programas de indicação etc.

4.4 Concorrência e práticas de remuneração

As práticas de remuneração são essenciais, pois devem ser condizentes com o escopo da função desejada. Se tiver orçamento, contrate uma consultoria especializada. Se não tiver orçamento, busque guias, que podem ajudar de algum modo. O ponto negativo é que os guias apontam tendências macro e podem não trazer dados adequados à sua realidade e necessidades. Exemplos de guias: Leme Consultoria, Robert Half, entre outros.

Seu papel é cuidar que a sua organização ofereça uma remuneração competitiva, e o primeiro passo é determinar os cargos que você vai pesquisar. Muitas vezes, queremos fazer tudo de uma vez, e a pergunta que você vai se fazer é se é necessário.

Os guias gratuitos normalmente são de abrangência nacional, mas você pode trocar ou conseguir informações com outras pessoas profissionais a partir de grupos de *networking* no LinkedIn e no WhatsApp, por exemplo, para tentar conseguir dados locais ou regionais.

Após a coleta, você deve comparar o que foi coletado com o que a sua organização oferece atualmente - ou pensa em oferecer, caso o cargo seja novo. Você precisa identificar as tendências de benefícios, por exemplo.

Você tem a alternativa de buscar alguns dados autodeclarados no Glassdoor, que pode te ajudar a ter uma visão mais ampla para diferentes cargos e locais - muitas pessoas candidatas constroem suas pretensões salariais a partir de pesquisas nesse *site*.

Caso implemente alguma mudança, trabalhe a comunicação interna de modo transparente para que as pessoas colaboradoras saibam o que está acontecendo. Para isso, explique os motivos e os benefícios da mudança.

Avaliar recursos internos

Estimar orçamento e recursos: publicidade das vagas, ATS, deslocamento etc.

Você vai precisar calcular e definir o seu orçamento para a aquisição de talentos:

- Volume de contratações: você precisará definir qual será o volume de contratações esperado por ano - por isso, a etapa de documentação estudada no Capítulo 2 é importante. Você pode se basear em dados do passado para fazer estimativas para o futuro, combinados com o planejamento da força de trabalho.
- Análise dos custos fixos e variáveis: os custos fixos correspondem às despesas regulares, como o ATS, o salário da equipe de Aquisição de Talentos etc. Os custos variáveis envolvem os custos pontuais, como o de anúncios de vagas de emprego. Peça apoio ao departamento Financeiro/Contábil.

Exemplo

A empresa tem como objetivo crescer 10% ao ano, e para que eu consiga saber como ajudarei a calcular a força de trabalho, procurarei as lideranças para revisar documentos diversos, como os desempenhos mensal e anual das pessoas, a taxa de rotatividade, de absenteísmo etc. - relacionados ao passado e ao presente.

Com a liderança, posso entender as necessidades futuras - como projetos que exigirão mais contratações - para posteriormente fazer uma pesquisa de mercado a fim de avaliar a disponibilidade da força de trabalho de acordo com as competências necessárias para cada um dos cargos envolvidos.

Quando você calcula a taxa de rotatividade dos últimos anos por meio de análise documental, consegue ter dados para tomar decisões de substituição. Se a taxa anual é de 10% em um departamento com 100 pessoas, você pode prever a necessidade de 10 novas contratações e até mesmo criar um banco de talentos.

Com a previsão das necessidades de substituição, é possível continuar calculando a força de trabalho necessária de acordo com a taxa de crescimento da empresa.

Imagine que a sua organização tenha como meta crescer 10% em um ano e haja 1 mil pessoas no quadro de pessoas colaboradoras; precisaremos então de 100 novas contratações.

Você precisa identificar as áreas críticas e os tipos de cargos (p. ex., juniores, plenos, seniores, gerentes, coordenadores, supervisores, diretores, técnicos etc.) e classificar essas vagas de acordo com a prioridade organizacional.

Alta prioridade: os que têm maior impacto sobre a receita e/ou contam com menor oferta de pessoas candidatas disponíveis no mercado, ou seja, cargos mais difíceis de serem preenchidos.

Média prioridade: os que têm impacto intermediário sobre a receita.

Baixa prioridade: os que têm menor impacto sobre a receita e/ou os cargos mais fáceis de serem preenchidos por conta da maior oferta de pessoas candidatas disponíveis no mercado.

Como o tempo é um dos recursos limitados e não dá para fazer tudo ao mesmo tempo, preciso otimizar as atividades diversas de acordo com a prioridade - inclusive a classificação das vagas. Um bom ponto de partida é a matriz GUT (Gravidade, Urgência e Tendência), que é fácil de aplicar. Observe a Figura 4.11.

Nota	Gravidade	Urgência	Tendência
1	Sem gravidade	Pode esperar	Não vai piorar
2	Pouco grave	Pouco urgente	Vai piorar em longo prazo
3	Grave	Mais rápido possível	Vai piorar em médio prazo
4	Muito grave	Urgente	Vai piorar em pouco tempo
5	Gravíssimo	Precisa resolver	Vai piorar rapidamente

Problema	Gravidade	Urgência	Tendência	G*U*T* criticidade	Ordem das atividades
Estratégia de *Employer Branding*	5	4	3	60	1
Escolha ATS e HRIS	3	3	4	36	2
Dashboard indicadores	1	5	5	25	4
Atualização *site* carreiras	3	2	5	30	3

Figura 4.11 Matriz GUT para aquisição de talentos.

Para complementar e tornar o processo mais visual, posso combinar a matriz GUT com a matriz de Eisenhower. Observe a Figura 4.12.

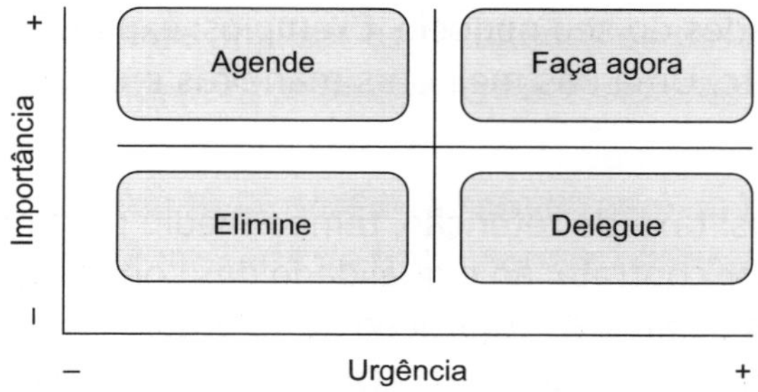

Figura 4.12 Matriz de Eisenhower.

Quadrante 1: faça agora

São as tarefas que podem trazer consequências imediatas e de longo prazo, tanto positivas quanto negativas. Geralmente são atividades que causam grande estresse e são as mais fáceis de ser identificadas.

Quadrante 2: agende

Aqui entram as atividades que não são urgentes, mas são importantes por afetar a sua vida, mas não tanto quanto às do quadrante 1.

Quadrante 3: delegue

São atividades urgentes, mas não tão importantes e podem ser delegadas.

Quadrante 4: elimine

Tarefas que não são urgentes, nem importantes, que só tomam o seu tempo por serem distrações, que atrapalham.

Como otimizar a matriz?

Você pode atribuir cores. Sugestão: faça agora (verde), agende (amarelo), delegue (rosa) e elimine (azul). Use as cores que façam mais sentido para que você possa ter uma visualização mais eficaz das suas tarefas.

Você pode quantificar as atividades: até 15 atividades por quadrante.

A partir dos recursos disponíveis, você poderá distribuí-los de acordo com as prioridades, que foram definidas de maneira sistematizada - e não baseadas em "achismos". Com isso, você poderá distribuir os recursos garantindo que o mais urgente e importante seja priorizado e que não comprometa o seu orçamento.

Prepare-se para ser flexível e ajustar o seu plano orçamentário de acordo com situações imprevistas, como o aumento repentino da rotatividade, condições externas do mercado e da natureza. Tenha contato constante com as lideranças para que atualizações possam ser feitas em caso de necessidade.

Solicitar aumento do orçamento disponível

Você precisa demonstrar que a área de Aquisição de Talentos é lucrativa para a sua organização e está alinhada aos objetivos estratégicos, que variam de acordo com as necessidades do seu negócio. Exemplos: expansão/crescimento, sobrevivência, inovação etc. Uma das melhores maneiras é qualificar e quantificar por meio de métricas:

- Quantitativas: taxa de retenção, tempo médio para preenchimento de vagas, custo por contratação e qualidade das contratações. Mostre o impacto financeiro da área de Aquisição de Talentos.
- Retorno sobre o investimento (ROI) em Aquisição de Talentos: você precisa comparar os custos totais (fixos e variáveis) inerentes às atividades de aquisição de talentos com os benefícios proporcionados, como redução da rotatividade e do absenteísmo, crescimento da receita, aumento da produtividade etc.

4.4.1 Programa de indicações

O que é?

Um programa de indicação é uma estratégia de aquisição de talentos que tem como objetivo incentivar as pessoas colaboradoras que já trabalham e/ou que já trabalharam (ex) em sua organização a indicarem pessoas candidatas conhecidas para vagas abertas ou que podem abrir em sua empresa.

Um dos pontos positivos do desenvolvimento de um programa de indicações é o engajamento das pessoas que vão indicar, que já conhecem a cultura organizacional e podem divulgar a sua marca empregadora melhor do que ninguém.

> **DICA**
>
> Se a sua marca empregadora ainda está em construção e você está começando do zero, você pode criar um programa de embaixadores de marca.

Para criar um programa de indicação, o primeiro passo é **definir os seus objetivos**.

Exemplos:

- aumentar o número de pessoas candidatas qualificadas;
- reduzir o tempo de contratação;

- melhorar a retenção;
- reduzir a rotatividade (*turnover*);
- reduzir custos de contratação e de treinamento de novas pessoas colaboradoras;
- melhorar a diversidade e a inclusão;
- definir as vagas elegíveis etc.

O segundo passo é **definir as regras** do seu programa.

Exemplos:

- Como as indicações serão feitas?
- Quem é elegível para receber o bônus?
- Quais são os critérios de qualificação para as pessoas candidatas indicadas?
- Há restrições de parentesco? Se sim, qual(is)?
- Há limites para número de indicações?
- Há limites para o valor total de bônus que a pessoa pode receber?

O terceiro passo é **definir os critérios de elegibilidade**, ou seja, quem poderá participar.

Exemplos:

- Apenas pessoas colaboradoras atuais poderão participar?
- Pessoas que já não trabalham mais (ex-colaboradoras) também poderão participar?
- Clientes e fornecedores?

O quarto passo é **definir o período de validade das indicações**. Nesse momento, você deve decidir se a indicação só será válida dentro de um período determinado ou se terá validade indeterminada. E se a pessoa colaboradora indicar após o período de validade? Ela não será mais considerada para receber o bônus.

Defina um período após o qual as pessoas não são mais consideradas elegíveis para receber o bônus. Isso evita que façam indicações de pessoas candidatas desqualificadas só para recebê-lo.

Exemplo:

Validade de 6 meses a partir da data de indicação

Em janeiro, a pessoa colaboradora indica uma pessoa candidata. Em fevereiro, a pessoa candidata é entrevistada e contratada. Indicação dentro do período de validade. A pessoa colaboradora receberá o bônus, pois indicou e a pessoa candidata foi contratada no período de validade das indicações.

Imagine o mesmo exemplo: a pessoa colaboradora indicou a pessoa candidata em janeiro. Se a pessoa candidata for contratada em dezembro, a indicação não é válida e a pessoa colaboradora não receberá o bônus. Por isso, é importante que a comunicação interna seja eficaz para não gerar conflitos. As regras devem ser claras.

O quinto passo é **determinar o valor do bônus**.

Questione-se sobre o valor do bônus oferecido:

- Varia de acordo com o nível?
- Varia de acordo com a dificuldade de contratação?

Exemplos com **valores fictícios** – o valor vai depender do orçamento que você tiver disponível para a aquisição de talentos:

- **Nível júnior:** R$ 100,00
- **Nível pleno:** R$ 200,00
- **Nível sênior:** R$ 500,00
- **Liderança inicial:** R$ 1.000,00
- **Alta liderança:** R$ 2.000,00

Obs.: se a vaga for muito difícil de ser preenchida, pode aumentar um percentual. **Exemplo:** pode aumentar o valor em 30% (o percentual dependerá do seu orçamento aprovado).

O sexto passo é **definir os critérios**.

Trarei uma série de exemplos que você poderá usar como inspiração para que, caso opte por desenvolver e implementar um programa de indicações, seja capaz de conduzir esse processo de acordo com os seus objetivos estratégicos e de aquisição de talentos.

- **Empresa tem pressa para contratar?** Você pode adicionar um percentual ou um valor fixo se a pessoa candidata for contratada 30 dias após a indicação.
- **Bônus contínuo:** integração, treinamento e avaliação de desempenho – se a pessoa contratada se destacar, bônus adicional – como reconhecimento. Exemplo: completou a integração? Dá R$ 300,00.
- ***Feedback* da pessoa líder imediata:** qualidade da indicação pode gerar bônus.
- **Contribuição para as metas organizacionais:** se a pessoa contratada ajudar a aumentar a receita ou participação de mercado, o valor do bônus pode ser aumentado proporcionalmente.

- ***Feedback* da pessoa candidata:** sobre a experiência no processo de R&S.
- **Tempo de permanência:** exemplos: 1 ano = R$ 200,00; 2 anos = R$ 500,00; 3 anos = R$ 700,00; 4 anos = R$ 1.200,00; e assim sucessivamente.
- **Indicações sucessivas:** na primeira indicação, R$ 200,00; na segunda, R$ 300,00; para as indicações subsequentes, R$ 500,00.
- ***Feedback* de colegas de equipe, clientes e outras partes (a definir):** pode aumentar o bônus.

Obs.: com as informações dos passos de 1 a 6, você será capaz de formular uma política do programa de indicações da sua organização, que fornecerá as diretrizes de como indicar, quais os critérios, recompensas etc., garantindo a transparência a partir de um documento estruturado.

O sétimo passo é **comunicar os itens anteriores e treinar a equipe de Aquisição de Talentos e a liderança acerca do que foi abordado anteriormente**.

Você precisa pedir às pessoas colaboradoras que indiquem pessoas candidatas, mas precisa informar as regras e se certificar de que o processo seja ágil, pois quanto mais longo e complicado, maior a probabilidade de comprometer a experiência da pessoa candidata.

Você pode pedir o currículo ou o perfil do LinkedIn. É importante que você deixe bem claro que tanto o currículo quanto o perfil na rede profissional devem estar atualizados recentemente; há pessoas candidatas que não têm esse cuidado.

As pessoas candidatas devem saber exatamente o que esperar, por isso, essa é uma oportunidade de definição de expectativas: as informações claras fazem com que as pessoas confiem no seu propósito e te ajudem a atrair pessoas engajadas com o seu programa.

Anúncio do programa por e-mail

Você pode criar um e-mail para anunciar o seu programa de indicações. No início do e-mail é importante que a comunicação esteja alinhada ao que é praticado na cultura, ou seja, você deve seguir a formalidade ou informalidade de acordo com o que já existe.

"Saudações,

Estamos em busca de pessoas talentosas como você e, por isso, queremos apresentar o nosso Programa de Indicações.

Gostaríamos que você indicasse pessoas conhecidas ou não que atendam aos requisitos para que sejam tão boas para a organização como você é.

Oferecemos bônus [*especificar os que serão oferecidos e as condições*].

Para ser elegível, você precisa [*especificar os critérios de elegibilidade*].

Se você conhece alguém que poderia ajudar a nossa empresa a se tornar ainda maior, por favor indique para nós por meio do [*aqui você poderá deixar o e-mail, número do WhatsApp,* link, *ATS, formulário etc.*].

[*No final, deixe um documento disponível com as políticas e seu contato para que a pessoa colaboradora possa tirar eventuais dúvidas acerca do programa. É importante que haja integração com o seu* site *de carreiras.*]

Atenciosamente,

Eduardo Felix"

Anúncio de uma vaga específica do programa por e-mail

"Saudações,

Estamos muito entusiasmados para anunciar que estamos buscando uma pessoa gerente de Recursos Humanos [*cargo*] para trabalhar na Expery [*nome da empresa*].

Essa pessoa fará [*trazer atribuições, responsabilidades e resultados esperados*].

Se quiser indicar alguém que tenha tudo a ver com essa posição, será um prazer receber a sua indicação [*dizer por qual meio receberá essa indicação*].

Atenciosamente,

Eduardo Felix"

O oitavo passo é **criar materiais de marketing** para que as pessoas desejem participar do programa.

Jamais se esqueça de atualizar o *site* e os e-mails que você utiliza nos programas de indicações. Sugestão: caso tenha contato com a equipe de Marketing da sua organização, solicite apoio.

O nono passo é a **integração com o seu ATS**, caso já trabalhe com algum que tenha essa opção.

4.4.1.1 *ATS e programa de indicações*

Um ATS pode agilizar o seu programa de indicações, já que as informações são centralizadas em um único local, o que facilita o gerenciamento dessas informações para que você possa tomar as melhores decisões.

As pessoas podem indicar diretamente pelo ATS, e você, profissional de Aquisição de Talentos, terá fácil acesso às informações já estruturadas e organizadas, algo que vai otimizar o seu tempo para que você possa revisar as informações mais importantes.

Caso o seu ATS permita, você poderá criar uma seção dedicada às referências - com isso, é possível notificar de modo automático as pessoas colaboradoras quando as pessoas candidatas indicadas avançarem em cada etapa do seu processo de aquisição de talentos. O mesmo pode ser feito com as pessoas candidatas.

DICA

Ministre treinamentos constantes para que as pessoas colaboradoras que tenham acesso ao ATS saibam como utilizar a ferramenta e, com isso, você tenha um processo de indicações mais eficaz.

4.4.1.2 Feedback *para aprovações e rejeições*

O *feedback* para as pessoas candidatas provenientes de indicações deve ser duplo - tanto para as pessoas candidatas quanto para as pessoas que indicaram. As pessoas colaboradoras esperam um *feedback*, que é essencial para mantê-las engajadas acerca do programa de indicações - caso fiquem insatisfeitas, podem não indicar mais.

Quando você fornece um *feedback* detalhado, com sugestões de melhoria, ou seja, o que a pessoa candidata poderia ter feito para ter melhor resultado e desempenho, gera-se confiança.

Para evitar problemas com indicações, você precisa definir com perfeição que tipo de pessoa candidata você quer em sua empresa para que as pessoas que participam do programa indiquem pessoas candidatas qualificadas.

Pesquisas sobre o programa de indicações

Como o processo é bilateral, você deve receber o *feedback* tanto das pessoas que indicam quanto das pessoas indicadas. Pergunte para as pessoas que indicaram como foi a experiência, peça sugestões de melhoria.

Identifique as pessoas que não estão participando e/ou nunca participaram do seu programa de indicação

Solicite o *feedback* desse público, pesquise, pergunte por que elas nunca participaram ou por que deixaram de participar; pergunte sobre pontos de melhorias para entender os pontos fortes e os pontos de melhoria do seu processo.

4.4.1.3 *Considerações finais sobre o programa de indicações*

O programa de indicações deve fazer parte da estratégia de EB. Para isso, você deve investir na comunicação interna para que as pessoas colaboras possam participar. Por isso, a campanha de divulgação do programa deve ser contínua.

Reconheça publicamente as pessoas que indicaram pessoas que foram contratadas. Valorize esse tipo de trabalho para incentivar a participação das pessoas colaboradoras e entenda que o dinheiro é parte, mas não é tudo.

Por último, jamais deixe de dar *feedback* dos resultados do seu programa. Para isso, você precisa mensurar o que funciona e o que não funciona pelo uso de métricas como:

- **Taxa de participação das pessoas colaboradoras**

Você precisa mensurar o percentual da sua força de trabalho que está participando ativamente do seu programa de indicações. Se a participação for baixa, significa que você tem problemas de engajamento no programa.

- **Taxa de pessoas contratadas por meio do programa de referência - e comparar aos outros métodos utilizados**

Entenda o percentual das suas contratações (p. ex., anuais) provenientes de indicações de pessoas colaboradoras. Quanto maior for o número, mais efetivo será o seu programa. Compare a taxa de pessoas contratadas pelo programa com outras fontes e métodos que você utilizar.

- **Número de pessoas candidatas indicadas pelo programa que são aderentes às vagas, em comparação com outros métodos utilizados**

Quantas pessoas indicadas são qualificadas de acordo com os critérios mínimos que você estabeleceu? Com essa métrica, você é capaz de segmentar o seu programa de indicações. Compare o número de pessoas indicadas pelo programa com outras fontes e métodos que você utilizar.

- **Taxa de retenção de pessoas contratadas a partir do programa de indicação, em comparação com outras fontes**

Calcule o percentual de pessoas que permanecem na empresa mês a mês e ano a ano e compare com outras fontes. Maior retenção pode estar associada com maior qualidade da contratação.

- **Desempenho das pessoas contratadas que foram indicadas no programa, em comparação com outras fontes**

Calcule o desempenho das pessoas que foram indicadas e compare com pessoas contratadas por outras fontes e métodos. Melhor desempenho pode estar associado com maior qualidade da contratação.

- **Taxa de indicação da mesma pessoa colaboradora**

Saiba quem são as pessoas colaboradoras mais engajadas com o programa ao indicar mais de uma vez e/ou em mais de uma oportunidade. Saiba que é importante manter esse engajamento contínuo da sua força de trabalho.

- **Tempo de contratação pelo programa de referência, em comparação com outras fontes**

Calcule o tempo necessário para contratação pelo programa de indicações e compare com outras fontes e métodos. Quanto mais curto o tempo, maiores a simplificação e a eficiência do processo. O seu programa de indicação deve acelerar o processo de aquisição de talentos.

- **Custo por contratação**

Avalie o seu investimento calculando o custo médio de contratação e o seu bônus médio no programa de indicação. Compare-o com o ROI.

Sugestão: determine um período (p. ex., um ano). Some todos os bônus de referências pagos e compare o total com o que você gastaria para vagas preenchidas fora do programa de indicações.

Você pode adicionar outros indicadores ao programa de referências e compará-los com outros métodos. Exemplos: rotatividade, absenteísmo, produtividade etc.

4.4.1.4 *Cuidados com o programa de indicações*

Vieses inconscientes e falta de diversidade

Muitas pessoas colaboradoras indicarão pessoas candidatas que têm relação próxima e algum tipo de convívio social passado e/ou presente, o que pode fomentar o viés da semelhança: pessoas que fizeram o mesmo curso, que estudaram na mesma instituição de ensino etc. Isso pode impactar negativamente em esforços de diversidade.

Como combater?

Você deve incentivar as pessoas colaboradoras que participam do programa de indicações a indicarem pessoas independentemente de as conhecerem pessoalmente ou não.

Transparência e treinamento

Se uma pessoa colaboradora decide indicar uma pessoa candidata conhecida ou não é porque ela confia em sua organização. Isso envolve o fator confiança: se eu indico alguém, quero que essa pessoa tenha uma boa experiência no processo. Se a experiência não for boa, você perde a credibilidade.

Além disso, qualquer processo de aquisição de talentos mexe com as expectativas das pessoas candidatas. Por isso, seu papel é orientar as pessoas que participarão do programa a mostrarem para as pessoas indicadas que a participação no processo não é garantia de "emprego certo".

Comunicação

É importante que a equipe de Aquisição de Talentos mantenha contato constante com as pessoas indicadas, que merecem saber se avançarão no processo ou serão rejeitadas.

4.4.2 Referências ocasionais *versus* referências regulares

Referências ocasionais

Caso o volume de contratações seja baixo e as referências sejam esporádicas, você poderá utilizar um formulário e/ou e-mail para informar as pessoas colaboradoras sobre determinada vaga disponível.

Se você trabalha com um baixo volume, consegue administrar o processo manualmente, definindo atualizações diversas, como etapas, *feedbacks*, recompensas, bônus etc.

Exemplo de e-mail para programa de referências

Campo assunto: Referência de Fulano da Silva [*nome da pessoa colaboradora que indicou*]

Corpo do e-mail:

"Olá, Beltrana dos Santos [*nome da pessoa candidata indicada*],

Meu nome é Eduardo Felix [*nome da pessoa profissional de Aquisição de Talentos*], Diretor de Recursos Humanos [*nome do cargo*] na Expery [*nome da empresa*]. Estamos querendo contratar uma pessoa gerente de Recursos Humanos e o Fulano da Silva [*nome da pessoa colaboradora que indicou*] te indicou. Gostaríamos de fazer um convite para que você pudesse participar do nosso processo de aquisição de talentos.

Gostamos muito do seu perfil, especialmente [*mencionar de modo específico o que você gostou no perfil da pessoa candidata*] e estamos buscando pessoas tão boas quanto o Fulano da Silva para trabalhar na Expery. Por isso, gostaríamos de conhecê-lo(a).

Gostaria de saber sua disponibilidade de datas nessa semana [*se possível, oferecer um calendário com dias e horários disponíveis para que a pessoa possa decidir o que for melhor para ela*].

Desejo que tenha um ótimo dia e uma ótima semana.

Atenciosamente,

Eduardo Felix

Diretor de Recursos Humanos da Expery"

DICA

Você pode entrar em contato com a pessoa candidata por diversos meios de comunicação para avisá-la sobre o e-mail que enviou (p. ex., WhatsApp, SMS e LinkedIn). Esse envio simultâneo pode aumentar sua chance de sucesso em relação ao aceite da pessoa candidata.

Referências regulares

Caso o volume de contratações seja maior e as referências sejam constantes, os formulários e/ou e-mails não vão funcionar. A recomendação é que você busque uma plataforma para facilitar o seu programa de indicações.

É possível testar gratuitamente a plataforma Workable Referrals, que é bem intuitiva.

4.4.3 ATS

ATS é um *software* de recrutamento com diversas funcionalidades, desenvolvido para ajudar pessoas recrutadoras e profissionais de TA na atração, seleção e contratação dos talentos.

A maioria dos ATS tem as funcionalidades de armazenamento, leitura e classificação dos currículos, mas existem muitas outras funcionalidades, como agilizar os processos de aquisição de talentos ao utilizarem tecnologias atuais como inteligência artificial ou *machine learning*.

4.4.3.1 *Como implementar um ATS na prática?*

1º passo – planejamento: questões

Comece pelas questões (uma adaptação da técnica 5W2H)

- É uma implementação de algo que nunca existiu ou uma substituição?
- QUANTO você tem disponível no orçamento para investir?
- QUEM participará da implementação e posteriormente vai usar o ATS?
- QUAL é o seu objetivo?
- POR QUE você precisa de um ATS?
- COMO o ATS vai te ajudar?
- O QUE é necessário acerca de funcionalidades e parâmetros para o seu ATS?

Para essa última questão, você entenderá a seguir as principais funcionalidades que pode buscar quando estiver pesquisando sobre qual ATS contratar.

- análise e classificação de currículos;
- pesquisa por palavras-chave em um ou mais canais;
- descrições de vagas;
- integração com CRM e outras plataformas;
- e-mail marketing;
- modelos de e-mail para se corresponder com pessoas candidatas;
- métricas e relatórios;
- agendamento de entrevistas;
- recebimento de vídeos de pessoas candidatas;
- colaboração em tempo real etc.

Uma reflexão importante é acerca do nível de pessoas candidatas que você quer para o seu funil de recrutamento. Existem ATS que contam com bancos de dados mais operacionais, outros mais táticos e estratégicos. Uma boa solução é buscar as vagas como se você fosse se candidatar para perceber se o ATS é adequado ou não às suas necessidades.

Outras funcionalidades podem ser acrescentadas de acordo com as necessidades do seu negócio. É importante fazer um *brainstorming* com a sua equipe (caso tenha uma) para não deixar algo de fora e buscar informações com pessoas que trabalham na mesma área, fazer um *benchmarking*.

2º passo - ação: parte 1 (pesquisa)

Existem diversos bons ATS no mercado, tanto nacionais quanto internacionais. O mais importante é que suas questões do passo anterior sejam respondidas para que você possa contratar um ATS que esteja mais próximo de sua realidade.

A seguir, falarei sobre alguns ATS que eu já utilizei, testei e gostei - dois nacionais e dois internacionais. Não quer dizer que eles sejam os melhores, mas que funcionaram para mim e podem ser um ponto de partida para você, que pode e deve expandir a sua pesquisa com outros ATS.

Não irei me aprofundar sobre as funcionalidades de cada empresa fornecedora de ATS que vou citar, pois tornaria a leitura ainda mais longa e faz parte do seu processo de pesquisa. Vou trazer apenas alguns prós e contras.

Lembre-se de, no processo de pesquisa, **buscar informações com outras pessoas recrutadoras sobre o ATS que elas utilizam ou já utilizaram.** Anote os prós e os contras e entenda que o que é ou foi bom ou ruim para elas não necessariamente será para você. Imparcialidade é a chave nessa etapa.

Há um ponto fraco comum: a maioria dos ATS que citarei não tem período de teste, portanto, separe um tempo em sua agenda para assistir a uma demonstração. Será importante para fazer perguntas à pessoa vendedora/atendente. Capriche na formulação dessas perguntas e questione sobre o suporte, o tempo para resposta, ajuda antes, durante e depois da implementação... o céu é o limite!

ATS nacionais: Gupy e Vagas.

O ATS da **Gupy** conta com a inteligência artificial chamada "GAIA". É um ATS que ajuda bastante o trabalho da pessoa recrutadora e é um dos mais conhecidos do Brasil. Com interface amigável, é fácil de utilizar e tem diversas funcionalidades que melhoram o processo de recrutamento e seleção. Tem integração com *job boards* e outros canais de divulgação: LinkedIn, Remotar, Jobbol, Indeed, 99 Hunters e outros.

O maior problema está no usuário final: a pessoa candidata. Muitas pessoas candidatas reclamam diariamente do ATS - basta rolar a linha do tempo do LinkedIn - devido aos muitos testes e etapas. A Gupy se defende, dizendo que é a pessoa recrutadora que deveria optar por um menor número de testes e/ou etapas. Não há período gratuito de teste.

O ATS **Vagas for Business** usa inteligência artificial para recomendar profissionais compatíveis com a vaga, envia alertas automáticos por e-mail para profissionais com perfil compatível e tem integração com *job boards* e outros canais de divulgação: Google for Jobs, LinkedIn, Jooble. O maior ponto forte é a integração ao principal *site* de carreiras do país, o **VAGAS.com**, que conta com o maior banco de dados de currículos.

Como pontos fracos, é possível citar o fato de que muitos currículos não estão atualizados e que não há tantas pessoas candidatas para níveis mais estratégicos. Não há período gratuito de teste.

ATS internacionais: Workable e Greenhouse.

O **Workable** é o meu favorito. Tem como pontos fortes a interface amigável: é fácil de aprender a utilizar e você pode testar gratuitamente. Há diversos materiais gratuitos e até cursos para que você possa dominar o ATS.

Como pontos fracos, é possível mencionar a função de pesquisa limitada e que não há muita flexibilidade nos preços dos pacotes.

O **Greenhouse** tem como ponto forte ser altamente personalizável, o que ajuda a melhorar a experiência da pessoa candidata em todas as etapas do seu funil de recrutamento. É excelente para grandes empresas com grandes equipes de recrutamento.

Como ponto negativo temos o preço, que, consequentemente, faz esse ATS não valer a pena para empresas de menor porte e/ou com equipes menores - e se você não recruta com tanta frequência. É um pouco difícil configurar *pipelines*, pois a interface de usuário é complicada. Não há período gratuito para teste.

Outros ATS

Mencionei apenas quatro ATS, mas existem muitos outros no mercado. Os internacionais largam na frente com relação às funcionalidades e à quantidade: são muitos, conforme a lista a seguir. Veja também a Tabela 4.2.

- SAP SuccessFactors Recruiting;
- BambooHR;
- Zoho;
- JazzHR;
- Recruitee;
- Breezy etc.

Tabela 4.2 Pesquisar plataformas – comparação de preços e serviços.

Sugestão para pesquisa	Plataforma 1	Plataforma 2	Plataforma 3
Serviços oferecidos	X	X, Y e Z	X e Z
Preço (R$)	1.000,00	800,00	900,00
Vantagens	3	3	4
Desvantagens	1	0	1

Crie quantos critérios forem necessários de acordo com a sua necessidade.

3º passo – ação: parte 2 (treinamento, implementação, tempo etc.)

Comece respondendo às seguintes perguntas:

- Quantas pessoas serão treinadas?
- Quantas utilizarão o ATS?
- Qual será a duração do treinamento?
- E a duração da implementação?
- E a duração do período de testes? Etc.

Não se esqueça: teste bastante. Tanto em uma nova implementação quanto em uma substituição, conte com **pessoas resistentes** – se não houver resistência, você está no lucro. Defina metas e tenha um bom plano de comunicação.

Não deixe de acompanhar as funcionalidades do ATS de sua escolha, já que as necessidades das pessoas colaboradoras que são usuárias do ATS podem mudar ao longo do tempo, bem como as necessidades organizacionais e principalmente as necessidades das pessoas candidatas.

Métricas que podem ser utilizadas

Visualizações de vagas divulgadas: número de pessoas candidatas que visualizaram uma vaga de emprego que você publicou.

Taxa de engajamento nas redes sociais: todas as interações (curtidas, comentários, compartilhamentos e salvamentos) relacionadas às vagas divulgadas ou à sua marca empregadora.

4.4.4 Reunião de estratégia, calibração e alinhamento da contratação (*intake/kickoff meeting*)

O processo de aquisição de talentos ocorre de maneira contínua e com foco no longo prazo - muitas etapas ao longo de muitas semanas ou meses. Por isso, é essencial que haja um **alinhamento** entre as pessoas que trabalham na aquisição de talentos: pessoas profissionais de RH/Recrutamento e Seleção/Aquisição de Talentos e líderes.

A reunião tem como **objetivo** o alinhamento e a sintonia entre profissionais de RH e gestores. Nessa reunião, são abordados temas para aprender determinada função, se as competências previamente mapeadas precisam de alguma atualização, entender se o banco de talentos (caso haja) está funcionando, *feedbacks* mútuos etc.

Quando não há sinergia e alinhamento, podemos ter processos de aquisição de talentos ineficazes. O alinhamento é importante **para a otimização do tempo e da redução de custos**. Ter essa sinergia pode **melhorar a experiência da pessoa candidata.**

Exemplo 1: o pessoal de Aquisição de Talentos **indica pessoas candidatas finalistas** do processo para a pessoa líder, mas como não houve alinhamento anterior, a pessoa líder não aprova nenhum dos finalistas e o processo precisa recomeçar.

Exemplo 2: o pessoal de Aquisição de Talentos **não mapeou as competências previamente** e qualquer vaga que precisa ser preenchida incomoda a pessoa gestora para descrever - o que configura perda de tempo, algo não inteligente.

Exemplo 3: a pessoa gestora, por falta de competências mapeadas e/ou por falta de capacidade de negociação do pessoal de Aquisição de Talentos, descreve vagas com atributos absurdos - que sequer são acompanhados proporcionalmente pela remuneração. Nesse caso, o funil pode "quebrar", pois **não existe candidato perfeito.**

É essencial que todas as pessoas envolvidas no processo de aquisição de talentos entendam da mesma maneira qual é o cargo, as funções que serão desempenhadas e o motivo de essa vaga necessitar ser preenchida.

Objetivos

- Esclarecimento de detalhes.
- Definição de critérios.
- Concordância das etapas de contratação.

Benefícios

- Estabelecimento de expectativas.
- Redução de falhas de comunicação.
- Fortalecimento da relação entre liderança e pessoa recrutadora.
- Aumento da qualidade das pessoas candidatas.
- Redução do tempo de contratação.

Antes da reunião de contratação: levante o máximo de dados que puder para que já tenha algo preparado. Não deixe para cima da hora! Exemplos:

- referência salarial interna e externa;
- competências mapeadas (papel da pessoa líder é atualizar);
- se o tipo de contratação já foi feito no passado;
- indicadores diversos;
- orçamento para recrutamento/aquisição de talentos;
- vaga nova ou de substituição;
- emprego temporário ou não;
- CLT ou outro modo de contratação.

4.4.4.1 *Condução da reunião de contratação e questões sobre* Employee Value Proposition *e cultura organizacional*

- Gostaria de saber como é a cultura e o clima do seu departamento.
- O que faria uma pessoa gostar de trabalhar no seu departamento?
- Como você descreve o seu estilo de liderança?
- Há plano de carreira para esse cargo que quer contratar?
- Qual é o orçamento para essa contratação?
- Como você "venderia" essa posição para a pessoa candidata ideal?

Gerais e perfil

- Você conhece pessoas que trabalham em outra empresa ou já trabalharam direta ou indiretamente com você?

- Qual é o motivo da abertura da vaga?
- Se for substituição, o que você gostaria de encontrar e o que gostaria de evitar na nova pessoa?
- O que você está tentando resolver com essa contratação?
- Você já pensou em promover alguém da sua equipe?
- Qual é a estrutura da sua equipe? Quantas pessoas? A quem a pessoa se reportará? Terá pessoas lideradas? Se sim, quantas?
- É necessário ter experiência? Quais são os principais requisitos, os obrigatórios?
- Quais requisitos devem ter maior peso? Há algum que possa ser treinado?

Definição de expectativas

- O que você espera de mim como parceiro(a) de aquisição de talentos?
- O que eu posso esperar de você?
- Como você gosta de entrevistar?

Alinhamento com o mapeamento das competências

- As atividades e responsabilidades da pessoa candidata têm a ver com as competências já mapeadas, ou o mapeamento de uma ou mais competências precisa ser atualizado?
- O que uma pessoa colaboradora deveria entregar de resultados ao longo do tempo para que esteja de acordo com o seu padrão?
- Podemos pagar de acordo com o padrão que você deseja?

Conclusão

A etapa de atração é uma das mais estratégicas do seu funil de recrutamento. Caso a sua organização ainda não tenha competências mapeadas, você vai ter bastante trabalho, mas vai ser uma vez só.

O mapeamento das competências evita o retrabalho. Em muitas empresas, na etapa de planejamento há o levantamento do perfil das competências, o que torna o processo operacional e até mesmo redundante.

É mais ou menos assim: quando há a necessidade de preencher uma vaga, o pessoal do RH/r&s/TA procura a pessoa que é líder para preencher o perfil da vaga. Além de ser operacional demais, é uma grande perda de tempo.

O mapeamento torna o seu processo mais estratégico, independentemente do método que escolha para mapear as competências, pois você poderá utilizar a *intake meeting* apenas para atualização - já está tudo pronto, e a pessoa que é líder pode adicionar e/ou excluir competências e, o que é mais comum, mantê-las.

Dessa maneira, você direciona as suas preocupações para partes mais importantes do seu planejamento de modo a atrair as melhores pessoas candidatas para que elas se interessem e possam se candidatar a uma vaga em sua organização.

5

Interesse

Introdução

Você conseguiu atrair as pessoas candidatas até aqui, certo? Agora é hora de saber se essas pessoas são qualificadas, ou seja, se são pessoas candidatas potenciais. Como saber se são?

Caso tenha sucesso nas etapas anteriores, as pessoas candidatas em potencial começam a pensar em se candidatar para trabalhar na sua empresa - muitas pesquisam, fazem perguntas, procuram pessoas que já trabalham em sua organização etc. As pessoas candidatas querem saber mais, o que configura um **interesse**.

A etapa de interesse se refere ao ponto no qual **as pessoas candidatas expressam interesse real em trabalhar em sua organização**. Nos capítulos anteriores, você aprendeu a aumentar a **conscientização** para **atrair** as melhores pessoas candidatas.

Para que a etapa de interesse seja bem-sucedida, é preciso ter uma **presença digital** forte e constante. Seu ***site* de carreiras** já deve estar funcionando, com todas as informações necessárias para que as pessoas tenham informações claras e precisas, bem como as mídias sociais que você utilizará.

Muitas pessoas candidatas podem entrar em contato com a sua organização antes de se candidatarem, portanto, é preciso ter outras ferramentas ajustadas para que as pessoas possam ter informações de maneira rápida e clara sobre suas principais dúvidas.

Esse é o momento no qual **vão pesquisar sobre a sua empresa** e podem até entrar em contato para tirar dúvidas! Seu papel é fornecer o máximo de informações para ajudar a pessoa a se candidatar: você precisa oferecer o melhor suporte possível para manter o engajamento das pessoas candidatas.

Você pode melhorar a experiência da pessoa candidata na etapa de interesse combinando FAQ (do inglês *Frequently Asked Questions*, perguntas frequentes), *chatbots* e atendimento humano. A seguir, trarei algumas sugestões práticas para que você consiga ter sucesso na etapa de interesse.

5.1 Considere incluir uma seção de perguntas frequentes em sua página de carreira para responder a perguntas comuns

Nesse caso, será que seu *site* tem uma seção de **FAQ**, que corresponde às principais dúvidas? Há pessoas que fazem pesquisas antes de entrarem em contato com a sua empresa para tirarem as principais dúvidas.

5.1.1 Como implementar uma seção de FAQ na prática?

Ao criar uma sessão de FAQ, você será capaz de melhorar a experiência da pessoa candidata, otimizar o seu tempo de trabalho na área de Aquisição de Talentos e vai demonstrar o seu interesse real em despertar o interesse das pessoas ao conduzir um processo de aquisição de talentos transparente.

5.1.1.1 *Pesquisa*

Em primeiro lugar, você pode fazer **pesquisas internas**, perguntando às pessoas que conduzem processos de aquisição de talentos e lideranças sobre as dúvidas mais comuns que as pessoas candidatas trazem durante os processos de aquisição de talentos. E não se esqueça de se questionar o que você gostaria de perguntar.

EXEMPLO

Uma das principais perguntas das pessoas candidatas é o prazo de retorno após cada etapa do processo, como o envio do currículo, de testes e após cada entrevista. Outra dúvida comum é sobre o tempo de cada etapa e do processo como um todo. Há pessoas candidatas que podem perguntar sobre os critérios para seleção.

Estruture a reunião de pesquisa interna

De 5 a 10 minutos, você apresenta os objetivos, explica a importância da FAQ para melhorar a experiência da pessoa candidata e instrui sobre a próxima etapa, que pode durar de 25 a 30 minutos e corresponde à discussão das etapas do processo de aquisição de talentos, que são as perguntas recebidas no início, no meio e no fim do processo. Por último, de 15 a 20 minutos, você revisa as perguntas que foram identificadas em cada uma das etapas, agradece e encerra a reunião. Após essa coleta, você será capaz de se planejar para as próximas etapas.

Verifique palavras-chave que se repetem, como "tempo de *feedback*", "benefícios", "como é a cultura", "tem plano de carreiras" etc. São importantes para outras etapas. Não se esqueça de agrupar por assunto.

Em segundo lugar, você pode **visitar *sites* de empresas** diversas, concorrentes ou não, para avaliar se há dúvidas comuns e dúvidas que podem existir e que você não conseguiu capturar na etapa anterior. Faça o *benchmarking*.

EXEMPLO

Faça uma lista das empresas concorrentes diretas e indiretas que deseja visitar, por exemplo, cinco de cada. Visite os *sites* de cada uma delas, verifique se elas têm a seção de FAQ. Compare com as suas principais perguntas. Se houver uma ou mais perguntas que não constem em seu *site*, avalie se é necessário adicionar.

Em terceiro e último lugar, há diversos **pontos de melhoria disponibilizados por pessoas candidatas** em *sites* de avaliação, como o Glassdoor, nas redes sociais e em e-mails enviados para a sua organização. Analise todas essas fontes. Você também pode criar formulários com pesquisas em ferramentas de formulários disponíveis no mercado.

5.1.1.2 *Análise de e-mails*

Você precisa definir o tempo: 1 ano até hoje? 6 meses até hoje? Você pode fazer no seu próprio e-mail ou por meio de algum *software* de gerenciamento ou CRM. Por exemplo: a pessoa candidata gostaria de saber se a candidatura foi recebida.

Lembra das palavras-chave que você começou a definir após a reunião da pesquisa interna? Elas começarão a ser utilizadas aqui para verificar o que mais se repete.

EXEMPLO

Você recebe diversas respostas pelo formulário disponibilizado para mensurar a satisfação das pessoas candidatas. Você pode calcular a taxa de resposta, a média de prazo para resposta e as principais dúvidas, por exemplo, quando a pessoa candidata terá um *feedback* de sua candidatura.

5.1.1.3 *Etapa final: respostas, organização e implementação no* site *de carreiras*

Você precisa reunir as principais perguntas e classificá-las por assunto – pode utilizar a matriz de Eisenhower e a matriz GUT para definir a ordem das perguntas de acordo com a categoria do assunto. Exemplos de categorias/assuntos: benefícios, cultura organizacional, processo de seleção etc.

Você pode criar botões em seu *site* de carreiras para que a pessoa candidata possa filtrar o tema de interesse por categoria.

Dicas práticas

A seção de FAQ deve estar em uma área que seja fácil de a pessoa candidata encontrar e acessar em seu *site* de carreiras. Pense como uma pessoa que está se candidatando e peça a opinião de outras pessoas para implementar da melhor maneira possível.

Disponibilize uma barra de pesquisa/busca para que as informações possam ser encontradas com maior facilidade e rapidez. Não se esqueça de conferir se o *site* é responsivo, ou seja, se é possível ser acessado por dispositivos diferentes, como *smartphones* e *tablets*.

Inclua um campo para que as pessoas candidatas possam fornecer *feedbacks* acerca da seção FAQ e possam sugerir melhorias e perguntas nessa seção. Não se esqueça de sinalizar no *site* que a mudança foi sugestão de uma pessoa candidata, pois assim poderá encorajar outras pessoas a participarem da atualização da sua FAQ. Observe um modelo na Figura 5.1.

Por último, considere integrar a FAQ com meios de comunicação diversos. Por exemplo: em e-mails de candidatura, que tal deixar um *link* com a FAQ? Faça o mesmo em mídias sociais, *newsletters*, *blogs* e afins.

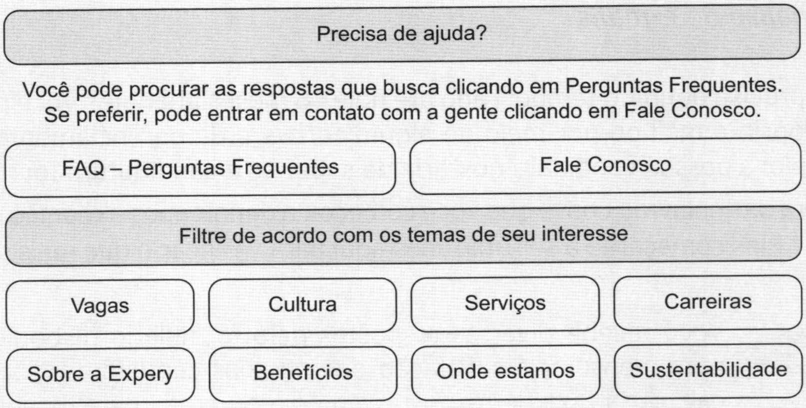

Figura 5.1 Sugestões para inserir no *site* de sua empresa.

5.1.2 Recursos adicionais para FAQ

5.1.2.1 *Vídeos, legendas e personalização*

Já pensou em mesclar as respostas em texto com vídeos com legendas tirando essas dúvidas? Existem muitas pessoas que preferem o conteúdo em vídeo, portanto, você vai melhorar a experiência da pessoa candidata ao trabalhar de acordo com preferências de cada pessoa candidata interessada.

As legendas são essenciais para pessoas com deficiência auditiva e os vídeos são essenciais para pessoas com deficiência visual. Ao adicionar vídeos, você traz acessibilidade ao seu processo de aquisição de talentos.

Você ainda pode incluir janelas que oferecem interpretação da Língua Brasileira de Sinais (Libras) para pessoas que têm dificuldade com a língua escrita. Outro ponto é adicionar legendas ocultas para que as pessoas com deficiência visual saibam o que está acontecendo na tela em momentos de pausas, aparição de imagens etc.

Sobre as legendas, você pode oferecer personalização para que a pessoa candidata decida o tamanho da tela, por exemplo. Você pode oferecer que a pessoa decida sobre o tamanho e a cor da legenda.

Existem diversos *softwares* que criam a legenda automaticamente - aí, depois de geradas, você deve revisar para corrigir erros que acontecerão. Outros *softwares* fazem a edição do vídeo.

Existem muitas ferramentas intuitivas que você pode aprender a utilizar sem a ajuda de uma pessoa profissional da área.

Caso a sua empresa tenha uma equipe de produção de vídeo, melhor ainda, pois ela gravará e editará seus vídeos de maneira profissional.

Certifique-se de que a qualidade do áudio e do vídeo seja alta para garantir uma experiência agradável para as pessoas candidatas que buscam informações sobre a sua empresa.

Você pode contar com a ajuda de pessoas colaboradoras que queiram apoiar a empresa, que podem ser consideradas embaixadoras da sua marca dentro de sua organização.

Identificação dos principais tópicos

Mais uma vez, você pode começar priorizando os mais importantes para explicação em vídeo e, aos poucos, completar todos os tópicos com vídeos explicativos sobre a cultura de sua organização, os benefícios oferecidos, os prazos dentro do processo etc.

Roteiro

É importante que seja definido um roteiro - você pode utilizar um *teleprompter*, caso tenha um; se não tiver, há vários aplicativos que podem ser baixados para *desktop* ou utilizados pelo *smartphone* simulando um *teleprompter*.

Você pode criar vídeos mais espontâneos; há técnicas para isso, como gravar em partes pequenas e depois editar cada uma dessas partes. Em ambos os casos já citados sobre o roteiro, é preciso ter a introdução, o desenvolvimento e a conclusão que possam reforçar a mensagem que você quer transmitir.

***Upload* dos vídeos da FAQ em outros canais**

Você pode fazer o *upload* em plataformas como o YouTube, por exemplo. As pessoas candidatas devem ter fácil acesso aos vídeos em diferentes dispositivos e canais.

Exemplo prático

Imagine que você queira criar um vídeo para que a pessoa candidata saiba como é o processo de aquisição em sua empresa. Como elaborar o roteiro?

Na introdução, você deve cumprimentar as pessoas candidatas e falar dos principais tópicos que serão abordados ao longo do vídeo. No desenvolvimento, comece a descrever as etapas - como se inscrever, como é feita a triagem, como serão a entrevista e o *feedback*.

Você ainda pode destacar outros elementos contidos em seu *Employee Value Proposition* (EVP) - já pensou quantos benefícios a pessoa candidata terá se candidatando a uma vaga em sua empresa?

Na conclusão, reforce os itens já citados e incentive as pessoas a se candidatarem e a indicarem outras pessoas candidatas. Você pode até criar um programa de indicações para pessoas candidatas e melhorar a experiência delas. Imagine só: mesmo que não fiquem com a vaga, elas têm a possibilidade de ganhar alguma coisa.

5.1.2.2 *Seção de* feedback *na FAQ*

Em cada uma das perguntas, você pode adicionar botões para entender se a resposta foi ou não útil. Além disso, você pode disponibilizar uma opção de formulário com campo de texto para que as pessoas interessadas deixem comentários. Veja alguns exemplos a seguir.

Resposta que não foi útil

"Que pena que a resposta não foi útil. Você poderia nos ajudar a melhorar a sua experiência e dizer o que ficou faltando ou o que podemos fazer para melhorar a resposta?"

Resposta que foi útil

"Ficamos felizes que a nossa resposta foi útil. Caso tenha alguma sugestão ou comentário, não deixe de nos informar."

Incrementar o *feedback*

Se possível, você ainda pode incrementar, pedindo à pessoa que deixe o e-mail e/ou o número de WhatsApp dela - uma resposta customizada pode melhorar bastante a experiência da pessoa candidata.

Monitoramento do *feedback* e atualização

Não se esqueça de monitorar as respostas e os comentários. Caso você mude alguma resposta ou adicione alguma pergunta, atualize a FAQ e se comunique com as pessoas candidatas que deixaram sugestões.

O mais legal é adicionar uma seção com as atualizações feitas por sugestão das pessoas candidatas - isso mostra o seu compromisso com elas, que cuida bem da experiência e se preocupa.

Exemplo de FAQ

Pergunta:

Quais as etapas do processo de aquisição de talentos da Expery?

Resposta:

Nosso processo inclui as seguintes etapas:

- candidatura;
- triagem;
- entrevista com a equipe de Aquisição de Talentos;
- entrevista com lideranças;
- oferta.

Pergunta para acompanhamento de *feedback*:

ADICIONAR BOTÕES [foi útil] [não foi útil]

Como podemos melhorar essa resposta?

[campo de texto]

Caso a pessoa candidata responda que não foi útil e diga que faltou dizer os prazos para finalização de cada etapa, você terá uma oportunidade de otimizar o processo, mostrar que se preocupa com a pessoa ao responder e customizar a FAQ, dizendo que foi ideia da pessoa candidata, o que reforça o seu compromisso com a experiência.

Até aqui você fez o possível, agora vai precisar de ajuda para ter a FAQ no *site*

Para que seja possível ter a FAQ em seu *site* de carreiras, é preciso que você trabalhe com a equipe de TI/desenvolvimento *web* para que a FAQ esteja do jeito que você planejou até o momento, com o *design* e as funcionalidades necessárias. Não se esqueça de testar a usabilidade como se você fosse uma pessoa candidata.

5.2 Utilização de *chatbot*

Pode ser que a pessoa candidata não encontre a resposta que procura na seção de FAQ sobre determinado tópico. Nesse caso, você poderá **integrar um *chatbot*** na seção de FAQ de modo que a pessoa candidata tenha outro tipo de interação para obter uma resposta personalizada ou a direcione para o tópico que aborde o tema pesquisado.

Com o *chatbot* combinado com a FAQ, a experiência se torna mais completa para a pessoa candidata, pois o acesso às informações de que ela necessita se torna mais rápido.

Você pode integrar os dados que foram coletados pelo *chatbot* com o ATS (*Applicant Tracking System*, ou Sistema de Rastreamento de Candidaturas) que você utiliza, o que proporciona o registro de interações que podem basear decisões futuras da área de aquisição de talentos.

Se o *chatbot* não puder responder às perguntas, considere que uma pessoa de sua equipe esteja disponível para essa situação. O *chatbot* é uma alternativa, não a única solução, bem como a FAQ. O mais importante na etapa de interesse é que exista o atendimento rápido, seja da FAQ, seja do *chatbot*, seja de uma pessoa de sua equipe.

Eu já testei as plataformas JivoChat e ZenDesk (ambos permitem avaliação gratuita) e gostei bastante. Já ouvi falar bem das plataformas Blip e Zenvia, mas nunca foram testadas por mim. Sugiro que pesquise outras plataformas.

O *chatbot* é útil, mas talvez seja necessário existir o atendimento humano, que pode ser pelo WhatsApp (você pode ter um *chatbot* nesse aplicativo também). O objetivo do atendimento humano é tirar dúvidas em tempo real.

5.2.1 *Chatbot* no WhatsApp Business

Utilizar um *chatbot* no WhatsApp é uma alternativa para melhorar a experiência da pessoa candidata porque proporciona suporte e interação em tempo real, o que pode melhorar a etapa de interesse do seu funil de recrutamento.

Você poderá utilizar a API oficial do WhatsApp ou ferramentas que podem ser integradas ao WhatsApp Business API para construir e gerenciar o *chatbot*, como algumas que citei no tópico anterior.

Exemplo de conversa programada para o *chatbot* Xpery

Xpery (*chatbot*)

Olá, que bom que você se interessou pela Expery. Sou o Xpery, seu assistente virtual de recrutamento e quero te ajudar com qualquer dúvida que tiver sobre nossas vagas e informações sobre nossos processos de aquisição de talentos. Só consigo te ajudar com mensagens de texto e infelizmente não consigo ouvir mensagens de áudio.

Sua privacidade é importante para nós! Saiba como protegemos seus dados pessoais na opção "apoio à pessoa candidata > Políticas de Privacidade (LGPD)".

Digite o seu nome com sobrenome e o seu e-mail ou o seu telefone com o DDD e sobre o que você gostaria de falar.

Eduardo (pessoa candidata)

Eduardo Felix eduardofelix@eduardofelix.com.br 21999999999 vagas na Expery

Xpery (*chatbot*)

Muito bom. Poderia por favor escolher a área em que gostaria de visualizar nossas vagas? Digite:

1 Para *front end*

2 Para *social media*

3 Para estágio

4 Para *trainee*

5 Para *talent acquisition*

6 Para outras áreas

Eduardo (pessoa candidata)

Digitou 5

Xpery (*chatbot*)

Gostaria de te ajudar a encontrar vagas que tenham a ver com o seu perfil, mas para termos um melhor aproveitamento, gostaria de fazer algumas perguntas, tudo bem para você? Responda sim ou não.

Eduardo (pessoa candidata)

Sim

Xpery (*chatbot*)

Muito obrigado. Qual é o seu tempo de experiência? Digite o número (ex.: 1)

Eduardo (pessoa candidata)

17

Xpery (*chatbot*)

Você é analista, especialista, gerente ou diretor?

Eduardo (pessoa candidata)

Diretor

Xpery (*chatbot*)

Muito obrigado pela interação e pela disponibilidade, ficamos muito felizes! Com base em suas respostas, encontramos uma vaga que tem tudo a ver com o seu perfil.

[Descrição da Vaga de Diretor de RH]

Você pode dar continuidade a essa conversa de várias maneiras, como redirecionar a pessoa candidata para um *link* específico ou até mesmo facilitar a vida dela e fazer com que ela se candidate diretamente por esse meio.

A pessoa candidata no caso em tela está buscando uma vaga específica, mas pode ser que ela esteja buscando informações sobre a empresa, como cultura e EVP (benefícios, oportunidades de crescimento, desenvolvimento de carreira etc).

O *chatbot* precisa estar programado para responder a todas essas perguntas e ir além, proporcionando a oportunidade de detalhamento. Por exemplo: imagine que Eduardo queira saber mais sobre a cultura organizacional. Eu posso trazer elementos-chave da cultura e perguntar no final se Eduardo quer saber mais sobre algum dos elementos.

DICA

Você pode programar o *chatbot* para agendar entrevistas ao integrar a ferramenta em seu calendário e oferecer horários diferentes para que a pessoa candidata possa escolher.

5.2.2 Pesquisa de satisfação via WhatsApp

A pesquisa de satisfação e o *feedback* das pessoas candidatas são essenciais para mensurar a experiência delas nessa etapa do funil, pois a partir das respostas e das pontuações, você será capaz de implementar melhorias. No final de cada atendimento, você pode encerrar conforme o exemplo a seguir.

Xpery (*chatbot*)

Foi um grande prazer interagir contigo, adorei e por isso gostaria de saber como foi a sua interação comigo. Você poderia avaliar a sua experiência com o Xpery digitando de 1 a 4, onde:

4 - Excelente

3 - Bom

2 - Regular

1 - Ruim

Eduardo (pessoa candidata)

3

Xpery (*chatbot*)

Obrigado por avaliar o meu trabalho. Se tiver um tempo, poderia dizer sobre o que mais gostou e o que devo melhorar?

Eduardo (pessoa candidata)

Foi rápido e prático, mas as respostas foram superficiais.

Xpery (*chatbot*)

Muito obrigado pelo *feedback* e implementarei melhorias para que a sua experiência e a experiência de outras pessoas candidatas sejam cada vez melhores. Desejamos boa sorte na carreira.

5.2.2.1 *Atendimento humano*

Até aqui eu trouxe alternativas para facilitar o seu trabalho, mas pode ser que as pessoas queiram ter contato com um humano e não com um robô. É aqui que entra o atendimento humano, essencial para satisfazer as necessidades, garantir um bom relacionamento e proporcionar a melhor experiência para a pessoa candidata.

Mesmo utilizando FAQ e *chatbot*, a pessoa candidata pode querer atendimento humano para dúvidas bem específicas. Lembre-se: você gosta de esperar? Nem eu gosto. As pessoas querem praticidade.

Esse atendimento pode ser por meio das redes sociais, seja diretamente em publicações, seja em mensagens privadas. Você pode configurar uma mensagem automática e/ou dizer o seu tempo de resposta.

É importante destacar os dias e horários de atendimento - normalmente em horário comercial, em dias úteis e o prazo de resposta. Por exemplo: "Atendemos de segunda a sexta, das 9 às 17h, exceto aos feriados. Responderemos a sua mensagem em até 1 hora."

Esse atendimento pode ser após a transferência da interação inicial com o *chatbot* da página de carreiras ou do WhatsApp. Por isso, você deve configurar o seu *chatbot* para reconhecer situações como essas de modo que a pessoa candidata seja capaz de oferecer a opção de falar diretamente com alguém de sua equipe.

Lembre-se de que todas essas situações correspondem à oportunidade de melhorar os seus serviços de aquisição de talentos e a experiência das pessoas candidatas, por isso, reveja sua estratégia para entender o momento ideal de fazer pesquisas. Uma pessoa candidata satisfeita aumenta a sua possibilidade de preenchimento da pesquisa.

Tempo de espera

Muitas vezes não é possível que o atendimento humano seja realizado no momento exato que a pessoa candidata precisa. Existem algumas possibilidades para que você supere essa limitação.

Uma possibilidade é programar o *chatbot* para dizer "o lugar da pessoa na fila de espera" e o tempo estimado para início do atendimento humano. Por exemplo: "Você é a quarta pessoa candidata na fila de espera. O seu atendimento ocorrerá em até 8 minutos."

Outra possibilidade é continuar com o caso anterior, pedindo que a pessoa deixe o contato (p. ex., WhatsApp) para que você faça um atendimento personalizado. Dependendo do tempo de espera, nem todas as pessoas aguardarão e há a possibilidade de desistência.

Tempo de inatividade

Quando o atendimento é humano, precisamos nos atentar a uma coisa: algumas pessoas candidatas podem ficar inativas durante o atendimento. Imagine que aconteça contigo. O que fazer? Você pode programar o seu *chatbot* em duas possibilidades.

Uma é delimitar o tempo que ela pode ficar inativa durante o seu atendimento. Por exemplo: durante o atendimento, caso você demore mais de 5 minutos para responder, o atendimento será finalizado e você terá que dizer o que a pessoa candidata fará.

Outra possibilidade é, durante o atendimento, programar o *chatbot* em um tempo razoável para que uma pessoa digite a resposta. Imagine que Eduardo não responda algo durante 2 minutos. Como você programou para finalizar o atendimento em 5, poderá mandar a mensagem.

Treinamento

As pessoas colaboradoras de sua empresa que atenderão as pessoas candidatas que querem contato humano deverão ser treinadas sobre o uso das ferramentas que serão utilizadas e sobre como prestar o melhor atendimento possível para cada pessoa candidata.

Conhecimento necessário

Quem prestará o atendimento humano deverá conhecer a cultura da empresa e elementos do EVP para que possa transmitir informações detalhadas e personalizadas ao tom da pessoa candidata.

Roteiro inicial

Cada atendimento deverá ter um padrão para ser iniciado, ou seja, quando uma pessoa humana assume o controle da conversa. Deve cumprimentar e se identificar. A pessoa humana que atender deve ser treinada de modo a rever o histórico da pessoa candidata com o *chatbot* para entender os possíveis rumos da conversa.

Finalizando o atendimento com uma dúvida esclarecida

"Eduardo, como a sua solicitação foi atendida, entendo que não há mais dúvidas e encerrarei o atendimento. Posso finalizar ou tem mais alguma dúvida?"

Imagine que Eduardo permita a finalização.

Você poderá encerrar com o seguinte texto: "Caso precise de mais informações, fique à vontade para entrar em contato novamente. Muito obrigado(a)!"

5.2.2.2 Chat *ao vivo*

Caso você tenha tempo disponível, poderá implementar em seu *site* de carreiras um *chat* ao vivo para que a pessoa candidata possa fazer perguntas em tempo real e tirar todas as suas dúvidas.

5.3 Lei Geral de Proteção de Dados (LGPD)

Foi criada para assegurar o direito à privacidade e à liberdade das informações dos indivíduos (aplicável a qualquer pessoa física ou entidade que colete, armazene, processe ou descarte dados), tanto em meios físicos quanto em meios digitais.

Não importa se a empresa em que você trabalha é pública ou privada, não importa o porte de sua empresa, você precisa se adequar aos requisitos da legislação para evitar penalidades administrativas e judiciais.

Se você trabalha com aquisição de talentos, tenha em mente que você lida com dados pessoais e sensíveis de pessoas candidatas e de pessoas colaboradoras, e por isso há precauções que devem ser tomadas.

O elemento mais básico que a Lei Geral de Proteção de Dados (LGPD) exige é que você aponte a finalidade do tratamento, quem acessará os dados e por quanto tempo esses dados serão armazenados. Para isso, você precisa obter o consentimento da pessoa candidata.

Você, pessoa profissional de *Talent Acquisition* (TA), deve esclarecer para as pessoas candidatas que elas têm direito de acessar, editar e excluir dados pessoais e você deve definir processos claros caso uma pessoa candidata queira exercer esses direitos.

Caso exista a possibilidade, você pode entrar em contato com os possíveis departamentos que podem cuidar do assunto LGPD, como o Jurídico - verifique se alguém ocupa o cargo de DPO (do inglês *Data Protection Officer*), o *compliance* ou o RH. Em organizações menores, pode ser que você não tenha a quem recorrer.

Nesse caso, ou você estuda, faz cursos e se aprofunda sobre o tema ou começa a fazer cotações para terceirizar esse serviço e procurar empresas que possam cuidar da LGPD para você.

5.4 Busque informações de sua empresa como se você fosse uma pessoa candidata

Questione-se: sua empresa passa credibilidade? Você gostaria de trabalhar em sua empresa? Por quê?

As pessoas não querem trabalhar em empresas de reputação duvidosa. Por isso, pesquise sobre a reputação de sua empresa em *sites* como Glassdoor e Indeed e nas mídias sociais.

Pessoas colaboradoras atuais e antigas deixam avaliações nesses *sites* relativas a vários tópicos, como as qualidades e os defeitos de sua organização. Pessoas candidatas também podem deixar *feedbacks*.

Responda aos comentários positivos e negativos. Mostre que se preocupa com a opinião das pessoas e que tem disposição para fazer melhorias tanto nas coisas que são ruins como nas que são boas.

Implemente as mudanças e atualize as suas respostas nesses *sites*. É importante que as pessoas saibam que as opiniões emitidas estão sendo ouvidas e trabalhadas.

Incentive as pessoas colaboradoras atuais a fazerem avaliações de sua empresa e crie uma cultura de transparência e de comprometimento.

5.4.1 E-mail

Disponibilize o endereço de e-mail para dúvidas e um formulário direto pelo qual você receberá a mensagem das pessoas candidatas em sua caixa de entrada. Deixe claro o tempo de resposta para esse meio de comunicação.

5.4.2 Reavalie a sua marca empregadora

Nesse momento, é hora de reavaliar a sua marca empregadora. Se possível, trabalhe com o Marketing para analisar os resultados de pesquisa. Acompanhe as redes sociais, esteja presente para entender as necessidades das pessoas.

Essa etapa do funil (interesse) é furada quando sua empresa não passa credibilidade, como não ter *site* (ou tê-lo, porém desatualizado) ou ter contas abandonadas nas mídias sociais. Você gostaria de trabalhar em um lugar assim?

Um *site* desatualizado e mídias sociais abandonadas não passam credibilidade e não despertam o interesse das pessoas candidatas. Para oferecer uma experiência positiva para a pessoa candidata, certifique-se de detalhar o tempo da comunicação real com a equipe.

EXEMPLO

Uma pessoa da nossa equipe entrará em contato dentro de 24 horas. Certifique-se de que o tempo realmente seja respeitado.

Mantenha a pessoa candidata informada sobre cada etapa de sua candidatura, com informações detalhadas. Funciona mais ou menos como a entrega de um produto comprado *online*. Você compra, a compra é reconhecida, o pagamento é aprovado, há a geração da nota fiscal e depois o acompanhamento das etapas de entrega.

Não se esqueça de destacar a cultura da empresa: crie eventos virtuais, proporcione encontros com as pessoas colaboradoras e participe de eventos de *networking* para que as pessoas candidatas tenham a oportunidade de conhecer a sua empresa como ela realmente é.

5.4.3 Métricas para a etapa de interesse

- Aumento do número de pessoas candidatas em potencial que se inscrevem para receber alertas de emprego.
- Aumento do número de pessoas candidatas que seguem as páginas de carreira da organização nas mídias sociais.
- Volume de perguntas de pessoas candidatas que não estão na FAQ e que o *chatbot* não é capaz de responder.
- Tempo de resposta às perguntas – você pode criar pesquisas de satisfação após a finalização de cada etapa (FAQ, *chatbot* e atendimento humano).

Conclusão

A etapa de interesse é uma fase de transição entre as etapas de atração e candidatura. Portanto, você deve cuidar para que não faltem informações não apenas no *site* de carreiras, mas também em qualquer outro meio digital no qual a sua empresa esteja presente.

Peça ajuda a outras pessoas colaboradoras de sua organização, independentemente do cargo que ocupam ou do departamento no qual trabalham, para que elas possam avaliar e trazer *feedbacks* - pode ser que faltem informações e/ou que algumas dessas informações estejam incompletas. Corrija!

Uma pessoa candidata pode ter se interessado, mas não necessariamente se candidatará à vaga que você disponibilizou. Por isso, responda com rapidez, seja uma pessoa prestativa e educada para que as pessoas interessadas possam se candidatar, que é a próxima etapa do funil de recrutamento e que será abordada no próximo capítulo.

Uma das maiores frustrações das pessoas é quando se sentem ignoradas; outra frustração é quando esperam demais por uma resposta. Portanto, é fundamental que você se organize de modo a responder às mensagens de maneira personalizada. A personalização do atendimento pode melhorar a experiência da pessoa candidata.

6 Candidatura

Introdução: uma crônica sobre a vida da pessoa candidata

Iniciarei este capítulo de **uma maneira diferente**, pois, antes de você aplicar na prática os conceitos que serão abordados, precisa entender **como uma pessoa candidata se sente** ao longo dos processos de recrutamento e de aquisição de talentos.

Eu, particularmente, quando participava de processos de recrutamento/aquisição de talentos como candidato, **muitas vezes fui tratado com descaso e indiferença**, o que configura falta de respeito, que é o básico que não precisa ser cobrado. Por isso, ofereço uma reflexão para que comece a entender a vida de quem procura emprego.

Precisamos enxergar pelo mesmo ponto de vista da pessoa candidata para que sejamos capazes de **proporcionar a melhor experiência possível em todas as etapas do funil de recrutamento**. Infelizmente, há pessoas recrutadoras e líderes que parecem viver em Nárnia – ou qualquer outro universo fantástico – e não têm noção da realidade.

Hoje em dia – e já faz um tempo – **arrumar um emprego é um emprego** no Brasil. Há o movimento natural do mercado, que há tempos está em procura para a maioria das profissões, especialmente as mais tradicionais: há muito mais pessoas candidatas do que vagas. A dificuldade aumenta conforme o nível hierárquico: quanto mais alto, menor o número de vagas.

Se você é um profissional de Aquisição de Talentos (RH ou liderança) e recruta e seleciona pessoas candidatas, caso preste atenção, saberá que para cada vaga divulgada, dependendo do meio escolhido, **há centenas ou até milhares de candidaturas**. Os ATS (do inglês *Applicant Tracking System*, ou Sistema de Rastreamento de Candidaturas) mostram o número de candidaturas que você recebe.

Por isso, entenda:

> "Para a pessoa candidata, arrumar um emprego é um emprego."
>
> Eduardo Felix

Para você, dependendo da posição, se não conseguir preencher uma vaga, poderá recomeçar o processo - sabendo que isso vai elevar os custos de contratação e impactar negativamente em seu orçamento. Para a pessoa candidata, pode ser a **única oportunidade** em um período, como no mês ou até mesmo no ano inteiro.

Muitas empresas e pessoas que são líderes e/ou trabalham no RH dizem se preocupar com as pessoas. Será? Peço que leia agora como se você fosse se candidatar. Qualquer semelhança com a realidade não terá sido mera coincidência.

Descrições de vagas longas e cansativas, candidaturas complicadas... não seria mais fácil só anexar o arquivo do currículo? Testes de raciocínio lógico, várias línguas - só falta aramaico para falar com Jesus no privado em momentos de dificuldade. Aí, quando contratam a pessoa, ela só fala português (já aconteceu comigo).

Grava vídeo para enviar, entrevista por telefone, virtual com o RH, com o Cid Moreira, de frente com Gabi, com o vampiro, com o gestor, com os pares e os ímpares - não importa, você tem maior probabilidade de perder (tempo, principalmente).

Não para por aí: testes comportamentais, de inferência, de *fit* cultural e batatinha frita 123 (é o que falta). E ainda te chamam para uma entrevista presencial em pleno século XXI porque acham que o olho no olho é o melhor caminho (ainda bem que é achismo).

Apesar de todo o preciosismo, a maioria das pessoas que entrevista não sabe o que está fazendo. Se perguntar para alguém de RH o que ela busca em uma entrevista, perceberá que a maioria das respostas será analisar o comportamento da pessoa candidata; já a gestora dirá que busca a parte técnica.

Entretanto, como buscar o comportamento ou a parte técnica sem fazer anotações, sem estudar sobre os vieses inconscientes e em uma entrevista sem uma estrutura, sem padrão e sem critérios para avaliar e pontuar as melhores respostas, classificar as melhores pessoas candidatas e posteriormente escolher as mais adequadas?

Como analisar tudo isso por meio de perguntas inúteis buscadas na *web*, como fale sobre você (dizem que é para quebrar o gelo), pontos fortes e pontos fracos, por que eu devo te contratar ou por que quer trabalhar aqui, motivo da saída, se trabalha sob pressão e afins?

Por isso, pessoa recrutadora ou gestora que entrevista talentos, aprenda uma lição básica: se não sabe o que fazer com a resposta, não faça a pergunta. O motivo expliquei no início: para a maioria das profissões, você tem a possibilidade de receber muitas candidaturas, mas para a pessoa candidata pode ser a única oportunidade do ano.

Aí você, que já foi, é ou um dia poderá ser uma pessoa candidata guerreira chega na etapa final, mas sua pretensão salarial está acima do que a empresa pode pagar, mas o RH sequer quis saber se você poderia negociar: depois da saga quase infinita, você é eliminada sumariamente sem direito à réplica. Isso quando a vaga não é ocupada pela sobrinha do diretor e você se questiona: precisava mesmo ter processo seletivo?

Outro caso é quando você se candidata, mas não tem retorno sobre a sua eliminação - em alguns casos, chega de carroça meses depois. Que viagem! Você gasta o seu tempo para pesquisar sobre a empresa, ter conexão com a marca, se candidata - e espera, avançando ou não. E "vira caveirinha" de tanto esperar. Quem nunca? Nem vou falar dos formulários infinitos, que pedem o nome do pai, do filho, do espírito santo - ouvi um amém?

Por isso, pessoa entrevistadora, entenda que por trás de cada currículo tem um ser humano com esperança, sonhos e uma família. Nunca esqueça disso.

Sentiu incômodo a ler isso? Ótimo! É sinal de que precisamos fazer mudanças para melhorar os processos. Sim, agora podemos começar.

6.1 Candidatura

Você conseguiu conscientizar a pessoa candidata em relação à sua marca empregadora, que foi atraída pelo trabalho que desenvolveu na segunda etapa do funil e despertou o interesse dessa pessoa, que começou a querer saber mais sobre a sua empresa.

E você, pessoa profissional de Aquisição de Talentos, aprendeu como a pessoa candidata se sente na maioria dos processos seletivos de que participa e sabe que, para atrair os melhores talentos, precisa fazer melhor do que já faz.

É hora de essa pessoa candidata decidir se vai ou não se candidatar a uma vaga em sua organização. **Essa etapa configura um dos maiores desafios para a equipe de Aquisição de Talentos.** Vou explicar: ao longo do seu aprendizado neste capítulo, vai entender que é uma etapa que depende de todas as outras, anteriores e posteriores.

Aqui, o seu desafio é fazer com que as pessoas se candidatem às vagas que você divulgou interna e/ou externamente. Lembre-se de que muitos talentos perdem o interesse que adquiriram na etapa anterior quando precisam se candidatar e têm muita dificuldade. Portanto, a palavra-chave dessa etapa é **FACILITAR**: facilitar a vida das pessoas candidatas.

A seguir, falarei sobre a experiência da pessoa candidata e de como mapear essa jornada, com questionamentos acerca dos processos que você já aprendeu nos capítulos anteriores e dos que você vai aprender nos próximos capítulos.

6.1.1 *Candidate experience* – experiência da pessoa candidata

Hoje em dia, uma pessoa profissional de *Talent Acquisition* (TA, Aquisição de Talentos) deve pensar como as pessoas candidatas e colaboradoras, não apenas como as que vão avançando até a etapa final do funil, já que a maioria das pessoas candidatas não avança para o estágio das entrevistas.

Só para você ter uma ideia, há muitas soluções voltadas para quem trabalha no RH, mas e para as pessoas candidatas? Há plataformas **ATS** que ajudam bastante quem recruta: o *design*, a estrutura e a tecnologia são orientadas para o RH, mas não para as pessoas candidatas, que passam por apuros.

Além da experiência ruim com as plataformas, há outras causas que frustram as pessoas candidatas, como a falta de *feedbacks* e de retorno após alguma etapa do funil, a falta de transparência em cada uma das etapas e descrições de vagas genéricas, mal redigidas e até mesmo com requisitos absurdos.

Quando você ignora as pessoas que não avançam em cada uma das etapas do funil, pode prejudicar a sua marca empregadora e fazer com que essa experiência ruim que as pessoas candidatas passam se torne avaliações negativas, que permanecem na Internet e prejudicam muitas contratações presentes e futuras.

6.1.1.1 *Conceito de* candidate experience

É um conjunto de interações cumulativas entre pessoas candidatas e empresa nas etapas do funil e configura um subconjunto do *Employer Branding* (EB), tema já abordado no Capítulo 3. **É como a pessoa candidata se sente em relação ao que experimenta durante a sua jornada, que tem várias etapas**.

A Figura 6.1 se refere ao ciclo de vida da pessoa colaboradora, que representa uma visão completa não apenas da pessoa candidata, como também da pessoa colaboradora, mas a partir de seus respectivos pontos de vista, ou seja, o que elas vivenciam em cada uma das etapas.

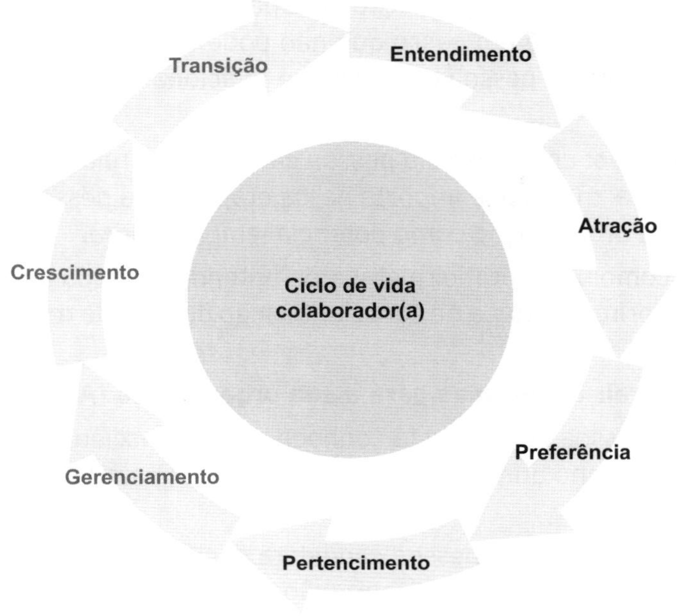

Figura 6.1 Ciclo de vida da pessoa colaboradora.

Os tópicos a seguir, que correspondem às etapas para você melhorar a *candidate experience*, independem do orçamento, do tamanho da empresa ou da equipe ou de adesão da alta liderança. São etapas essenciais para que pessoas recrutadoras melhorem a experiência tanto da pessoa candidata quanto da pessoa colaboradora.

Você vai entender que a experiência da pessoa candidata é mais sobre comunicação do que tecnologia. A tecnologia é importante? Claro, demais! Entretanto, se a comunicação falha, não há tecnologia que salve. A grande diferença está em tratar a pessoa candidata como uma *stakeholder* no processo.

6.1.1.2 *Etapas da experiência da pessoa candidata: mapeando a jornada*

1ª etapa – fazer com que conheçam a sua organização (Entendimento)

Aqui, a pessoa candidata ainda **não percebe** a sua organização como um local em que ela gostaria de trabalhar. Primeiramente, ela precisa saber que a sua empresa existe para que depois ela a considere como potencial empregadora.

A seguir, duas etapas para facilitar o entendimento para que você seja capaz de trabalhar em cada uma delas de modo organizado.

Conhecimento: o que a organização faz e por que ela existe? Mesmo que a sua empresa seja conhecida, é um passo que não pode ser negligenciado. O primeiro passo é entender como a pessoa candidata se relaciona com a organização e com a marca.

Conscientização: uma coisa é a pessoa candidata se relacionar com a organização, com a marca, mas o que importa nessa etapa é se a pessoa candidata criou consciência dessa organização como potencial empregadora.

Você pode combinar a primeira etapa de entendimento da jornada da pessoa candidata com a primeira etapa de conscientização do funil de recrutamento, abordada no Capítulo 3.

2ª etapa – atrair as pessoas para a sua organização (Atração)

Agora que a pessoa candidata já conhece e tem consciência de que a sua organização é um lugar no qual ela gostaria de trabalhar, vamos continuar a jornada em mais duas etapas.

Interesse: nesse ponto, a pessoa candidata decide se vai querer saber, aprender e pesquisar mais sobre a sua organização ou não.

Pergunte-se: há motivos para a pessoa se interessar mais pela sua empresa?

Alinhamento: é resultado do interesse. É aqui que a pessoa candidata vai saber se há alinhamento entre o que ela necessita e/ou deseja e o que a empresa pode proporcionar. É necessário que a pessoa recrutadora dê informações sobre diversos fatores, como valores, cultura, crescimento, plano de carreira, remuneração, localização, modalidade de trabalho etc.

A pessoa candidata sabe da existência e pensa em se candidatar, mas ainda não tomou uma decisão. Por quais motivos a mais essa pessoa decidiria se candidatar a uma vaga que você divulgou ou ainda vai divulgar?

Nessa etapa, a pessoa candidata busca informações em diversos meios, como nas mídias sociais, nos *sites* de carreiras da sua organização, pede referências pelo LinkedIn para pessoas que já trabalham em sua organização etc. Nesse momento, é hora da convergência: quantas coisas têm em comum?

Você pode combinar a segunda etapa de atração da jornada da pessoa candidata com a segunda etapa de atração do funil de recrutamento, abordada no Capítulo 4, e com a terceira etapa de interesse do funil de recrutamento, abordada no Capítulo 5.

3ª etapa – preferência pela sua organização (Preferência)

Chegou o momento que é uma via de mão dupla: tanto pessoas candidatas quanto recrutadoras decidem se vão ou não ter alguma iniciativa – ou seja, se a pessoa candidata vai se candidatar e se a pessoa recrutadora vai aceitar a candidatura.

Consideração: por que a pessoa candidata vai escolher a sua empresa e não outra? Aqui a busca pelo alinhamento continua, mas como um reforço. A pessoa precisa ter certeza de que tem diversos aspectos em comum com a sua organização.

Por isso, seu trabalho, pessoa recrutadora, é cuidar bem das mídias sociais, do *site* de carreira, do seu ATS, dos *sites* que analisam experiências (p. ex., Glassdoor), de como a sua empresa aparece nas mídias - e de como as pessoas colaboradoras atuais enxergam a experiência de trabalhar em sua organização.

Competição: seu papel aqui é vencer a competição contra a concorrência.

Questione-se:

- Como é o contato entre você e a pessoa candidata durante a entrevista pré-triagem?
- E os testes que você escolheu (lembre-se de que testes e etapas demais testam a paciência e fomentam a desistência)? Tornam o processo longo?
- E as entrevistas? Você fala apenas coisas boas ou é realista? Faz perguntas inconstitucionais, que reforçam vieses inconscientes e conscientes?
- E as informações sobre o andamento do processo? São transparentes? Você respeita prazos? Respeita o tempo da pessoa candidata e não se atrasa?
- Você dá *feedback* para as pessoas que não avançam nas etapas do funil de recrutamento? O *feedback* ocorre enquanto o processo está em andamento ou você demora muito para fornecer?

Aqui a pessoa começa a avaliar a sua empresa entre as outras opções - ou seja, concorrentes diretos, indiretos e empresas de outras áreas/segmentos. Imagine como a pessoa candidata se sentiria caso você atrasasse uma entrevista ou cancelasse sem justificativa. É hora de conferir as perguntas supracitadas e até mesmo adicionar outras para que cause uma boa impressão no processo.

4ª etapa - fazer com que as pessoas criem o sentimento de Pertencimento

Começa quando há um compromisso mútuo entre a organização e a pessoa candidata. É dividida em quatro partes (as três etapas anteriores são divididas em duas partes).

Decisão: é sobre reciprocidade. Há convergência de propósitos, valores e outros aspectos entre a organização e a pessoa candidata? Esse é o momento no qual a empresa oficializa a proposta por meio de uma carta-oferta e a pessoa candidata aceita.

Compromisso: aqui, o papel da pessoa recrutadora é atuar em conjunto com a liderança para que a nova pessoa colaboradora, que até um tempo atrás era candidata, não volte atrás e não te troque por outra empresa. Para isso, o processo de integração/*onboarding* precisa estar desenhado - pois a seleção não acaba aqui, como muitas pessoas pensam.

Orientação: os primeiros dias, semanas e meses estão sendo bons (integração/*onboarding*)? Tudo aquilo que uma parte prometeu para outra está acontecendo (ou quase tudo)? Cuidar da integração é respeitar a pessoa que é sua parceira, é cuidar dela nesse novo ciclo.

Aqui tem que caprichar na comunicação, na tecnologia, nos formatos de reuniões, nos manuais. É hora de a pessoa se adequar ao seu mundo e você ao mundo dessa pessoa para que ela possa se adequar à sua cultura organizacional.

Pertencimento: hora de valorizar os esforços e as conquistas da nova pessoa colaboradora para que ela não questione se a escolha foi errada: não podem existir dúvidas para que ela não pense em outra organização.

É aqui que a pessoa candidata, que agora é colaboradora, enxerga o seu impacto na organização, se sente envolvida com a empresa, com as pessoas colegas. É a fase final para continuar com a experiência da pessoa colaboradora, que não é tema desta obra.

6.2 Um modo de mensurar a experiência da pessoa candidata – *candidate Net Promoter Score* (cNPS)

O *candidate Net Promoter Score* (**cNPS**) fornece uma **medida quantitativa** do engajamento e da satisfação das pessoas candidatas, permitindo que a empresa acompanhe a evolução desses indicadores ao longo do tempo. Uma ferramenta útil para identificar pontos de melhoria no funil de recrutamento.

Mensura como as pessoas candidatas percebem a experiência durante as etapas do funil de recrutamento e é útil para otimizar os processos de recrutamento e de aquisição de talentos (que engloba o EB). Os dados de cNPS são coletados por meio de **cX Surveys** (pesquisas de experiência da pessoa candidata).

6.2.1 Passo a passo para o seu primeiro cNPS

Primeiro: em **qual etapa do funil** você quer obter o *feedback*? Vai fazer isso em mais de uma? Por exemplo: você pode solicitar após uma pessoa se candidatar e/ou até mesmo após a formalização da oferta a partir de uma carta.

Atenção: cuidado para não sobrecarregar a pessoa candidata com pesquisas.

E depois? Você precisa **definir o meio** que vai utilizar para que as pessoas candidatas tenham acesso à pesquisa. O modo mais simples é por e-mail. Existem ATS que proporcionam isso - podendo ou não estar integrados ao seu *site* de carreiras.

Obs.: você pode **personalizar a sua pesquisa**, inserindo o nome da pessoa candidata, explicando o que significa essa experiência, incluindo mais perguntas etc., tudo para buscar informações que possam tornar sua pesquisa mais relevante para a pessoa candidata.

Por exemplo: se você pedir *feedback* enquanto as pessoas candidatas ainda estão no processo, comunique que o *feedback* delas não afetará a sua decisão de contratação.

Você depois vai enviar a sua pesquisa na(s) etapa(s) que escolheu - não se esqueça de deixar **instruções** que tornem a pesquisa clara para as pessoas candidatas, como um tutorial para responder, o tempo de preenchimento etc.

E se a pessoa candidata não responder? Você pode entrar em contato individualmente para tentar melhorar a sua **taxa de resposta** da pesquisa.

As etapas anteriores foram definidas? Hora de **criar a sua pesquisa**. Você pode começar com uma pergunta tradicional: com base na **sua experiência** como pessoa candidata nas etapas de que participou do nosso processo, qual a **probabilidade de você recomendar** que outra pessoa conhecida, amiga ou colega participe do nosso processo seletivo? Mensure em uma escala de 0 a 10.

6.2.1.1 *Antes de calcular o cNPS, entenda os principais grupos*

- **Promotoras** (notas 9-10): são as mais engajadas e satisfeitas, com maior probabilidade de recomendar o seu processo como ótimo de modo ativo.
- **Neutras/passivas** (notas 7-8): são as que estão satisfeitas, mas não são entusiastas a ponto de recomendar o seu processo de maneira ativa.
- **Detratoras** (notas 0-6): são as insatisfeitas, que têm baixa probabilidade de recomendar o seu processo e podem até mesmo falar mal dele para outras pessoas.

6.2.1.2 *Como calcular o cNPS*

Subtraia o percentual de promotores pelo percentual de detratores. E as pessoas neutras? Não são consideradas para o cálculo. Observe a Figura 6.2.

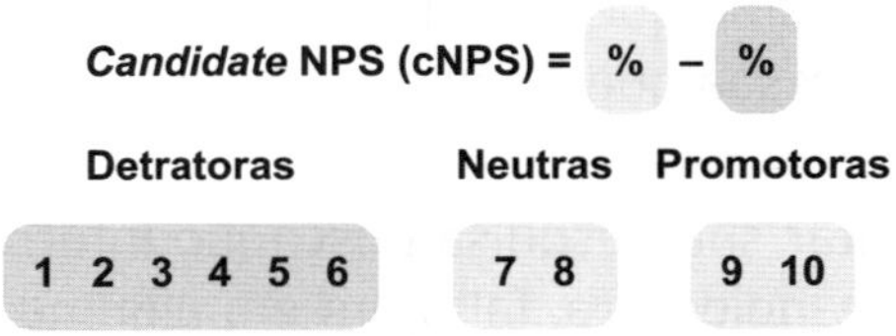

Figura 6.2 Fórmula *candidate* NPS (cNPS).

Resultado: varia de –100 a +100

Resultados acima de 0 (zero) podem ser considerados bons; entre 30 e 70, ótimos; e acima de 70, excelentes.

Portanto, para obter um resultado positivo, seu saldo favorável entre promotoras e detratoras deve ser positivo.

Imagine que sua pesquisa tenha gerado 40 respostas, que correspondem a 100%.

Você vai criar grupos, definindo o percentual e o número de pessoas. Por exemplo:

Detratores - 8 pessoas - 20%

Neutras - 12 pessoas - 30%

Promotoras - 20 pessoas - 50%

Retire as pessoas candidatas neutras e passivas do cálculo e subtraia o percentual de promotores pelo percentual de detratores. Fórmula:

cNPS = % promotores × % detratores

cNPS: 50 – 20 = +30

cNPS = +30

Nesse caso, você descobriu que o seu cNPS é ótimo e daqui poderá criar estratégias para se tornar excelente.

Pessoas candidatas receberam a pesquisa e responderam. O que fazer? Você vai coletar esses dados e inseri-los em algum meio, como planilhas ou sistemas, e posteriormente vai calcular o cNPS e analisar os resultados para que identifique áreas de melhoria e implemente planos de ação para melhorar a experiência.

Para tornar o processo transparente e melhorar ainda mais a experiência, você pode fornecer *feedback* para as pessoas candidatas com base nos resultados da sua pesquisa. Isso vai mostrar que você realmente se preocupa e valoriza as opiniões e tem comprometimento para melhorar o processo.

6.2.1.3 *Considerações finais sobre o cNPS*

Entenda: algumas pessoas candidatas que não conseguem emprego vivem uma **situação de fragilidade** e, por isso, caso sejam rejeitadas, podem reagir negativamente ao processo, mesmo que você tenha proporcionado uma boa experiência - diferentemente da pessoa que foi aprovada, que tem tudo para falar bem do seu processo (ou não).

Você pode incrementar sua pesquisa buscando informações de pessoas candidatas que retiraram a candidatura, faltaram em alguma etapa ou desistiram da oferta após aprovação. Será que o problema é o tempo de retorno? Ou será que a empresa concorrente ofereceu melhores condições?

Caso a sua empresa conte com mais de uma pessoa profissional de Recrutamento e/ou de TA, que tal separar os resultados de cNPS por pessoa que está em busca dos talentos? Será que o problema é geral ou apenas de uma recrutadora? Ou todas são boas e proporcionam uma boa experiência?

Lembre-se de que as questões da sua pesquisa devem ser diferentes de acordo com cargos e funções. Um cargo de diretoria, por exemplo, terá o processo mais demorado do que um cargo de entrada; a partir dessas inferências, podemos criar questões relevantes.

Ao longo deste capítulo, você entenderá o mecanismo de funcionamento do funil de recrutamento e perceberá que é possível ter um resultado ótimo de cNPS no momento da inscrição - imagine que você utilize a candidatura simplificada do LinkedIn ou seu *site* de carreiras e peça apenas para anexar o currículo, sem ter que preencher formulários infinitos.

Apesar de a experiência ser excelente nesse momento, pode ser que as pessoas que entrevistam candidatas, sejam do RH ou da liderança, sejam despreparadas e façam perguntas inconstitucionais e/ou que não tenham a ver com as atividades profissionais da pessoa candidata.

Outros pontos importantes são a revisão das metas e a automatização do processo - eu, particularmente, gosto das soluções da Qualtrics (o *software* de experiência da pessoa candidata é bem completo), mas há muitas outras empresas que fornecem esse tipo de *software*; sugiro que pesquise a que mais se adequa ao seu negócio.

Além da pergunta padrão para descobrir o seu cNPS, você poderá adicionar perguntas para obter maior precisão a partir de dados gerados sobre a sua experiência da pessoa candidata. Trata-se das **cX (*Candidate Experience*) Surveys** (pesquisas de experiência da pessoa candidata).

Você pode e deve incluir perguntas e agrupá-las por categorias para que, além dos dados quantitativos, possa obter dados qualitativos para melhorar a tomada de decisão. Faça perguntas abertas, de múltipla escolha, sim e não, em escalas (p. ex., de 1 a 5), ordem de importância etc. Você pode combinar diversos tipos.

Exemplos de perguntas

Sim e não

- Foi fácil se candidatar à nossa vaga?
- A descrição da vaga é fiel ao que fora questionado durante a entrevista?
- As pessoas recrutadoras entraram em contato dentro do prazo estipulado?
- Achou o prazo justo?
- Você acha que o nosso processo de recrutamento precisa ser melhorado?
- Faltou informação em alguma etapa do processo? Etc.

Escalas

Você pode começar com a frase "Em uma escala de 1 a 5..." e fazer a pergunta:

- Como você classificaria a sua experiência durante a entrevista com o RH?
- Qual foi a sua satisfação em relação à plataforma que utilizou para se candidatar?
- Como foi a sua experiência em relação ao *feedback* na etapa X? Etc.

Perguntas abertas

- Conte sobre as coisas de que mais gostou no processo.
- Conte sobre as coisas que poderiam ser melhoradas no processo etc.

Lembre-se de que, se não sabe o que fazer com as respostas, melhor não criar a cX Survey. As respostas serão uma oportunidade de melhorar completamente o seu processo de aquisição de talentos.

6.2.1.4 *Como criar um modelo de cX Survey na prática*

A sua pesquisa não pode tomar o tempo da pessoa candidata, que já tem outros afazeres, trabalhando atualmente ou não. Mostre logo no início seu objetivo e monte um tutorial para que a pessoa consiga preencher com precisão. Mostre os benefícios e agradeça.

Você pode oferecer a pesquisa por vários canais, como e-mail, WhatsApp ou diretamente em uma plataforma. A que utilizei e mais gostei foi a Qualtrics, mas pode ser cara para muitas empresas. Utilizei outras tão boas quanto: Typeform e SurveyMonkeys.

Mais alternativas:

- Google Forms;
- Microsoft Forms;
- Word ou Excel, caso utilize o Microsoft 365;
- Writer ou Calc, caso utilize o LibreOffice;
- Google Docs ou Google Sheets, caso utilize o Google Workspace.

Modelo Básico de cX Survey

Título: pesquisa de experiência da pessoa candidata

[corpo do texto com instruções, objetivo e importância]

Em primeiro lugar, seu *feedback* é anônimo e você não precisa se identificar. Seu *feedback* é muito importante para que nós da **[nome da empresa]** possamos melhorar nossos processos de aquisição de talentos e proporcionar a melhor experiência possível para quem se candidata.

Tempo para responder [x-x minutos]

Perguntas:

Você poderá utilizar e combinar perguntas exemplificadas anteriormente.

6.2.1.5 *Conclusão sobre a experiência da pessoa candidata*

Quando uma pessoa não tem uma boa experiência ao se candidatar a uma vaga de emprego em sua organização, isso pode ter um efeito negativo que ocorre de diversas maneiras e põe em risco a sua reputação não apenas como marca empregadora, mas como marca de consumo.

Por isso, é essencial tomar decisões baseadas em dados para que possamos tornar as pessoas candidatas em promotoras da nossa empresa. Muitas pessoas candidatas não buscam apenas os melhores salários e benefícios, apesar de serem importantes. Um artigo publicado na *Harvard Business Review* mostra que muitas pessoas candidatas perderam a paciência com processos de contratação cada vez mais pesados.

Experiências são sobre **emoções**, ou seja, como a pessoa candidata se sente em cada uma das etapas do funil de recrutamento, abordadas de modo introdutório neste capítulo e temas de cada um dos próximos.

Para que você crie a melhor experiência da pessoa candidata possível, não deve pensar nela como um processo de RH propriamente dito, e sim com a lente de uma pessoa candidata, ou seja, deve pensar como se você estivesse procurando emprego.

O foco é na jornada de cada uma dessas pessoas, que começa bem antes da candidatura. E o melhor: você pode combinar as etapas da experiência da pessoa colaboradora com as etapas do seu funil de recrutamento.

Essa jornada de quatro fases e dez etapas corresponde a ações comuns de pessoas candidatas, mas você deve adaptar esse modelo **às necessidades das pessoas candidatas: elas têm profissões diferentes**, níveis hierárquicos diferentes e podem se comportar de maneiras diferentes, ou seja, cada uma vai gastar mais ou menos tempo em determinada etapa.

Cada uma dessas fases divididas em etapas pode e deve ser visualizada em conjunto com as etapas do funil de recrutamento para facilitar o seu entendimento e otimizar o seu tempo para criar estratégias e planos de ação.

Uma das coisas mais importantes nessa etapa é criar uma boa ***candidate experience***, como você aprendeu ao longo deste capítulo. Dessa maneira, é possível otimizar o processo de candidatura.

Aqui também vale o exercício de se colocar no lugar de quem se candidata. Será que o processo de candidatura é longo e/ou complexo? Caso sim, a pessoa não vai apertar o botão de candidatura. Para ilustrar melhor a situação, observe a Figura 6.3, de uma postagem que fez muito sucesso no LinkedIn.

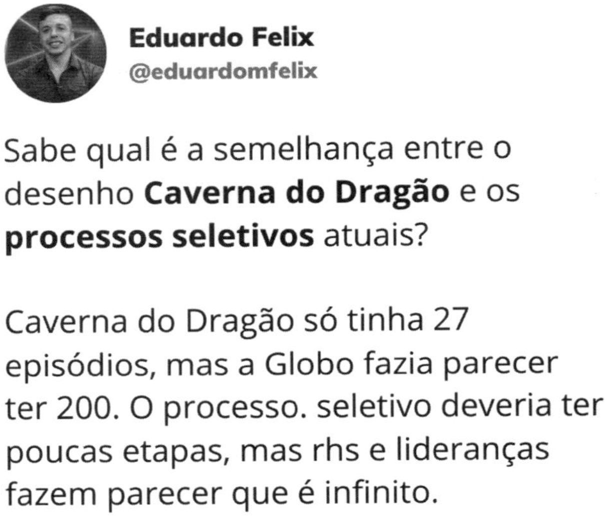
Eduardo Felix
@eduardomfelix
Sabe qual é a semelhança entre o desenho Caverna do Dragão e os processos seletivos atuais?
Caverna do Dragão só tinha 27 episódios, mas a Globo fazia parecer ter 200. O processo. seletivo deveria ter poucas etapas, mas rhs e lideranças fazem parecer que é infinito.

Figura 6.3 Meme publicado por mim no LinkedIn.

Sabe o que deixa a pessoa candidata irritada? O efeito ninja. Sim, o sumiço. As pessoas precisam saber dos próximos passos, quando será o próximo contato. Por isso, você deve estruturar o seu processo de candidatura, cumprir prazos e responder a cada uma dessas pessoas candidatas.

Quem, na posição de pessoa candidata, nunca se frustrou ao se candidatar a uma vaga e se deparar com a obrigatoriedade de preencher formulários com diversos dados, inclusive os do currículo, e ainda ter que fazer um *upload* do currículo - mas as informações já não foram enviadas por formulário?

E o transtorno parece não ter fim: ainda pedem uma carta de apresentação, mas limitam o tamanho do arquivo. E muitas vezes, no meio da candidatura, as informações não são salvas por conta de alguma entidade e você percebe que perdeu seu tempo com tanta asneira! E dizem por aí que têm pouco tempo para ler um currículo, mas como arrumam tempo para ler uma carta de apresentação?

6.3 Etapa de candidatura: na prática – faça a sua lista de verificação ATS e/ou candidatura simplificada no LinkedIn

Uma das maiores comodidades que você pode oferecer para uma pessoa candidata é pedir que ela anexe o currículo e nada mais (caso necessário). E para agradar, transparência e responsabilidade: seu ATS deve facilitar não apenas o gerenciamento de candidaturas, mas também a comunicação e o *feedback* com pessoas candidatas.

- **Formulários**

Calcule o tempo que uma pessoa preencheria um formulário. Você pode fazer uma pequena pré-entrevista com formulário apenas para confirmar dados cruciais, como:

» Tem pós-graduação completa em uma das áreas mencionadas na descrição? Sim ou não?

» Tem inglês avançado para conduzir e participar de reuniões e treinamentos e para ter contato diário com pessoas de outras nacionalidades? Sim ou não?

Um formulário curto com perguntas essenciais melhora a qualidade das suas candidaturas. Nada de formulários infinitos, por favor. As pessoas não se candidatam apenas às vagas na sua empresa.

- **Carta de apresentação**

Aqui, trarei a minha opinião, que não é informação: se muitas pessoas recrutadoras e profissionais de recrutamento dizem que têm pouco tempo para ler um currículo, como arrumam tempo para ler uma carta de apresentação? Eu sou contra, pois se o tempo é limitado para quem recruta e contrata, também é limitado para quem se candidata, e pode – deve! – ser melhor aproveitado. Além disso, muitas cartas de apresentação repetem informações que já estão no currículo e que podem ser faladas nas entrevistas. Portanto, o foco deve ser nas competências, a não ser que a redação seja de suma importância. Apesar disso, a redação pode ser sobre qualquer outra coisa que não uma carta de apresentação.

- **Testes**

Existe a necessidade? A pessoa vai aplicar algo do teste? O teste tem validade científica voltada ao processo de aquisição de talentos?

- **Utilização em dispositivos móveis diversos (*tablets* e *smartphones*), *desktops* e *laptops***

Você precisa assegurar que o processo de candidatura seja acessível em todos esses dispositivos e que a navegação das pessoas candidatas ocorra de maneira intuitiva, sem complicação.

Descrição da vaga: de acordo com o Capítulo 4 (etapa de Atração).

6.3.1 Defina expectativas

Mantenha a comunicação constante e informe às pessoas candidatas o prazo de cada etapa e os próximos passos. Certifique-se de não atrasar. Você pode criar um processo como o de entrega, quando compra *online* em determinada empresa.

A pessoa consumidora faz a compra, o pagamento é aprovado, a nota fiscal é emitida, o produto é embalado e a partir daí as movimentações são feitas pela transportadora até a data de entrega.

Por que não fazer isso pela pessoa candidata adaptando o processo completo? Muitas vezes só há atualizações sobre o currículo recebido e depois que a pessoa não foi classificada. Há muito espaço para melhorias.

- **Confirmação de datas e horários de entrevistas**

Separe um espaço na agenda para confirmar o dia e horário das entrevistas. Por exemplo: digamos que Eduardo Felix tenha sido convidado em uma quarta-feira para uma entrevista na terça-feira. Você pode confirmar uma ou duas vezes: na sexta-feira e na segunda-feira. Utilize o máximo de canais que puder. Exemplo: e-mail, SMS e WhatsApp.

- **Suporte: atendimento virtual e atendimento humano**

Capriche na seção de perguntas frequentes (FAQs) e, se puder, utilize *chatbots* (ambos foram discutidos no Capítulo 5). Ofereça suporte técnico para ajudar pessoas candidatas que possam ter dificuldades durante a candidatura.

- ***Site* de carreiras**

Uma das melhores maneiras de jogar é sabendo as regras do jogo. Se você é um profissional de Aquisição de Talentos, deve entender que o *site* de carreiras pode funcionar como um livro de regras para o jogo da atração de talentos.

Por isso, se puder, mostre as etapas que a pessoa terá que participar e, se possível, como elas podem se preparar para ter um desempenho superior em cada uma das etapas.

6.3.1.1 *Caso seja uma entrevista remota*

Você pode enviar um convite com datas e horários disponíveis para que a pessoa escolha o momento mais adequado para aceitar o convite. Nesse convite, você pode detalhar o máximo de informações possíveis para melhorar a experiência da pessoa candidata. Exemplos:

- Etapa 1 de 3 - entrevista inicial.
- As etapas 2 e 3, caso você avance, serão... (p. ex., contarão com a participação de fulano(a) e/ou beltrano(a) do cargo x e/ou departamento y).
- Pode ser que tenha mais de uma pessoa entrevistadora ou mais de uma pessoa presente na entrevista.
- A entrevista terá duração de 30 a 50 minutos.
- A entrevista será por competências, portanto, preparem-se (envie algum manual).
- Nosso código de vestimenta é o x (mandar fotos do departamento, de como as pessoas se vestem).

Imagine que a próxima etapa seja a apresentação de um caso específico para o cargo e área de atuação para a pessoa candidata:

- Envie um documento com as instruções necessárias para a pessoa desenvolver um caso.
- Forneça referências de livros, artigos e textos de *blogs* na Internet.
- Forneça o tempo necessário para cada etapa da apresentação do caso.

6.3.1.2 *Caso seja uma entrevista presencial*

Você poderá utilizar informações descritas no modo remoto e adicionar outras informações importantes, como:

- Mapa contendo a localização da empresa.
- Caso você tenha o endereço da pessoa, pode simular o tempo de chegada a pé, de bicicleta, moto, ônibus, metrô ou trem e carro.
- Você deve dar pontos de referência para que a pessoa não se perca no trajeto.
- Você pode dar informações de trânsito, dizer que a pessoa não precisa se preocupar se chegar muito tempo antes (para isso, precisa ter um espaço reservado para que ela possa esperar a hora).

- Você deve dar informações de acesso ao seu escritório como visitante. Poderá enviar por e-mail um código QR com instruções de acesso. Poderá dar informações de buscar a recepção para entregar documento e tirar foto. Deve dizer quanto tempo tudo isso demora.
- Caso a pessoa vá de carro, forneça informações sobre estacionamentos próximos ou se é possível estacionar na rua em locais próximos - sem levar multas de estacionar em locais proibidos.
- Pense em quaisquer outras situações para facilitar a vida da pessoa candidata.

6.3.1.3 *Mapeamento das competências*

Quando você tem as competências mapeadas, vai contratar interna ou externamente a partir de uma necessidade real - pode ser que o talento que você busca já esteja trabalhando em sua organização.

6.3.1.4 *Entrevista*

Seja pontual. Se não puder atender a pessoa candidata a tempo, avise. Se precisar remarcar, faça com antecedência. Se a entrevista for presencial, ofereça alguma bebida, como água e café. Não faça outras atividades além de se preocupar com a entrevista.

6.3.2 *Feedback* e e-mails de rejeição para as pessoas candidatas

Você deve oferecer uma comunicação personalizada em cada etapa que a pessoa candidata se move dentro do seu funil de recrutamento. Se a primeira triagem tem mais de 100 pessoas, você provavelmente não conseguirá dar um *feedback* negativo personalizado para cada pessoa candidata.

Entretanto, conforme as pessoas vão avançando nos estágios do funil, a expectativa da pessoa candidata aumenta e o número de pessoas candidatas diminui. É o momento de ter maior personalização - é possível personalizar o *feedback* para pessoas candidatas finalistas, por exemplo.

Mesmo que o *feedback* seja negativo, a pessoa candidata deve ter uma boa experiência a ponto de sentir que saiu do processo melhor do que entrou e tirou algum aprendizado e se desenvolveu de alguma maneira.

6.3.2.1 *Etapas para o feedback*

Inscrição

Para melhorar a experiência da pessoa candidata, é preciso enviar um e-mail informando que a candidatura foi recebida e dando os próximos passos do processo. Pode ser que a pessoa não avance, por isso, é necessário justificar a não continuidade da sua candidatura no processo. Se a pessoa passar, precisa saber.

Testes diversos, painéis e entrevistas

O mesmo deve ser feito com demais testes, painéis e entrevistas.

> **DICA**
>
> A comunicação deverá ser no tom utilizado pela sua empresa.

Como dar *feedback* na prática

Primeiro ponto: e-mail de rejeição

Muitas vezes não é possível fornecer o *feedback* adequado para a pessoa candidata por diversos motivos, como alto volume de vagas, limitação do tempo e até mesmo falta de preparo da pessoa que entrevista.

Caso não seja possível fornecer o *feedback*, é necessário que você informe a rejeição daquelas pessoas candidatas que não avançarão no processo, independentemente de qual seja a etapa. Evite deixar as pessoas candidatas esperando.

Caso você não tenha entrevistado essas pessoas, seu e-mail deve ser breve. Imagine que você tenha recebido 1 mil currículos e que apenas 50 sejam aproveitados. O que fazer com os outros 950? Recusar. Não há outro caminho.

Principais motivos para rejeitar pessoas candidatas:

- nível de senioridade;
- tempo de experiência;
- experiência específica;
- formação;
- comunicação deficiente ou incompleta da pessoa candidata acerca de suas competências durante as entrevistas e/ou etapas de avaliação;
- falta de preparo durante a entrevista;
- pretensão salarial;
- alto número de candidaturas etc.

Modelo de rejeição para pessoas que não avançaram na etapa de candidatura

Prezado(a) Fulano(a) de tal [nome da pessoa candidata]

Obrigado pelo seu tempo ao participar do nosso processo, mas você não avançará no processo [se possível, explicar o motivo – p. ex., buscamos alguém com uma experiência mais específica, mais sênior, mais júnior etc.].

Outro exemplo:

Devido ao alto número de candidaturas, não é possível fornecer um *feedback* individual para cada pessoa candidata. Esperamos que você possa acompanhar as nossas vagas nos canais em que estamos presentes e, caso alguma outra vaga esteja adequada ao seu perfil, ficaremos felizes com a sua futura candidatura.

Obs.: se não há banco de dados, não minta ao dizer que o currículo permanecerá nos registros para futuras oportunidades.

Caso, no futuro, encontre outra vaga que se adapte à sua experiência, esperamos que você possa se candidatar.

Obrigado mais uma vez e desejamos boa sorte na carreira.

Você ficaria satisfeito com uma resposta assim? Provavelmente não. Eu não ficaria. No entanto, existe algo chamado "comparação". Muitas pessoas candidatas, depois de participarem de diversos processos, poderão pensar: "pelo menos essa empresa me deu um retorno negativo". Seja direto logo nas primeiras linhas.

Jamais se esqueça de que as pessoas candidatas devem ser tratadas com dignidade, por isso, expresse gratidão, pois as pessoas gastaram tempo ao se candidatarem a uma vaga em sua empresa - passaram por diversos estágios dentro do seu funil até apertarem o botão da candidatura.

Muitos ATS contam com mensagens já redigidas, que podem ser editadas. Jamais ignore pessoas candidatas rejeitadas.

6.3.2.2 *Para as pessoas que foram para estágios mais avançados do funil e foram entrevistadas*

O ideal é fornecer um *feedback* detalhado de modo a ajudar a pessoa candidata a se preparar para se sair bem em outros processos de atração de talentos dos quais poderá participar. Essa etapa é facilitada quando você tem competências mapeadas para analisar as respostas das pessoas candidatas.

Você também pode redigir um e-mail com *feedback* específico:

Prezado(a) Fulano(a),

Escolhemos outra pessoa candidata mais alinhada com as necessidades da função. Entendemos que essa notícia pode ser decepcionante e reconhecemos todo o seu empenho durante as entrevistas de emprego, por isso gostaríamos de fornecer um *feedback*: [trazer o *feedback*].

Exemplo: sua realização x foi importante, mas não tem a ver com o que será desempenhado (é comum que as pessoas tragam os desafios ou casos de sucesso de que mais gostam e não os que são mais adequados para a vaga).

Caso tenha alguma dúvida sobre o *feedback* ou sobre o processo de contratação, entre em contato. Se puder, gostaríamos de ter a sua contribuição com o seu *feedback* acerca do processo de contratação para que possamos propiciar às pessoas candidatas a melhor experiência possível em cada etapa do nosso processo.

Obrigado mais uma vez pela sua dedicação e espero que o *feedback* seja útil e traga novas perspectivas para que você possa ter sucesso em outros processos de aquisição de talentos.

Atenciosamente,

Eduardo Felix, CHRO

Outro exemplo:

Olá, Fulano(a)

Gostaria de agradecer o seu tempo. Ficamos interessados em ouvir acerca das suas competências, desafios e conquistas profissionais, mas, infelizmente, não avançaremos com a sua candidatura.

Desejamos boa sorte na carreira, e caso se interesse por outra oportunidade futura na nossa organização, será um prazer receber a sua candidatura.

Atenciosamente,

Eduardo Felix, Diretor de *Talent Acquisition*

Mais um exemplo:

Olá, Eduardo Felix

Obrigado pelo seu tempo ao se candidatar à vaga de Diretor de Recursos Humanos na Expery. Como você avançou bastante no nosso processo de aquisição de talentos, dedicamos parte do nosso tempo para revisar a sua experiência profissional e seu desempenho na(s) entrevista(s) e assim fornecermos um *feedback* detalhado: [*feedback* detalhado].

Gostaríamos de desejar boa sorte em sua busca e que em breve você possa conseguir um emprego e entenda que esperamos que você se candidate a uma oportunidade futura na nossa organização caso se adeque ao perfil desejado por nós. E caso não seja possível, desejamos boa sorte e o melhor para a sua carreira.

Atenciosamente,

Equipe de Aquisição de Talentos da Expery

6.3.2.3 *Para pessoas que foram aprovadas*

Olá, Eduardo!

Gostaria de trazer boas novas, está preparado? Você foi aprovado no processo para CHRO da Expery, meus parabéns!

Seu desempenho nas etapas foi sensacional e temos certeza de que vai valer a pena. Gostaríamos de enviar a nossa oferta, que segue anexa [ou deixar algum *link*]. Entraremos em contato pelo WhatsApp para agilizar o processo.

Atenciosamente,

Eduardo Felix

CEO da Expery

> **DICA**
>
> Muitas pessoas não ficam de olho no e-mail, mas ficam de olho no WhatsApp. Portanto, se quiser deixar a mensagem ainda mais pessoal, poderá enviar uma mensagem – até mesmo de voz – dando a boa notícia e depois marcar uma chamada de vídeo para agilizar o processo.

6.3.2.4 *E se a pessoa candidata questionar o* feedback *que você fornecer?*

É importante que o *feedback* seja baseado em dados que você coletou durante as entrevistas relacionados às competências profissionais. A pessoa candidata pode até mesmo ter a experiência necessária, mas não sabe como contá-la à pessoa entrevistadora.

O papel de quem entrevista é proporcionar um ambiente amistoso e imparcial e fazer as perguntas necessárias para observar o comportamento da pessoa candidata, que é narrado a partir de experiências passadas. Mesmo assim, muitas pessoas candidatas não conseguem se desenvolver.

Caso seja esse o caso, você pode dar uma devolutiva sobre as respostas da pessoa não terem a ver com as competências necessárias para o exercício do cargo e que ela não conseguiu comunicar com clareza. Daí a importância de a pessoa entrevistadora ter o apoio de alguém para anotar e transcrever a entrevista.

6.3.3 Métricas e indicadores para a etapa de candidatura

Taxa de candidaturas concluídas: calcule o percentual das candidaturas que foram concluídas. É importante verificar em qual momento as pessoas abandonam a candidatura.

Qualidade da pessoa candidata: calcule o percentual de pessoas candidatas que atendem aos critérios e às qualificações mínimas e aos diferenciais (caso existam).

Conclusão

No estágio de candidatura, é essencial que o maior número possível de pessoas candidatas sejam qualificadas e completem o processo de candidatura. Quando você simplifica esse processo, tem tudo para dar certo. Não complique.

Faça um *benchmarking* e veja que muitas empresas pedem para que a pessoa candidata crie uma conta, preencha formulários infinitos, faça *uploads* do currículo, da carta de apresentação, de documentos que só seriam necessários durante a admissão, entre outros absurdos. Simplifique para proporcionar a melhor experiência e para que as pessoas candidatas não desistam de seu processo.

7

Avaliação

Introdução

A Avaliação é a etapa de transição entre a candidatura e a seleção e representa um estreitamento do funil. Após receber os currículos e verificar o número de inscrições dentro do prazo planejado, é hora de avaliar: pessoas candidatas completarão testes diversos e até poderão apresentar casos como se fossem amostras de trabalho.

Atualmente, a maioria das candidaturas é realizada de modo ***online***, ou seja, a plataforma que você escolheu para recebê-las, por exemplo, um **ATS** (do inglês *Applicant Tracking System*, ou Sistema de Rastreamento de Candidaturas), fará no mínimo a análise, a triagem e a classificação inicial dos currículos recebidos para identificar os melhores talentos de acordo com o número que você iniciará a avaliação.

Mesmo que você trabalhe com um baixo volume de vagas, dificilmente conseguirá ler individualmente todos os currículos que recebe. Caso você faça uma busca rápida de vagas no LinkedIn, perceberá que é possível visualizar o número de candidaturas - muitas vagas já recebem centenas de candidaturas já no primeiro dia.

Uma das partes mais complexas na etapa de Avaliação é manter o engajamento das pessoas candidatas - muitas pessoas profissionais de Aquisição de Talentos, por medo de contratar errado (é caro), adicionam muitas etapas no processo para que possam fazer um filtro de modo a contratar a pessoa candidata ideal. Contudo, esquecem-se de que as pessoas candidatas podem perder o engajamento por se desgastarem com tantas etapas - a maioria não procura emprego apenas na sua empresa, há outras por aí contratando.

Como você poderá perceber, algumas etapas dentro da avaliação são obrigatórias, outras são opcionais e outras podem ser descartadas com facilidade - "tempo é dinheiro".

> **DICA**
> Assim como qualquer outra etapa na qual se precise que a pessoa candidata saiba que está participando, é preciso enviar mensagens (p. ex., e-mail, WhatsApp etc.) para informar que ela foi convidada para participar, mensagens caso ela seja aprovada na etapa e mensagens caso ela não seja aprovada, com *feedback* ou não.

Lembre-se de que você precisa raciocinar constantemente e pensar: esse teste é realmente necessário? Não com base em achismo, mas com base no que a pessoa vai fazer no dia a dia de trabalho.

O motivo, como já falei no capítulo anterior, é que muitas pessoas abandonam processos demorados e com etapas desnecessárias. Agora que você já tem um entendimento geral, falarei a seguir sobre os principais elementos que podem ser utilizados na etapa de Avaliação do seu funil de recrutamento.

Este capítulo será diferente dos anteriores, pois a prática está na reflexão dos tópicos que serão abordados e em sua competência de aprendizado contínuo, ou seja, de explorar e se aprofundar mais sobre cada um dos assuntos.

Ao utilizar avaliações, é preciso entender que elas precisam ser válidas, confiáveis, entre outros aspectos. As reações das pessoas candidatas devem ser positivas, pois influenciam na experiência, ou seja, como essas pessoas reagem a cada um dos métodos escolhidos para avaliação e percebem o seu processo de *Talent Acquisition* (TA, Aquisição de Talentos).

7.1 A primeira avaliação: triagem automática de currículos

A tecnologia atualmente faz a primeira triagem - vai escanear todos os currículos recebidos a partir de parâmetros diversos, na maioria das vezes correlacionando com a descrição da vaga mediante palavras-chave e outros parâmetros pré-definidos por você e trará o número inicial de currículos de acordo com o que você programou previamente ou que o sistema sugeriu e você aceitou.

Imagine que o seu sistema tenha recebido 500 currículos e você tenha definido que vai iniciar o processo com 30 currículos. O algoritmo fará uma correlação com a descrição da vaga para identificar os mais qualificados e adequados para avançarem no processo.

Dependendo da plataforma, há diversos filtros que você pode aplicar, como qualificação mínima, competências, tempo de experiência, localização geográfica etc. Existem alguns filtros que são discriminatórios, como idade, instituição de ensino em que estudou, local de moradia, naturalidade e nacionalidade, entre outros.

Portanto, é fundamental que você revise o conteúdo sobre vieses inconscientes para que o seu processo de aquisição de talentos seja justo e não discrimine pessoas de modo algum. Portanto, use critérios relacionados ao trabalho e não deixe de conscientizar acerca da diversidade e dos vieses.

Obs.: a triagem de currículos, primeira avaliação, tem diversos pontos que merecem atenção:

- Pessoas candidatas podem mentir e/ou "aumentar"

Muitas pessoas mentem, inserindo informações sobre cargos que nunca ocuparam, equipes que nunca lideraram ou atividades que nunca executaram, por exemplo. Há pessoas que podem até ter feito tudo isso, mas aumentam, superestimando o currículo.

- Experiência boa, desempenho e produtividade nem tanto

Há pessoas que conseguem elaborar currículos bons, têm boa experiência profissional, mas não são tão boas no que fazem. Eu, particularmente, conheci pessoas que trabalharam muito tempo em determinadas empresas e não se atualizaram, não se desenvolveram.

- Formação boa, desempenho e produtividade nem tanto

O mesmo ocorre em relação à instituição de ensino que a pessoa frequentou e/ou na qual se formou. Há pessoas que estudaram em instituições renomadas, mas não têm a capacidade que deveriam ter e "vivem de nome". Outras fazem todos os cursos, mas são meras "caçadoras de certificados" - não aprendem de verdade.

7.2 A segunda avaliação: individual

Essa avaliação pode ser a primeira de seu processo de aquisição de talentos, caso o volume de vagas seja muito baixo.

O passo agora é **calcular o seu tempo disponível para ler cada currículo individualmente** a fim de verificar a eficácia da plataforma que você contratou para te auxiliar e do seu funil de recrutamento. Pode ser que haja inconsistências e você receba currículos fora do perfil desejado.

Depois de receber o número de currículos selecionados de maneira automática, é hora de **analisar individualmente** cada um deles - a triagem "manual". É um processo mais demorado, pois a pessoa recrutadora vai revisar currículo por currículo. É preciso atenção e ter algum documento que sirva como guia para os parâmetros necessários.

Nesse caso específico, pode ser uma oportunidade de rever as etapas do seu funil de recrutamento para analisar em qual(is) etapa(s) está errando. O mais importante é que aja rapidamente para corrigir eventuais falhas. Pode ser também que a plataforma que escolheu não seja ideal, um problema bem comum.

Evite julgamentos desnecessários, por exemplo, uma pessoa que passou pouco tempo em cada emprego, ou uma que passou tempo demais em um único emprego. Tudo isso é achismo, caso goste desses currículos, o ideal é convidar essas pessoas para entender cada ponto da carreira.

É preciso ir além do óbvio e entender que pessoas podem ter experiências diferentes e mesmo assim ter tudo a ver com a vaga que você deseja. Eu, por exemplo, trabalhei nas áreas Comercial e de Recursos Humanos, mas fiz muitas outras coisas antes e depois, formais e informais.

DICA

Para pessoas que não são líderes e são da equipe de Aquisição de Talentos: para que você seja capaz de avaliar, além das competências previamente mapeadas, você precisa entender de modo geral o trabalho da pessoa cujo currículo está avaliando.

Caso você não entenda, sua análise perde a validade. Como você vai escolher algo que desconhece? Aproveite as *intake meetings*, aproveite o tempo que tem disponível para entrar em contato com lideranças, com pessoas de diversos cargos e crie um documento para que tenha acesso às principais informações de cada uma delas.

7.2.1 Carta de apresentação

É uma possibilidade, mas não para todas as profissões e sou contra as cartas de apresentação. O motivo é que as pessoas candidatas já gastam muito tempo elaborando seus respectivos currículos e quando precisam fazer cartas de apresentação, normalmente copiam e colam informações.

Para as pessoas recrutadoras, proponho uma reflexão: se reclamam que falta tempo para ler currículo, como é possível sobrar tempo para cartas de apresentação? Outro ponto é que o ATS que faz a triagem de currículos também fará a da carta de apresentação.

7.2.2 Pedido de referência de profissionais

É uma possibilidade entrar em contato com chefes e colegas que trabalharam com a pessoa cujas referências você deseja checar. Eu sou contra, pois muitas pessoas não estudam sobre vieses inconscientes e diversidade, e, por isso, são incapazes de separar questões pessoais das profissionais e podem prejudicar a pessoa que está procurando emprego.

Outro ponto no qual acredito é que as pessoas podem não ter dado certo no emprego anterior por motivos diversos - eu mesmo já tive desempenho ruim em algumas oportunidades. Esse fato ignora o poder de mudança que as pessoas têm e reforça vieses inconscientes.

> **DICA**
>
> Se gostou da pessoa e quer contratar, verifique primeiramente se a pessoa atende às necessidades organizacionais. Caso sim, não espere a validação de alguém que você nem conhece.

7.2.3 Teste de conhecimentos e de habilidades

Vou contar um caso para mostrar a importância dos testes de habilidades - voltados ao que realmente importa no trabalho.

Uma cliente precisava de uma pessoa na área de Contabilidade que soubesse fazer balanço patrimonial e DRE. No processo de avaliação, optou por aplicar testes de língua inglesa e de raciocínio lógico. A pessoa candidata era muito boa e estava preparada para os testes: passou em primeiro. Na etapa Entrevista (próxima do funil), ouviu perguntas formuladas de maneira inadequada, como: "Você sabe fazer balanço patrimonial?", "Qual é o seu conhecimento em X?", entre outras perguntas inúteis. A pessoa candidata respondeu que sabia, que tinha bom conhecimento, que fez curso, que tem certificado e muito mais. Foi escolhida e contratada.

Quando começou a trabalhar, minha cliente, que era sua líder, descobriu que cometeu um erro na contratação: a pessoa contratada não sabia nada de balanço patrimonial e DRE, conhecimentos fundamentais para o exercício pleno do cargo.

Conversando com a minha cliente, perguntei: "Quando essa pessoa vai utilizar o raciocínio lógico no trabalho?". Ela respondeu de maneira genérica e eu repliquei: "Como ela vai utilizar?". Pedi o teste.

Quando tive acesso ao teste, havia até matemática no meio - depois, ao pesquisar diversas plataformas que comercializam esses testes, vi que muitas oferecem questões que não são de raciocínio lógico.

Ao conversar com pessoas profissionais de Aquisição de Talentos e lideranças, descobri que a maioria não oferece um tutorial em formato de edital para que as pessoas tenham a mesma condição de estudar e passar. Ou seja, é uma loteria: questões aleatórias.

Testes curtos, quando escolhidos com sabedoria, podem eliminar pessoas candidatas menos adequadas e aproveitar pessoas candidatas mais qualificadas para que possam passar por uma ou mais etapas. Os testes podem ser personalizados de acordo com a posição e o nível hierárquico e devem ser coerentes.

Se a pessoa utiliza ferramentas como o Excel ou Power Bi, o ideal é que na *intake meeting* seja abordado esse tema - provavelmente já há competências mapeadas, entretanto, com a reunião, você poderá ser capaz de saber, por exemplo, o que a pessoa, quando for contratada, vai utilizar com maior frequência.

Se o teste é de Excel, por exemplo, não adianta testar o uso de macros se a pessoa não vai utilizar esse recurso - o teste deve ser adequado ao que a pessoa vai realmente fazer no dia a dia de trabalho. Por isso, os testes devem ser personalizados e adaptados às responsabilidades específicas de uma posição aberta.

EXEMPLO

Imagine que você esteja contratando uma pessoa recrutadora.

Em um teste de conhecimento, vamos trabalhar com a teoria. A pessoa candidata será solicitada a descrever elementos que compõem a descrição, quais são os canais mais adequados e afins.

Em um teste de habilidades, a pessoa terá que descrever a vaga e publicar nos canais escolhidos.

Você vai se surpreender. Existem pessoas que têm muito conhecimento, mas não sabem praticar. E há pessoas que têm habilidades, mas fazem tudo errado, pois não têm uma base sólida de conhecimento.

Habilidade sem conhecimento é achismo e conhecimento sem habilidade é incapacidade de praticar - o bom é que ambos os casos podem ser temporários para qualquer pessoa. O mais importante é que você pode dar *feedback* e fazer a sua parte.

Entenda: a pessoa que mais sabe sobre a profissão pode não ser a melhor em fazer o trabalho, e a pessoa que mais sabe fazer o trabalho pode estar fazendo sem base e prejudicando muitos processos.

Minha sugestão é que utilize *intake meetings* e outras oportunidades para criar os testes - você mesmo, a liderança ou em equipe, ou seja, personalizar. Para isso, precisa conhecer o que é realmente necessário para o cargo que precisa ser ocupado.

Por último, há plataformas que permitem automatização e facilitam o seu trabalho, pois não há tempo para enviar e-mails individualmente contendo os testes para posterior correção - mas se há tempo disponível pelo baixo volume de vagas, pode ser uma alternativa.

7.3 *Phone screening* (triagem por telefone)

Observação inicial: atualmente, muitas pessoas não atendem o telefone - eu sou uma delas (o meu telefone fica apenas no modo silencioso). Por isso, é importante marcar essa chamada de voz por diversos meios, como WhatsApp e e-mail, por exemplo, antes de tentar fazer uma chamada de voz.

Tende a ser mais curta e superficial do que uma entrevista tradicional e pode durar até 30 minutos. É um tipo de pré-seleção que objetiva afunilar o processo de aquisição de talentos, pois possibilita a continuidade do processo apenas com pessoas candidatas que atendam aos requisitos mínimos pré-estabelecidos.

É o primeiro contato da pessoa profissional de Aquisição de Talentos com a pessoa candidata e serve como oportunidade para obtenção de informações básicas e genéricas que não estejam claras no currículo. Uma triagem telefônica bem-feita significa redução dos erros de contratação e, consequentemente, dos custos inerentes.

Por ter caráter informativo, pode ser conduzida por uma pessoa profissional de Recursos Humanos (RH). É possível averiguar se a pessoa candidata tem escolaridade, nível de proficiência em determinado idioma, disponibilidade de horário e/ou para viajar, se tem determinado conhecimento e/ou habilidade, expectativa de carreira e/ou salarial etc.

7.3.1 *Phone screening* na prática

O objetivo principal é confirmar as competências básicas, como as qualificações mínimas para ocupar a vaga em sua organização. Há outros objetivos, como avaliar a comunicação verbal e alinhar as expectativas da pessoa candidata, se o salário corresponde à pretensão, se a localização da empresa é satisfatória etc.

Depois de definir os objetivos, é necessário roteirizar a sua fala - a padronização e a estruturação ajudam bastante. É importante dizer seu nome e cargo, sua empresa, onde achou o currículo da pessoa, o seu objetivo com as perguntas e quanto tempo a chamada durará.

Você fará diversas perguntas, relacionadas, por exemplo, com o tempo de experiência, as competências, a escolaridade, a expectativa salarial, a disponibilidade de início, de viagem etc.

Obs.: não pergunte o que a pessoa sabe sobre a empresa. Lembra que o mercado está em procura para a maioria das profissões?

Jamais se esqueça de definir os próximos passos e de agradecer o tempo da pessoa. E o *feedback*? Nesse caso, o mais rápido possível.

Você pode criar um tutorial para a pessoa candidata se preparar para essa entrevista, pedindo que ela esteja em um lugar tranquilo de modo a evitar interrupções, mas caso ocorram, não é preciso se preocupar. Ensine a pessoa a usar fone de ouvido com microfone.

Durante a entrevista, não se esqueça de fazer anotações e de utilizar um formulário de avaliação de respostas com algum sistema de pontuação baseado em critérios pré-definidos para que você possa comparar as respostas e classificar as melhores pessoas candidatas.

Exemplo de formulário

Nome [pessoa candidata]: Eduardo Felix

Data da entrevista: 30/03/XX

Relevância das experiências anteriores com a nossa vaga:

[Correlacionar as experiências com a descrição da vaga e calcular o percentual de correlação. Exemplo: 75%. Fazer o mesmo com conhecimentos e habilidades/competências técnicas, formação acadêmica, expectativa de remuneração, disponibilidade para começar e outros itens já citados que façam sentido para o seu negócio.]

Você pode finalizar com observações gerais, que são as suas anotações, e rever o conteúdo sobre vieses inconscientes para que não cometa injustiça nessa triagem inicial.

Por fim, você pode recomendar o avanço para a próxima etapa ou a eliminação da pessoa candidata.

7.3.2 Roteiro para triagem telefônica

"Bom dia/boa tarde/boa noite. Meu nome é Eduardo Felix, sou diretor de RH da Expery e gostaria de agradecer o seu tempo para conversar sobre a sua candidatura para gerente de RH.

"A chamada terá duração média de 20 a 30 minutos. Você está preparado(a) para conversar? Se precisar ir ao banheiro, pegar água ou parar em um lugar tranquilo, pode me avisar, que esperarei."

Começando a entrevista:

"Você concluiu sua graduação em X e pós-graduação em Y? Já tem o diploma? [Aqui você vai se surpreender, porque há pessoas que dizem que terminaram o curso, mas não terminaram: algumas trancaram - há tempos ou não -, outras precisam entregar o TCC - e nem começaram a elaboração.]"

Você vai continuar com perguntas sobre as competências, a experiência, a pretensão salarial (eu sou a favor de dizer qual é o salário no máximo nessa etapa - o ideal para mim é que já esteja na descrição, pois economiza o seu tempo e o da pessoa candidata).

"Você tem alguma certificação importante para essa posição? [Vai notar que algumas pessoas fazem cursos pouco complexos e dizem que são certificações relevantes.]". É importante perguntar o que a pessoa aprendeu, o que e como a pessoa poderia utilizar o que aprendeu (há pessoas que "caçam" diplomas e pouco ou nada sabem).

Sou avesso às perguntas sobre motivação - muito subjetivas, existem pessoas que não são expressivas e são boas e outras que são expressivas e não são boas no que fazem - é preciso estar atento, já que há inúmeras pesquisas que apontam que pessoas recrutadoras são seduzidas por pessoas candidatas extrovertidas e que sorriem.

Sou contra a pergunta: "O que você sabe sobre nossa empresa e nossos valores?". Há muitas empresas no mundo e a sua entrevista deve abordar pontos relevantes e não o que uma pesquisa rápida poderia ser capaz de mostrar.

A disponibilidade pode ser importante, especialmente a de início, caso a vaga tenha urgência de preenchimento. Outro ponto é a disponibilidade para viajar - vou dar um exemplo meu.

Certa vez, participei de um processo em uma grande multinacional na qual sabia desde o início que eu deveria ter disponibilidade para viajar. Fui até a etapa final com o diretor da área, que me disse que era para viajar 70% do tempo - eu havia aceitado, até ele dizer que eu ficaria 3 semanas viajando e 1 semana sem viajar. Não aceitei. A empresa poderia trazer essa informação já na descrição da vaga - no máximo na triagem telefônica -, jamais em uma entrevista final. O diretor ficou bastante chateado, mas eu fiquei mais, já que o diretor tinha outras pessoas candidatas finalistas e eu não tinha outros processos como finalista e tive que recomeçar. Viu como pode afetar a experiência da pessoa candidata? A minha foi negativa.

Nesse caso, não vou apontar culpados, mas orientar a buscar Melhoria Contínua para o seu processo.

Para fechar a entrevista, agradeça, descreva os próximos passos com os prazos e se vai haver *feedback* ou não.

7.3.3 Conclusão sobre *phone screening*

A falta da triagem manual e da entrevista de triagem telefônica pode prejudicar a experiência da pessoa candidata - quando isso ocorre, todas as etapas do seu funil de recrutamento podem ser prejudicadas. Não é legal ter má reputação.

Quando não há a triagem manual e/ou o *phone screening*, normalmente quem conduz o processo avança para a etapa de entrevista presencial e *online*, e é bem comum muitas pessoas candidatas reclamarem (com razão) de situações como:

- Você mora no RJ, precisamos de alguém que more em SP.
- Você é usuário do sistema X, precisamos de alguém que seja usuário do Y.
- Precisamos de alguém com inglês fluente, aqui diz que você tem apenas inglês intermediário.

Por que não notaram isso antes? São detalhes que não podem passar despercebidos, pois são básicos do trabalho de quem faz a triagem, seja a curricular individual ou telefônica. Entenda: você deve reduzir custos e não aumentar. E para reduzir custos, você não necessariamente precisa cortar gastos, mas precisa evitar erros - ainda mais os que são fundamentos da sua profissão.

Outras perguntas e solicitações que sou contra:

- Tempo parada - pausa na carreira - lacuna no currículo

O mercado e a economia já se encarregaram de punir muita gente. Além disso, é permitido dar pausas e está tudo bem. Entrevista é para falar sobre o que a pessoa fazia enquanto estava trabalhando e não no tempo que ela estava parada.

- Por que quer sair da empresa atual?

Temos muitas respostas prontas (e muitas vazias) - *layoff*, reestruturação, em busca de novos desafios, falta de oportunidade de crescimento - e respostas que você provavelmente não se preparou para ouvir, como assédio, desrespeito, doença etc.

E se a pessoa adoeceu por causa do trabalho? Mesmo que ela esteja medicada, será que você ainda sentiria o mesmo por ela?

Hoje em dia, transtornos como ansiedade, depressão e *burnout* são bem comuns - infelizmente, alguns tratam como "mimimi", coisa de gente fraca, falta de Deus, doença de rico etc. Estude sobre esses males. Conhecimento liberta.

Há também pontos sensíveis, como a morte ou doença de entes queridos, animais de estimação, além do período da pandemia. Fora os *layoffs* constantes, que atingiram muitas pessoas.

7.4 Formulário de triagem inicial

Além do *phone screening*, você pode utilizar (separadamente ou em conjunto) um formulário de triagem inicial, contendo perguntas críticas para o processo. É um método utilizado por algumas empresas diretamente no *site* de carreiras e nas candidaturas simplificadas do LinkedIn.

EXEMPLO

Tem nível superior completo? ( ) sim ( ) não
Tem CNH B válida? ( ) sim ( ) não
Já viveu em alguma cidade do interior? ( ) sim ( ) não
Caso sim, qual o nome? ____________________
Ficava a quantos km da capital? ____________________
Tem disponibilidade para mudança de cidade? ( ) sim ( ) não
Caso sim, quanto tempo necessita para se mudar? ___ dias.

O mais importante é que as perguntas sejam úteis para o seu negócio. Lembre-se de que, se não sabe o que fazer com a resposta, não pergunte. As perguntas precisam ser pertinentes e só você saberá dizer quais são e quais não são. Combinado?

7.4.1 DigAÍ

A DigAÍ é uma plataforma 100% brasileira (baseada em inteligência artificial - IA) que surge como uma alternativa intermediária entre a triagem telefônica e a entrevista por vídeo assíncrona. Com ela, você recebe respostas das pessoas candidatas, que gravam o áudio contendo a resposta (sem vídeo).

Minha sugestão é que a utilize caso tenha as competências previamente mapeadas para que você consiga aproveitar a utilidade da plataforma, que sugere perguntas (em português ou inglês) para você compartilhar com as pessoas candidatas (que podem ser editadas por você).

Caso você não tenha as competências mapeadas e os critérios objetivos para pontuar, comparar e classificar, não importa a escolha da pergunta, pois você avaliará com base na intuição e não saberá o que fazer com a resposta, o que não recomendo para qualquer etapa do seu funil de recrutamento.

As perguntas que a DigAÍ oferece são categorizadas por áreas, níveis hierárquicos, entre outras, e as respostas são classificadas de acordo com a descrição de sua vaga.

Eu já utilizei a plataforma, que está em processo de Melhoria Contínua - há perguntas que jamais usaria, mas só pelo fato de permitir a customização, já é um grande feito, ainda mais se tratando de uma plataforma nacional.

Além disso, é voltada para melhorar a experiência da pessoa candidata, que recebe *feedback* instantâneo após dar a sua resposta. A plataforma possibilita que você faça um cadastro gratuito para testar as funcionalidades.

Quem não gostaria de receber um *feedback* após alguma etapa? Instantâneo então? E com sugestões de melhoria? A DigAÍ faz isso tudo. Eu recomendo, mas reiterando: não serve para todas as realidades. O básico é ter as competências mapeadas.

7.4.2 Entrevista por vídeo assíncrona (EVI) ou videocurrículo

Observação inicial: há pesquisas que apontam que as pessoas candidatas que falam com fluência e objetividade e sorriem mais durante as entrevistas são percebidas como mais contratáveis.

A triagem inicial pode ser feita com o recebimento de vídeos de curta duração, conhecidos como videocurrículos, nos quais as pessoas candidatas gravam vídeos respondendo às perguntas previamente escolhidas pela equipe de Aquisição de Talentos.

Esses vídeos podem realçar algumas competências de uma pessoa candidata para que possam mostrar além do que pode ser captado nos currículos e cartas de apresentação. Essa triagem dos vídeos pode ser feita via mecanismos de IA, pelo recrutador ou por ambos.

Você pode criar um tutorial para a pessoa gravar vídeos - pelo *smartphone* ou pela *webcam*, com a disposição vertical ou horizontal, iluminação e som (utilização de fones de ouvido). Uma busca rápida na *web* vai te ajudar a entender as melhores maneiras. Faça o mesmo com o conteúdo: ofereça um vídeo para inspiração.

O videocurrículo é um tipo de entrevista assíncrona e não há muitos estudos na área. Uma das metanálises presentes na bibliografia verificou que a videoentrevista assíncrona esteve na mesma faixa de outros procedimentos não interativos, como inventários de personalidade ou testes cognitivos, que são aplicados como ferramentas *online* na mesma etapa do processo de seleção.

Outra pesquisa apontou pouca estabilidade em período de 7 meses e padrões de confiabilidade abaixo do desejado na seleção de pessoal. Foram examinadas fontes de viés e encontrados casos de vieses que favoreciam determinados públicos.

Não custa lembrar que as questões da entrevista devem ser estruturadas e baseadas em competências alinhadas ao traço de personalidade de interesse, caso utilize o Big Five.

7.4.2.1 *O uso de inteligência artificial para pontuar e classificar os vídeos*

A EVI é uma tecnologia de avaliação atual. Tradicionalmente, as pessoas candidatas fazem *login* em uma plataforma *online* utilizando um dispositivo que contenha câmera e microfone para gravar as suas respostas a perguntas previamente escolhidas.

As respostas das pessoas candidatas são gravadas e depois são revisadas e avaliadas. Isso permite que as pessoas recrutadoras consigam escalar e ter maior alcance, além da conveniência de não interagir com a pessoa candidata nesse momento, enquanto a pessoa candidata vai gravar quando quiser e de onde quiser (dentro do prazo estipulado).

Embora seja eficiente em relação à otimização do tempo e à redução dos custos, há riscos potenciais, como o algoritmo discriminar determinado grupo, além de uma pessoa com determinada deficiência ter a possibilidade de ser desfavorecida.

O uso de IA pode impactar a reação e a aceitação da pessoa candidata, por isso é fundamental compreender que não basta ir atrás de um fornecedor com soluções prontas, é preciso entender como você pode ajudar a desenvolver sistemas de pontuação de IA confiáveis, válidos, justos e aceitáveis.

Há um ponto que deve ser observado para escolha desse e de outros métodos: a revisão do treinamento sobre vieses inconscientes. Os vídeos gravados, de acordo com uma pesquisa, têm muitas fontes de informação que não são relevantes para o trabalho e que podem interferir na avaliação, como os listados no tópico a seguir.

7.4.2.2 *A qualidade do equipamento técnico*

- Câmera
- Microfone
- Conexão com a Internet
- Iluminação
- A localização da pessoa candidata
- A demografia da pessoa candidata
- O *hardware* da pessoa candidata

Existem mais fatores que devem ser considerados, como o tempo de reflexão para responder a cada pergunta, se a pessoa candidata pode gravar mais de uma vez etc., que podem afetar a validade, a confiabilidade e o impacto adverso.

NOTA

Segundo revelaram os resultados de uma pesquisa, as pessoas participantes que não ficam à vontade com esse tipo de entrevista podem ser injustamente penalizadas.

EXEMPLO

Você pode solicitar:

Grave um vídeo contando a negociação salarial mais difícil com uma pessoa candidata que teve um desfecho positivo.

Limite o tempo mínimo e o tempo máximo do vídeo. Por exemplo: grave de 1 a 2 minutos.

Quer o vídeo com alguma estrutura específica? Peça à pessoa que responda baseada na técnica CAR (Contexto, Ação e Resultado).

Quer que a pessoa vá além? Grave um vídeo com outra pergunta e a resposta com a estrutura que pediu, pois servirá como inspiração.

Você pode gravar o tutorial em vídeo e adicionar legenda. Exemplo: procure um lugar com fundo neutro, utilize fones de ouvido, utilize a luz do Sol como sua aliada etc.

Não se esqueça de definir critérios objetivos para avaliar as respostas.

Cuidado: é possível que os videocurrículos despertem diversos vieses inconscientes e até mesmo conscientes que induzem a escolher as pessoas com base em diversos aspectos que não são profissionais e não têm a ver com o trabalho, como a aparência física.

7.5 Testes de amostra de trabalho

São os meus favoritos, pois você consegue avaliar se uma pessoa é capaz de realizar o trabalho antes de ser contratada. Tenho algumas ressalvas para que você não cometa erros e injustiças.

- Trabalhe com ética e não utilize um caso no qual a empresa está trabalhando - pois as pessoas precisam ser pagas para trabalhar e não fazer o seu trabalho de graça. Muitas empresas se aproveitam de pessoas candidatas para resolver casos que pessoas colaboradoras não conseguem solucionar.
- Utilize casos reais e da área da pessoa. Tem recrutador que "viaja na maionese" e cria alguns casos fictícios dignos das melhores obras literárias e cinematográficas do gênero fantasia, como criar um veículo espacial, morar em uma ilha deserta, salvar pessoas em um mar revolto etc.
- Seja lá o que você pedir, precisa ser razoável com o tempo de elaboração. Tem recrutador e gestor que pede para uma pessoa candidata fazer na hora o que nenhuma outra pessoa consegue fazer em dias ou em até semanas.
- Não custa lembrar que o papel da pessoa avaliadora deve ser imparcial.

A desvantagem é que esse tipo de triagem consome muito tempo e não pode ser utilizada com muitas pessoas candidatas. Eu, particularmente, gosto de trabalhar com esses métodos em etapas finais. Nesses casos, posso pedir à pessoa candidata que escreva um texto na hora, que crie uma apresentação etc. Assim, posso verificar as competências em tempo real.

7.5.1 Critérios para escolher os seus métodos de avaliação

Escolher os métodos de avaliação é uma das tarefas mais complexas para o profissional de Aquisição de Talentos aprender, entender e aplicar. Em primeiro lugar, envolve conhecimento de estatística, medição e questões legais - e muita pesquisa, muito estudo. Existem alguns parâmetros que devem ser levados em consideração, os quais serão listados nos tópicos a seguir.

7.5.1.1 *Validade e confiabilidade*

Validação científica do método de avaliação quanto à capacidade de prever o desempenho no trabalho. É o critério mais importante a ser considerado. Imagine que esteja contratando alguém para sua equipe de Aquisição de Talentos para atuar na etapa de Interesse. Você quer uma pessoa com competência em foco no cliente para que possa prestar o melhor atendimento possível às pessoas candidatas.

Para que a avaliação seja uma boa preditora de desempenho, o teste escolhido por você deve mostrar as pessoas candidatas com a maior pontuação e as com menor pontuação na competência desejada (foco no cliente). Assim, há relação entre o desempenho da avaliação e o desempenho no trabalho, o que valida a avaliação.

Há a parte de pesquisa para mensurar a relação entre a avaliação e o desempenho. Para isso, devemos buscar pesquisas que mostrem o coeficiente de correlação (variam de 0 a 1,00), uma medida estatística que faz essa relação para classificar as melhores pessoas candidatas, da maior para a menor pontuação na avaliação.

Você perceberá que não chegaremos a 1,00 porque os métodos não são perfeitos para mensurar o desempenho futuro das pessoas candidatas. O motivo é que há outros fatores que podem influenciar o desempenho, como o ambiente, as relações, as ferramentas de trabalho etc.

> "Os métodos de avaliação que as organizações normalmente usam tendem a ter validades (ou coeficientes de correlação) na faixa de 0,30 a 0,50. Embora sejam inferiores à validade máxima possível de 1,00, avaliações com validades nessa faixa fornecem informações muito úteis e valiosas para a tomada de decisões de seleção."
>
> SHRM.[1]

Você pode consultar também pesquisas que trazem metanálises, que compilam várias pesquisas e calculam a validade média de determinado método de avaliação. Você pode, com isso, combinar e utilizar, por exemplo, duas avaliações que mensurem elementos diferentes para produzir um nível mais alto de validade capaz de prever o desempenho.

7.5.1.2 *Impacto adverso*

É a capacidade de prejudicar grupos considerados minorizados, por exemplo, mulheres, pessoas negras e com mais de 40 anos.

Para mensurar o impacto adverso, você pode calcular e mensurar a diferença de desempenho no teste entre os grupos minorizados e os não minorizados para que possa compreender se o teste está produzindo impacto negativo para fins de avaliação.

---

[1] Pulakos, E.D. (2005) Selection Assessment Methods. A Guide to Implementing Formal Assessments to Build a High-Quality Workforce. Disponível em: https://www.shrm.org/content/dam/en/shrm/topics-tools/news/hr-magazine/assessment_methods.pdf

7.5.1.3 *Validade* versus *impacto adverso*

A complexidade aumenta quando pessoas profissionais de Aquisição de Talentos precisam se reunir com lideranças para que possam decidir o método comparando a validade com o impacto adverso.

Para termos uma equipe de alto desempenho, precisamos de avaliações com os mais altos níveis de validade - entretanto, muitas dessas avaliações podem ter impacto adverso. Já as avaliações com níveis mais baixos de impacto adverso têm níveis de validade mais baixos.

Há alguns caminhos que possibilitam equilibrar a validade e o impacto adverso:

- Ter uma estratégia de diversidade, inclusão e pertencimento bem-definida.
- Gestão por competências, começando pelas competências previamente mapeadas - obviamente relacionadas ao trabalho.
- Esse último caso, só quando há muitas pessoas candidatas por posição: no início do processo, utilizar avaliações com menor impacto adverso e só utilizar avaliações com maior impacto adverso no final.

O que não funciona para mitigar o impacto adverso:

- Utilizar avaliações de baixa validade. Apesar da capacidade de reduzir o impacto adverso ao utilizar avaliações com validade baixa ou nula, não é recomendado utilizar essas estratégias porque serão ineficazes para prever o desempenho dos talentos que quer contratar.
- Combinar avaliações com baixo impacto adverso.
- Fornecer treinamento sobre as avaliações para as pessoas candidatas.

Quadro 7.1 Validade *versus* impacto adverso de alguns métodos de avaliação.

Método de avaliação	Validade	Impacto adverso
Testes cognitivos	Alta	Alto
Testes de conhecimento	Alta	Alto
Testes de habilidade	Alta	Alto
Testes de personalidade	Baixa a moderada	Baixo
Testes de integridade	Moderada a alta	Baixo

(continua)

(continuação)

Método de avaliação	Validade	Impacto adverso
Entrevista estruturada	Alta	Baixo
Amostra de trabalho	Alta	Baixo

Fonte: adaptado de SHRM - Pulakos (2005).

7.5.1.4 *Custo*

Para utilizar o(s) método(s) escolhido(s) de avaliação, é preciso entender o seu orçamento e demais recursos disponíveis para que possa investir na etapa de Avaliação, pois os métodos de avaliação têm custos diferentes - dos mais altos aos mais baixos.

EXEMPLO

Imagine que você queira que a pessoa candidata apresente ou resolva um caso - presencialmente ou *online* (avaliação de amostra de trabalho). Para que esse tipo de avaliação ocorra, é necessário que pessoas da liderança e/ou aquisição de talentos estejam presentes para avaliar, pontuar e classificar - "tempo é dinheiro".

Já um teste como o Big Five, por exemplo, permite que a pessoa candidata o faça em casa - a pontuação e a classificação são automáticas e o custo para essa avaliação será mais baixo do que a do exemplo anterior.

Para calcular o custo de utilização do método de avaliação que escolher, saiba, primeiramente, que contratar a pessoa candidata errada vai custar muito mais caro para a sua organização e o seu departamento.

Outro ponto importante a ser considerado é que determinadas avaliações podem ser criadas por você e/ou pessoas da sua equipe. Você tem esse poder de escolha: decidir se vai desenvolver a sua avaliação ou vai contratar alguma empresa. Pense nas vantagens e nas desvantagens ao escolher as duas opções.

7.5.1.5 *Reações das pessoas candidatas*

As pessoas candidatas podem reagir positiva ou negativamente ao(s) método(s) que você escolheu. O primeiro passo é entender que você deve cuidar da experiência da pessoa candidata em todas as etapas do seu funil de recrutamento, pois a interação é bidirecional.

Suas escolhas podem proporcionar experiências diversas das pessoas candidatas acerca do seu processo de atração de talentos, e o nosso objetivo é que a experiência seja a melhor possível.

Como as pesquisas sobre esse campo são limitadas, você pode criar sua própria pesquisa para entender como as pessoas se sentiram ao fazer determinado teste que você escolheu.

As pessoas candidatas tendem a ter reações positivas quando percebem que os testes são relevantes ao cargo, por exemplo, testes de conhecimento, de habilidades, apresentação de casos etc. Testes abstratos, por outro lado, podem trazer reações negativas das pessoas candidatas.

Importante: dê *feedback* para as pessoas candidatas acerca do resultado das avaliações! É uma regra que não pode ser quebrada. Para seu melhor entendimento, muitas pessoas profissionais de TA até dão o *feedback*, mostram o resultado, mas podemos ir além: se possível, mostre o que poderia ser melhorado.

Apenas tenha cuidado para não dar as respostas corretas do seu teste para que ele seja confiável e entenda que fornecer um *feedback* mais detalhado pode representar um custo maior para a sua organização, pois é preciso ter tempo para essa atividade.

7.5.2 Testes de capacidade cognitiva

Mensuram uma variedade de habilidades, como:

- verbais;
- matemática;
- capacidade de raciocínio;
- compreensão de leitura etc.

7.5.3 Testes de integridade

Mensuram atitudes e experiências relacionadas à honestidade e à confiabilidade. São utilizados para predizer, avaliar a probabilidade reduzida de comportamentos contraproducentes no trabalho, como:

- brigar;
- beber ou usar drogas;
- roubar do empregador;

- sabotar e/ou danificar equipamentos;
- absenteísmo excessivo.

Também podem predizer o desempenho futuro.

7.5.4 Testes comportamentais e testes psicológicos

Muitas organizações utilizam testes aleatórios para selecionar sua força de trabalho, testes sem comprovação científica - e, com isso, podem piorar a experiência da pessoa candidata.

Atualmente, há muitas opções de testes para escolher e qualquer empresa pode te vender uma ferramenta de avalição sem que ela seja confiável e válida, sem ciência colocada nela.

Antes de escolher algum teste comportamental ou psicológico - este de uso exclusivo de pessoas psicólogas -, é preciso considerar diversos fatores, sendo os principais a confiabilidade e a validade.

Cada teste tem uma finalidade, atende a um tipo de uso específico e é direcionado a um público-alvo - muitas vezes, testes que deveriam ser utilizados para diagnóstico de condições de saúde mental, por exemplo, são utilizados na seleção de pessoas.

Saiba que alguns testes carecem de validação científica, outros nem podem ser considerados testes, pois já são invalidados cientificamente e não devem ser utilizados para determinado fim (ou até para fim algum) - apesar de muitas empresas insistirem em utilizar alguns deles, que serão abordados neste capítulo.

Caso seja uma pessoa profissional de Aquisição de Talentos ou líder, avalie de maneira minuciosa se as avaliações que você utiliza ou pretende utilizar são realmente essenciais, e se sim, pesquise se são válidas e confiáveis - aproveite para utilizar essas informações em sua estratégia de *Employer Branding* (EB).

Algumas empresas dizem que a avaliação que utilizam também é utilizada pelas maiores empresas (OK, mas e daí?), que é validada por profissionais da empresa X, da universidade Y (quais profissionais?). Entretanto, se você fizer uma pesquisa mais detalhada sobre alguns testes, perceberá que não são válidos e/ou confiáveis.

Eis uma oportunidade: pesquise bastante a ponto de trazer para o seu público, ou seja, pessoas candidatas, a validade e a confiabilidade dos métodos que você utiliza. Utilize *links* redirecionando para *sites* confiáveis com publicações de pesquisas, mostre a validação científica.

Inúmeras pesquisas mostram que a conscienciosidade é o preditor mais útil de desempenho em diversas profissões, apesar de haver outros fatores de personalidade que também são úteis.

Os testes mais conhecidos são:

- DISC;
- MBTI (Myers Briggs Type Indicator);
- Profiler (baseado na metodologia DISC e utilizado no Brasil);
- Big Five/Big 5.

Há outros conhecidos, porém, menos utilizados:

- PI (Predictive Index);
- Eneagrama;
- Grafologia;
- Teste palográfico.

Os dois primeiros (DISC e MBTI) não serão detalhados, pois não são recomendados para serem utilizados em etapa alguma do seu funil de recrutamento - há muitas limitações, e a principal delas é a carência de validade e confiabilidade. O quarto (Big Five) é o único confiável.

Obs.: o teste MBTI não é recomendado para seleção de pessoas de acordo com o próprio *site*, mas de acordo com o Conselho Federal de Psicologia (CFP), o MBTI da editora Fellipeli é considerado favorável, ou seja, está entre aqueles que a(o) psicóloga(o) poderá utilizar no exercício profissional, tal como previsto na Resolução CFP nº 31/2022 e no Código de Ética Profissional dos Psicólogos, e que estão com parecer favorável emitido pelo CFP.

O *site* da empresa Felipelli traz diversos contextos explícitos para a utilização, exceto recrutamento e seleção/aquisição de talentos.

7.5.4.1 *MBTI*

O MBTI (conhecido como 16 personalidades), apesar de ser utilizado por muitas grandes empresas nos processos de aquisição de talentos, traz em seu próprio *site* diretrizes éticas sobre a sua utilização e apresenta uma seção "o que as pessoas precisam saber". Vou trazer algumas informações que merecem destaque.

- **A avaliação do MBTI não foi projetada para ser usada com finalidade de contratação.** Ele não mede competência ou habilidade, mas se concentra no autoconhecimento e no crescimento e desenvolvimento pessoal/profissional.

Se o próprio *site* não recomenda e traz os motivos, por que muitas pessoas usam e você pensa em utilizar?

- Os resultados nunca devem ser usados para **limitar** alguém.

Muitas pessoas recrutadoras que conheci utilizam esse teste para estereotipar pessoas candidatas, fato que é mais claro no item posterior.

- As preferências de tipo de personalidade são tendências, inclinações e maneiras preferidas de fazer as coisas e estar no mundo - elas **não são absolutas**.

Nossas tendências mudam - eu preferir fazer algo de um modo não significa que só faço dessa maneira. Esse teste, como os outros, utiliza o método de escolha forçada, portanto, sou obrigado a assinalar muitas vezes coisas que nem prefiro tanto.

- **Usamos todas as preferências**, mas tendemos a preferir mais algumas a outras.

Complementa o tópico anterior.

- As pessoas são **complexas e multifacetadas**.

Retorna aos estereótipos.

- Temos a opção de usar nossa preferência natural ou esticar para as preferências opostas se uma **situação exigir**.

Agimos de modo contingencial, ou seja, de acordo com o que uma situação exige.

- As pessoas podem **agir de maneiras contrárias às suas preferências** por causa da história pessoal, da educação, do treinamento e da experiência - às vezes, também, por causa da pressão da família, relacionamentos, ambiente de trabalho ou cultura. Fazê-lo por longos períodos pode causar estresse e exaustão.

Mais uma limitação para contratar. Dependemos do ambiente, das lideranças, dos pares etc.

Exemplo clássico

Eu já trabalhei na área Comercial e há uma crença de que a pessoa vendedora deve ser extrovertida. Já vi pessoas que foram eliminadas de processos para esse cargo porque não tinham o "E" de extroversão. Uma decisão de contratação intuitiva baseada no resultado de um teste que o próprio *site* não recomenda para esse fim.

Reforçando

Para reforçar, caso você utilize o MBTI para selecionar pessoas candidatas, está cometendo um erro que é anunciado pela própria entidade certificadora e aplicadora do teste comportamental. Pesquisas mostram que até 75% dos participantes do teste recebem um resultado diferente quando testados novamente.

7.5.4.2 *DISC*

Funciona de modo similar ao MBTI e carece de validade como teste para o trabalho. Concentra-se em quatro tipos: Dominância (D), Influência (I), Estabilidade (S) e Conscienciosidade (C), e representa os quatro principais aspectos comportamentais que tentam definir e enquadrar a pessoa de acordo com as respostas dadas no teste.

Assim como o MBTI, o DISC não tem validade científica e é por essa razão que o *site* do MBTI tem um aviso explícito de que é ilegal utilizar a avaliação para decisões de contratação.

Ambos carecem de validade porque nos encaixam em categorias limitadas e não levam em consideração a nossa diversidade. Por isso, sugiro que não utilize esses testes para contratar ou promover, pois eles não são capazes de prever o desempenho no trabalho.

É um erro comum utilizar o DISC como um meio de determinar a adequação de uma pessoa candidata para um cargo – o DISC não foi criado com esse propósito e, por isso, não serve para fins de contratação, pois não oferece o nível de profundidade necessário para contratar uma pessoa candidata.

O DISC não mensura competências ou fatores específicos para quaisquer cargos, portanto não devemos fazer suposições sobre a probabilidade de sucesso de uma pessoa candidata baseados apenas no estilo dela.

Para encerrar, imagine que duas pessoas candidatas obtenham a mesma pontuação em um dos aspectos comportamentais (D, I, S ou C). Imagine que seja o I. Significa que elas podem até lidar com problemas da mesma maneira, mas podem ter resultados diferentes.

Infelizmente, muitas pessoas recrutadoras não estão cientes das limitações do DISC e do MBTI – muitas delas apenas compram (falaram que é bom, o resultado é muito parecido comigo e outros argumentos).

7.5.4.3 *Interlúdio: efeito Barnum ou efeito Forer*

Muitas pessoas que fazem esses testes tendem a dizer: "Nossa, o resultado é muito parecido com a minha personalidade, é muito eu..."

Partindo dessa crença, você passa a aceitar esses testes sem questionar a sua validade (e ainda temos o viés da confirmação, no Capítulo 1. Lembra? Revise!). Há uma explicação para esse tipo de fenômeno: acreditamos que respostas universais sejam especialmente feitas para nós.

O efeito Barnum, também conhecido como "efeito Forer", ocorre quando você se identifica, aceita descrições de personalidade generalizadas como se fossem verdadeiras e feitas especialmente para você.

7.5.4.4 *Conclusão sobre os testes psicológicos e os testes comportamentais que não são válidos para nenhuma etapa do seu funil de recrutamento*

Você não precisa ser estudante ou profissional de Psicologia para entender um fundamento básico: o comportamento não se mede, se observa. Utilizar um desses testes nos processos de aquisição de talentos é inapropriado. Você está consumindo recursos (como dinheiro e tempo) da sua empresa e da pessoa candidata.

Se você é uma pessoa que é líder, entenda que há uma tendência de gerenciar "tipos" e não pessoas quando você enquadra a pessoa em um tipo de personalidade. O mesmo acontece quando você recruta alguém, ou seja, vai categorizar essas pessoas. E aí, muitos vieses podem prejudicar a sua tomada de decisão.

Há muitos testes que são utilizados, como a grafologia, mas que não são válidos em processos de aquisição de talentos. A análise da grafologia carece de validade e confiabilidade. Já o teste palográfico é considerado desfavorável pelo CFP.

Se você é uma pessoa que é psicóloga de formação, ainda infringe o código de ética da sua profissão, já que o DISC figura junto a diversos outros testes (alguns mais conhecidos e outros menos conhecidos), como Profiler, Eneagrama, PI (Predictive Index) e PPA (Análise do Perfil Pessoal).

Observe um trecho do código de ética do psicólogo:

> Resolução CFP nº 9, de 25 de abril de 2018. Estabelece diretrizes para a realização de Avaliação Psicológica no exercício profissional da psicóloga e do psicólogo, regulamenta o Sistema de Avaliação de Testes Psicológicos - SATEPSI e revoga as Resoluções nº 002/2003, nº 006/2004 e nº 005/2012 e Notas Técnicas nº 1/2017 e nº 2/2017.

Se você ainda resiste, sim, é verdade o que você está pensando: nossa personalidade não muda tanto com o passar do tempo, mas se esqueceu da nossa capacidade de aprendizado e de evolução - aprendemos a nos comportar contingencialmente, ou seja, em diversas situações, com diversas pessoas e em diversos ambientes.

Se você é uma pessoa profissional de RH, Aquisição de Talentos ou líder que atue com recrutamento, seleção e aquisição de talentos, está na hora de parar de se enganar com frases clichês de que contratamos técnica e demitimos comportamento e assumir que você contratou de maneira equivocada mesmo.

7.5.5 Big Five (Big 5): o mais preditivo para avaliação

O Big Five, conhecido como OCEAN ou 5 fatores, é um teste psicológico, e sua avaliação é privativa do profissional de Psicologia.

Ao contrário do MBTI e do DISC, que enfatizam tipos de personalidade, o Big Five enfatiza traços de personalidade. São cinco dimensões de traços de personalidade, que são trabalhadas de modo independente:

- *Openness to experience* (abertura à experiência): como uma pessoa se abre para novas experiências com diversidade de interesses.
- *Conscientiousness* (conscienciosidade): como uma pessoa trabalha com objetivos e metas.
- *Extraversion* (extroversão): como uma pessoa candidata se relaciona com outras pessoas.
- *Agreeableness* (agradabilidade ou afabilidade): como uma pessoa trabalha em equipe – ou não.
- *Neuroticism* (neuroticismo).

NOTA

A conscienciosidade é um dos fatores mais eficazes para prever o desempenho da pessoa candidata, **os demais fatores não são**.

7.5.5.1 *Conscienciosidade*

Avalia o grau de organização, persistência e motivação da pessoa em relação ao seu comportamento dirigido para os objetivos e compara pessoas confiáveis e obstinadas com pessoas apáticas e descuidadas; avalia o quanto alguém é organizado, trabalha duro, permanece na tarefa e persevera para terminar o trabalho.

Características quando uma pessoa apresenta resultado de conscienciosidade

- Baixo: sem objetivos, não confiável, preguiçosa, descuidada, negligente, relaxada, fraca e afins.
- Alto: organizada, confiável, trabalhadora, autodisciplinada, pontual, ambiciosa, perseverante e afins.

7.5.5.2 *Extroversão*

Avalia a quantidade e a intensidade de interações interpessoais, o nível de atividade, a necessidade de estimulação e a capacidade de a pessoa se alegrar.

Características quando uma pessoa apresenta resultado de extroversão

- Baixo: reservada, sóbria, indiferente, orientada para tarefas, desinteressada, quieta e afins.
- Alto: sociável, ativa, falante, orientada para as pessoas, otimista, divertida, afetuosa e afins.

7.5.5.3 *Agradabilidade/Amabilidade*

Avalia o quanto alguém é cooperativo, confiante, educado e compassivo.

Características quando uma pessoa apresenta resultado de agradabilidade

- Baixo: cínica, rude, desconfiada, vingativa, inescrupulosa, irritável, manipuladora e afins.
- Alto: generosa, bondosa, confiante, prestativa, honesta e afins.

7.5.5.4 *Neuroticismo*

Avalia ajustamento *versus* instabilidade emocional e identifica pessoas que estão propensas a perturbações psicológicas, ideias irrealistas e afins; avalia o quanto alguém se preocupa e fica irritado, ou facilmente estressado. O oposto dessa característica é muitas vezes chamado "estabilidade emocional".

Características quando uma pessoa apresenta resultado de neuroticismo

- Baixo: calma, descontraída, não emotiva, forte, segura e afins.
- Alto: preocupada, nervosa, emotiva, insegura, inadequada e afins.

7.5.5.5 *Abertura à experiência*

Avalia a atividade proativa e a apreciação da experiência: o quanto uma pessoa é tolerante ao explorar o que não é familiar, se uma pessoa é curiosa, imaginativa, flexível e interessada em experimentar coisas novas.

Características quando uma pessoa apresenta resultado de abertura à experiência

- Baixo: convencional, sensata, interesses limitados e afins.
- Alto: curiosa, interesses amplos, criativa, original, imaginativa e afins.

De acordo com pesquisas e metanálises, o Big Five tem forte validade de constructo, ou seja, os cinco traços conseguem captar de maneira satisfatória as dimensões essenciais da personalidade do ser humano em diversas culturas.

E como no título desse tópico, o Big Five tem validade preditiva (varia entre os cinco traços) em contextos organizacionais e é capaz de prever como uma pessoa poderá se comportar, qual será o seu desempenho no trabalho e até mesmo a sua satisfação profissional.

Além da validade, o Big Five tem alta confiabilidade e consistência, pois os traços de personalidade são estáveis ao longo do tempo e altamente correlacionados entre si.

7.5.5.6 *Como implementar o Big Five na etapa de Avaliação do funil de recrutamento (e outros testes citados neste capítulo)*

Primeiramente, você deve se perguntar o porquê de utilizar esse teste. Quando você tem competências mapeadas e trabalha a próxima etapa do funil com entrevistas por competências estruturadas, consegue correlacionar a pontuação das respostas das pessoas candidatas com os resultados do Big Five.

Você precisa analisar o que não significa um julgamento de valor aleatório ou algo que reflita as suas preferências pessoais - por isso a importância de rever constantemente o conteúdo sobre vieses inconscientes. A sua análise deve ser correlacionada com as competências previamente mapeadas.

Depois, você deve fazer uma pesquisa de mercado para identificar grandes empresas, solicitar propostas e se reunir para entender pontos como contrato, custo, serviços prestados etc. Posteriormente, você deve avaliar qual proposta é mais adequada às necessidades do seu processo de aquisição de talentos.

Pense em investir na qualificação da sua força de trabalho; caso tenha orçamento, busque alternativas para oferecer às pessoas colaboradoras uma certificação em Big Five.

Ao mesmo tempo, você deve definir as suas metas - revisite indicadores e métricas já abordados nesta obra -, criar um cronograma para a implementação e integrá-lo à etapa de Avaliação do seu funil de recrutamento, se possível, personalizando seu teste de acordo com perfis específicos.

Por último, é preciso treinar a equipe de Aquisição de Talentos para utilizar a plataforma, e caso tenha pessoas psicólogas, a interpretar os resultados dos testes. Com isso, é possível correlacionar com outros testes e entrevistas.

Caso não tenha pessoas psicólogas em sua equipe, há alternativas, como contratar psicólogos, consultorias e afins. Segundo a entidade, embora a aplicação de testes psicológicos seja tradicionalmente restrita a psicólogos, a Big Five Brasil oferece uma certificação específica que permite que outros profissionais apliquem e interpretem o teste Big Five de modo eficaz e legal.

7.6 Medindo a eficácia dos métodos de avaliação

A eficácia do(s) método(s) de avaliação que você escolher para essa etapa do seu funil de recrutamento pode ser mensurada pela validade preditiva, que é uma correlação entre os resultados dos testes e o desempenho futuro no trabalho. Há diversas metanálises e pesquisas sobre a validade preditiva desses métodos.

A validade pode ter uma correlação negativa ou positiva com o desempenho no trabalho. Varia de -1 (negativa) a 1 (positiva). Os métodos de contratação mais tradicionais no Brasil têm validade preditiva baixíssima, ou seja, são inúteis. Caso você utilize algum deles, está perdendo tempo e dinheiro.

Quadro 7.2 Métodos de baixa eficácia.

Método	Validade
Idade	-0,01
Interesses	0,1
Nível de escolaridade	0,1
Experiência profissional	0,18

(continua)

(continuação)

Método	Validade
Verificação de referência	0,26
Teste de conscienciosidade	0,31
Entrevista (não estruturada)	0,38

Fonte: adaptado de Schmidt (2016).

Já falei sobre a idade no Capítulo 1. Stephen Robbins, um dos maiores autores do tema "comportamento organizacional", analisa o desempenho profissional de acordo com o aumento da idade:

> "A evidência geral indica que idade e desempenho no trabalho não estão relacionados. Na realidade, de modo geral, o desempenho melhora com a idade e, quando declínios ocorrem, eles tendem a ser pequenos."
>
> Stephen P. Robbins

Utilizar a idade é um critério tão ruim que tem correlação negativa com desempenho no trabalho. Note que quando pensamos em idade, pensamos apenas em pessoas mais velhas, mas há também as pessoas mais novas que são discriminadas.

Já os interesses dizem respeito à vida pessoal da pessoa candidata. Quando você avalia e contrata, é por conta das competências profissionais. A conta não fecha e o critério é muito ruim, com apenas 0,1 de pontuação.

Muitas pessoas que entrevistam candidatas acreditam que ao trazerem a vida pessoal vão entender mais da pessoa candidata. Não vão.

A escolaridade é importante, mas não é um bom critério para prever o desempenho futuro no trabalho. Há pessoas que se formam, mas não são boas no que fazem. Elas podem até ter conhecimento do trabalho, mas a escolaridade não prevê o desempenho, mesmo que tenham estudado na melhor instituição acadêmica do Universo.

As referências, como já falei anteriormente (sou contra), têm limitações diversas - depende bastante da boa vontade, da maturidade e do profissionalismo de quem está fornecendo a referência.

Os testes de conscienciosidade são usados por poucas empresas - a maioria utiliza os conhecidos como "testes comportamentais", os famosos DISC e MBTI, principalmente, que não têm validade científica.

O que tem mais precisão é o Big Five, mas para a avaliação e a contratação de pessoas, apenas a conscienciosidade mostrou ter alguma correlação relevante com o desempenho no trabalho - portanto, você usa um teste com cinco fatores para verificar se a pessoa tem um deles bem desenvolvido.

Agora pare para pensar nas entrevistas que já conduziu e das quais já participou na condição de pessoa candidata entrevistada: a maioria tinha uma estrutura ou era um mero bate-papo?

Quando não há um roteiro com as mesmas perguntas para todas as pessoas candidatas, a entrevista pode tomar diversos rumos, e apesar de parecer favorável, não é útil e não ajuda a encontrar a pessoa candidata adequada.

Por último, a avaliação de emprego, que, apesar de boa, é cara e demorada - o esforço pode não compensar.

Quadro 7.3 Métodos de alta eficácia.

Método	Validade
Entrevistas (estruturadas)	0,51
Testes de amostra de trabalho	0,54

Fonte: adaptado de Schmidt (2016).

Conforme você aprenderá no próximo capítulo, as entrevistas estruturadas consistem em um roteiro com as mesmas perguntas para todas as pessoas candidatas, com critérios objetivos de pontuação para posterior comparação e classificação. Têm validade alta.

Quer saber se a pessoa que você quer contratar será boa no trabalho? Ofereça uma oportunidade para ela mostrar a você que é capaz.

O ideal é você combinar métodos para obter melhores resultados. Quanto maior a validade, maiores a precisão e a eficácia. Por isso, é importante que você defina o tempo que terá disponível para utilizar nessa etapa do funil de recrutamento, que acaba sendo a transição para a próxima etapa: a entrevista.

NOTA

Há uma referência para a metanálise de 100 anos de estudos, que aponta que os testes de conhecimentos/habilidade no trabalho e os testes de integridade têm boa validade.

7.6.1 Mensurando a etapa de Avaliação

Assim como nas outras etapas que já foram abordadas, a etapa de Avaliação deve ser monitorada para garantir que seu processo de aquisição de talentos esteja funcionando da melhor maneira em todas os estágios do seu funil de recrutamento.

Anote o número das pessoas candidatas que atendem aos seus critérios e prosseguem no processo *versus* aquelas que não continuam no processo nessa fase. Isso pode dar uma indicação do quão bem o seu palco de atração está operando.

Caso esteja recebendo muitas candidaturas inadequadas, pense em revisar etapas anteriores. Existem alguns erros que são comuns e podem ser resolvidos mais rapidamente, como revisar a sua descrição de vaga ou revisar os seus canais de comunicação (pode ser que esteja anunciando para um público errado etc.).

7.6.1.1 *Métricas e indicadores*

Taxa de aprovação na avaliação: percentual de pessoas candidatas que avançam após uma ou mais avaliações.

Satisfação da pessoa candidata com a etapa de Avaliação: *feedback* da pessoa candidata sobre o processo de avaliação, muitas vezes medido por meio de pesquisas.

Conclusão

A eficácia da etapa de Avaliação no funil de recrutamento vai além da simples utilização de ferramentas e aplicação de testes - apesar de ter muito achismo envolvido nessa etapa.

O sucesso desse estágio do funil depende da sua capacidade de criar uma estratégia personalizada, ou seja, cada método escolhido deve estar alinhado com a estratégia organizacional, com a cultura da empresa e com as competências previamente mapeadas.

Outro ponto importante é cuidar da experiência da pessoa candidata, para que ela não desista do processo durante a Avaliação. Processos longos podem afastar talentos qualificados.

Entenda: não há uma abordagem única que funcione para todos os contextos e muitas vezes você precisará fazer testes para descobrir o que funciona e o que não funciona para que seu processo seja flexível e adaptável.

Por último, a avaliação pode refletir a sua marca empregadora, pois a maneira como você tratou as pessoas candidatas até aqui também vai impactar positiva ou negativamente a sua reputação no mercado.

8

Entrevista

Introdução

Por ser uma etapa tradicionalmente mais demorada, pode ser desgastante tanto para as pessoas que entrevistam quanto para as candidatas que são entrevistadas. Muitas pessoas candidatas desistem do processo pela demora nessa etapa e em etapas anteriores.

Nesta etapa, as pessoas candidatas passam por uma ou mais entrevistas. As entrevistas podem ser remotas, presenciais, podem envolver vários membros da equipe de Aquisição de Talentos, lideranças, pares, lideradas etc.

Nos últimos anos, o tema **entrevistas** gerou muitos estudos abordando tópicos como comportamento, personalidade, impressões do gestor, semelhanças entre entrevistador e entrevistado e impressões anteriores à entrevista, que é a **técnica de seleção mais utilizada** pelas pessoas que conduzem processos de *Talent Acquisition* (TA, Aquisição de Talentos).

A técnica mais utilizada também é a **técnica mais subjetiva**, portanto, o maior desafio das pessoas entrevistadoras é trazer objetividade ao processo; e para que isso seja viável, alguns aspectos precisam ser executados.

8.1 Confiabilidade e validade das entrevistas de emprego

Para que uma entrevista de emprego tenha algum tipo de **utilidade**, é necessário respeitar dois pilares: **confiabilidade e validade** - conceitos interdependentes. Só para você ter uma ideia, se as entrevistas não forem confiáveis, não podem ser válidas. Os dois conceitos foram tratados no capítulo anterior.

E o que fazer na prática para que as entrevistas de emprego sejam **confiáveis e válidas**? Muitos estudos apontam que existem alguns passos, como **mapear as competências**, fazer a **análise e a descrição dos cargos**, **treinar as pessoas entrevistadoras e observadoras**, ter **entrevistas estruturadas**, ter **escalas de pontuação e de classificação.**

Alguns dos passos já foram abordados em capítulos anteriores e outros passos serão detalhados neste capítulo. Se falta algum item, a confiabilidade é prejudicada, o que pode invalidar a entrevista.

8.1.1 Mais de uma pessoa no momento da entrevista

Além da pessoa entrevistadora, é crucial ter pelo menos **outra pessoa para acompanhar a entrevista**, mas como observadora, revisora e avaliadora. Se ambas estiverem treinadas e fazendo entrevistas estruturadas com critérios objetivos para pontuar as melhores respostas e classificar as melhores pessoas candidatas, as duas pessoas vão chegar às mesmas classificações.

Se as entrevistas não são estruturadas, temos baixa confiabilidade, pois certamente teremos **variabilidade** na pontuação e na classificação de quem entrevista e de quem observa. Esse tema será detalhado adiante.

Se a pessoa entrevistadora faz perguntas diferentes para pessoas candidatas diferentes e de maneiras diferentes e a observadora acompanha esse processo, ambas podem ter diferentes entendimentos das respostas e invalidarem a entrevista.

Nem todas as empresas têm equipes de Aquisição de Talentos, muitas vezes apenas uma pessoa conduz todos os processos ou apenas existe uma pessoa profissional de Recursos Humanos (RH) e as pessoas gestoras. O que fazer em ambos os casos?

8.1.2 Plataformas que usam Inteligência Artificial para transcrever entrevistas

Quando apenas uma pessoa conduz o processo, não há como ter uma outra acompanhando. Nesse caso, a pessoa que conduz o processo pode ter o apoio da Inteligência Artificial (IA) ao contratar plataformas de transcrição das entrevistas, como Otter, Fireflies, Tactiq e Notta - testadas por mim. Pesquise outras.

As entrevistas devem ser *online* e conduzidas em plataformas como Zoom, Microsoft Teams e Google Meet – são as principais plataformas de videoconferência que têm integração e são suportadas pelas plataformas de transcrição mencionadas no parágrafo anterior.

Plataformas como Zoom, Teams e Meet também fazem transcrições diretamente pela chamada de vídeo. Para ativar a transcrição, você precisa gravar a reunião. Sugiro que pesquise na *web* sobre as transcrições em cada uma delas, pois há diversas limitações. No Meet,[1] por exemplo, as transcrições de reuniões em idiomas diferentes do inglês não são precisas. Já no Zoom,[2] as transcrições são apenas em inglês. O Teams[3] foi o que funcionou melhor para mim, mas você precisa avaliar cada um deles.

Na plataforma Tactiq, por exemplo, quando você finaliza a entrevista, poderá encontrar a transcrição no Google Drive e encontrar na lista de transcrições entrevistas anteriores, que podem ser pesquisadas, revisadas e editadas. Você pode baixar e compartilhar as transcrições.

Obs.: a transcrição é um registro escrito em tempo real da entrevista de emprego, útil para documentação e análise para posterior tomada de decisão da pessoa entrevistadora sobre cada pessoa candidata entrevistada.

Entenda: sou a favor de fazer anotações durante uma entrevista para que a decisão seja tomada depois (a decisão NUNCA deve ser tomada na hora, entrevista não é o programa de TV *The Voice*, que você bate na cadeira emocionado após ouvir uma bela canção!).

Entretanto, nossas anotações têm uma limitação: as pessoas entrevistadas falam em uma velocidade maior do que podemos anotar – muitas vezes deixamos pontos importantes escaparem.

Um *software* de transcrição raramente comete erros e captura cada palavra, que você pode comparar com as suas anotações. Isso pode reduzir a sua margem de erro e melhorar a sua tomada de decisão.

Algumas ferramentas de transcrição têm um recurso de **resumo automatizado**, que ajuda a entender os principais pontos da entrevista sem precisar ler a transcrição completa.

Em entrevistas presenciais, você pode gravar o conteúdo da entrevista e utilizar ferramentas de conversão de áudio para texto. O principal ponto negativo é que o áudio precisa ser de boa qualidade.

---

1 Usar transcrições com o Google Meet – ajuda do Google Meet: https://support.google.com/meet/answer/12849897?hl=pt-BR. Acesso em: 04 dez. 2024.

2 Transcrição de áudio para gravações na nuvem (zoom.com): https://support.zoom.com/hc/pb/article?id=zm_kb&sysparm_article=KB0064940. Acesso em: 04 dez. 2024.

3 Exibir transcrição ao vivo em reuniões do Microsoft Teams – suporte da Microsoft: https://support.microsoft.com/pt-br/office/exibir-transcri%C3%A7%C3%A3o-ao-vivo-em-reuni%C3%B5es-do-microsoft-teams-dc1a8f23-2e20-4684-885e-2152e06a4a8b. Acesso em: 04 dez. 2024.

Quando há mais de uma pessoa, a transcrição continua sendo uma aliada para otimizar a tomada de decisão nas entrevistas de emprego.

Nota: quando for anotar e/ou transcrever, avise para a pessoa candidata e explique o motivo.

8.1.3 Entrevista com o RH *versus* entrevista com a liderança

Tradicionalmente, temos no mínimo duas entrevistas em um processo - com o RH e com a liderança. Existem alguns pontos que precisam ser avaliados para preservar a confiabilidade e a validade das entrevistas.

8.1.3.1 *Muitas pessoas do RH dizem que entrevistam para mensurar o comportamento*

O tipo de entrevista mais eficaz para mensurar o comportamento é a entrevista por competências, também conhecida como "entrevista comportamental". É um tipo de entrevista que mostra que o comportamento passado prediz o comportamento futuro.

Para que a entrevista por competências seja válida, as competências precisam estar previamente mapeadas de acordo com a estratégia do negócio e a entrevista deve ser estruturada. É uma condição necessária, mas não é suficiente para que o RH participe ativamente entrevistando pessoas candidatas.

Para que seja suficiente, o RH deve ser conhecedor do negócio, deve se reunir com a liderança e com pessoas que ocupam o cargo que precisa ser ocupado (ou similares) para entender como é o dia a dia, quais são as principais atividades, quais são as maiores dificuldades e desafios e como se chega aos principais resultados esperados.

Muitas pessoas profissionais de RH fazem perguntas de caráter pessoal, muitas inconstitucionais. A entrevista de emprego é sobre aspectos profissionais, portanto, informações sobre a vida pessoal invalidam e retiram a confiabilidade da entrevista, conforme abordado no capítulo anterior.

Para deixar mais claro

A pessoa conhece o cargo, mas não avalia de acordo com critérios objetivos - intuição não é técnica de seleção. A pessoa avalia com critérios objetivos, mas não conhece o cargo - "achismo" tampouco é técnica de seleção. Portanto, se há alguma dessas lacunas, é preciso corrigi-las para que o RH seja capaz de entrevistar.

8.1.3.2 *As pessoas líderes dizem que entrevistam para mensurar a técnica*

Partindo do pressuposto de que a pessoa que é líder entende a parte técnica, o próximo passo é que essa pessoa seja treinada acerca das entrevistas por competências, que didaticamente podem ser classificadas como um conjunto de conhecimentos e habilidades (técnicas) e atitudes (comportamentais).

Imagine que uma pessoa seja competente tecnicamente - tenha conhecimentos profundos sobre mapeamento de competências (conhecimentos) e saiba mapear competências na prática (habilidades) -, mas como essa pessoa faria isso trabalhando em equipe, se relacionando com outras pessoas e com um prazo apertado (atitudes)?

Portanto, não dá para dissociar o conceito de competências e, por isso, a liderança deve ser preparada para trazer objetividade às entrevistas de emprego que conduz. Vai além do saber fazer, ou seja, é como uma pessoa se comporta mediante as situações positivas e negativas quando ela tem que fazer o que sabe.

Há ainda as variáveis resultado e complexidade. Eu posso conhecer e saber fazer determinada tarefa, me comportar bem em situações variadas, mas não conseguir evoluir em relação ao modo que faço (complexidade) e/ou não entregar os resultados esperados/combinados (resultado).

O papel do RH é treinar as pessoas que são líderes para dominarem as técnicas de seleção.

Para deixar mais claro

Muitas pessoas líderes de áreas diversas participam como entrevistadoras sem dominar técnicas de entrevistas. Conduzem entrevistas sem estrutura, fazem perguntas pessoais e perguntas que são copiadas na internet (muitos RHs também fazem o mesmo). São pontos que invalidam e retiram a confiabilidade da entrevista.

8.1.4 Recomendações baseadas em evidências para melhorar a confiabilidade e a validade das entrevistas de emprego

8.1.4.1 *Treinamento para as pessoas entrevistadoras*

Sobre como se apresentam: como fazer perguntas e como interpretar certas respostas

As pessoas entrevistadoras precisam saber quais as perguntas mais importantes a serem feitas e como essas perguntas se relacionam ao trabalho da pessoa que será contratada após a entrevista. Não basta apenas saber quais são as perguntas, é preciso saber também como interpretar as respostas.

Muitos estudos demonstraram uma **variabilidade** considerável entre os entrevistadores, por isso, treine os entrevistadores nas habilidades relevantes, como fazer **perguntas abertas baseadas em competências previamente mapeadas,** fazendo uma preparação suficiente, com questionários estruturados; treine sobre vieses inconscientes, escalas de pontuação e classificação etc.

Seja consistente usando os mesmos entrevistadores em todas as entrevistas. Isso simplesmente evita variações indesejadas. Embora por razões práticas e políticas nem sempre seja possível ter os mesmos entrevistadores (bem escolhidos e bem treinados) para todas as entrevistas.

Use entrevistadores em díade, conselho ou painel porque são mais confiáveis. Esse ponto não contradiz o ponto anterior. Pelo contrário, sugere que uma pessoa bem escolhida, um grupo de entrevistadores bem treinados e perspicazes será mais preciso e confiável.

Tenha entrevistas planejadas e estruturadas com clareza sobre exatamente quais questões perguntar. E quando e por quê. Significa tomar notas, fazer anotações sistemáticas avaliações e posteriormente verificar a confiabilidade e a validade da entrevista.

8.1.4.2 *Perguntas proibidas na entrevista de emprego*

As perguntas a seguir são proibidas porque não são confiáveis, são genéricas e fomentam respostas do mesmo tipo. São copiadas da Internet e acabam com a validade da entrevista.

- "Quais são os seus pontos fortes e os seus pontos fracos?"
- "Poderia falar um pouco sobre você?"
- "Como você se vê em 5 anos?"
- "Como os seus colegas de trabalho te descreveriam?"
- "Trabalha sob pressão?"
- "Por que eu devo te contratar?"
- "Por que quer trabalhar aqui/escolheu a nossa empresa?"
- "Por que saiu do/a [nome da empresa]?"
- "Você tem alguma pergunta para nós?" (normalmente no final da entrevista) etc.

8.1.5 Considerações finais e conclusão sobre a validade e a confiabilidade das entrevistas de emprego

- As entrevistas estruturadas são menos tendenciosas e enviesadas, porque todas as pessoas candidatas são perguntadas sobre as mesmas questões da mesma maneira.
- Argumenta-se que, se uma análise de trabalho (*job analysis*) for feita de modo que os critérios avaliados sejam exclusivamente relacionados ao trabalho/à tarefa em si e especificados em termos comportamentais objetivos, a discriminação é menos provável de ocorrer.

8.2 Entrevistas estruturadas, não estruturadas e semiestruturadas

Muitas pesquisas apontam que a maneira mais simples de melhorar a validade e a confiabilidade da entrevista é **estruturar**. Nos próximos tópicos, listamos tipos de entrevista.

8.2.1 Entrevista estruturada

As mesmas perguntas são feitas para todas as pessoas candidatas, o que traz mais igualdade ao processo de TA. As questões são elaboradas de acordo com as descrições de vaga e há um formulário para a pessoa entrevistadora registrar as respostas, pontuar, classificar e escolher as melhores pessoas candidatas.

De acordo com inúmeras pesquisas realizadas nos últimos anos, a entrevista estruturada, independentemente do seu formato específico, geralmente tem maior **confiabilidade e validade** do que a entrevista não estruturada.

A estruturação da entrevista reduz a tendenciosidade (intencional ou não) da pessoa entrevistadora nos resultados dos processos de Aquisição de Talentos. Evita processos judiciais e pode melhorar o *Employer Branding* (EB), já que a redução da tendenciosidade diminui o impacto negativo causado em grupos considerados minorizados.

8.2.1.1 *Como melhorar a validade e a confiabilidade das entrevistas estruturadas*

As perguntas devem ser baseadas nas competências mapeadas e na análise da descrição da vaga. As mesmas perguntas devem ser feitas para todas as pessoas candidatas e as respostas devem ser pontuadas e classificadas a partir de escalas padronizadas, com o apoio das suas anotações e transcrições. Utilize mais de uma pessoa entrevistadora, se possível, e tome a decisão depois – JAMAIS NA HORA!

Obs.: as entrevistas estruturadas ainda não eliminam os vieses causados por avaliações subjetivas e não padronizadas dos candidatos. Por isso, é essencial que o treinamento sobre vieses inconscientes tenha espaço constante em sua agenda como profissional de Aquisição de Talentos.

8.2.2 Entrevista não estruturada

Não há organização e a tendência é ser como um "bate-papo". É ineficaz, pois não há como mensurar de maneira objetiva qual é o melhor candidato para ocupar o cargo. É baseada em instinto, impressão e pressentimento - a pessoa entrevistadora fala (muito) mais que a candidata.

Não há padronização em relação ao questionário e não há critérios para pontuação - é guiada por instinto e sua ineficácia se deve aos motivos mencionados a seguir. É um bate-papo sem estrutura, divagante e sem foco. NÃO DIZ quase nada sobre a pessoa candidata.

8.2.2.1 *Perigos da entrevista não estruturada*

- **A pessoa entrevistadora fala mais do que a pessoa candidata**

Pessoas entrevistadoras falam mais do que pessoas candidatas em entrevistas não estruturadas, em vez da relação considerada ideal de 80% para o candidato e 20% para o recrutador.

- **A pessoa entrevistadora se perde**

Como não há um roteiro, não há como se lembrar das perguntas e das respostas. Mesmo que se façam anotações, em uma entrevista não estruturada também não há formulário para pontuação das competências dos candidatos para posterior comparação e escolha, o que leva ao item seguinte.

- **Vieses e preconceitos**

Pessoas entrevistadoras tendem a tomar suas decisões durante os primeiros 3 a 4 minutos, muito antes de respostas a perguntas críticas e provocadoras. Tratam de informações factuais e biográficas que já estavam disponíveis nos formulários de inscrição e nos currículos. São mais suscetíveis a vieses, estereótipos e parcialidade.

Com isso, há maior probabilidade de perguntas pessoais e inconstitucionais, que têm diversos aspectos negativos, como:

- **não mensuram de maneira objetiva qual é a melhor pessoa candidata;**

- **despertam vieses (conscientes e inconscientes) que prejudicam a tomada de decisão;**
- **não são úteis (de acordo com pesquisas);**
- **não são o foco da entrevista. Você não vai conhecer melhor uma pessoa.**

Muitas pessoas candidatas altamente qualificadas não causam primeiras boas impressões, mas melhoram quando respondem sobre experiências e resultados e demonstram o quanto se encaixam na cultura.

8.2.2.2 *Conclusão sobre as entrevistas não estruturadas*

Por todas as razões citadas anteriormente, as entrevistas não estruturadas são mais suscetíveis a estereótipos e parcialidades e têm maior probabilidade de fazer perguntas inconstitucionais, como (expectativa de) maternidade, situação financeira, família, *status* conjugal, orientação política, religiosa, sexual etc.

Mesmo que a pessoa entrevistadora faça anotações, por não haver critérios objetivos, no final o que manda é o famoso "o Santo bateu".

8.2.3 Entrevistas semiestruturadas

Têm uma estrutura pré-estabelecida com critérios objetivos, como pontuação, mas também há liberdade para fazer perguntas fora do padrão, de acordo com o andamento da entrevista.

Tornam-se eficazes quando a pessoa entrevistadora prevê os cenários possíveis após respostas das pessoas candidatas e pontua as respostas de acordo com os objetivos da organização.

Essa percepção permite que a pessoa profissional de Aquisição de Talentos e/ou líder melhore sua eficácia no momento de identificar um talento que seja mais adequado à cultura organizacional e que seja capaz de executar suas funções de acordo com a complexidade exigida pelo cargo e sua *performance* propicie os melhores resultados para a organização. Todas as partes envolvidas saem ganhando.

8.3 Tipos de entrevista de acordo com a observação das respostas

8.3.1 Entrevistas por competências (ou comportamentais)

Você aprendeu diversos métodos para mapear as competências e, desse modo, vamos utilizar essas competências mapeadas para fazermos as entrevistas de seleção no mesmo modelo de competências, ou seja, você contratará pessoas de acordo com os seus objetivos estratégicos.

Com base nas competências que foram mapeadas, você saberá as que já existem na organização e as que não existem e são necessárias para que você possa direcionar o seu processo para ser interno, externo ou misto. A pessoa candidata deve relacionar casos reais de sua experiência passada que prediz que o passado pode se repetir no futuro.

O que a entrevista comportamental busca? Experiências passadas.

Não são feitas perguntas, mas são solicitadas informações com o verbo no imperativo, que poderá ser omitido. Exemplo: Descreva uma ocasião em que você resolveu algum conflito com um cliente.

Obs.: o termo "entrevistas comportamentais" pode ser facilmente substituído por "entrevistas por competências", já que o comportamento é a materialização da atitude, que faz parte do conceito mais difundido sobre competências, conhecido como "CHA" (Conhecimentos, Habilidades e Atitudes), que é uma separação meramente didática.

Caso você tenha utilizado o método do inventário comportamental, poderá identificar as competências comportamentais identificadas no inventário, que devem estar alinhadas à descrição da vaga.

Seguindo o método do inventário, levantamos as competências organizacionais e, posteriormente, as individuais e categorizamos as principais com os indicadores "forte" e "muito forte" - é a partir desses indicadores que vamos pedir para uma pessoa candidata responder a uma pergunta.

Você vai ter um trabalho maior após o mapeamento, mas pelo fato de ser capaz de estruturar as entrevistas, o mesmo questionário será aplicado a todas as pessoas candidatas que concorram ao mesmo cargo. Observe o Quadro 8.1.

Quadro 8.1 Sugestões de perguntas para dois indicadores.

Indicador	Perguntas
Cumprir prazos e metas	Conte uma situação na qual você não cumpriu um prazo de projeto
	Conte uma ocasião em que você não entregou os relatórios de fechamento mensal a tempo
Trazer ideias criativas para os problemas do dia a dia	Conte uma situação em que você apresentou uma excelente ideia para solucionar algum problema

Fonte: adaptado de Leme (2019).

8.3.2 Entrevistas situacionais

Incentivam a pessoa candidata a responder com base em situações hipotéticas que ela possa vir a enfrentar no cargo para o qual se candidatou.

O que a entrevista situacional busca? O futuro do pretérito - "o que você faria". Se faria, provavelmente ainda não fez... Por exemplo: se um dos médicos atendidos pela sua região de vendas lhe pedisse que obtivesse pesquisas de apoio e outro tipo de documentação que comprovasse a eficácia do novo medicamento, como você agiria para obter esse tipo de informação?

Conclusão

As últimas descobertas de pesquisa indicam que as perguntas relacionadas à experiência passada (competências/comportamentais) são **mais válidas** do que as perguntas situacionais, que são hipotéticas e relacionadas ao futuro.

8.4 Entrevista de emprego na prática

O que não perguntar direta ou indiretamente nas entrevistas de emprego - salvo casos previstos em lei:

- (Expectativa de) maternidade
- Situação financeira
- Situação conjugal e/ou familiar
- Orientação sexual
- Política
- Religião
- Idade
- Local de nascimento
- Raça, cor, etnia etc.

Exemplos práticos de perguntas proibidas que devem ser abolidas da sua entrevista:

- Sua casa é própria ou alugada? Há quanto tempo mora lá?
- Qual é a sua idade? Sua idade está entre 24 e 34, 44 e 54...?
- Qual é o seu estado civil? É casada?
- Tem filhos? Quantos? Pretende ter mais? Quem fica com seus filhos quando ficam doentes? Quem leva e busca seus filhos na escola?
- Qual é a sua religião?

- Como conheceu o seu namorado? Quando vai se casar? Qual é o método contraceptivo que você usa?
- Nosso local de trabalho é composto de uma maioria masculina. Como lidaria com isso?
- Se você tivesse que viajar a trabalho, seu marido ou esposa deixaria? Por quanto tempo?
- Já processou alguma empresa anterior por assédio?
- Por que não teve filhos?
- Já se relacionou com algum(a) colega de trabalho?
- Qual é o seu peso?
- Quanto seu cônjuge ganha e quais contas paga?
- Sua filha é filha do seu marido?
- O que seu pai e sua mãe fazem?
- Qual é o seu signo?
- Você consome bebidas alcoólicas?
- Qual foi o último dia da sua menstruação?
- Pretende engravidar nos próximos meses?
- Se você pudesse ser um animal, qual seria? Etc.

Caso tenha se assustado com as perguntas e nunca as tenha ouvido, parabéns!, mas não é a realidade da maioria das pessoas candidatas. Essas perguntas não podem existir. Jamais!

8.4.1 Respeito: aprenda o básico que não precisa ser cobrado nas entrevistas

- Revise o conteúdo sobre vieses inconscientes.
- Vai atrasar? Avise! Não tem como comparecer? Avise! E remarque, não suma.
- Seja pontual, não diga que gostou da pessoa, do currículo, da experiência.

8.4.2 *Realistic Job Preview* (RJP) – Expectativa Realista do Cargo ou Recrutamento Realista ou Visão Realista do Trabalho (VRT)

Quais são os seus pontos fracos? A pessoa candidata que nunca ouviu essa pergunta em uma entrevista de emprego, que atire o primeiro currículo – ou o primeiro crachá –, mas atire e pegue logo, porque meu objetivo é que essa pergunta seja extinta do Universo das entrevistas de emprego. Observe a Figura 8.1.

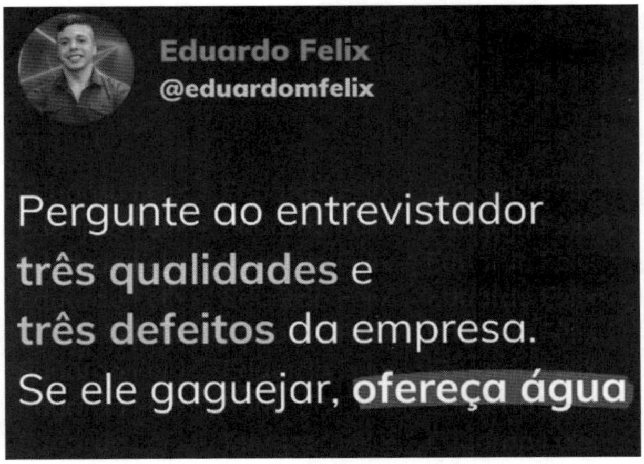

Figura 8.1 Meme postado no meu perfil do LinkedIn.

Agora responda: quantas vezes você já ouviu uma entrevistadora falando sobre os aspectos negativos de uma empresa? Sim, eu sei: a maioria se preocupa em falar apenas sobre os aspectos positivos do cargo e da empresa.

Qual pessoa candidata nunca se animou ao ser aprovada em um processo na empresa dos sonhos e, ao começar a trabalhar, rapidamente se desanimou por ter se tornado um pesadelo?

Em vez de perguntar o que as pessoas sabem sobre a empresa, trabalhe o recrutamento realista (RJP, do inglês *Realistic Job Preview*) e dê informações da empresa e do setor que a pessoa vai encontrar de bom e de ruim, forneça expectativas e dê exemplos de perguntas que podem ser feitas durante a entrevista.

A Expectativa Realista do Cargo ou Recrutamento Realista (RJP) é uma abordagem durante a entrevista de seleção que informa, de maneira clara e honesta, em que um trabalho realmente consiste.

O objetivo é comunicar os aspectos positivos e negativos de um trabalho (cargo e empresa) e compartilhar como é um dia típico para alguém nessa função, fator importante tanto para as pessoas candidatas quanto para os empregadores.

8.4.2.1 *Benefícios para o RH, as lideranças e as empresas*

- **Redução da rotatividade de pessoa (*turnover*)**

As evidências indicam que essa transparência reforça a percepção dos candidatos sobre a honestidade da organização.

- **Evita que haja retrabalho nos processos de Aquisição de Talentos e reduz custos**

Quem nunca entrevistou e contratou uma pessoa colaboradora que pediu demissão e foi para outra empresa dias/semanas/poucos meses depois de contratada e foi necessário abrir outro processo?

- **Menos demissões inesperadas**

Evidências apontam que com RJP há menos demissões inesperadas.

8.4.2.2 *Benefícios para as pessoas candidatas*

- **Ajuste das expectativas**

É importante que a pessoa candidata não tenha surpresas que possam levar à desmotivação e à consequente queda no desempenho - sem contar um possível pedido de demissão.

Por isso, quem entrevista deve falar sobre as reais necessidades de viagens, as horas de trabalho, a saúde financeira da organização, as funções que serão exercidas (descrição detalhada), possibilidade de carreiras, estrutura da empresa, chefe, colegas... não há surpresas.

8.4.2.3 *Conclusão sobre a Expectativa Realista do Cargo ou Recrutamento Realista*

A ausência de informações negativas sobre a empresa durante o processo de Aquisição de Talentos proporciona expectativas irrealistas para as pessoas candidatas que são contratadas, o que pode gerar pedidos de demissão precoces.

Qual pessoa gosta de ser enganada? O RJP ajusta as expectativas sobre o trabalho e faz com que as pessoas colaboradoras estejam preparadas para lidar com os aspectos negativos do trabalho.

8.4.3 Considerações iniciais sobre entrevistas

8.4.3.1 *Abertura da entrevista*

- Seja pontual e cordial. Mantenha a tranquilidade.
- Mensure o tempo estimado de entrevista logo no início.

- Diga que vai fazer anotações para capturar os detalhes.
- Caso tenha outra pessoa avaliadora (recomendado), explique o papel dessa pessoa.

8.4.3.2 *Durante a entrevista*

- Faça uma pergunta de cada vez. Não dificulte a vida da pessoa candidata.
- Não interrompa de modo algum: ouça atentamente.
- Não permita interrupções externas: utilize o tempo da entrevista apenas para a entrevista.
- Cuidado com respostas que tendem ao positivo ou negativo.
- Não transpareça suas conclusões.
- Anote. Não confie na memória.

8.4.3.3 *Após a entrevista*

- Utilize escalas para mensurar e classificar as melhores respostas com o apoio das anotações que fez durante a entrevista e das transcrições (caso tenha utilizado alguma plataforma).
- Dê o retorno dentro do prazo estipulado. Se possível, forneça *feedback*.
- Deixe claros os próximos passos.

8.4.4 Entrevistando Pessoas com Deficiência (PcD)

Você precisa oferecer acessibilidade. Caso a entrevista seja presencial, o acesso ao local de entrevista deve ser acessível, com rampas, elevadores, banheiros adequados, sinalização etc. Caso seja *online*, utilizar tecnologias que ofereçam acessibilidade, como *softwares* de leitura de tela, intérprete de Libras, amplificação de som etc.

As perguntas devem ser profissionais e focadas nas competências, entretanto, você precisa ser mais flexível, considerando as limitações de cada público específico PcD. É necessário que as pessoas entrevistadoras sejam treinadas sobre o tema "Diversidade, Inclusão e Pertencimento", principalmente em relação às PcD.

Você precisa conhecer bem o seu público. Por exemplo, se você falar com uma pessoa com deficiência auditiva que seja oralizada, ou seja, saiba fazer leitura labial, você precisa falar mais devagar para facilitar a vida da pessoa. Sugiro que estude sobre o tema.

8.5 Entrevistas por competências – estrutura das solicitações

Verbos no imperativo (opcional) + situação de acordo com a descrição da vaga (no singular, por favor – a etapa de mapeamento de competências serve para isso).

8.5.1 Exemplos de questões para entrevistas por competências

Obs.: as perguntas devem ser criadas e estruturadas de acordo com a descrição da vaga a partir das competências mapeadas. Não copie e cole perguntas prontas. As perguntas a seguir servem apenas como modelo e inspiração.

- Conte-me sobre algum conflito com um cliente interno ou externo que não tenha tido uma solução adequada.
- Conte sobre alguma situação em que você tenha sentido dificuldade em se integrar a uma equipe de trabalho.
- Conte-me sobre alguma situação crítica em um projeto que você conseguiu prever e ter ações que impedissem um fracasso.
- Fale sobre algum reconhecimento que recebeu por uma ideia criativa que tenha tido.

Você pode fazer um *benchmarking*, buscando perguntas que podem servir como inspiração, mas novamente recomendarei: não copie!

8.5.2 Objetivo da entrevista por competências

Extrair competências por meio de solicitações em forma de perguntas, que buscam respostas estruturadas de acordo com o acrônimo CAR (Contexto + Ações + Resultados). Há autores que utilizam outras nomenclaturas, como PAR (Problema, Ações e Resultados), SAR (Situações, Ações e Resultados) e a STAR, especificada no Quadro 8.2.

Quadro 8.2 Estrutura da técnica STAR.

Estrutura STAR	
S - Situação	**T - Tarefa**
O que aconteceu? Onde aconteceu? Como aconteceu? Quando aconteceu? Quem estava envolvido?	Qual era seu papel: o que você deveria fazer? Para que fazer tal coisa? Que resultados eram esperados por você?

(continua)

(continuação)

A - Ação	R - Resultado
O que você fez? Como fez? Como foi a ação? O que os outros fizeram?	Qual o efeito de sua ação? De que modo percebeu os resultados (indicadores)? Como soube dos resultados? O que ocorreu depois?

Fonte: Gramigna (2007).

8.5.3 Conceituando o CAR: o que você buscará na entrevista por competências?

8.5.3.1 *Contexto*

Pode ter sido um projeto, um processo, um problema, uma mudança, um desentendimento, uma negociação, uma proposta etc.

A pessoa candidata deve contar o que aconteceu, o que foi necessário fazer/ser feito, do que precisava, qual era a situação naquele momento e afins.

Logo depois, entenda: as coisas que acontecem na maioria das vezes têm um porquê (motivo).

Por último, pode ser que você precise investigar a consequência do que aconteceu para que o contexto tenha maior relevância.

NOTA

Quando você estiver entrevistando pessoas candidatas, vai perceber que a maioria começa pelas ações, ou seja, dizem o que fizeram. As respostas são desestruturadas e as pessoas se perdem: muitas se tornam redundantes e dificultam o seu trabalho.

8.5.3.2 *Ações*

Você deve buscar no mínimo três ações específicas.

Obs.: cuidado com as ações de terceiros (p. ex., gerente, diretor). As ações têm a estrutura retratada na Figura 8.2.

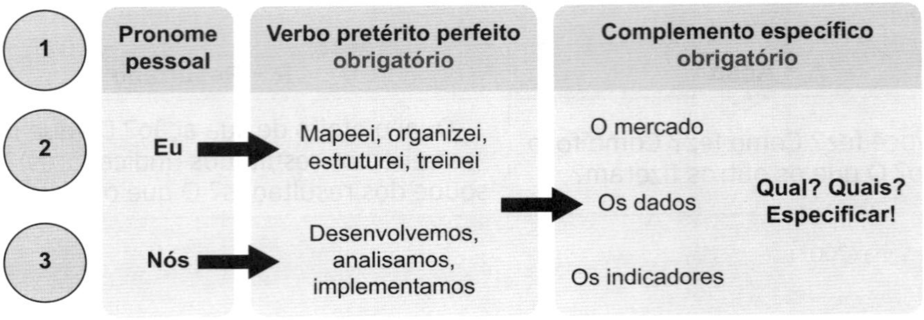

Figura 8.2 Estrutura correta de como as pessoas candidatas devem contar a parte das ações (A do CAR).

Atenção!

Há pessoas candidatas que respondem como se estivessem recitando uma receita de bolo. Por exemplo: então você precisa fazer X, depois fazer Y...

Há outras pessoas que trazem apenas uma ação e já partem para o resultado - não aceite apenas uma ação.

Outras pessoas, em vez de trazerem o verbo no pretérito perfeito, trazem de outra maneira: "eu tive que mapear...", "eu tive que desenvolver...". Pergunte: "Você mapeou?", "Você fez?". Motivo: se ela disse que teve que fazer algo, não necessariamente fez.

Há pessoas que não especificam as ações e dizem: "Eu mapeei o mercado". Pergunte: "Qual mercado?", "Como?" etc.

Muitas pessoas entrevistadoras, sejam profissionais de Aquisição de Talentos, sejam líderes, devem estar se perguntando o que é melhor: ações com "eu" ou ações com "nós"? Provavelmente, você deve ter ouvido falar na Internet que o melhor é "nós", pois demonstra que a pessoa sabe trabalhar em equipe, certo? Errado!

O melhor é o que a vaga pede de acordo com as competências mapeadas, além de você ter a obrigação de saber se foi a pessoa mesma que fez sozinha ou se teve ajuda.

8.5.3.3 *Resultados*

Podem ser tangíveis ou intangíveis. Por isso, você deve entender bem quais são os resultados esperados quando a pessoa assumir o cargo a que está concorrendo.

Resultados tangíveis têm a ver com aumento, redução, melhoria... em moeda, percentual. Têm a ver com conclusão de projetos, implementação de modelos, finalização bem-sucedida de alguma negociação, *savings* etc. É quando conseguimos quantificar o resultado.

Resultados intangíveis são resultados das ações propriamente ditas - quando não conseguimos quantificar o resultado. Por exemplo: otimização da tomada de decisão - se não consegue quantificar, é um resultado intangível.

Atenção: CAR completo não quer dizer necessariamente que a pessoa entrevistada seja competente. Pode ser que a pessoa candidata não tenha o indicador investigado.

8.5.3.4 *Exemplos de possíveis respostas de pessoas candidatas*

Exemplo 1

Quando eu era [cargo] na [empresa], houve a necessidade de comprovar as evidências das metas atingidas de acordo com o planejamento estratégico da diretoria porque em caso de auditoria teríamos que ter a rastreabilidade dessas evidências.

Então,

Eu mapeei as metas estratégicas de acordo com o prazo para a execução do planejamento

Solicitei as evidências de ações realizadas pelos gerentes

E estruturamos os dados dessas metas atingidas em um *dashboard* para acompanhamento em tempo real e montei a apresentação para a diretoria.

Com isso,

A diretoria aprovou a comprovação das evidências e o acompanhamento da execução das metas ocorreu dentro do prazo estipulado no planejamento estratégico e quando houve a auditoria era possível ter a rastreabilidade das evidências.

Exemplo 2

Atualmente como [cargo] na [empresa], muitos colaboradores estavam insatisfeitos e pedindo demissão, o que aumentava os custos da empresa e a gestão não entendia por que estava acontecendo essa demissão em massa.

Então,

Eu sugeri a estruturação e a condução de uma pesquisa de clima, que foi aceita pela gestão

Estruturei e conduzi uma pesquisa de clima organizacional para descobrir o motivo

Descobri os motivos e compilei os resultados da pesquisa

Por último, apresentei os resultados da pesquisa para a gerência tomar as ações necessárias.

Como resultado,

Foi evidenciado que o motivo da insatisfação estava relacionado com informações inverídicas sobre a finalização do contrato de trabalho antes do prazo de finalização dos projetos em que as pessoas trabalhavam, o que gerava insegurança e fazia com que as pessoas procurassem outro emprego mais cedo e pedissem demissão por se sentirem inseguras.

8.5.3.5 *Como superar respostas genéricas?*

Muitas pessoas candidatas não conseguirão trazer respostas que contenham qualquer elemento do CAR e trarão respostas genéricas. Você vai aprender a seguir, a partir de exemplos, como superar essas respostas genéricas para obter os elementos do CAR que precisará para tomar uma decisão.

Exemplos

Pergunta: Conte-me sobre uma situação em que você [descrever].

Resposta genérica: "Ah, eu **sempre** fiz isso."

Como superar? Conte uma situação específica ou especifique.

Nota: pode ser que a pessoa candidata consiga contar uma situação específica ou continue generalizando. Caso continue generalizando:

Resposta genérica: "Não me lembro de **nenhuma** situação específica, era algo que fazia parte do meu dia a dia."

Como superar? Ocupando o seu cargo, você não teria passado por uma situação na qual [descreva a situação]? Lembre-se de uma situação...

Nota: pode ser que você consiga a resposta, mas pode ser que a pessoa candidata continue generalizando:

Resposta genérica: "Eu fazia isso **direto/sempre/o tempo todo**, até mesmo coisas que não faziam parte do escopo do meu cargo."

Como superar? Relate primeiro o que fazia parte do escopo do seu cargo, da sua área de atuação.

Existem mais mecanismos para superar respostas genéricas e obter todos os elementos necessários do CAR.

Você pode utilizar perguntas de acompanhamento

Como você busca respostas que tenham uma estrutura baseada no CAR, pode ser que a pessoa candidata não traga.

Na ausência do contexto:

- O que aconteceu?
- Quais foram os motivos para...?
- Qual foi a causa de...?

Na ausência das ações:

- Como procedeu a respeito/agiu?
- Quais as coisas que você fez?
- Qual foi o seu papel?

Na ausência do resultado:

- Qual foi o resultado?
- Como isso afetou você/a operação?

Nos Quadros 8.3 e 8.4, nas Figuras 8.3 e 8.4 e na Tabela 8.1, veremos exemplos de indicadores, avaliações e comparações.

Quadro 8.3 Mensurando cada resposta de acordo com a competência.

Escala	Indicadores
0 a 1	Ausência ou exemplo fora do âmbito da competência.
2 a 3	Situação que evidencia a competência, ações adequadas, resultados médios ou ausentes. Evidências de domínio de relato de resultado.
4 a 5	Situação que evidencia a competência, ações adequadas, função significativa para o contexto organizacional, obtenção de resultados. Nível de domínio.
5 a 6	Mais de uma situação que evidencia a competência, ações adequadas, função significativa e obtenção de resultados. Nível de excelência.

Fonte: Gramigna (2007).

Avaliação pessoa candidata 1

Competências	Não atende	Atende parcialmente	Atende	Supera
Foco no cliente ▪ Soluciona problemas dos clientes				
Comunicação ▪ Expõe ideias com objetividade				

Figura 8.3 Avaliação das respostas da pessoa candidata de acordo com as competências previamente mapeadas.

Avaliação pessoa candidata 2

Competências	Não atende	Atende parcialmente	Atende	Supera
Negociação ▪ Negocia termos contratuais				
Negociação ▪ Negocia em condições adversas				

Figura 8.4 Tabela para comparar as pessoas candidatas de acordo com a avaliação de cada uma delas.

Quadro 8.4 Comparação: pessoas candidatas.

Competências	Candidata 1	Candidata 2	Candidata 3	Candidata 4
Foco no cliente ▪ Soluciona problemas dos clientes	Supera	Parcialmente	Não atende	Atende
Comunicação ▪ Expõe ideias com objetividade	Atende	Supera	Atende	Parcialmente

Tabela 8.1 Planilha nível de cada competência para função.

Competências	Nível máximo	Quantidade de indicadores	Peso de cada indicador	Indicadores forte e muito forte	NCF
Foco no cliente	5	4	1,25	...	...
Criatividade	5	8	0,45	4	2,5
Organização	5	11	0,72	...	...
Comunicação	5	5	...	...	...
Iniciativa	5	9	...	...	...
Foco Result.	5	4	...	...	...
Cap. Analítica	5	3	...	...	...
Trab. Equipe	5	5	...	...	...

NCF: Nível de Competência da Função.

Atribuir maior peso

- para a resposta que apresentar comportamento com maior semelhança às situações que serão vivenciadas;
- se possível, de experiências mais recentes.

Verifique a importância relativa de cada competência e verifique as que podem ser treinadas e/ou desenvolvidas.

Métricas e indicadores

- Relação entrevista/oferta: número de candidatos entrevistados para cada oferta feita.
- Taxa de aceite: percentual de pessoas candidatas que aceitam participar da entrevista.
- Taxa de entrevistas: número de pessoas candidatas que são entrevistadas.
- Taxa de desistência de entrevistas: candidatos que desistem do processo após as entrevistas.

Conclusão

Você pode conduzir uma breve pesquisa para mensurar a experiência da pessoa candidata.

Comunique-se efetivamente, forneça as informações com rapidez e entre em contato para definir o cronograma do processo.

Jamais se esqueça do retorno e/ou *feedback* para todas as pessoas candidatas, aprovadas ou não (Figura 8.5).

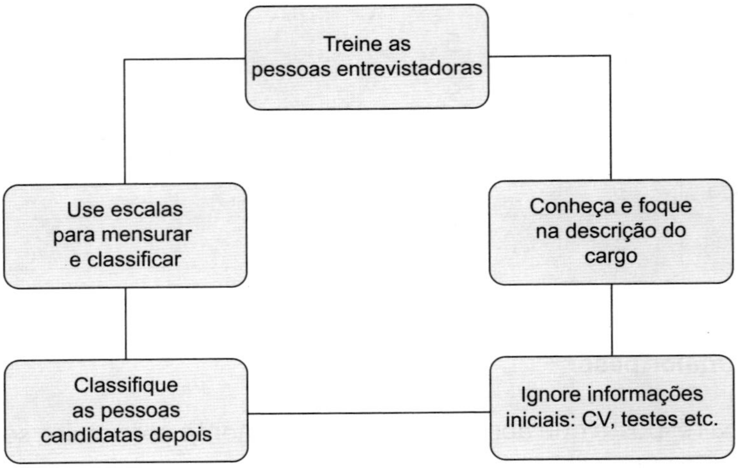

Figura 8.5 Como criar uma boa experiência para as pessoas candidatas.

Fonte: adaptada de *The Psychology of Personnel Selection*, de Tomas Chamorro-Premuzic e Adrian Furnham.

9

Contratação

Introdução

É a **última etapa** do funil de recrutamento. Encontrou a pessoa certa? É hora de **valorizar a pessoa candidata**, mostrando que ela fez a escolha certa e terá sentimento de pertencer à equipe e à nova empresa que ela escolheu para trabalhar.

Um dos principais pontos do estágio de contratação é informar sobre o andamento do processo o quanto antes após a entrevista, para que a pessoa candidata perceba a experiência como boa – tanto as aprovadas quanto as rejeitadas.

9.1 Você precisa otimizar o seu tempo ao contratar para que a pessoa tenha maior probabilidade de aceitar a sua oferta

Jamais se esqueça de que talentos não têm apenas a sua oferta: normalmente participam de outros processos e podem receber outras ofertas de outras empresas. O ideal é entender os objetivos, as necessidades e os desejos da pessoa que deseja contratar.

9.1.1 Formalização da oferta

A oferta deve ser formalizada por meio de um documento e deve descrever claramente elementos que são importantes para que a pessoa candidata aceite. Quando você demonstra que se importa com as motivações e os objetivos de carreira da pessoa que quer contratar, demonstra que valoriza as pessoas colaboradoras e que está comprometida a desenvolvê-las.

Obs.: nem tudo se resume à remuneração. Prepare o documento, popularmente conhecido como "carta-oferta", e dê **alguns dias** para a pessoa pensar e responder. Há pessoas que são "emocionadas", ou seja, aceitam de primeira sem pensar muito, se arrependem e depois aceitam outra oferta de outra empresa, por isso, cuide bem do seu relacionamento com elas, mantenha contato constante.

As pessoas candidatas contratadas são mais propensas a aceitar a oferta se elas entendem que a organização tem a capacidade de investir no desenvolvimento delas quando se tornarem colaboradoras, proporcionando oportunidades e desafios para que tenham uma experiência como colaboradoras tão boa quanto quando eram candidatas.

9.1.2 Contratação: oferta + aceitação + *onboarding*

O que fazer depois de escolher a pessoa candidata ideal? Existem alguns processos que precisam ser planejados, executados e acompanhados para que a pessoa escolhida aceite trabalhar e queira permanecer na sua organização.

Oferta: você formaliza sua oferta para as pessoas candidatas selecionadas. Se aceitarem a oferta, entenda que podem ocorrer negociações diversas relacionadas à remuneração e às datas de início. Prepare-se!

Negociação: pode ou não existir. Caso a pessoa contratada não esteja satisfeita com um ou mais elementos contidos na oferta, é possível que ela entre em contato para negociar.

Aceitação e *onboarding*: a pessoa candidata que foi escolhida aceita a sua oferta de trabalho e precisa ser integrada à empresa, ou seja, precisa ser introduzida à cultura, aos processos, às funções, às pessoas, à equipe etc.

9.1.3 Carta-oferta

É o instrumento para formalizar a contratação da pessoa que você escolheu para trabalhar em sua empresa.

9.1.3.1 *Pontos importantes da carta-oferta*

- **Número de páginas:** importante que seja direto ao ponto - depende da complexidade do cargo.
- **Prazo não cumprido pela pessoa escolhida:** entre em contato, estenda o prazo, caso necessário.
- **Recusa da pessoa escolhida:** tenha outras finalistas para tal situação.
- **Negociação da carta:** salários, benefícios, horários, modalidade de trabalho etc. Saiba os elementos que poderá negociar.
- **Canal de comunicação aberto:** mantenha seus canais de comunicação abertos e responda com rapidez as dúvidas das pessoas candidatas.

9.1.3.2 *Quais as informações possíveis para uma carta-oferta?*

Sobre a posição

- Título do cargo.
- Responsabilidades do cargo.
- Expectativas de desempenho etc.

Sobre a remuneração

Salário:

- Salário fixo: R$ 1.200,00 (mil e duzentos reais).
- Variável: definir, caso haja.

Benefícios:

- Plano de saúde.
- Assistência médica sem coparticipação.
- Previdência privada.
- Benefícios flexíveis.
- Bônus anual etc.

Sobre a agenda (datas e horários)

- Data de início.
- Carga horária diária.
- Carga horária semanal.
- Dias de trabalho presencial.

- Dias de trabalho remoto.
- Dia de folga.

Sobre as condições

- Período de experiência.
- Políticas da empresa.
- Expectativas de desempenho.
- Políticas de viagens.
- Plano de carreiras etc.

Sobre detalhes da empresa

- Missão, visão e valores.
- Cultura organizacional.
- Oportunidades de crescimento.
- Valorização e reconhecimento.

Outras informações

- Prazo de resposta. Exemplo: de 7 a 10 dias úteis.
- Contato para dúvidas ou negociações antes de aceitar a carta-oferta.
- Termos e condições diversas: confidencialidade, cláusulas de rescisão etc.

9.1.4 Oferta por e-mail

9.1.4.1 *Composição do e-mail*

O assunto deve ser claro para que a pessoa que receberá a oferta não tenha dúvidas de que está recebendo uma oferta. No corpo, é essencial que estejam todas as informações necessárias para que a pessoa tenha vontade de trabalhar em sua empresa e aceite a sua proposta.

EXEMPLO

Assunto do e-mail: Oferta de emprego de [nome do cargo] na [nome da empresa]

Corpo do e-mail

Olá, [nome da pessoa selecionada],

Ficamos entusiasmados com o seu desempenho no processo de atração de talentos e gostaríamos de formalizar a nossa oferta para a posição de [nome do cargo].

Obs.: no restante do corpo, você poderá inserir as informações que já foram sugeridas nos tópicos anteriores. Por exemplo:

A data de início das suas atividades será no dia XX/XX.

Para aceitar a proposta, basta responder a esse e-mail. Gostaríamos de obter a sua resposta até o dia XX/XX, prazo final para o seu aceite.

Saiba que será um prazer ter você na nossa equipe e na nossa empresa.

Qualquer informação que precisar é só entrar em contato com o/a [nome e cargo da pessoa], via [fornecer o(s) modo(s) de contato – p. ex., e-mail e WhatsApp].

Atenciosamente,

Eduardo Felix [nome]
Diretor de Recursos Humanos [assinatura]

Dica extra

Um dos principais elementos para melhorar a experiência da pessoa candidata e facilitar que ela aceite a sua oferta é a personalização do relacionamento, ou seja, você precisa mostrar que realmente se preocupa com ela.

Por isso, você pode seguir alguns passos que vão fazer com que a pessoa candidata tenha a melhor experiência possível, detalhados a seguir.

9.1.4.2 *Ao mesmo tempo que enviar o e-mail com as principais informações, envie uma mensagem por WhatsApp*

Muitas pessoas (inclusive eu) respondem mais rapidamente o WhatsApp. Portanto, junto ao envio do e-mail, você pode enviar uma mensagem por WhatsApp.

Exemplo:

Olá, [nome da pessoa]. Meu nome é Eduardo Felix [nome], sou CHRO [cargo] da Expery [nome da empresa]. Gostaria de formalizar a oferta de emprego para o [nome do cargo], que foi enviada por e-mail. Peço que leia, se atente à data limite para aceitar e tomar uma decisão.

Caso queira que eu explique cada detalhe da oferta, será um prazer conversarmos via [nome da plataforma – ex.: Zoom, Meet, Teams], nos dias e horários [disponibilizar a sua agenda].

Estamos muito entusiasmados e queremos muito contar com você no nosso time.

Atenciosamente,

Eduardo Felix [nome da pessoa]

Chief of Human Resouces Office [assinatura]

9.1.5 Tempo para a pessoa aceitar a oferta

O ideal é que a pessoa aceite o mais rápido possível, na mesma semana ou no máximo na semana seguinte à formalização da oferta, ou seja, de 5 a 10 dias. É tempo suficiente para que a pessoa selecionada avalie a oferta com cuidado, consulte pessoas que participam da carreira e tomem a decisão sem ser pressionada.

Leve em consideração a localização geográfica, o aviso-prévio que precisa ser cumprido na empresa em que a pessoa trabalha atualmente, a necessidade de mudança e outros fatores que possam aumentar o prazo para o aceite.

9.1.5.1 *E se a pessoa selecionada demorar a responder?*

Você pode enviar outro e-mail, enviar mais uma mensagem de WhatsApp ou até mesmo fazer uma ligação para confirmar se a pessoa recebeu a oferta e se pode ajudar de alguma maneira para que ela tome uma decisão.

Você pode ampliar mais o prazo, explicando que há outras pessoas candidatas no processo e que você precisa seguir o planejamento. Se mesmo assim a pessoa selecionada não responder, envie um e-mail dizendo que o prazo expirou.

9.1.5.2 *E se a pessoa selecionada não responder ou declinar a sua oferta?*

Caso ela não responda, você deve entrar em contato com as demais pessoas candidatas finalistas de acordo com a ordem final de classificação após a etapa de Seleção.

Se a pessoa declinar, antes de procurar outra pessoa para formalizar a oferta, procure entender o que fez com que a pessoa recusasse a sua proposta, pois há oportunidades de melhoria para o seu processo de aquisição de talentos.

9.1.5.3 *Negociação*

A formalização da oferta não é garantia de que a pessoa escolhida aceitará os termos iniciais da proposta. Por isso, é importante que você entenda o que fazer caso a pessoa contratada queira negociar termos da proposta que você enviou.

Outro ponto importante é que o salário é o protagonista de tudo, mas há outros elementos que podem ser trabalhados tão importantes quanto o salário. Para isso, é preciso conversar e entender as necessidades e as motivações da pessoa contratada.

Existem diversos elementos que podem ser negociados: férias, flexibilidade, benefícios flexíveis, saúde, bônus etc. Existe uma pergunta que é simples, mas que faz a pessoa escolhida refletir bastante: "O que é mais importante no pacote oferecido na oferta?". Você pode ir mais longe e pedir para a pessoa ordenar em relação à importância.

É importante que a equipe de Aquisição de Talentos discuta com todas as partes interessadas os termos. Há termos que deverão ser discutidos com a liderança, com o Financeiro, com o Jurídico etc. São informações que precisam ser definidas, discutidas e decididas na *intake/kickoff meeting* (reunião de alinhamento) com a liderança.

Não deixe para discutir essas informações na hora - a não ser que seja algo que não fora discutido anteriormente -, o que realmente ocorre quando o processo está sendo implementado e configura uma melhoria.

Salário, benefícios e bônus

Tão importante quanto saber o valor exato do salário que você ofertará é saber as faixas salariais inferiores e superiores, que orientarão a sua negociação. Outro ponto são os benefícios: o que pode ser feito em relação a cada um oferecido? O mesmo se dá com o bônus, a participação nos lucros etc.

Flexibilidade

Será que há possibilidade de trabalho remoto? O trabalho híbrido com a maior parte do tempo de maneira remota é possível? Quantas vezes a pessoa selecionada precisará ir ao escritório? Os horários são flexíveis? A jornada é reduzida?

E as férias? Quantos dias? E as licenças parentais? E as sabáticas? A empresa tem muitos escritórios espalhados pela cidade? Se sim, a pessoa poderá trabalhar no escritório mais próximo do seu local de residência?

Oportunidades de carreira

Quais treinamentos e cursos a empresa poderá custear? Como a empresa vai trabalhar para desenvolver a carreira da pessoa selecionada? Como é o plano de carreira?

Cláusulas do contrato

Há termos de confidencialidade, de não concorrência, de rescisão, de período de experiência?

9.2 Prepare o *onboarding* (integração)

A integração é um processo que você deve adaptar às necessidades de cada uma das pessoas que forem contratadas para trabalhar na sua organização, para que elas sejam capazes de compreender o que necessitam para terem sucesso no cargo. Existem diversas pesquisas que apontam a importância da integração.

É um processo contínuo, no qual novas pessoas colaboradoras recebem suporte e orientação durante a transição para as suas funções. O papel da liderança é ajudar as pessoas novatas a se sentirem bem-vindas e apoiadas para que elas criem um sentimento de pertencimento, pois ajuda na construção de relacionamentos.

As pessoas contratadas devem se familiarizar com a sua organização. Para isso, precisam conhecer as pessoas com quem terão contato e como é a cultura organizacional para que sejam integradas às suas funções com sucesso. Ao final do processo, devem ser capazes de trabalhar de modo independente e eficaz.

> **DICA**
>
> Caso ocorra um problema, resolva imediatamente ou o mais rápido possível, pois esse comportamento pode evitar demissões precoces.

A integração ou o *onboarding* é uma tarefa que engloba diversos desafios e qualquer erro pode prejudicar a operação, por isso, entender como funciona na prática é essencial.

O maior erro é achar que a admissão de uma nova pessoa colaboradora se encerra na etapa final de seleção. A pior consequência desse erro é que as pessoas que começam a trajetória em uma nova empresa são abandonadas ao relento e se sentem perdidas – muitas são demitidas ou pedem demissão.

Situações infelizmente comuns são ocasionadas pela falta de um processo de integração estruturado. Já passou por alguma(s)? Eu já passei por todas!

- "Senta ali do lado de fulano, aprenda com ele, veja como funciona o sistema e anote tudo para não se esquecer depois."
- Dão um manual com centenas de páginas e deixam a pessoa se virar sozinha.
- Apresentam a novata para dezenas ou centenas de pessoas.

Não adianta ter o *Employer Branding* (EB) dos céus se o *Employee Experience* (experiência da pessoa colaboradora) é um inferno!

Com um processo de integração bem-sucedido, possibilitamos que a pessoa conheça:

- a empresa;
- como funcionam os processos e sua cultura organizacional;
- colegas, departamentos e equipes.

O **objetivo** é adaptar e capacitar de acordo com a cultura organizacional e, indiretamente, ainda trabalhamos a marca empregadora para atrair novos talentos e engajar os que já estão trabalhando.

Agora que você entendeu que é um processo de socializar e integrar as pessoas após a admissão, a pergunta-chave é: "Como vamos recepcioná-las?".

9.2.1 Primeira etapa: 15 dias antes do primeiro dia de trabalho

O **objetivo** é que você e o pessoal demonstrem satisfação em receber e ter essa pessoa contratada na equipe para que a pessoa tenha o desejo de estar com vocês o quanto antes. Como preparar essa primeira etapa?

- Responda às dúvidas da pessoa contratada.
- Informe a data, o horário e os dados de acesso para as reuniões do primeiro dia.
- Explique as diretrizes da empresa para reuniões virtuais.
- Verifique se um *notebook* foi configurado com os sistemas da empresa e enviado para o novo funcionário.
- Agende uma reunião virtual de boas-vindas com a equipe, crie um *kit* de boas-vindas.
- Para a comunicação, defina a agenda da primeira semana, e para o planejamento, agende treinamentos, planeje a primeira atividade, agende reuniões.

9.2.2 Integração: primeiro dia de trabalho

- Não sobrecarregue essa pessoa, pois pode parecer que seja algo que é normal na empresa.
- Apresente a equipe.
- Compartilhe informações básicas sobre a empresa, sobre o cargo e já tenha certeza de quais informações básicas você vai compartilhar, diga como vai ser o restante da semana.

O **objetivo** do primeiro dia de trabalho é proporcionar à pessoa contratada uma **agenda objetiva**, por isso, deixe claro quais são as suas expectativas para que a pessoa saiba o que fazer na primeira semana de trabalho. A pessoa não pode se sentir abandonada e/ou perdida de modo algum.

9.2.2.1 *Integração: considerações sobre o primeiro dia*

- A pessoa deve se sentir acolhida e sentir que fez a escolha certa desde o início.
- Evite qualquer atrito para causar uma primeira boa impressão - das pessoas e da empresa.
- Para as informações básicas, detalhe processos importantes.
- Para os sistemas, treine a pessoa para saber utilizar.
- Apresente a nova pessoa para as equipes, organize reuniões, explique como a pessoa pode se comunicar com os principais departamentos com os quais terá interação.
- Dê para essa pessoa um início acolhedor, presenteie, capriche em um ou mais brindes, convide para almoços, *happy hours* e outros eventos.

9.2.3 Integração: segundo dia de trabalho

- Seja disponível sempre que possível para que a pessoa saiba que tem com quem contar e não se sinta abandonada.
- É hora de a pessoa colaboradora conhecer o gestor ou a gestora.
- É preciso agendar reuniões 1 a 1 recorrentes e que a liderança alinhe expectativas de gestão, discuta atividades e revise a agenda de treinamento.
- Responda quaisquer perguntas que a nova contratada possa ter; nessas reuniões, a liderança também pode discutir atividades e fazer a revisão da agenda de treinamento.
- Já o gestor deve explicar a maneira que trabalha, como prefere algumas coisas, quais são as expectativas. É hora de tirar o máximo de dúvidas que puder.

9.2.3.1 *Integração: considerações sobre o segundo dia*

É hora de mostrar uma visão geral sobre o cargo e a equipe e definir o cronograma da semana:

- O que a pessoa vai fazer?
- Quais serão as suas responsabilidades?

- Quais serão seus objetivos e os critérios para ter seu desempenho avaliado?
- O objetivo é ser disponível sempre que possível.
- O que se espera dessa pessoa nos três primeiros meses?

9.2.4 Integração: primeira semana

- Dê uma atividade inicial desafiadora, mas que possa ser concluída, para que a pessoa sinta que não tenha ido apenas conhecer as pessoas e a empresa, e que dê a sensação de que ela tem algum trabalho.
- Defina uma pessoa da equipe para o papel de mentora, para apoiar e estimular a colaboração durante os primeiros meses.

9.2.4.1 *Integração: considerações sobre a primeira semana*

- É hora de definir os recursos essenciais, como alinhar como e quando a pessoa deverá dominar toda a informação, que pode ser fornecida de diversas maneiras.
- É bom rever a declaração de missão, quais são os valores da empresa, quais são os objetivos – tudo isso em uma reunião com as lideranças.
- É importante também olhar para o futuro e definir os treinamentos, marcar revisões para analisar o progresso da pessoa e escolher um colega para acompanhar a evolução.
- Lembrando que a primeira tarefa deve ter cronogramas e datas de avaliação bem definidos.

9.2.5 Integração: primeiro mês

- A contratada já deve saber claramente o que se espera dela, quais as principais atividades e problemas e como realizá-los e resolvê-los.
- É preciso verificar se está tudo ok, dar *feedback* e estar aberta a receber também *feedback*, visando ao desenvolvimento da pessoa.

- No primeiro mês é preciso gerar motivação. Para isso, há eventos mais informais de que a pessoa pode participar, como um *happy hour*. A pessoa pode conhecer mais pessoas da empresa.
- É fundamental também avaliar os relacionamentos no trabalho, de maneira a estimular a transparência.

9.2.5.1 *Integração: considerações sobre o primeiro mês*

É importante avaliar e discutir o que a pessoa contratada fez até o momento e posteriormente:

- fazer ajustes;
- saber o que foi bom;
- saber o que pode ser melhorado;
- definir novos objetivos;
- incentivar o crescimento e o desenvolvimento;
- definir as expectativas de desempenho e o principal: mostrar para a pessoa que ela terá *feedback* constante e uma ou mais avaliações de desempenho formais, que dependem da empresa. E a parte que eu mais gosto: crie trilhas de carreira. Indique cursos, livros, artigos.

9.2.6 Integração: segundo mês e meses seguintes

- Não há uma data exata de encerramento. A integração pode durar 3 meses, 6 meses, 1 ano para ser completa: é uma etapa contínua.
- Após 6 meses, por exemplo, já podemos ter uma ideia sobre como a pessoa contratada trabalha.
- É importante continuar com os *feedbacks* e trabalhar de modo a reconhecer e valorizar a pessoa para que ela possa se desenvolver.
- É hora também de saber o que funcionou ou não de modo que você possa otimizar o processo para futuras contratações.

9.2.6.1 *Integração: considerações a partir do segundo mês*

- Aqui, o objetivo é analisar o *feedback* e repetir o processo. Ter o apoio da pessoa colaboradora para fazer uma análise crítica de como foi a integração dela é fundamental para a consolidação e o sucesso dos seus futuros processos de integração.

- É importante monitorar a satisfação da nova pessoa colaboradora e garantir que a carga horária seja adequada e que não haja desgaste. É importante ter um canal de comunicação aberto para entender quais atividades mais agradam para inseri-las em agendas futuras.
- É fundamental focar nos pontos fortes e não nas fraquezas, as pessoas querem ser valorizadas e reconhecidas. O importante aqui é oferecer treinamentos para que a pessoa consiga se desenvolver de modo a trabalhar motivada e engajada.
- Quando recebermos o *feedback* dessa pessoa, precisamos capturar bem para aprimorarmos processos de *onboarding* no futuro. Esse *feedback* pode ser repassado para diversas pessoas e equipes que participaram do processo.

9.2.7 Integração: fim do primeiro ano

- Verifique com a pessoa colaboradora como foi o seu primeiro ano na empresa.
- Revise com a pessoa colaboradora uma ou mais avaliações de desempenho (caso existam).
- Discuta oportunidades de desenvolvimento por meio de um plano de desenvolvimento individual (PDI).

9.2.8 Integração: modos de estruturação do processo

Você pode usar:

- uma lista de verificação;
- um vídeo passo a passo;
- um manual;
- um aplicativo/*software* de integração (maneira que otimizará seu tempo), pois tem diversas funcionalidades, como:
    - » envio de notificações para concluir as etapas do processo;
    - » automatização de tarefas repetitivas, como mensagens de boas-vindas e revisão de documentos;
    - » verificação de atualização das informações etc.

9.2.8.1 *Métricas e indicadores*

Tempo de produtividade

Tempo que uma nova pessoa colaboradora leva para se tornar produtiva. Se levar muito tempo para que uma pessoa se torne produtiva, pode ser que você precise rever o seu plano de treinamento de novas pessoas contratadas.

Satisfação das novas pessoas contratadas

Mensura o grau de satisfação das novas pessoas contratadas após a integração. Esse índice vai te ajudar a descobrir se a sua recepção está sendo boa, se elas criam sentimento de pertencimento e, caso contrário, se você será capaz de identificar áreas para melhorar processos.

Taxa de aceitação da oferta

Proporção de ofertas de emprego aceitas pelos candidatos.

Tempo de aceitação da oferta

Tempo médio para um candidato aceitar uma oferta depois que ela foi prorrogada.

Taxa de rotatividade de novas contratações

Percentual de novos contratados que deixam a empresa dentro de um período determinado.

Satisfação com a integração

Feedback dos novos contratados sobre a experiência de integração.

9.3 *Inboarding*

Provavelmente você deve ter se perguntado: há a integração de novas pessoas colaboradoras que foram recrutadas no mercado de trabalho, mas e para as pessoas que são promovidas, mudam de cargo dentro da própria organização ou vão trabalhar em outra filial ou localização geográfica?

Muitas pessoas colaboradoras que fazem esses tipos de transição não recebem apoio suficiente, que seria o *inboarding*: a integração dentro da própria empresa. Quando uma pessoa faz qualquer tipo de transição interna, precisa ser integrada para melhorar a produtividade, o engajamento e assim entregar os resultados necessários.

Como o recrutamento pode ser interno, teremos que cuidar da integração da pessoa que já trabalha na nossa organização. Conheci pessoas que se sentiram perdidas ao fazerem transições dentro da própria organização e não se adaptaram por se sentirem abandonadas no processo.

9.3.1 *Inboarding* na prática

Em primeiro lugar, é preciso planejar uma reunião inicial para alinhamento das expectativas entre as partes envolvidas para que a transição da pessoa colaboradora seja bem-sucedida. Nessa reunião devem ser discutidos os papéis e objetivos das partes envolvidas.

O segundo passo é definir um plano para a transição, criando um cronograma com os principais acontecimentos dentro de um ano e uma descrição das responsabilidades, atividades e expectativas de desempenho para cada atividade. A liderança deve se preparar para fornecer e receber *feedbacks* contínuos. O RH deve apoiar a liderança.

O cronograma pode seguir o modelo já abordado neste capítulo na seção de *onboarding* (dias, semanas, meses...).

O terceiro passo é documentar tudo para que seja possível manter registros acerca do progresso da pessoa colaboradora, bem como das reuniões de *feedback*. Não se esqueça de criar planos de ação baseados nas reuniões de *feedback* e monitorar o desempenho da pessoa colaboradora.

Conclusão

É essencial que você reconheça cada etapa da contratação sendo um reflexo da sua cultura organizacional e dos valores da sua empresa e não como perda de tempo.

Formalizar a oferta a partir de uma carta é um ponto de partida para que você construa um relacionamento baseado na confiança, e, para isso, você deve elaborar cada carta com coesão, coerência e precisão e evitar ambiguidades: todas as expectativas devem estar alinhadas.

É fundamental que saiba negociar a oferta caso seja necessário, pois isso demonstra que você respeita e valoriza o potencial e a história de cada pessoa candidata. Nesse momento, você reforça o seu compromisso com as pessoas que participaram do seu processo de Aquisição de Talentos e chegaram até o final do seu funil de recrutamento.

Quando a pessoa aceita, é hora de comemorar, pois a jornada dessa pessoa dentro da empresa vai continuar com outros processos de gestão de pessoas. O *onboarding* e o *inboarding* representam as etapas finais e não apenas integram e socializam, como também fazem com que a pessoa compreenda a cultura e a estratégia da organização.

O *inboarding* é ainda mais específico, pois dá continuidade a uma relação já existente e reforça o apoio e a valorização à pessoa colaboradora em sua nova trajetória de carreira.

Ao investir tempo em cada etapa da contratação, você se torna capaz de melhorar a experiência da pessoa colaboradora e promove um ambiente que inspire bem-estar, confiança e segurança psicológica. A contratação bem-sucedida é capaz de garantir o alinhamento contínuo com os objetivos estratégicos da sua empresa.

10

Busca Ativa de Pessoas Candidatas, Pesquisa Booleana e LinkedIn Recruiter, Recruiter Lite e Talent Solutions

Introdução

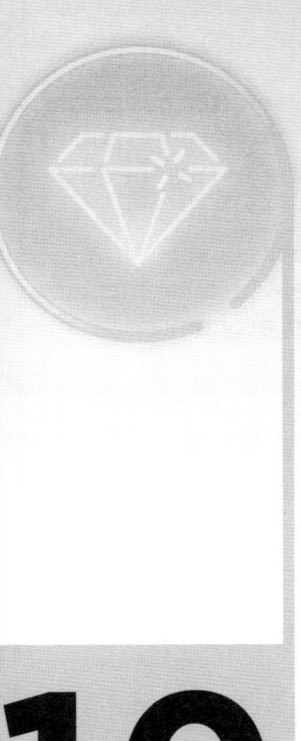

Muitas pessoas recrutadoras desconhecem essas técnicas de recrutamento ativo, que são utilizadas por muitas pessoas *headhunters*. Até aqui você aprendeu a buscar talentos de maneira passiva; neste capítulo, aprenderá como buscar as pessoas candidatas de maneira ativa.

Há momentos principais para esse tipo de busca:

- Combinar com a busca passiva e incrementar o seu funil de recrutamento.
- Busca de pessoas candidatas que ocupem cargos executivos ou que ocupem cargos técnicos que são difíceis de recrutar passivamente.
- Busca de pessoas candidatas passivas, ou seja, pessoas que não estão procurando emprego - estejam elas ativas/trabalhando ou não no mercado de trabalho.
- Após falha em seu funil de recrutamento.

Obs.: até aqui trabalhamos para que seu funil de recrutamento seja eficiente e não falhe, mas poderá falhar em algum momento. Caso seu funil de recrutamento falhe em uma ou mais etapas, é preciso ter amplo conhecimento da descrição da vaga, ou perderá tempo pesquisando e entrando em contato com pessoas que tenham perfis inadequados.

10.1 Guia prático de pesquisa booleana no LinkedIn

Você pode buscar pessoas de maneira ativa pelo LinkedIn **sem ter que pagar por um serviço *premium***, como o LinkedIn Recruiter ou o Recruiter Lite. Sugiro que, nesse momento, simultaneamente à sua leitura, você entre em seu perfil do LinkedIn e pratique o que ensinarei a seguir.

Ao aprender sobre a **pesquisa booleana**, no final deste capítulo você será capaz de criar pesquisas precisas e encontrar a pessoa candidata ideal de maneira mais rápida. Você simplificará o seu processo de recrutamento, economizará tempo e isso te dará mais tempo para outras tarefas.

Além disso, vai permitir que você descubra um *pool* de talentos inexplorado pela maioria das pessoas recrutadoras: as pessoas candidatas passivas.

A pesquisa booleana consiste em usar palavras como *AND*, *OR* ou *NOT* para que você combine palavras-chave e/ou frases e consiga refinar o seu filtro apenas com o resultado das buscas que você deseja.

Obs.: de acordo com o LinkedIn, a pesquisa booleana funciona no campo de palavra-chave no Recruiter e Recruiter Lite (que serão abordados posteriormente) e no LinkedIn.com, que é nosso foco no momento.

10.1.1 Operadores booleanos

Abra na página inicial do seu perfil no LinkedIn e clique na barra de pesquisa, representada pelo ícone de uma lupa no canto superior esquerdo da sua tela, conforme a Figura 10.1.

Caso eu queira buscar ativamente uma pessoa que seja gerente de Recursos Humanos, irei digitar na barra de pesquisa: "Gerente de Recursos Humanos". Como pode acompanhar na Figura 10.2, há diversos filtros, e como estamos recrutando, clicaremos em "Pessoas".

Caso eu busque apenas dessa maneira, minha busca será genérica. **O motivo**: no momento da minha pesquisa, houve cerca de 2.420.000 resultados - pessoas de diversas cidades, estados, níveis diferentes de senioridade, segmentos diferentes etc. Observe a Figura 10.3.

Não há como pesquisar um por um, seria uma perda de tempo imensa. Imagine que eu queira apenas pessoas com inglês fluente, que sejam especialistas em Recrutamento e que morem na capital do Rio de Janeiro. Como fazer isso com quase 2 milhões de pessoas individualmente? Não dá...

É aqui que a pesquisa booleana entra em ação: você vai buscar apenas as pessoas com os filtros exatos que você definir. Os principais operadores booleanos utilizados são: AND, NOT, OR, " " (aspas) e ( ) (parênteses). Nas Figuras 10.4 e 10.5, temos a representação gráfica de como cada um deles funciona.

Figura 10.1 Barra de pesquisa.

Figura 10.2 Digitando na barra de pesquisa.

Figura 10.3 Resultados da pesquisa.

Figura 10.4 Operadores booleanos AND, NOT e OR.

Obs.: ao utilizar os operadores booleanos NOT, AND e OR, é necessário inseri-los em letras **maiúsculas.**

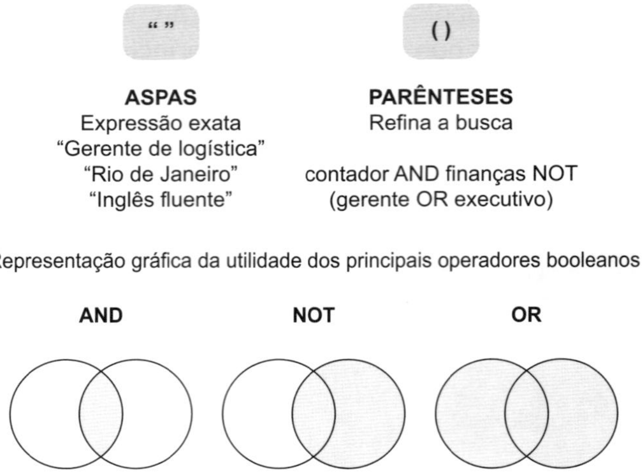

Figura 10.5 Operadores booleanos ASPAS e PARÊNTESES.

10.1.1.1 *Operador booleano " " (aspas)*

Traz a expressão exata. Se eu digito na barra de pesquisas "Gerente de Recursos Humanos" sem as aspas, poderei ter resultados de buscas de gerentes de quaisquer profissões, como gerente de logística e/ou quaisquer níveis hierárquicos de Recursos Humanos (p. ex., analista).

Obs.: a pesquisa do LinkedIn aceita apenas aspas padrão, retas: " ".

Quando eu ponho entre aspas a expressão "Gerente de Recursos Humanos", o filtro será mais rigoroso e terei apenas resultados com essa expressão exata.

Lembra que foram mais de 2 milhões de resultados para a busca Gerente de Recursos Humanos sem as aspas? Com as aspas, no momento da minha pesquisa, houve cerca de 57 mil resultados! Viu como reduziu bastante? Entretanto, é insuficiente e você aprenderá a seguir outros operadores booleanos. Observe a Figura 10.6.

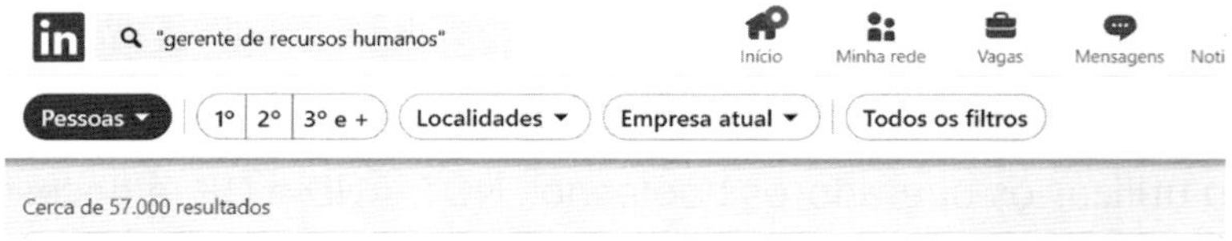

Figura 10.6 Pesquisa booleana com o operador ASPAS (" ").

Faça isso na prática: digite na barra de pesquisa o cargo que você está buscando, primeiro com as aspas e depois sem as aspas. Por exemplo: assistente administrativo, analista financeiro, gerente de Marketing, diretor de operações etc. Vai perceber a redução no resultado com o seu cargo entre aspas. Observe a Figura 10.7.

Figura 10.7 Exemplos com o operador ASPAS (" ").

10.1.1.2 *Operador booleano AND*

Diminui o resultado da busca. Caso eu queira uma pessoa gerente de Recursos Humanos que tenha inglês fluente, por exemplo, o operador AND reduzirá o número de resultados da busca. Observe a Figura 10.8.

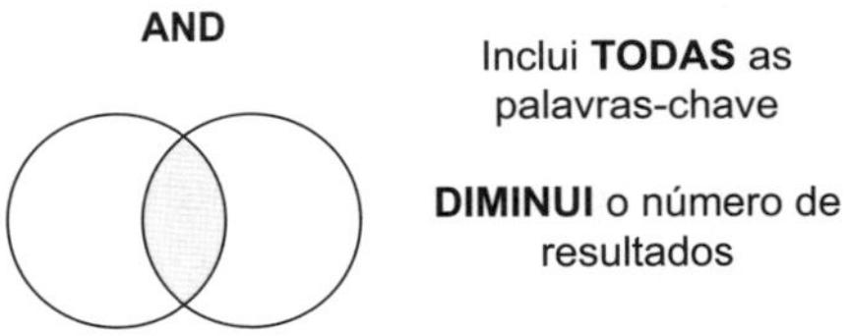

Figura 10.8 Operador booleano AND.

Na prática: imagine que eu queira contratar uma pessoa gerente de Recursos Humanos para trabalhar na cidade do Rio de Janeiro de modo presencial.

O AND vai fazer com que diminuam os resultados para a minha busca quando eu digitar na barra de pesquisa "gerente de recursos humanos" AND "Rio de Janeiro".

Note, pela Figura 10.9, que no LinkedIn temos 766 perfis cadastrados que são gerentes de Recursos Humanos e moram no Rio de Janeiro.

Figura 10.9 Exemplo 1: resultados da busca utilizando o operador AND.

Podemos combinar vários filtros com o AND, por exemplo: "gerente de recursos humanos" AND "Rio de Janeiro" AND "diversidade" - obteremos 244 resultados (Figura 10.10).

Figura 10.10 Exemplo 2: resultados da busca utilizando o operador AND.

Se utilizarmos "gerente de recursos humanos" AND "Rio de Janeiro" AND "diversidade" AND "recrutamento", teremos 216 resultados (Figura 10.11).

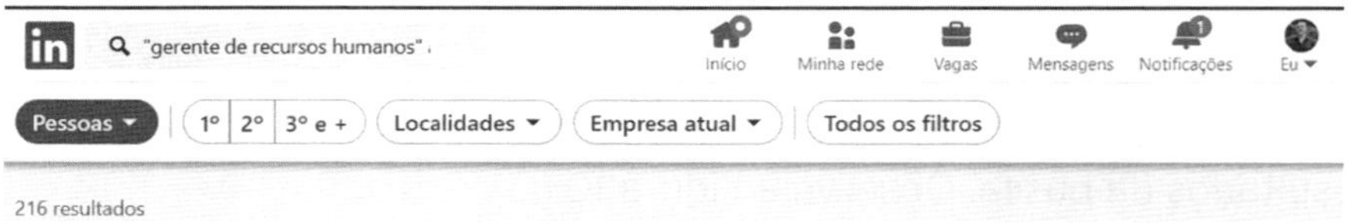

Figura 10.11 Exemplo 3: resultados da busca utilizando o operador AND.

Agora, se aplicarmos "gerente de recursos humanos" AND "Rio de Janeiro" AND "diversidade" AND "recrutamento" AND "pós-graduação", teremos 112 resultados (Figura 10.12).

Figura 10.12 Exemplo 4: resultados da busca utilizando o operador AND.

NOTA

O filtro depende da sua necessidade. Nesta obra, trouxe apenas alguns exemplos para que você pratique.

Para fixar: ilustração com prática fictícia

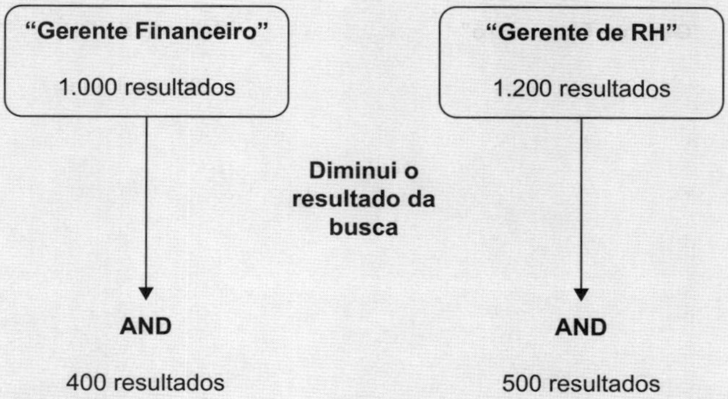

Figura 10.13 Para fixar: ilustração com prática fictícia do operador AND.

10.1.1.3 *Operador booleano NOT*

Diminui o resultado da busca. Caso eu queira uma pessoa gerente financeiro que não seja de tesouraria, o operador NOT reduzirá o número de resultados da sua busca. Observe a Figura 10.14.

Figura 10.14 Operador booleano NOT.

Na prática: imagine que eu queira contratar para o cargo de desenvolvedor que não tenha Java listado no perfil. O NOT vai fazer com que diminuam os resultados para otimizar a minha busca quando eu digitar na barra de pesquisa "desenvolvedor" NOT "java".

Note que no LinkedIn temos cerca 315 mil perfis cadastrados com o cargo desenvolvedor, quando busco a expressão exata com o cargo entre aspas. Quando eu uso operador NOT combinado com a expressão "java", o resultado cai para 196 mil perfis.

Não apresentarei novos exemplos como fiz com o operador AND, pois esse e o próximo operador booleanos seguirão a mesma linha de raciocínio. O AND e o NOT diminuem o resultado da busca. Sugiro que pratique. Já o próximo operador aumenta o resultado das buscas.

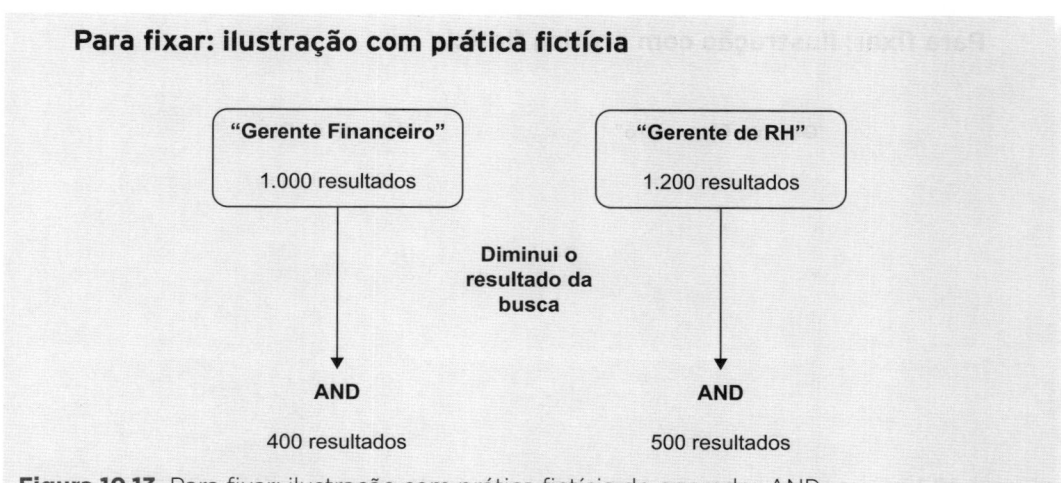

Para fixar: ilustração com prática fictícia

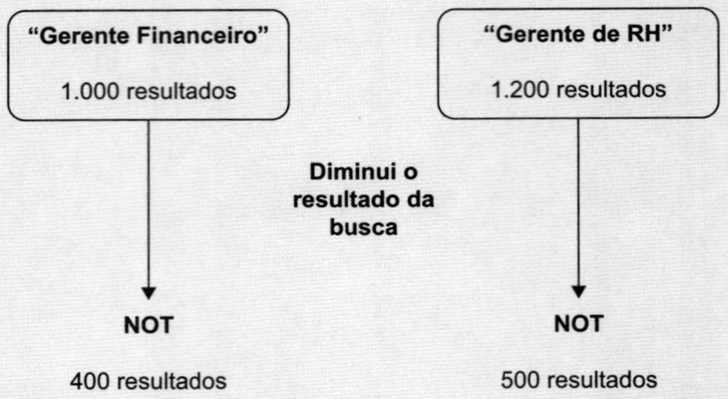

Figura 10.15 Para fixar: ilustração com prática fictícia do operador NOT.

10.1.1.4 *Operador booleano OR*

O operador OR funciona como a expressão popular "tanto faz", ou seja, você vai aumentar o resultado da sua busca, pois vai combinar as palavras-chave usadas como filtro da sua busca. Observe a Figura 10.16.

Figura 10.16 Operador booleano OR.

Na prática: imagine que eu queira contratar uma pessoa com o cargo de analista de Recursos Humanos ou uma pessoa de Departamento Pessoal. O OR vai fazer com que aumentem os resultados para otimizar a minha busca quando eu digitar na barra de pesquisa "analista de recursos humanos" OR "analista de departamento pessoal".

O que vai acontecer? O resultado da busca vai trazer todos os perfis cadastrados como analistas de recursos humanos E todos os perfis cadastrados como analistas de departamento pessoal.

10.1.1.5 *Parênteses*

Os parênteses são úteis para que você agrupe palavras-chave que vai utilizar como filtros combinados com os operadores booleanos explicados anteriormente. Vai restringir os resultados. Observe a Figura 10.17.

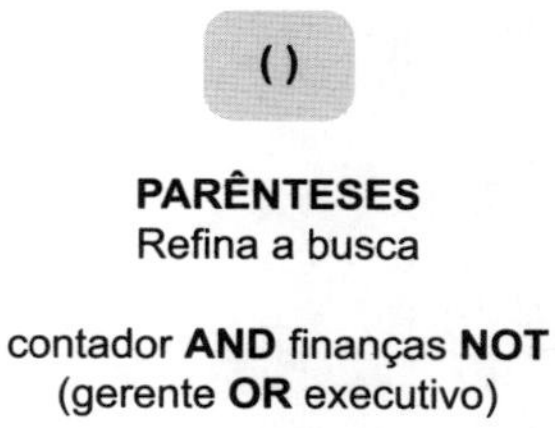

Figura 10.17 Operador booleano PARÊNTESES ( ).

10.1.2 Prioridades na pesquisa booleana do LinkedIn

Quando você pesquisa, há uma prioridade de operadores, que segundo o LinkedIn são:

- Aspas [""]
- Parênteses [()]
- NOT
- AND
- OR

10.1.3 Bônus: pesquisa booleana no ChatGPT

A inteligência artificial generativa do ChatGPT ajudará a criar uma pesquisa booleana. Importante salientar que o código gerado poderá ter algum erro, portanto, sugiro que revise para verificar se há a repetição de alguma palavra-chave ou operador booleano.

Você pode digitar um *prompt* em português

Gostaria de uma consulta booleana para me ajudar a refinar os resultados da minha pesquisa no meu LinkedIn, que contenham as palavras-chave "Gerente de Recursos Humanos" ou "HR Manager", que estejam localizados na cidade ou área do Rio de Janeiro, que não tenham a expressão "Diretor de Recursos Humanos" ou "Human Resources Director" (Figura 10.18).

O ChatGPT fornecerá um código com palavras-chave em português ("Gerente de Recursos Humanos" OR "HR Manager") AND ("Rio de Janeiro" OR "Rio de Janeiro Area") NOT ("Diretor de Recursos Humanos" OR "Human Resources Director").

Você poderá clicar em "Copy code", conforme a Figura 10.18, colar em sua barra de pesquisas do LinkedIn, clicar no filtro "Pessoas" e esperar o resultado. A minha pesquisa teve como resultado 859 pessoas com os filtros que utilizei.

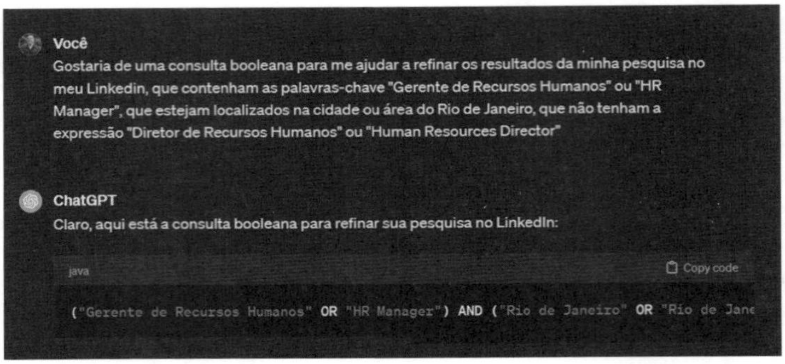

Figura 10.18 Crie seu *prompt* de pesquisa booleana no ChatGPT.

Caso queira criar o *prompt* em inglês:

Create a Boolean search string to find profiles of Human Resources Manager skilled in Diversity. Candidates should have a Specialization in People Management and have competencies in Talent Acquisition (Figura 10.19).

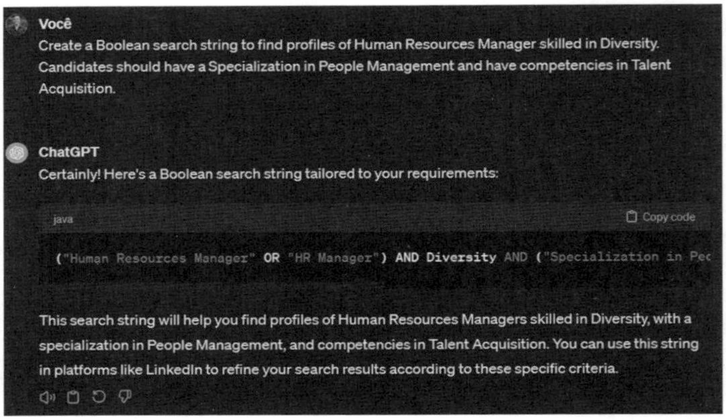

Figura 10.19 Crie seu *prompt* de pesquisa booleana em inglês no ChatGPT.

O ChatGPT fornecerá um código com termos em inglês ("Human Resources Manager" OR "HR Manager") AND Diversity AND ("Specialization in People Management" OR "People Management Specialization") AND "Talent Acquisition".

Você poderá clicar em "Copy code", conforme a Figura 10.19, colar na sua barra de pesquisas do LinkedIn, clicar no filtro "Pessoas" e esperar o resultado. A minha pesquisa teve como resultado 3 pessoas com os filtros que utilizei.

10.2 Outras plataformas que permitem a pesquisa booleana

Há outras plataformas, além do LinkedIn, que permitem a pesquisa booleana, como o Google e o Indeed. Além dos operadores booleanos que aprendemos neste capítulo, essas duas plataformas permitem outros operadores que tornam a sua busca ainda mais avançada.

10.2.1 Plataformas que ajudam a criar os comandos da pesquisa instantaneamente

Acesse HireEZ por meio do QR Code a seguir:

uqr.to/1vpas

É uma plataforma intuitiva. Você pode colocar palavras-chave em quaisquer idiomas. Note que na Figura 10.20 coloquei palavras-chave na língua portuguesa.

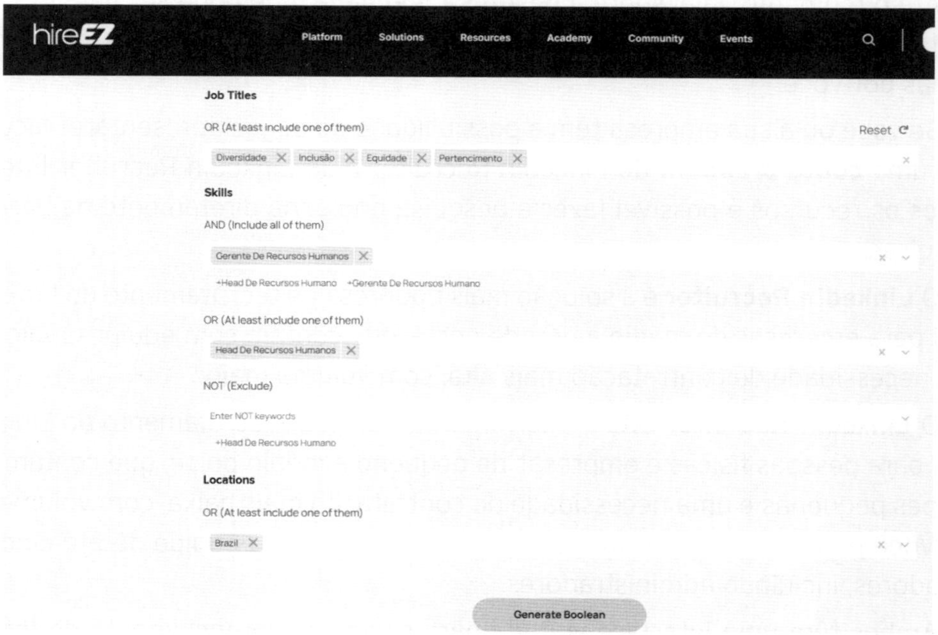

Figura 10.20 Inserindo as palavras-chave na plataforma HireEZ.

Obs.: a plataforma é na língua inglesa, mas você pode colocar palavras-chave em quaisquer idiomas.

Resultado

(Diversidade OR Inclusão OR Equidade OR Pertencimento) "Gerente de Recursos Humanos" ("Head de Recursos Humanos") (Brazil).

Agora é só copiar o resultado da sua busca e colar na sua barra de pesquisa do LinkedIn, clicando em "Pessoas".

Acesse outra plataforma por meio do QR Code a seguir:

uqr.to/1vpat

10.3 LinkedIn Recruiter e LinkedIn Recruiter Lite

Até o momento, falei sobre a **pesquisa booleana**, que pode ser feita gratuitamente na sua **conta individual** do LinkedIn, que é acessada, editada e atualizada apenas por você.

Se você ou a sua empresa têm a possibilidade de pagar, apresentarei recursos para uma **conta *premium*** do LinkedIn Recruiter e do LinkedIn Recruiter Lite. Em ambos os recursos é possível fazer a pesquisa booleana diretamente na barra de pesquisas.

O **LinkedIn Recruiter** é a solução mais poderosa de recrutamento do LinkedIn. Ideal para empresas de médio a grande porte, que contam com equipes maiores e uma necessidade de contratação mais alta, com volume maior.

O **LinkedIn Recruiter Lite** é a ferramenta básica de recrutamento do LinkedIn. Ideal para pessoas físicas e empresas de pequeno a médio porte, que contam com equipes pequenas e uma necessidade de contratação mais baixa, com volume menor. Você pode usar o Recruiter Lite para configurar uma equipe de até cinco recrutadores, incluindo administradores.

Ambos têm uma interface voltada para pesquisa, gerenciamento de InMails, gerenciamento de perfis (com pastas de projetos), gerenciamento de vagas, recursos de colaboração e produtividade, além de recursos administrativos para gerenciamento de contas de usuários.

Antes de você escolher a solução mais adequada para o seu negócio, preciso que entenda um ponto. A sua conta pessoal do LinkedIn é separada da sua conta do Recruiter, mas, apesar disso, saiba que elas estão conectadas entre si. O que isso quer dizer?

Quer dizer que você deve cuidar da sua marca pessoal enquanto pessoa recrutadora, já que há duas possibilidades: uma é você entrar em contato com as pessoas candidatas e outra é que você pode ser identificado na descrição como responsável pela vaga.

Dessa maneira, muitas pessoas candidatas visitarão o seu perfil pessoal e, para que sua marca seja positiva, seu perfil pessoal deve representar bem você e a empresa na qual trabalha. Como fazer isso? Com informações claras e transparentes.

Na prática

Sua foto representa o seu dia a dia de trabalho? Tem boa qualidade? Seu cargo traz informações sobre as suas reais responsabilidades e funções? E o seu resumo? Está bem redigido? Você vai fazer parte da marca empregadora, por isso, cuide bem do seu perfil pessoal.

Observe os Quadros 10.1 a 10.4 com as diferenças para a escolha da melhor solução.

Quadro 10.1 Pesquisar.

Recurso	Recruiter Lite	Recruiter Corporate (para grandes empresas)
Acesso à rede LinkedIn	Até suas conexões de 3º grau	Acesso total a toda a rede
Filtros de pesquisa	Mais de 20 filtros	Mais de 40 filtros, incluindo filtros avançados, como anos na empresa/posição atual e idiomas falados
Filtro "Aberto a trabalhos temporários"	Não	Sim
Spotlights	Não	Sim

(continua)

(continuação)

Recurso	Recruiter Lite	Recruiter Corporate (para grandes empresas)
***Insights* sobre candidato e empresa**	Não	Sim
Pesquisar *insights* (p. ex., tendências da empresa por fonte de talentos)	Não	Sim
Alertas de pesquisa de candidatos	Máximo 10 por licença	Máximo 50
	(diária ou semanalmente)	(diária ou semanalmente)

Quadro 10.2 Envio de mensagens.

Recurso	Recruiter Lite	Recruiter Corporate (para grandes empresas)
Mensagens de InMail por mês	30 por licença	150
Agrupamento de InMails na sua conta	Sim	Sim - os pacotes de InMail são agrupados para todas as licenças na sua conta (100 a 150 - número de licenças), permitindo que os recrutadores ativos utilizem mais créditos de InMail conforme necessário.
Capacidade de envio de mensagens de InMail em lote	Não	Sim - até 25 mensagens ao mesmo tempo
Compra de InMails adicionais	70 por mês, por licença (não mais de 120 InMails podem ser concedidos por licença a cada mês)	Sim

Quadro 10.3 Colaboração e organização.

Recurso	Recruiter Lite	Recruiter Corporate (para grandes empresas)
Painel para vários usuários	Sim (até cinco licenças)	Sim

(continua)

(continuação)

Recurso	Recruiter Lite	Recruiter Corporate (para grandes empresas)
Capacidade para colaborar em projetos compartilhados	Sim (até cinco licenças)	Sim
Licenças gratuitas de colaborador para gestores de contratações ou clientes	Não	Sim - 20 por licença do Recruiter
Recursos de colaboração	Sim (até cinco licenças)	Sim
@Menções em notas		
Compartilhamento de mensagens		
Atividade de recrutamento		

Quadro 10.4 Administração, integrações e relatórios.

Recurso	Recruiter Lite	Recruiter Corporate (para grandes empresas)
Titularidade dos dados	Administrador do Comprador - os dados são de propriedade do Administrador do Comprador	Empresa - os dados do Recruiter são de propriedade da empresa e permanecem com sua empresa
Preços*	US$ 170/mês (licença única)	Conversar com a nossa Equipe de Vendas
	US$ 270/mês por licença (duas a cinco licenças)	
	US$ 1.680/ano (licença única)	
	US$ 2.670/mês por licença (duas a cinco licenças)	
	Reflete o preço em dólar americano; o preço varia de acordo com a região e a moeda. Cadastre-se para ver o preço na sua localidade.	

(continua)

(continuação)

Recurso	Recruiter Lite	Recruiter Corporate (para grandes empresas)
Integrações com Sistema de Rastreamento de Candidatos (ATS)	Não	Sim - mais de 28 parceiros de ATS
Integrações com	Não	Sim
LinkedIn Talent Insights		
LinkedIn Talent Hub		
Soluções de marketing de recrutamento do LinkedIn		
Relatórios	Relatório de análise de InMails e relatório de análise de vagas	Relatório de análise de InMail
		Relatório de análise de vagas
		Relatório de utilização do Recruiter
		Relatório de análise de talentos selecionados
		Relatório entre contratos e personalizado
Rastreamento da OFCCP	Não	Sim

* Os preços estão em dólares para serviços no ano de 2024. Esses valores podem sofrer reajustes ao longo do tempo.

10.3.1 Guia prático do LinkedIn Recruiter Lite

O Recruiter Lite pode ser comprado *online* com assinatura mensal ou anual, podendo ser cancelado a qualquer momento. Se for a primeira vez que se cadastra, é possível fazer um teste gratuito de 30 dias.

Obs.: todas os recursos do LinkedIn Recruiter Lite estão presentes no LinkedIn Recruiter, que é a versão mais robusta, mas nem todas as funcionalidades do LinkedIn Recruiter estão presentes no LinkedIn Recruiter Lite.

Por isso, minha recomendação é que analise as tabelas para contratar a ferramenta *premium* que tenha mais a ver com as necessidades do seu negócio atual.

Principais recursos do LinkedIn Recruiter Lite:

- Pesquise suas conexões até o 3º grau, com mais de 20 filtros, que serão mostrados posteriormente.

- Refine a sua pesquisa com sugestões inteligentes.
- Trinta mensagens gratuitas de InMail para entrar em contato com as pessoas candidatas. Você tem a opção de comprar até 70.
- Acesso a recomendações diárias de novas pessoas candidatas qualificadas.
- Projetos colaborativos com até cinco pessoas recrutadoras.
- Publicação de uma vaga de emprego gratuita de cada vez (qualquer vaga adicional precisa ser promovida ou a primeira vaga gratuita fechada para postar outra gratuitamente).
- As pessoas recrutadoras e administradoras assinantes do Recruiter Lite podem postar quantas vagas promovidas desejarem.
- Mensagens, pesquisas e anúncios de vaga organizados e separados da sua conta pessoal do LinkedIn.

10.3.1.1 *Começando a usar o Recruiter Lite*

Clique no ícone "Recruiter" (canto superior direito da sua tela), conforme a Figura 10.21.

Figura 10.21 Encontrando o ícone para acessar o Recruiter.

Após o seu clique, aparecerá a tela da Figura 10.22.

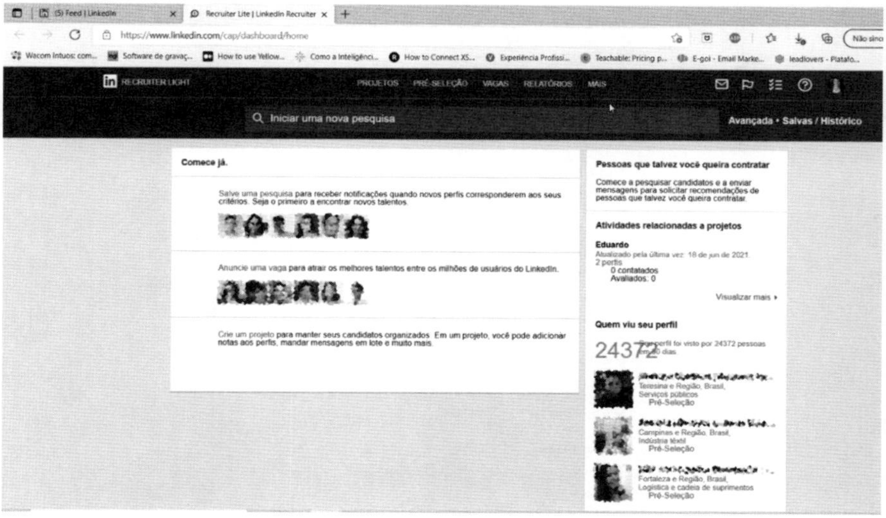

Figura 10.22 Página inicial do Recruiter.

Muitas pessoas que não têm experiência com a ferramenta tendem a começar imediatamente a procurar pessoas candidatas, mas oferecerei um ponto de vista prático: antes de procurar pessoas, **crie um projeto** para cada cargo específico que você irá contratar para organizar o seu fluxo de trabalho em um único lugar.

10.3.1.2 *Criação de um novo projeto*

Você pode criar projetos ao clicar em "Criar novo projeto". Na Figura 10.23, tenho um com o meu nome (Eduardo), que servirá como amostra - você pode criar vários.

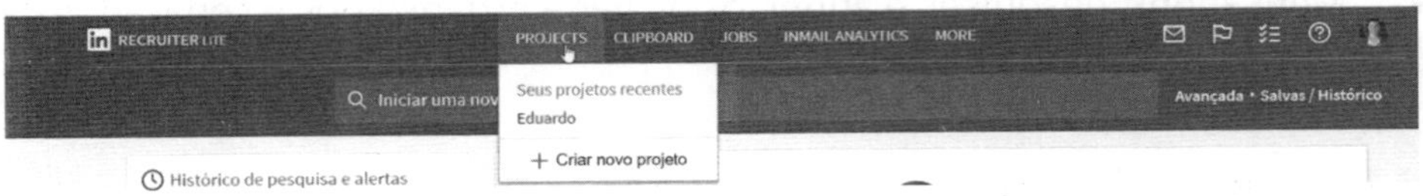

Figura 10.23 Aba "projetos".

Se eu clicar em "Criar novo projeto", aparecerá a imagem da Figura 10.24.

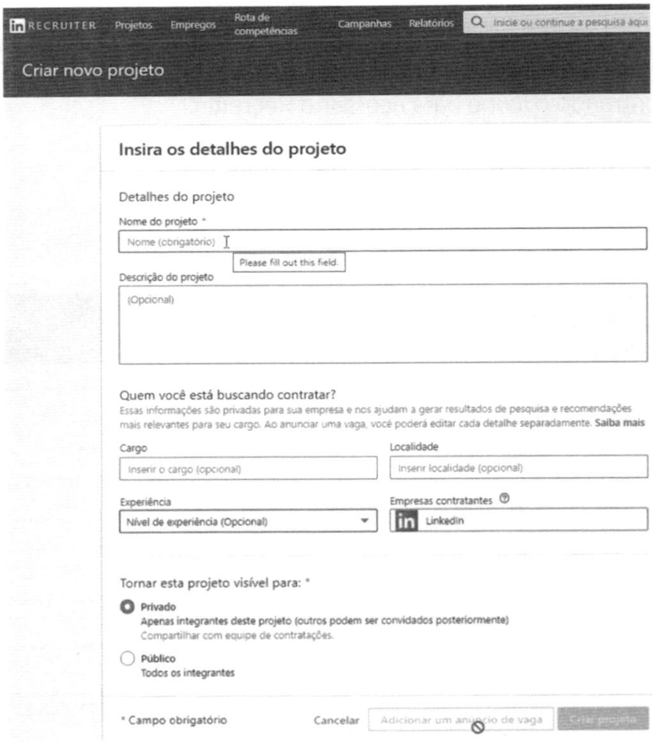

Figura 10.24 Criando um novo projeto.

Se eu clicar no projeto com o nome "Eduardo", terei acesso a diversas ferramentas diferentes entre si. Há uma área do *pool* de talentos na qual o LinkedIn recomenda pessoas candidatas com base nas especificações das suas descrições de vagas associadas ao projeto.

Ao começar a visualizar pessoas candidatas, caso se interesse por uma ou mais, você poderá movê-la(s) para o seu *pipeline*, que vai te ajudar a acompanhar o processo: desde a visualização das pessoas que você salvou até os diferentes estágios no processo de contratação. Observe a Figura 10.25.

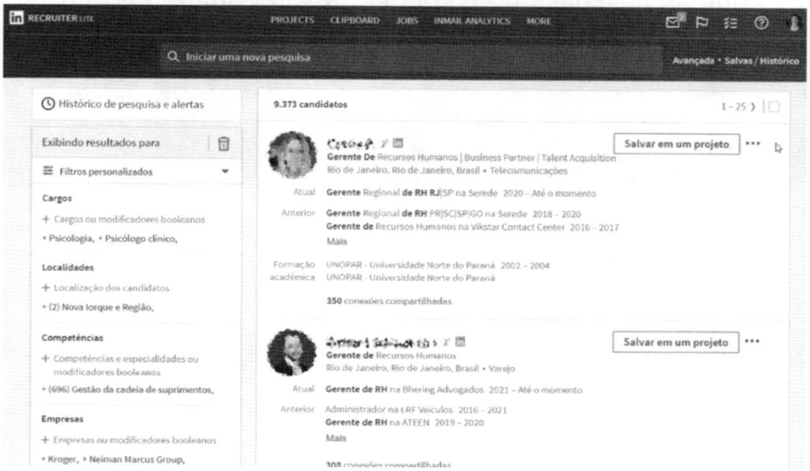

Figura 10.25 Página com pessoas candidatas.

Essa é apenas uma amostra do meu *pool* de talentos. Eu poderia ter dezenas, centenas de pessoas candidatas, mas na Figura 10.26 eu tenho apenas uma para que você entenda como visualizará cada uma das pessoas que você salvou.

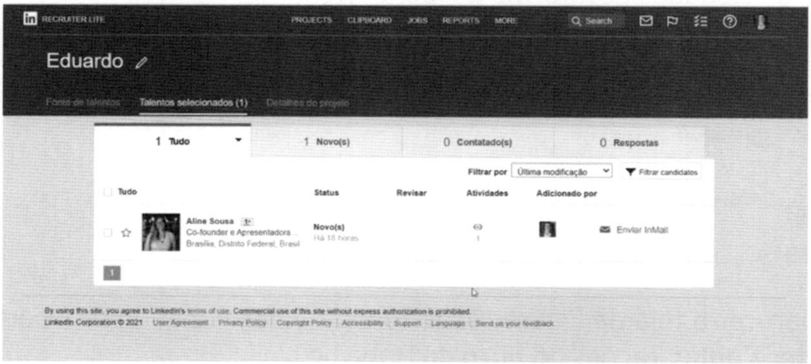

Figura 10.26 Talentos selecionados.

Conforme as pessoas candidatas progridem pelos estágios de contratação, você é capaz de mudar o seu estágio no *pipeline*. Você pode ver as pessoas adicionadas recentemente (novos), com as quais entrou em contato, e irá ver posteriormente quais foram as pessoas que responderam ao seu contato.

Se eu quiser contratar uma pessoa que seja gerente de Recursos Humanos para a filial do Rio de Janeiro, poderei clicar em "Criar um projeto" e nomeá-lo como "gerente de RH RJ", por exemplo.

Opcionalmente, você pode descrever o projeto. Sugestão: ponha a descrição da vaga para que as pessoas que compõem a sua equipe possam saber do que se trata.

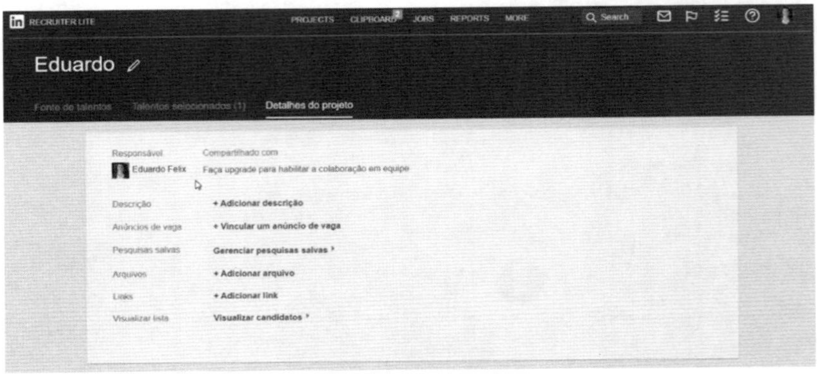

Figura 10.27 Detalhes do projeto.

10.3.1.3 *Adicionando pessoas colaboradoras a cada projeto*

Clique em "Project settings" (Detalhes do projeto), ao lado direito de "Pipeline" (Talentos selecionados), conforme a Figura 10.27.

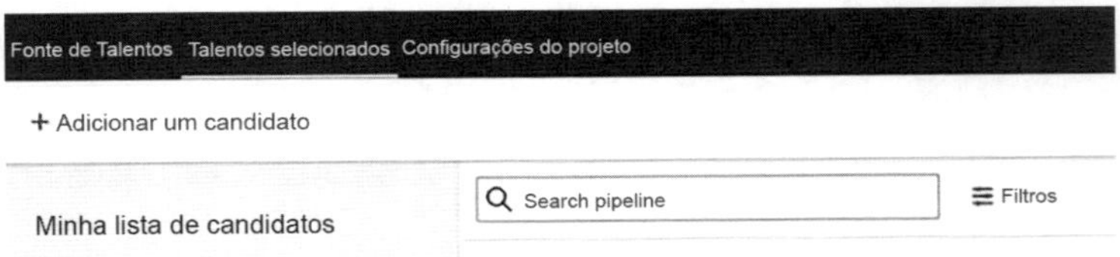

Figura 10.28 Adicionando pessoas colaboradoras a cada projeto.

Ao aparecer a tela da Figura 10.28, role para baixo e vá para a parte em que está escrito "Configurações do fluxo de trabalho".

Em "Membros do projeto", clique em "Editar membros". Observe a Figura 10.29.

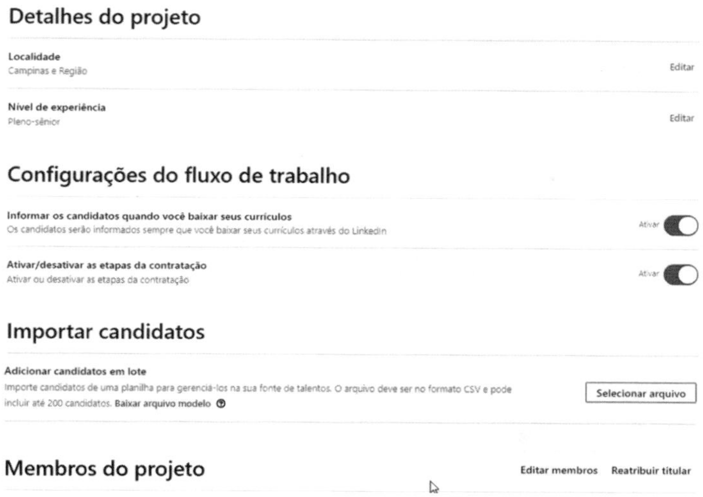

Figura 10.29 Detalhes de projeto e configurações do fluxo de trabalho.

Figura 10.30 Convidar um membro para um projeto.

Quando eu digito o nome da pessoa que quero convidar para o projeto (Figura 10.30) e a escolho, posso definir se essa pessoa vai participar do Projeto completo (*Full project*), se serão Apenas talentos selecionados (*Pipeline only*) ou se será Apenas visualização (*View only*).

Quando selecionamos "Projeto completo", compartilhamos diversas permissões, conforme você pode ver na Figura 10.31.

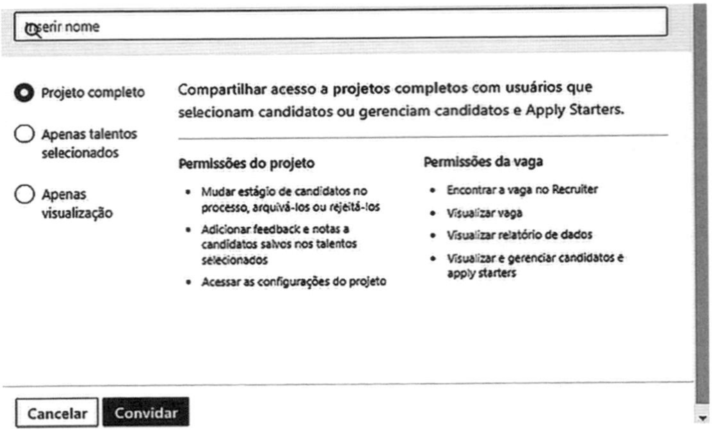

Figura 10.31 Configurações de compartilhamento de acesso aos projetos com membros convidados – parte 1: "Projeto completo".

Quando selecionamos "Apenas talentos selecionados" (*Pipeline only*), compartilhamos apenas algumas permissões. Conforme você pode ver na Figura 10.32, são menos permissões do que se eu compartilhasse o projeto todo.

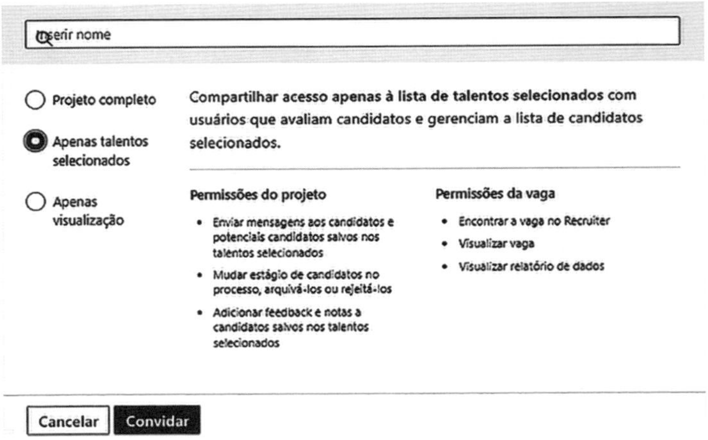

Figura 10.32 Configurações de compartilhamento de acesso aos projetos com membros convidados – parte 2: "Apenas talentos selecionados".

Quando selecionamos "Apenas visualização" (*View only*), compartilhamos apenas permissões de visualização, ou seja, a pessoa com a qual compartilhei não tem tanta autonomia como nos dois compartilhamentos anteriores. Observe a Figura 10.33.

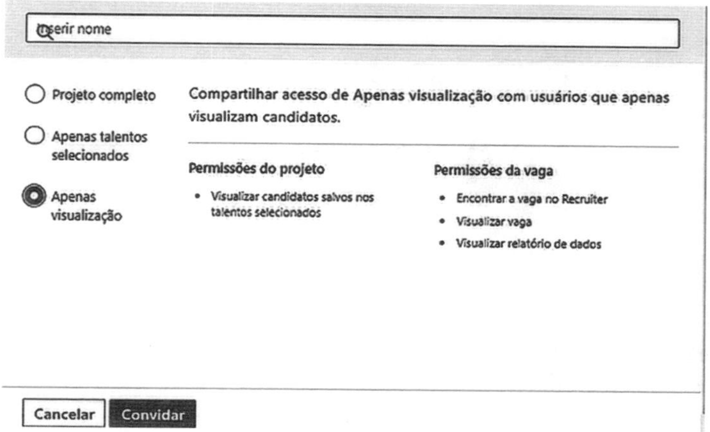

Figura 10.33 Configurações de compartilhamento de acesso aos projetos com membros convidados – parte 3: "Apenas visualização".

Em todos os casos, quando eu realmente decidir o tipo de compartilhamento que quero, clicarei no botão azul "Convidar" (*Invite*).

10.3.1.4 *Tela inicial do Recruiter*

Na Figura 10.34a, você verá a imagem da tela inicial e logo perceberá que poderá fazer a pesquisa booleana que aprendeu anteriormente na barra de pesquisas do seu perfil pessoal de modo gratuito, porém agora na tela inicial do Recruiter Lite.

Caso perceba, na barra lateral ao lado esquerdo da Figura 10.34b, há diversos filtros que você pode utilizar. Em tela: "Cargos", "Localidades", "Competências" e "Empresas", considerados como filtros básicos. Observe na Figura 10.35 três listas mais extensas de filtros do Recruiter.

(a)

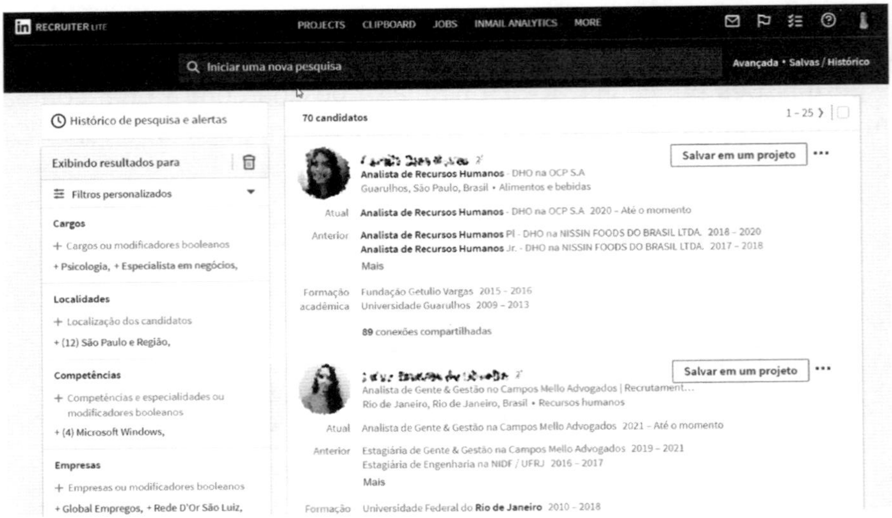

(b)

Figura 10.34 **(a)** Pesquisa booleana diretamente no Recruiter; **(b)** Filtros utilizados para pesquisa booleana no Recruiter.

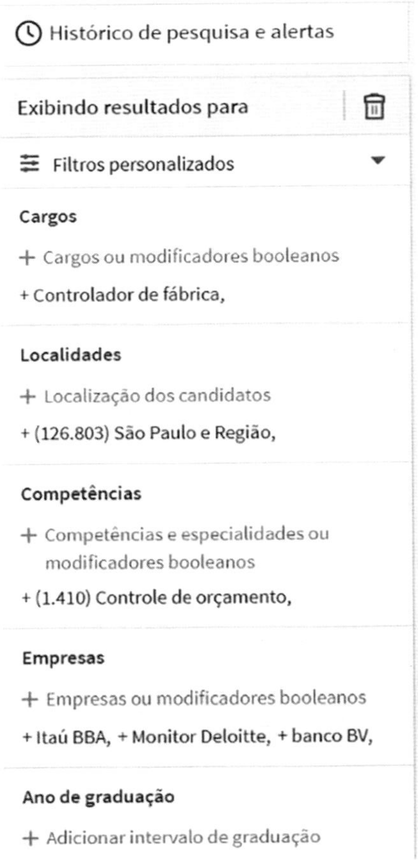

(a)

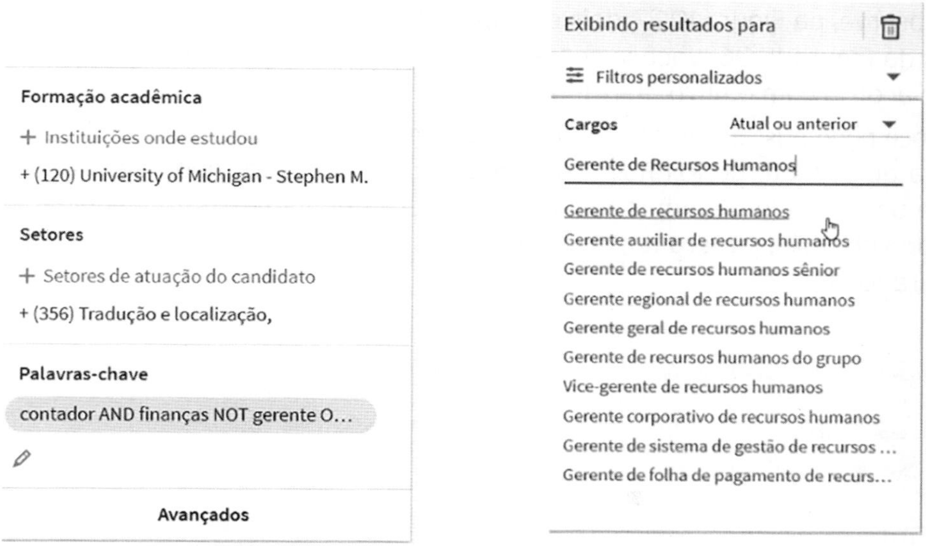

(b) **(c)**

Figura 10.35 **(a)**, **(b)** e **(c)** Filtros do Recruiter.

Você poderá modificar de acordo com os critérios pré-estabelecidos na *intake meeting*. No final da lista, você ainda tem um botão para contar com recursos **avançados (em negrito)**. Recomendo que explore cada um desses filtros para se familiarizar com a plataforma.

Observe a Figura 10.36.

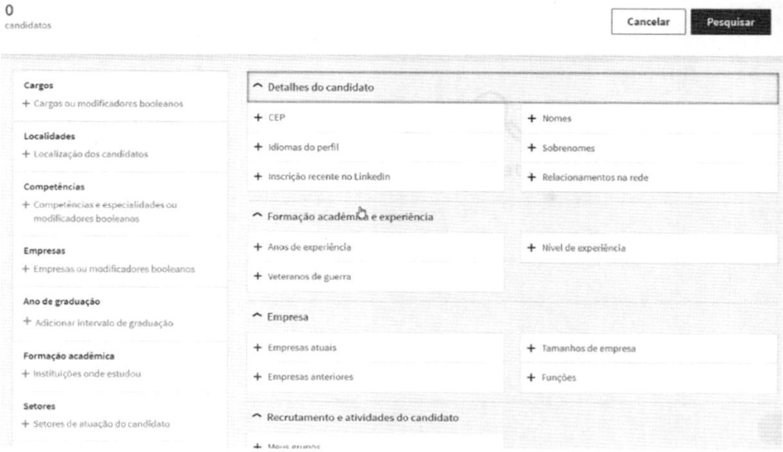

Figura 10.36 Mais filtros do Recruiter.

Observe, na Figura 10.37, dois exemplos de filtro com gráfico. Em cada um dos filtros da Figura 10.36, você já consegue visualizar o número de pessoas candidatas de acordo com o filtro utilizado.

Você pode buscar pessoas candidatas dentro da fonte de talentos de um projeto - lembra do gerente de RH RJ? Vai navegar, criar em *talent pool*. Caso não tenha criado um anúncio de emprego, não visualizará nenhuma pessoa candidata, mas quando você cria, poderá ter milhares de pessoas candidatas potenciais. Observe a Figura 10.38.

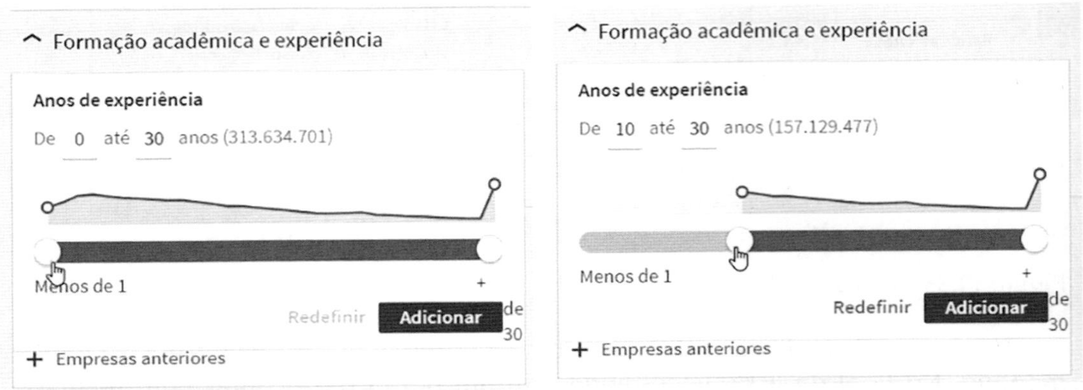

(a) **(b)**

Figura 10.37 **(a)** e **(b)** Filtros "Formação acadêmica e experiência".

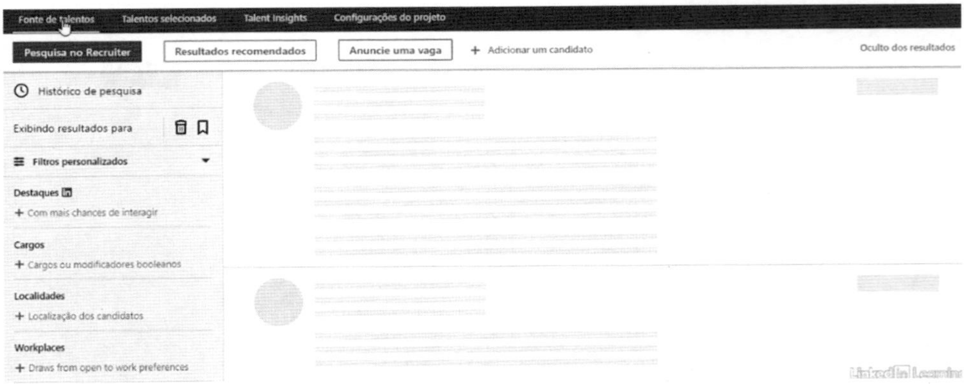

Figura 10.38 Fonte de talentos.

É aí que você pode usar os filtros aprendidos anteriormente para encontrar a pessoa ideal para ocupar o cargo que está oferecendo. Você pode buscar pessoas que seguem ou interagiram com a sua empresa, ou que sinalizaram que têm interesses em posições futuras, por exemplo.

Você poderá visualizar o perfil de uma pessoa candidata no LinkedIn ao clicar no nome dela e encontrará perfis semelhantes aos dela para navegar. Caso você tenha certeza de que vale a pena entrar em contato com a pessoa candidata, clique em salvar no *pipeline* (abaixo do nome dela).

Você poderá clicar no botão "Salvar no pipeline" ao lado de qualquer recomendação de pessoa candidata que o LinkedIn tenha oferecido sem que tenha que visualizar completamente o perfil completo da pessoa candidata recomendada pelo LinkedIn.

Depois, é possível atribuir um estágio do *pipeline* diretamente a cada uma dessas pessoas candidatas que escolheu. Caso você clique na guia "Pipeline", poderá visualizar se essas pessoas candidatas que escolheu foram adicionadas.

Além de salvar um perfil em seu *pipeline* diretamente de um projeto, você pode salvar a partir de outros lugares, como uma vaga publicada dentro de um projeto, no qual qualquer pessoa que se candidatou à vaga aparecerá no *pipeline*.

Outra maneira é quando você já conhece a pessoa que está se candidatando ou ela seja indicada diretamente por alguém da empresa - você poderá adicioná-la "manualmente" ao *pipeline* dentro do projeto.

Caso a pessoa não tenha uma conta do LinkedIn, você pode adicionar o arquivo contendo seu currículo ou pode adicionar "manualmente" as informações do currículo dessa pessoa, digitando as informações mais relevantes e salvando.

Você pode gerenciar seu *pipeline* para saber quantas pessoas candidatas estão ativas, quantas foram arquivadas, com quantas você entrou em contato, ou não, e quantas responderam ao seu contato.

Caso não precise mais de uma pessoa candidata em seu *pipeline*, você pode clicar em "Arquivar", e as que ainda permanecem no processo continuam ativas. Com isso, você é capaz de visualizar onde as pessoas candidatas estão no processo e sua equipe é capaz de visualizar o progresso dessas pessoas.

Até o momento do fechamento desta edição, o recurso de IA generativa do LinkedIn Recruiter estava disponível apenas nos idiomas inglês ou francês. Se quiser saber mais sobre esse recurso, aponte a câmera de seu celular para o QR Code a seguir e acesse este conteúdo bônus sobre As principais atualizações de Inteligência Artificial no LinkedIn Recruiter, que preparamos em português.

uqr.to/1z1kp

10.3.1.5 *InMail*

Uma das falhas mais comuns nos funis de recrutamento está na comunicação da pessoa recrutadora com a pessoa candidata. O LinkedIn Recruiter torna essa comunicação fácil e eficiente, pois permite que você envie e receba mensagens dentro da própria plataforma.

Quando você estiver navegando pelo seu *pipeline* ou banco de talentos, as pessoas candidatas estarão listadas na tela. À direita de cada pessoa, temos o ícone de envelope e é nele que você vai clicar. Após o clique, abrirá um painel lateral com algumas opções.

Existe um botão para enviar uma mensagem a uma pessoa candidata. Caso eu queira entrar em contato com essa pessoa pelo LinkedIn Recruiter, como você acompanhou nos quadros deste capítulo, tenho créditos de InMail mensais – enviarei um para a Aline, conforme a Figura 10.39.

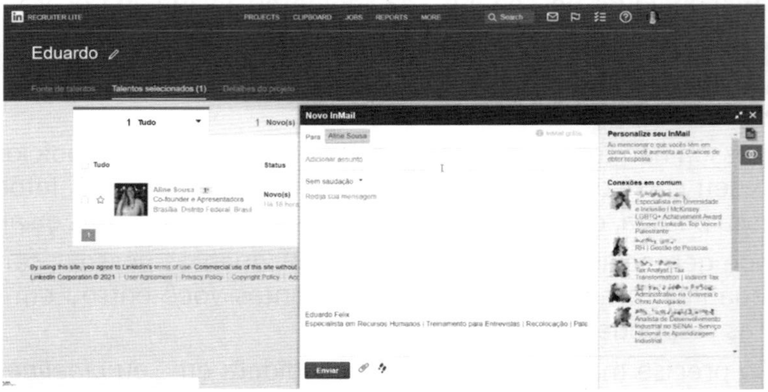

Figura 10.39 Redigindo um InMail.

Quando uma pessoa candidata responder à sua mensagem, você receberá uma notificação no endereço de e-mail principal e na caixa de entrada do InMail. Depois de receber uma mensagem de volta, você pode continuar a conversa por e-mail ou InMail. Observe a Figura 10.40.

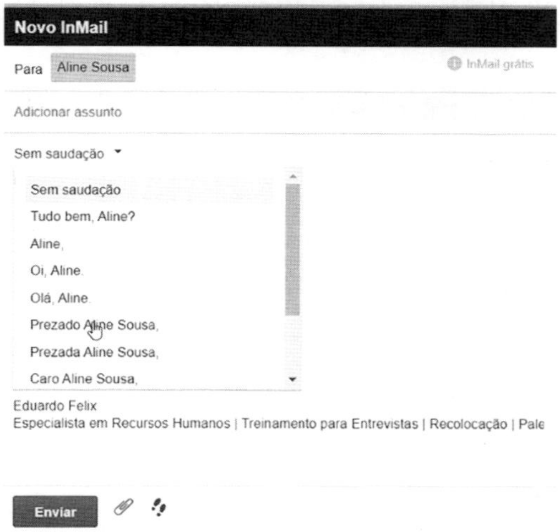

Figura 10.40 Escolhendo a saudação do InMail.

Com uma janela de mensagem aberta, compus uma mensagem para a Aline, que é candidata. E se você observar na Figura 10.40, à direita do nome dela, no final da mesma linha, diz que o InMail é gratuito: neste caso, eu não estou usando um dos meus InMails a que tenho direito mensalmente.

Como assim? A Aline é minha conexão de primeiro grau - mesmo que não fosse, ela é uma usuária *premium* que permite a opção "Open profile", ou seja, mesmo que eu fosse uma pessoa com a conta gratuita do LinkedIn, conseguiria enviar uma mensagem para ela pelo LinkedIn sem ter que pagar ou gastar créditos de InMail.

Se for uma conexão de segundo ou de terceiro grau - acredito que a maioria será, a não ser que você seja uma pessoa *influencer* do LinkedIn (naturalmente dispõe de uma rede ampla: o LinkedIn permite 30 mil conexões no máximo) -, provavelmente você gastará crédito de InMail com a maioria das pessoas, portanto, use com sabedoria, pois em algum momento poderá ficar sem créditos e terá que comprar créditos extra.

Se a pessoa que me enviar um InMail responder ou negar a mensagem, dentro de 90 dias receberei o crédito do InMail de volta. Por isso, acompanhe seus créditos.

Observe a Figura 10.41 com um exemplo de texto de InMail.

Novo InMail
Para
Aline Sousa
InMail grátis
Adicionar assunto
Prezado Aline Sousa,
Escolhi seu currículo para a vaga de Analista de Recursos Humanos. Gostaria de parabenizá-la pela sua trajetória profissional. Gostaria de saber a sua disponibilidade para que possamos marcar uma entrevista essa semana.
Muito obrigado.
Atenciosamente,
Eduardo Felix
Esse e-mail é um teste.
Eduardo Felix
Especialista em Recursos Humanos | Treinamento para Entrevistas | Recolocação | Pale
Enviar
294

Figura 10.41 Texto do InMail.

Obs.: no Recruiter Lite, ao clicar no ícone de "Anexar", você consegue enviar até cinco anexos com tamanho total de 2 MB.

Dica: o recurso permite que você crie modelos de mensagens (*templates*), o que pode economizar o seu tempo. Como fazer? Na página inicial do Recruiter, clique na sua foto e, posteriormente, na guia "Configurações de recrutamento" (Recruiting settings), e clique em "Modelos de mensagem" (Message templates). Observe a Figura 10.42.

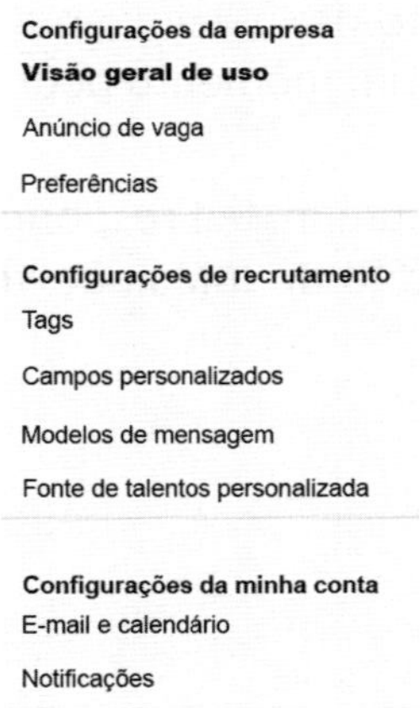
Configurações da empresa
Visão geral de uso
Anúncio de vaga
Preferências
Configurações de recrutamento
Tags
Campos personalizados
Modelos de mensagem
Fonte de talentos personalizada
Configurações da minha conta
E-mail e calendário
Notificações

Figura 10.42 Criando modelos de mensagem (*message templates*).

Vai aparecer um formulário para você nomear o seu modelo (*template name*), colocar o tipo - se é uma mensagem ou um convite para entrevista - e adicionar o assunto para compor a mensagem que deseja. Você pode deixar a sua mensagem visível apenas para você ou para todas as pessoas da organização. Observe a Figura 10.43.

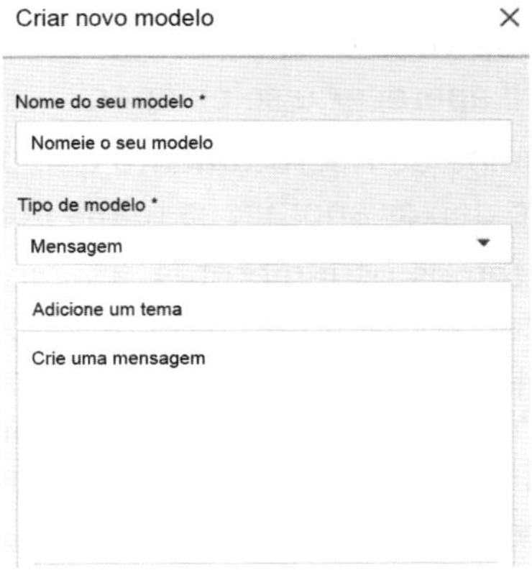

Figura 10.43 Criando um modelo (*template*).

No momento em que estiver compondo, aparecerá um pequeno ícone de chaves {}, que tem o propósito de criar variáveis para a mensagem, como incluir o nome da pessoa com a qual estou entrando em contato. Então eu vou clicar após "Olá", digitar uma variável e salvar. Por exemplo: Olá, {nome} [vai aparecer apenas o primeiro nome da pessoa]. Depois eu posso clicar em "Salvar".

É possível enviar mensagens em massa, ou seja, para todas as pessoas. Para isso, posso selecionar as que eu quero enviar, clicando na caixa de marcação ao lado dos seus respectivos nomes.

10.3.1.6 *Ferramentas de recrutamento*

Há ferramentas de recrutamento para colaborar. No *pipeline*, quando você clica no nome da pessoa candidata, aparece uma *pop-up* com a parte inicial do perfil dela - contendo foto, título, cidade... -, e abaixo disso, informações do projeto. Por exemplo: em um projeto Gerente de RH RJ, contatada, projeto atual (Figura 10.44a). E mais abaixo as minhas atividades mais recentes como recrutador (Figura 10.44b).

Ao lado direito do perfil dessa pessoa aparecem perfis similares recomendados pelo LinkedIn, e quando você rola a tela mais para baixo, no lado direito, é capaz de visualizar o campo "Ferramentas de recrutamento". O primeiro campo se chama "Notas".

No campo "Notas", você é capaz de adicionar notas para deixá-las visíveis apenas para você mesmo, ou para membros do projeto ou para qualquer pessoa de sua empresa. Quando você digita a nota, poderá marcar alguém que queira com @. Por exemplo: imagine que você queira me marcar. Vai digitar @Eduardo Felix, esperar a foto do meu perfil aparecer e selecionar.

Obs.: as pessoas da equipe de Recrutamento que participam do projeto poderão responder e até mesmo deixar anotações feitas por elas mesmas.

Abaixo das notas nós temos os lembretes. Imagine que eu queira entrar em contato com uma pessoa candidata no final do projeto, que está previsto para 30 de março, por exemplo. Eu posso digitar no campo "lembretes" "entrar em contato com Fulana", e no campo "data de vencimento", digitarei 30 para o dia, 03 para o mês e o ano corrente - ou posso selecionar a partir de um calendário que surge como uma *pop-up*. Posso editar esse lembrete a qualquer momento.

Abaixo dos lembretes nós temos os *links*, e nesse campo eu posso compartilhar qualquer *link* para redirecionar a algum *site* que seja relevante.

Por último, abaixo dos lembretes, nós temos as "Tags" - no Recruiter você pode configurar até 300 *tags*, que são utilizadas para facilitar a organização e a pesquisa de pessoas candidatas.

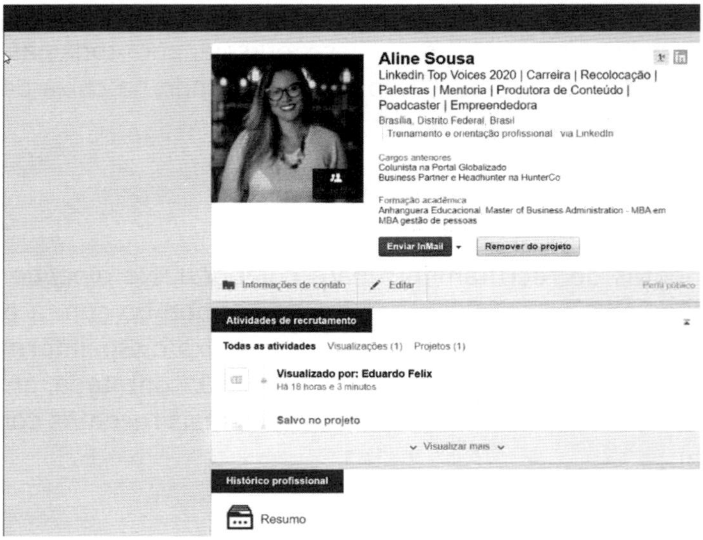

(a)

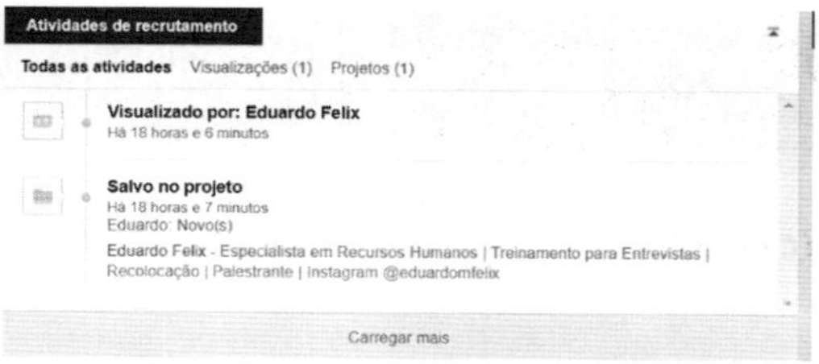

(b)

Figura 10.44 **(a)** Perfil da pessoa candidata; **(b)** atividades de recrutamento.

Eu posso também entrar no perfil de uma pessoa diretamente para visualizar o perfil dela no Recruiter (Figura 10.45).

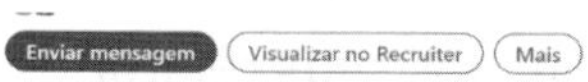

Figura 10.45 Visualizando o perfil de uma pessoa diretamente no Recruiter.

10.3.1.7 *Acompanhando o desempenho da equipe de Recrutamento com relatórios*

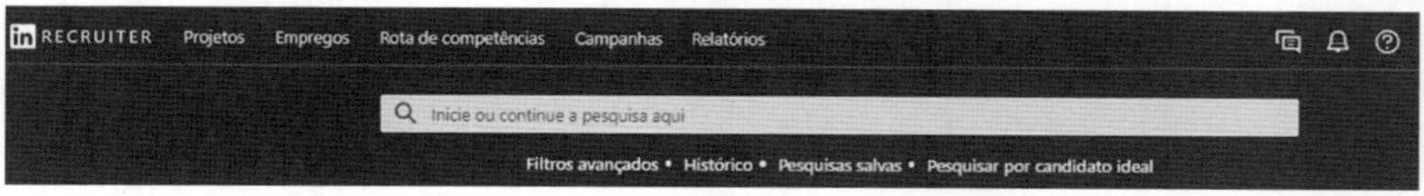

(a)

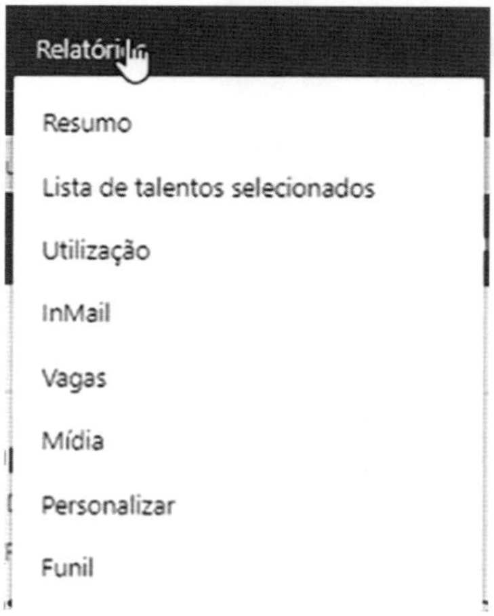

(b)

(c)

Figura 10.46 (a), **(b)** e **(c)** Acompanhando o desempenho da equipe de Recrutamento com relatórios.

Com o Recruiter, você não precisa de uma planilha ou calculadora, pois terá suas tarefas automatizadas. Na barra de navegação, é possível ter acesso aos diversos relatórios e aos resumos (Figura 10.46).

Aproveite os relatórios e utilize apenas os que têm a ver com o seu negócio, pois vão lhe ajudar a tomar decisões baseadas em evidências a partir de dados coletados para que você possa fazer melhorias contínuas em cada uma das etapas do seu funil de recrutamento.

Você poderá salvar cada um dos seus relatórios, conforme a Figura 10.47.

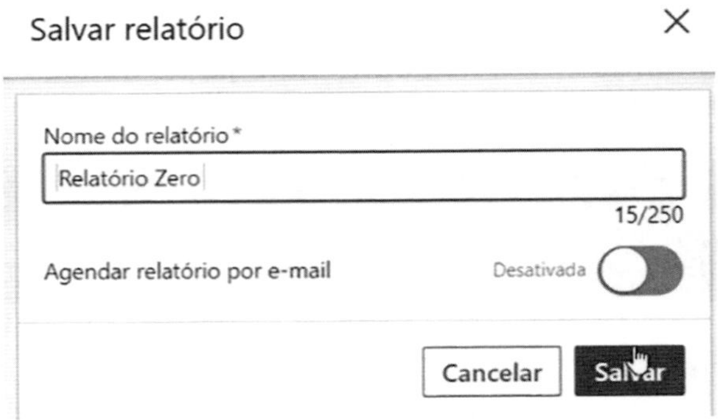

Figura 10.47 Nomeando e salvando um relatório.

É possível ativar a opção de agendar o relatório por e-mail e deixar uma anotação do final, conforme a Figura 10.48.

Figura 10.48 Agendando o relatório por e-mail.

Além dessas ferramentas que já expliquei, há outras que são proporcionadas pelo LinkedIn Talent Solutions, as quais serão explicadas a seguir.

10.3.1.8 *Criando anúncios de vagas de emprego*

Há dois tipos de anúncios de vagas de emprego: gratuito ou pago. Saiba as diferenças.

Anúncios de vagas gratuitos

- Aparecem nos resultados de pesquisa e são pesquisáveis no LinkedIn.
- Permite que você colete candidatos no LinkedIn e filtre e gerencie facilmente seus candidatos.
- Sua vaga fica ativa por apenas por 21 dias.

Anúncios de vagas pagos

- De acordo com o LinkedIn, alcançam em média 3 vezes mais pessoas candidatas qualificadas do que os anúncios de vagas gratuitos.
- Aparecem em colocações de alta visibilidade nas recomendações de trabalho.
- Notificam quando uma pessoa se candidata à sua vaga.
- A vaga fica ativa até você encerrá-la e recebe candidaturas ilimitadas.

Você poderá adicionar uma vaga diretamente do seu perfil pessoal. Clique em "Para negócios", ao lado da sua foto de perfil, conforme a Figura 10.49.

Depois clique em "Anunciar vaga", conforme a Figura 10.50.

Abrirá uma tela pedindo a você que faça *login* e entre nas Soluções de Talentos do LinkedIn, conforme a Figura 10.51.

Figura 10.49 Adicionando vagas diretamente do seu perfil pessoal.

Figura 10.50 Botão "Anunciar vaga".

Figura 10.51 Faça o *login* para entrar nas Soluções de Talentos do LinkedIn.

Em seguida, aparecerão as primeiras orientações para você anunciar uma nova vaga. Acompanhe na Figura 10.52.

(a)

(b)

(c)

Figura 10.52 (a), **(b)** e **(c)** Anunciando uma nova vaga.

O LinkedIn oferece um modelo de descrição que pode te ajudar em algum momento (Figura 10.53), mas o ideal é que a descrição seja feita em etapas iniciais do funil de recrutamento.

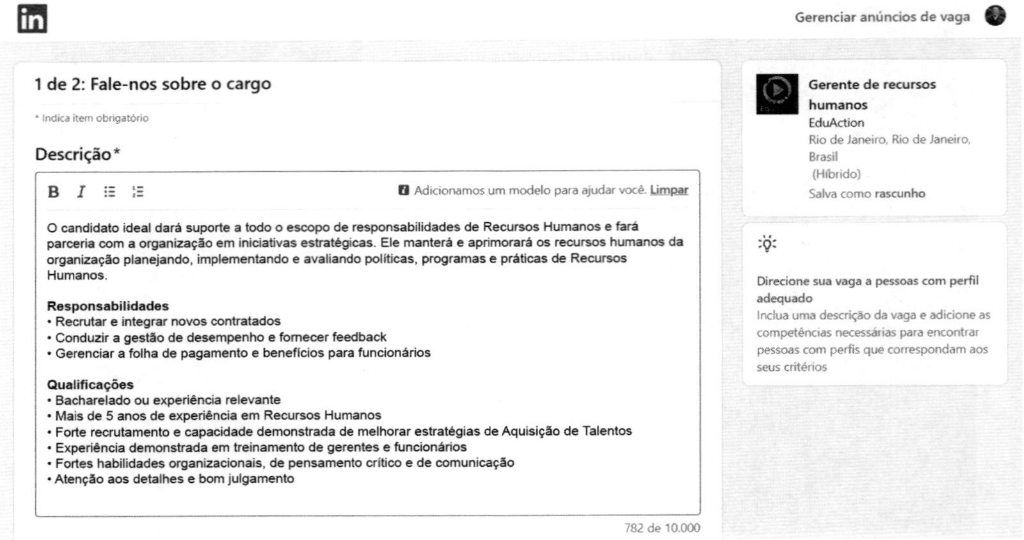

Figura 10.53 Descrevendo o cargo que será anunciado.

Você pode adicionar um anúncio de vaga diretamente quando cria um novo projeto no Recruiter (Figura 10.54).

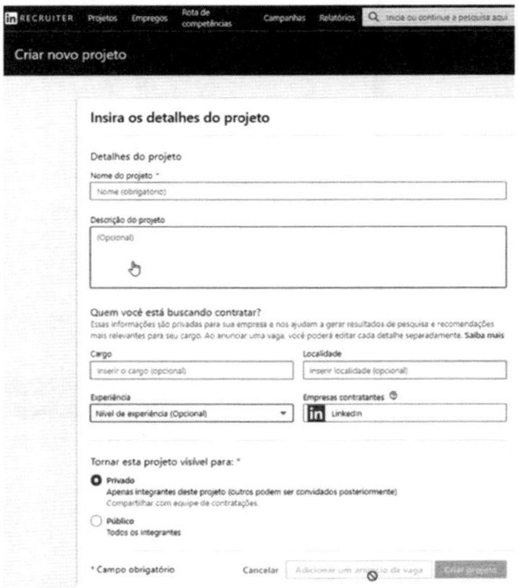

Figura 10.54 Adicionando um anúncio de vaga diretamente ao criar um novo projeto no Recruiter.

Posso criar também ao selecionar um projeto existente. Para isso, é só clicar no projeto e selecionar o botão "Anuncie uma vaga". Confira o passo a passo nas Figuras 10.55 a 10.57.

(a)

(b)

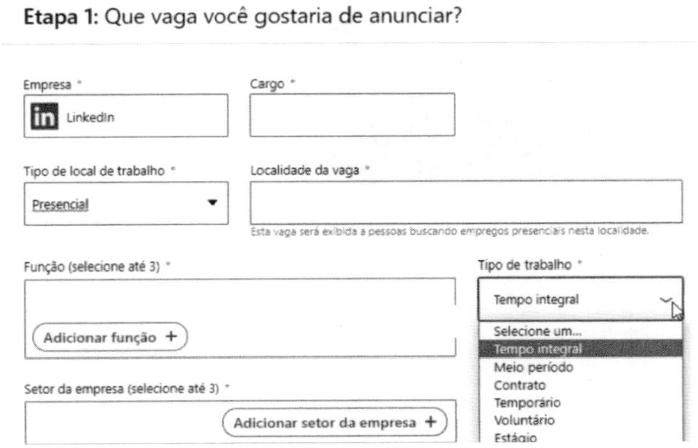

(c)

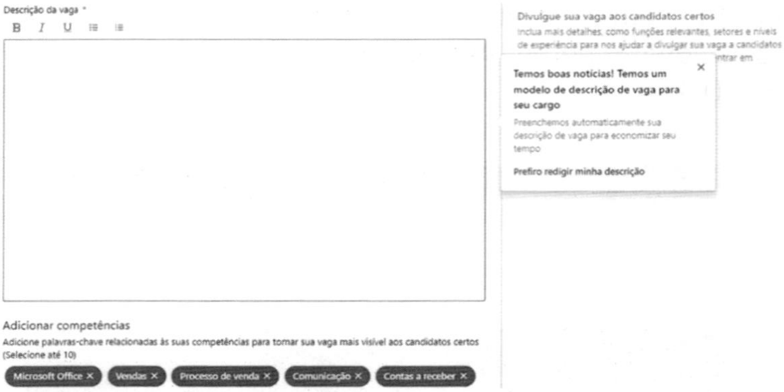

(d)

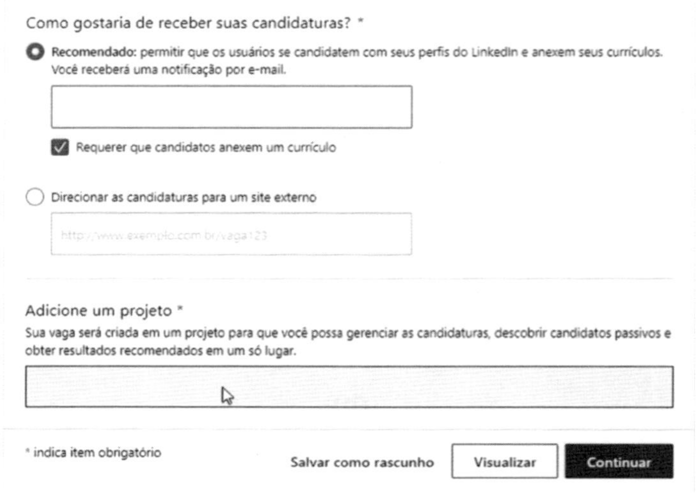

(e)

(f)

Figura 10.55 (a), (b), (c), (d), (e) e (f) Etapas para criar uma vaga a partir de um projeto existente.

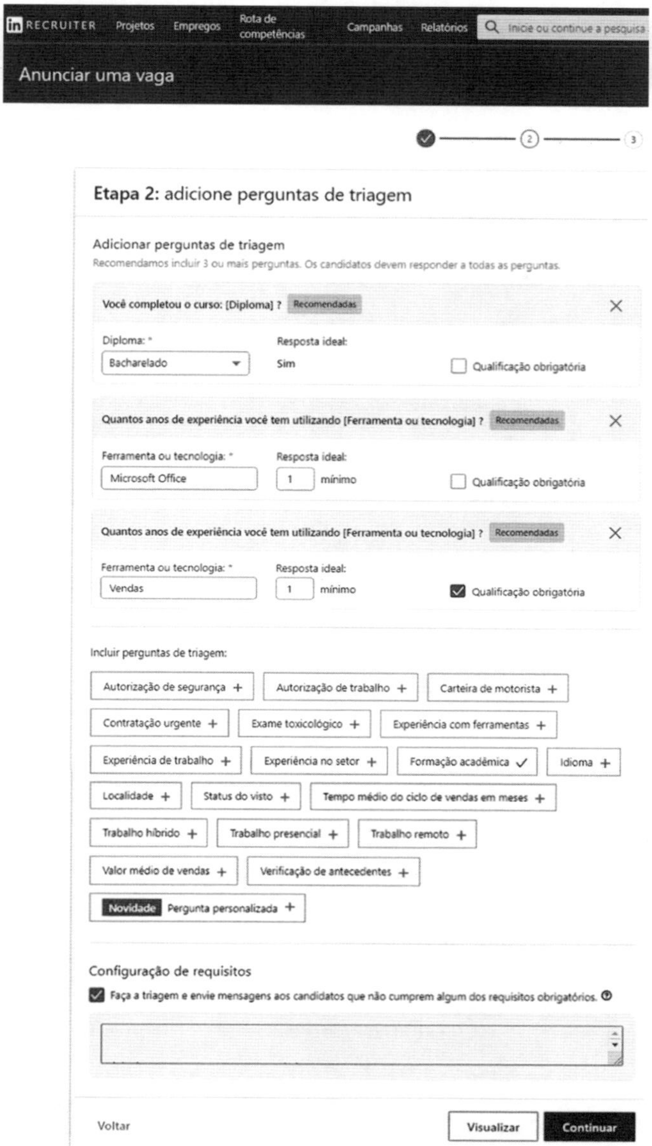

Figura 10.56 Adicionando filtros ao criar uma vaga para anunciar.

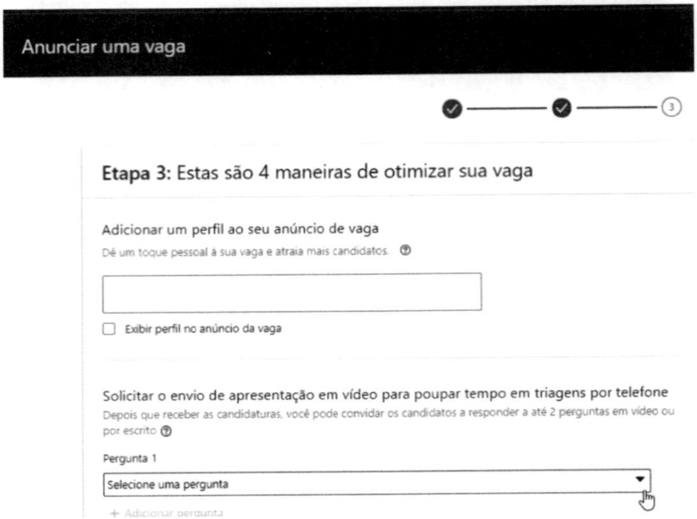

(a)

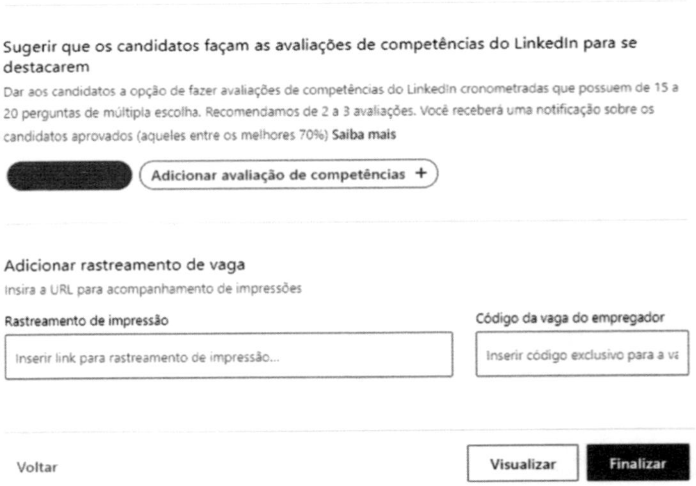

(b)

Figura 10.57 **(a)** e **(b)** Otimizando a sua vaga.

Você pode criar e compartilhar anúncios de emprego com o LinkedIn Recruiter, que podem ser pesquisados e encontrados por pessoas candidatas e até mesmo recomendados quando a pessoa candidata ativa o recurso "Vagas que você pode se interessar".

A postagem na plataforma LinkedIn Recruiter é fácil e intuitiva. Uma das maneiras é durante a criação de um projeto: ao clicar em "Criar novo projeto", você terá a opção, na parte inferior da tela, de adicionar uma nova vaga de emprego. Observe o passo a passo na Figura 10.58.

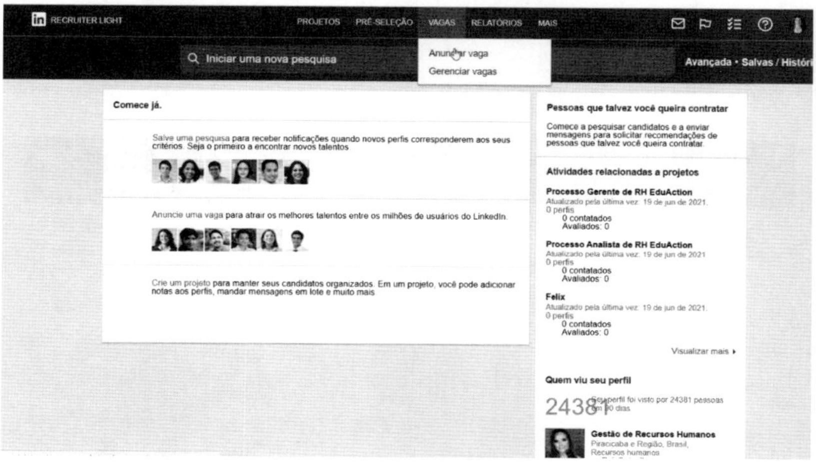

(a)

(b)

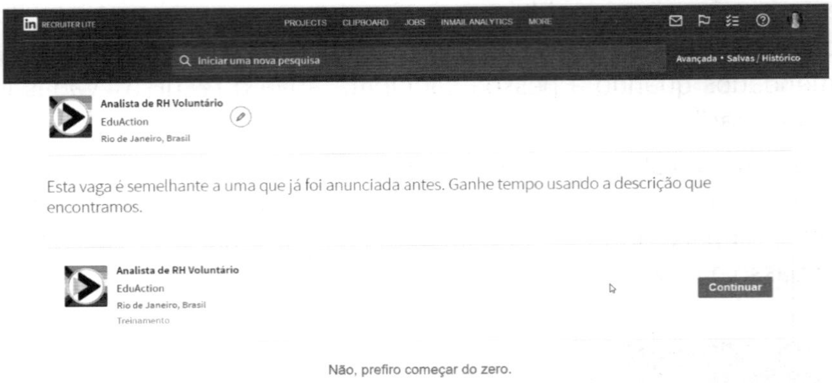
RECRUITER LITE
PROJECTS
CLIPBOARD
JOBS
INMAIL ANALYTICS
MORE
Iniciar uma nova pesquisa
Avançada • Salvas / Histórico
Analista de RH Voluntário
EduAction
Rio de Janeiro, Brasil
Esta vaga é semelhante a uma que já foi anunciada antes. Ganhe tempo usando a descrição que encontramos.
Analista de RH Voluntário
EduAction
Rio de Janeiro, Brasil
Treinamento
Continuar
Não, prefiro começar do zero.

(c)

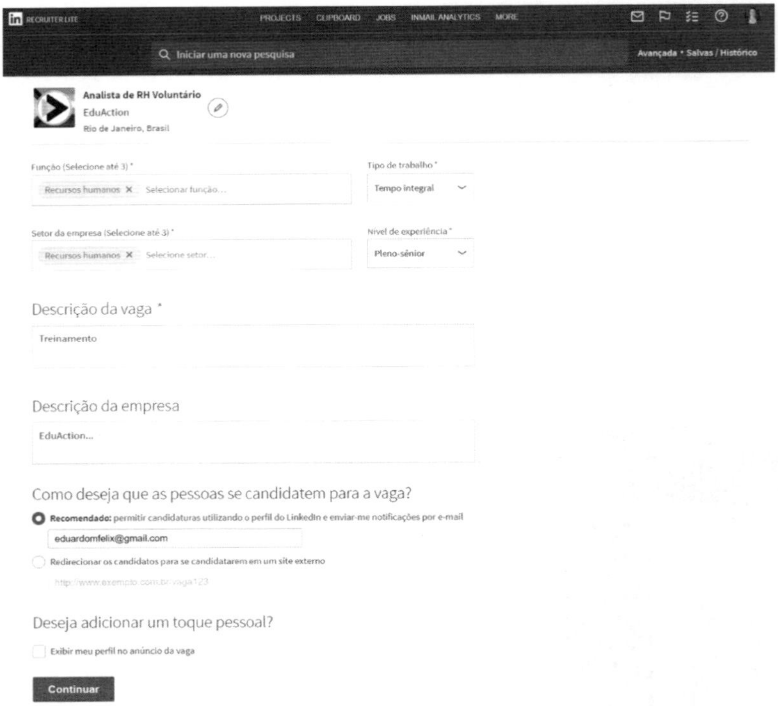
RECRUITER LITE
PROJECTS
CLIPBOARD
JOBS
INMAIL ANALYTICS
MORE
Iniciar uma nova pesquisa
Avançada • Salvas / Histórico
Analista de RH Voluntário
EduAction
Rio de Janeiro, Brasil
Função (Selecione até 3) *
Recursos humanos
Selecionar função...
Tipo de trabalho *
Tempo integral
Setor da empresa (Selecione até 3) *
Recursos humanos
Selecione setor...
Nível de experiência *
Pleno-sênior
Descrição da vaga *
Treinamento
Descrição da empresa
EduAction...
Como deseja que as pessoas se candidatem para a vaga?
Recomendado: permitir candidaturas utilizando o perfil do LinkedIn e enviar-me notificações por e-mail
eduardomfelix@gmail.com
Redirecionar os candidatos para se candidatarem em um site externo
Deseja adicionar um toque pessoal?
Exibir meu perfil no anúncio da vaga
Continuar

(d)

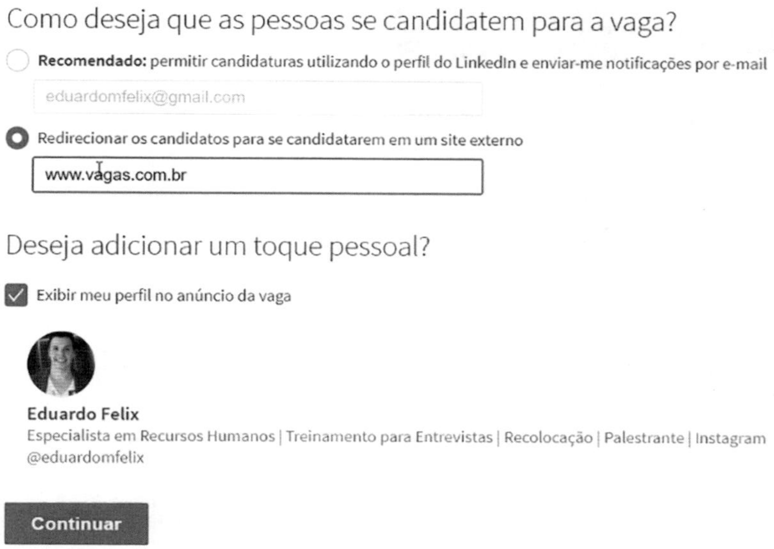
Como deseja que as pessoas se candidatem para a vaga?
Recomendado: permitir candidaturas utilizando o perfil do LinkedIn e enviar-me notificações por e-mail
eduardomfelix@gmail.com
Redirecionar os candidatos para se candidatarem em um site externo
www.vagas.com.br
Deseja adicionar um toque pessoal?
Exibir meu perfil no anúncio da vaga
Eduardo Felix
Especialista em Recursos Humanos | Treinamento para Entrevistas | Recolocação | Palestrante | Instagram @eduardomfelix
Continuar

(e)

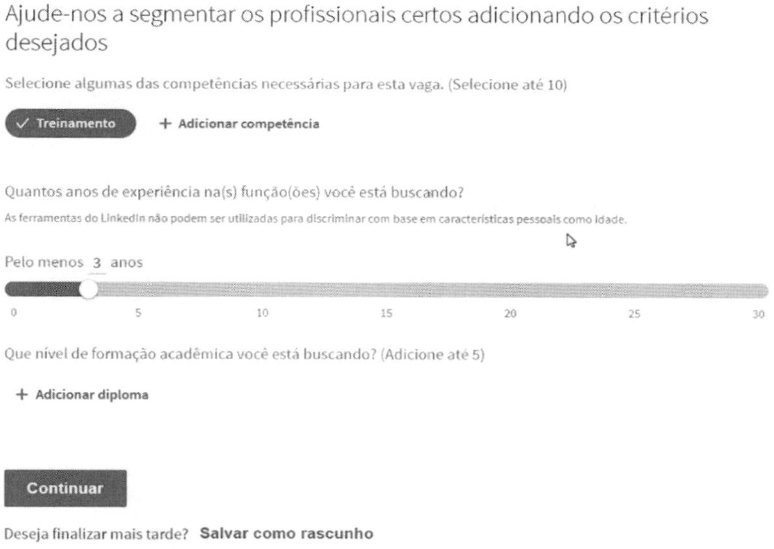
Ajude-nos a segmentar os profissionais certos adicionando os critérios desejados
Selecione algumas das competências necessárias para esta vaga. (Selecione até 10)
Treinamento
+ Adicionar competência
Quantos anos de experiência na(s) função(ões) você está buscando?
As ferramentas do LinkedIn não podem ser utilizadas para discriminar com base em características pessoais como idade.
Pelo menos 3 anos
0
5
10
15
20
25
30
Que nível de formação acadêmica você está buscando? (Adicione até 5)
+ Adicionar diploma
Continuar
Deseja finalizar mais tarde? Salvar como rascunho

(f)

(g)

(h)

Figura 10.58 (a), **(b)**, **(c)**, **(d)**, **(e)**, **(f)**, **(g)** e **(h)** Etapas para anunciar uma vaga a partir do Recruiter Lite.

Agora você também pode acessar o menu "Empregos" e selecionar "Publicar um trabalho" diretamente aqui. Assim, você pode criar uma postagem de emprego se não tiver criado o *win* quando montou o projeto. Você pode então associar esse novo *post* a um projeto existente, se quiser. Vamos ver como isso funciona.

Algumas das informações já podem ser preenchidas nessa etapa, dependendo se você criou o anúncio de emprego de dentro de um projeto ou se já criou anúncios de emprego anteriores. Assim, você pode simplesmente percorrer e personalizar os campos conforme necessário. No meu caso, apareceu uma mensagem dizendo que não tenho mais vagas abertas, mas isso é apenas por causa da conta de teste que estava usando.

Agora posso prosseguir por essa etapa e começar a adicionar as informações relevantes para o anúncio de emprego que estou criando. Observe que temos alguns campos obrigatórios, como a empresa. Digamos que eu esteja fazendo uma lista de trabalho para Hansel & Petal. Vamos adicionar o cargo. Podemos escolher o tipo de local de trabalho, se é presencial, híbrido ou remoto, e o adicionaremos. Em seguida, temos a função "Cargo". Então posso clicar nesse campo e começar a digitar e, quando ele aparece, eu posso selecioná-lo e terei até três funções diferentes listadas aqui. Abaixo disso, podemos escolher o setor da empresa. Você poderá ver que os "Serviços de Eventos" foram adicionados automaticamente. Agora, se isso estiver incorreto, posso apenas clicar no "X" para remover e digitar os setores que são mais relevantes para esse anúncio de emprego. Digamos então "Desenvolvimento de *software*", e novamente, você pode selecionar até três. Vamos definir o tipo de emprego como *full-time*, nível de senioridade, talvez digamos apenas "Associado". E na próxima tela temos a área de descrição de cargo, e o recrutador criará uma descrição que seja boa para esse trabalho. O bom é que você pode usar isso, fazer modificações, ou pode começar do zero, excluindo tudo e inserindo a sua própria descrição. Por enquanto, vou deixar isso como está, mas, ao fazer isso de verdade, certifique-se de reservar um tempo para garantir uma descrição precisa do trabalho.

Em seguida, temos a área de competências. Nela, você adicionará ou removerá palavras-chave de habilidade para tornar essa vaga mais visível para os candidatos certos. Quer considerar para quem este trabalho deve ser recomendado? Quais habilidades os candidatos devem ter? Então, talvez, nesse caso, realmente não precise de motivação de desempenho, mas possa adicionar uma habilidade de liderança. Como você poderá ver, podemos adicionar até 10 habilidades. Em seguida, você tem que decidir como gostaria de receber seus candidatos. A primeira maneira é permitir que se inscrevam com seus perfis no LinkedIn. Assim, basta se candidatar à vaga com seu perfil no LinkedIn e anexar um currículo. Com essa opção, você receberá uma notificação no e-mail fornecido aqui. E observe que aparecerá uma caixa de seleção para exigir que os usuários anexem um currículo, se for isso de que você precisa. Abaixo disso, você também tem a opção de direcionar os candidatos para um *site* externo, que pode ser o próprio *site* de sua empresa, um *site* de contratação de terceiros e assim por diante. Agora, abaixo disso, você tem que adicionar esse *post* de emprego a um projeto existente ou criar um novo a partir daqui. Então, ao clicar, ele listará qualquer um dos meus projetos existentes. Vou selecionar o projeto do gerente de vendas que criamos anteriormente e esse anúncio de emprego será adicionado ao projeto atual. Quando terminar, posso clicar em "Visualizar" e ver como será essa postagem. É possível simplesmente rolar, dar uma olhada e constatar que é bom e limpo, fornece todas as informações que preenchemos - com exceção das habilidades que escolhemos, porque elas são usadas internamente pelo Recrutador para ajudar candidatos qualificados com essas habilidades a ver essa listagem. Quando terminarmos essa etapa, podemos clicar em "Continuar".

Será necessário colocar um endereço de e-mail; basta fazer isso e, em seguida, clicar em "Continuar" novamente. E isso nos leva ao próximo passo, de adicionar perguntas para triagem. Portanto, leia e decida quais delas são relevantes para o trabalho e, portanto, devem ser mantidas; ou você pode clicar no "X" ao lado de qualquer uma das perguntas de triagem que não se apliquem. Há também uma caixa de seleção para indicar se alguma dessas qualificações é obrigatória. Por exemplo, se exigimos um mínimo de bacharelado, posso marcar essa opção. Abaixo, podemos acrescentar mais perguntas. Então, por exemplo, se eu quisesse perguntar se os candidatos se sentem confortáveis em trabalhar em um ambiente híbrido, posso fazer essa pergunta. Você pode até criar uma pergunta personalizada se não conseguir encontrar uma que atenda às suas necessidades. Se você selecionou alguma das perguntas para o *must-have*, terá essa opção na parte inferior para filtrar automaticamente e enviar rejeições a candidatos que não atendam aos requisitos obrigatórios. Essa é uma boa maneira de filtrar automaticamente os candidatos, para que você não precise gastar tempo fazendo isso manualmente. Se você habilitar essa opção, reserve um momento para ler e possivelmente personalizar o e-mail de rejeição no campo indicado. Quando terminar, clique em "Continuar" e então chegaremos a uma página com "6 maneiras de melhorar o seu trabalho".

Você pode fazer coisas como adicionar um perfil ao seu *post* de emprego, o que realmente ajuda. Esse é o seu perfil por padrão ou você pode adicionar um dos membros de sua equipe. Apenas certifique-se de que essa pessoa tenha um perfil profissional no LinkedIn. Abaixo disso, você pode adicionar o acompanhamento de trabalho. Também pode selecionar o título mais próximo do seu trabalho, para torná-lo mais detectável, e selecionar benefícios, remuneração e muito mais. Portanto, reserve algum tempo para personalizar todas essas opções também. Quando terminar, você poderá clicar em "Visualizar" novamente e, quando estiver pronto, clicar em "Concluir e publicar o trabalho", e ele começará a aparecer para candidatos em potencial no LinkedIn.

10.4 LinkedIn Talent Solutions: recursos para pessoas usuárias apenas do LinkedIn Recruiter (funcionalidades inexistentes no Recruiter Lite)

Existem três tipos de integrações: para **ATS**, para **CRM** e para **comunicação**. A seguir, você aprenderá sobre ATS e Comunicação. **Não falarei sobre o CRM nessa primeira edição do livro**, pois é uma funcionalidade que dispõe de apenas seis integrações e ainda está sendo implementada, além de eu não ter tido a oportunidade de testar.

Caso queira aprender, acesse o QR Code a seguir:

uqr.to/1vpax

As integrações de ATS ocorrem de duas maneiras: **Recruiter ATS integrations** e **Jobs ATS integrations**. A maioria das integrações não tem custo adicional. Quando for utilizar cada uma delas, o LinkedIn vai informar qual delas tem custo adicional - existe um caso especial para o Job Wrapping, que precisa de um número mínimo de vagas publicadas.

O **LinkedIn Recruiter ATS Integrations** é visível tanto no ATS quanto no LinkedIn Recruiter e é composto dos recursos:

- Recruiter System Connect (RSC);
- ATS-Enabled Reporting (atualmente testes - versão beta).

10.4.1 Recruiter System Connect: conexão do Sistema de Recrutamento

Conecte seu sistema de rastreamento de candidatos (ATS) ao Recruiter e acesse os detalhes e revise o histórico da pessoa candidata em tempo real sem mudar de plataforma. Você ainda pode exportar rapidamente perfis do Recruiter para o seu ATS com o recurso 1-Click Export.

Obs.: de acordo com o LinkedIn, as pessoas recrutadoras economizam até 3,5 horas por semana ativando o RSC.

Aprenda com o QR Code:

10.4.1.1 *Diferenças entre Apply Connect e Recruiter System Connect*

Os recursos do Apply Connect são visíveis apenas no ATS, enquanto o RSC também está disponível no LinkedIn Recruiter. Falarei sobre o Apply Connect posteriormente.

ATS-Enabled Reporting - Relatórios habilitados para o ATS

Caso tenha ativado o RSC, você será capaz de acessar relatórios para ter um melhor entendimento acerca de cada atividade em cada etapa do seu funil de recrutamento. Os relatórios para ATS podem ser ativados por quem administra o ATS.

Com os relatórios habilitados, é possível visualizar e ter percepções sobre o desempenho e as taxas de conversão em cada etapa do seu funil de recrutamento. Um dos pontos mais bacanas é usar o relatório de fontes para entender quais produzem mais contratações.

Outro ponto importante é a possibilidade de ter acesso a *benchmarks* de acordo com o seu setor e o porte da sua empresa, para que seja capaz de comparar o seu desempenho relacionado às outras empresas. Observe a Figura 10.59.

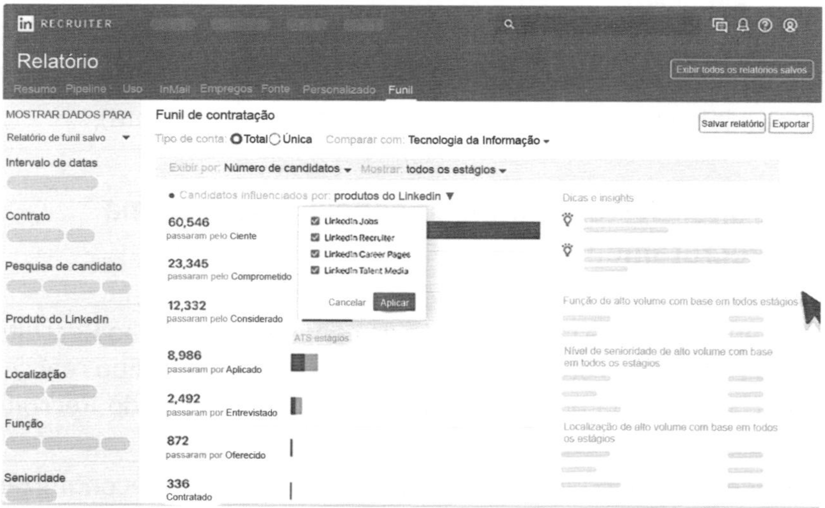

Figura 10.59 *Benchmarks* de acordo com o setor.

O **LinkedIn Jobs ATS integrations** é composto dos recursos:

- Premium Job Posts
- Job Wrapping
- Apply Connect
- Apply with LinkedIn

10.4.1.2 *Apply Connect*

Você pode melhorar a experiência da pessoa candidata oferecendo candidaturas sem que elas precisem sair da navegação do LinkedIn. O Apply Connect é uma integração do LinkedIn ao ATS que você utiliza, que ocorre em tempo real e tem diversos recursos. **O principal é a candidatura simplificada.**

A candidatura simplificada funciona da seguinte maneira: a pessoa candidata se candidata enviando o currículo em um arquivo no formato .doc ou .pdf e envia esses dados diretamente para o seu ATS - 99% são internacionais, como o Workable e o Greenhouse, já mencionados nesta obra.

Obs.: no momento de publicação desta obra, o Apply Connect não oferece suporte a formulários, vídeos ou aplicativos incorporados com vários idiomas. O LinkedIn informa que está trabalhando para dar suporte a esses tipos supracitados.

Apply with LinkedIn

É para as vagas listadas em seu *site* de carreiras.

***Widget* do LinkedIn no ATS**

A *widget* LinkedIn in-ATS fornece um resumo em tempo real das informações do perfil do LinkedIn para as pessoas candidatas que se inscreveram por meio da candidatura simplificada e destaca como as pessoas correspondem ao seu anúncio de emprego.

LinkedIn Jobs ATS Integrations: posting and promotion

Tanto o Premium Job Posting (Anúncio de emprego *premium*) quanto o Job Wrapping ajudam você a publicar e promover vagas. Ambos podem ser utilizados individualmente ou juntos, dependendo da sua necessidade ou da elegibilidade.

No **Premium Job Posting**, você será capaz de conectar o seu ATS e publicar vagas em tempo real no LinkedIn diretamente do seu ATS e terá acesso a análises e percepções sobre o seu desempenho acerca das vagas que anunciou (Figura 10.60).

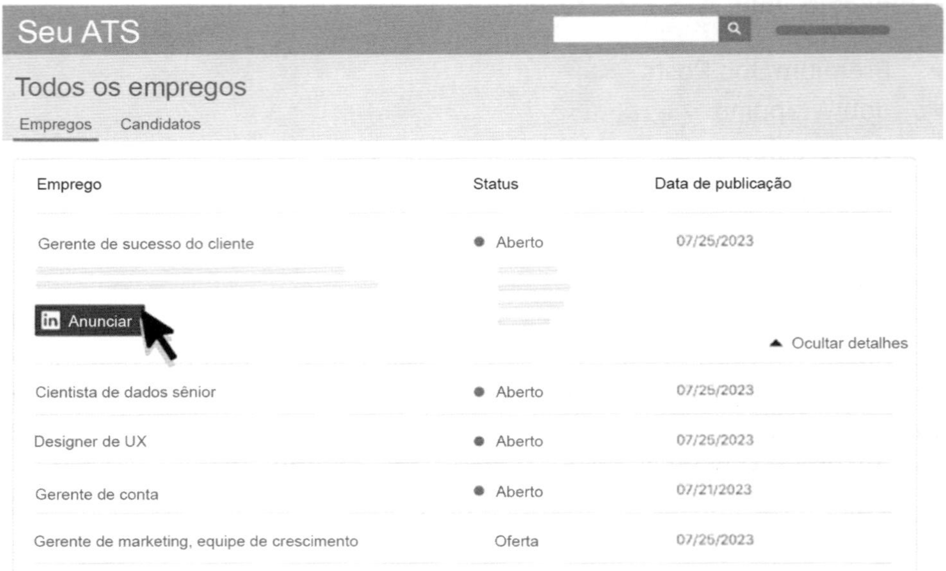
Seu ATS
Todos os empregos
Empregos
Candidatos
Emprego
Status
Data de publicação
Gerente de sucesso do cliente
Aberto
07/25/2023
Anunciar
Ocultar detalhes
Cientista de dados sênior
Aberto
07/25/2023
Designer de UX
Aberto
07/25/2023
Gerente de conta
Aberto
07/21/2023
Gerente de marketing, equipe de crescimento
Oferta
07/26/2023

Figura 10.60 LinkedIn Jobs ATS Integrations: Premium Job Postings.

Já no **Job Wrapping**, você será capaz de automatizar a publicação e a promoção de anúncios de emprego em grande escala, por isso é ideal para empresas com maior número de vagas a serem publicadas (Figura 10.61).

Obs.: o Apply Connect é compatível com o Job Wrapping. As vagas publicadas via Apply Connect podem ser agrupadas em vagas de emprego pagas no Recruiter.

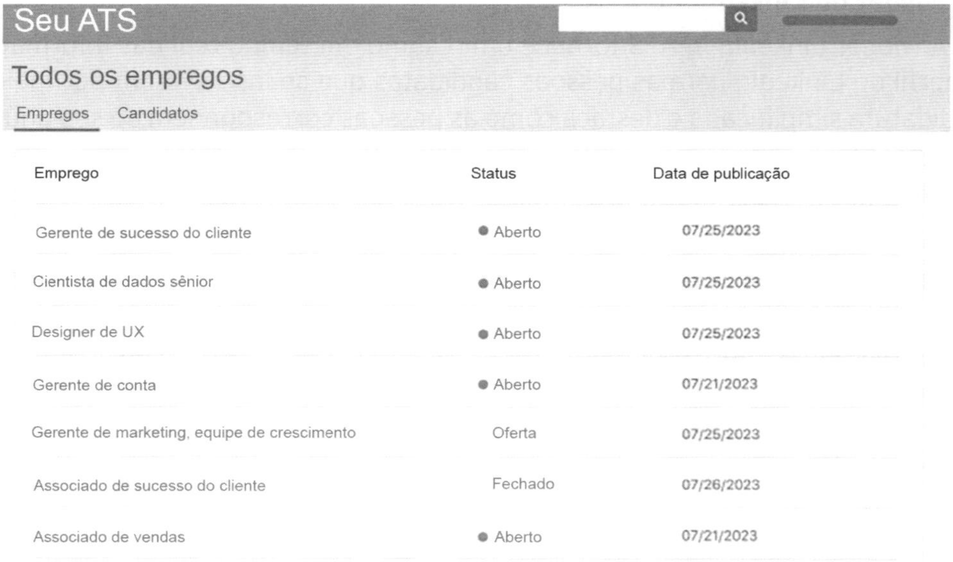

Figura 10.61 LinkedIn Jobs ATS Integrations: Job Wrapping.

10.4.1.3 *Communicate & Connect integrations*

Funcionalidade disponível para todas as pessoas clientes do LinkedIn Recruiter sem custo adicional.

Video Connect – Chamadas de vídeo

Você pode agendar chamadas de vídeo no Zoom, no Microsoft Teams e no Google Meet diretamente do LinkedIn Recruiter. Como funciona na prática:

- Imagine que esteja conversando com uma pessoa candidata por InMail. Você, como pessoa recrutadora, poderá escolher uma plataforma de videoconferência e enviar um *link* de agendamento de reunião 1:1.
- A pessoa recrutadora e a pessoa candidata agendam um horário e, a partir disso, é criado automaticamente um *link* para essa reunião.
- Ambas podem acessar o *link* pelo InMail ou pelo evento do calendário.

Obs.: as pessoas candidatas deve ser instruídas a adicionarem o evento aos seus próprios calendários a partir da página de confirmação no momento do agendamento.

Para usar esse recurso, você deve, primeiramente, ter o recurso de "Agendamento 1:1" habilitado e autorizado. O LinkedIn Recruiter e o LinkedIn Talent Hub oferecem suporte ao Outlook (Microsoft Office 365) e ao Google (Google Workspace) para integrações de e-mail e calendário.

Observe a Figura 10.62.

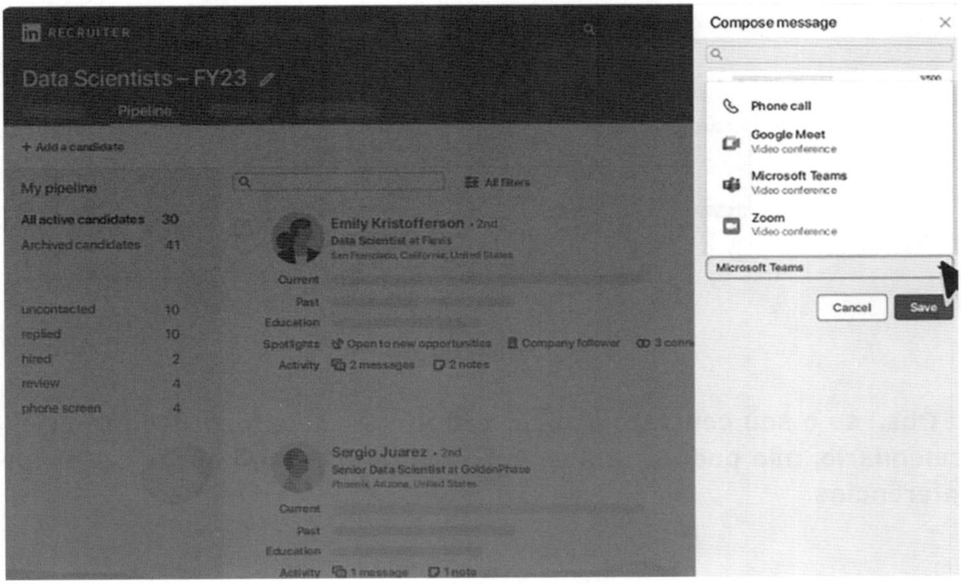

(a)

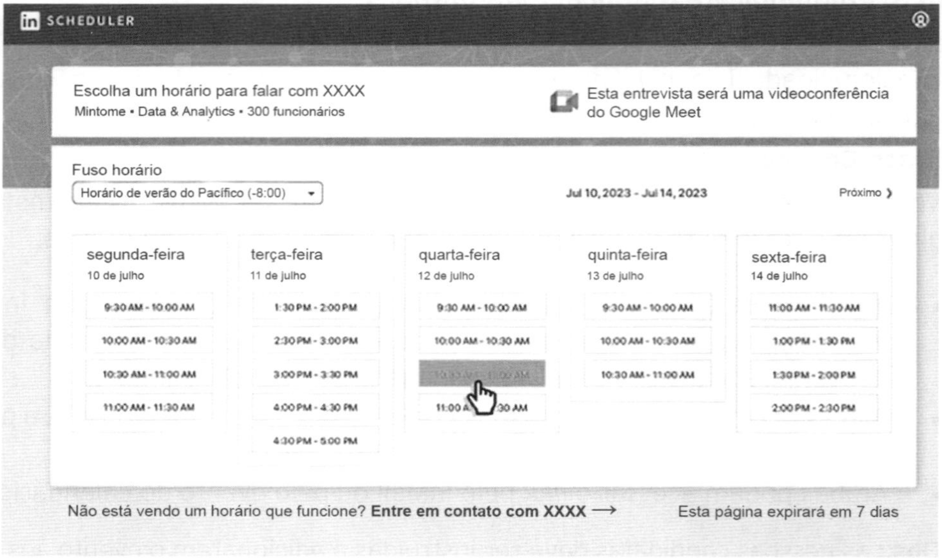

(b)

Figura 10.62 **(a)** e **(b)** Agendamento de chamadas de vídeo.

Para ativar esse recurso no Zoom ou no Microsoft Teams, você deve ter permissões de administrador do Recruiter, bem como algumas permissões específicas (veja o QR Code a seguir). Já no Meet, a opção de agendar reuniões é automática em caso de autorização prévia das agendas de trabalho com o Google Workplace e o Google Meet.

uqr.to/1vpaz

Obs.: se o seu contrato utilizar o Outlook como fornecedor de e-mail e calendário, não poderá utilizar o Google Meet como opção para videoconferências.

10.4.1.4 *E-mail Syncing – Sincronização de e-mail*

Você pode visualizar e-mails pelo Gmail ou pelo Outlook diretamente do LinkedIn Recruiter. Para ativar a sincronização de e-mail, é necessário obter a aprovação da pessoa administradora para autorização das configurações de e-mail e de calendário do Recruiter.

Acesse o QR Code a seguir para fazer na prática:

uqr.to/1vpbO

10.4.2 Colaboração do Gerente de Contratação

No momento de finalização desta primeira edição, é um recurso que está sendo desenvolvido pelo LinkedIn para que uma pessoa recrutadora seja capaz de compartilhar perfis de pessoas que se candidataram pela plataforma, de modo que a pessoa Gerente de Contratação possa revisar diretamente pelo Teams.

10.4.3 Recursos adicionais do LinkedIn Recruiter

10.4.3.1 *Redigir uma mensagem gerada por Inteligência Artificial (IA) no Recruiter (disponível apenas em inglês ou francês)*

Como redigir uma mensagem gerada por IA?

- Clique no ícone "Redigir" no perfil de um candidato.
- Clique em "Rascunho com IA" no corpo da mensagem ou no campo "Procurar um modelo...".
- (Opcional) Em "Personalização", no lado direito da mensagem, selecione ou desmarque os elementos a serem incluídos na mensagem e clique no botão "Rascunho" novamente.
- Quando estiver satisfeito com o rascunho da mensagem, clique no botão "Enviar" para enviar a mensagem.

Obs.: as pessoas candidatas não serão notificadas se uma mensagem foi redigida usando assistência de IA.

10.4.3.2 *LinkedIn Talent Insights*

É uma ferramenta à parte, diferente do Recruiter – mas elas podem ser utilizadas em conjunto. Quando isso ocorre, você é capaz de contratar com maior eficiência utilizando o Talent Insights para planejar e o Recruiter para contratar.

O LinkedIn Talent Insights apresenta dados em tempo real para contratar e gerenciar a sua força de trabalho. Ao utilizar a ferramenta, você terá uma visão completa de sua organização, concorrentes e mercados.

Você pode ser mais estratégico em seu processo de Aquisição de Talentos e ter dados de contratação em tempo real, como relatórios da empresa, métricas de marca do empregador, entre outros *insights* sobre talentos, empresas, escolas etc.

Como é uma ferramenta diferente do Recruiter, o Talent Insights também é pago e o custo pode variar de acordo com as necessidades de sua organização. O valor só é divulgado quando você entra em contato com um consultor para saber mais sobre a ferramenta diretamente na página do produto. Acesse o QR Code a seguir e saiba mais.

uqr.to/1vpb3

Na Figura 10.63, há um passo a passo para você localizar a ferramenta e começar a utilizar. O conteúdo aqui não será aprofundado.

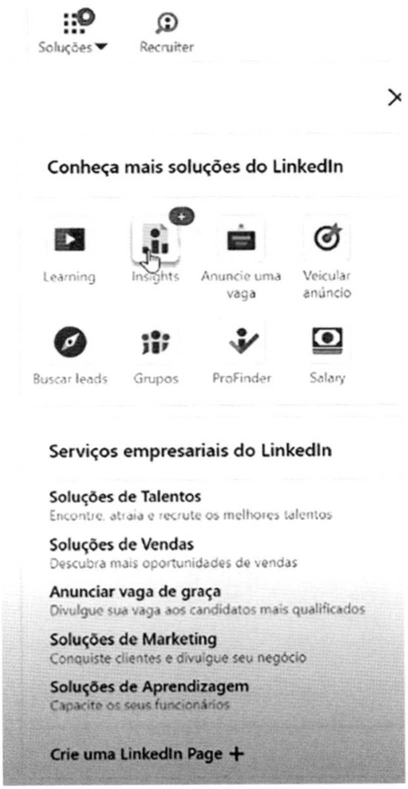

(a)

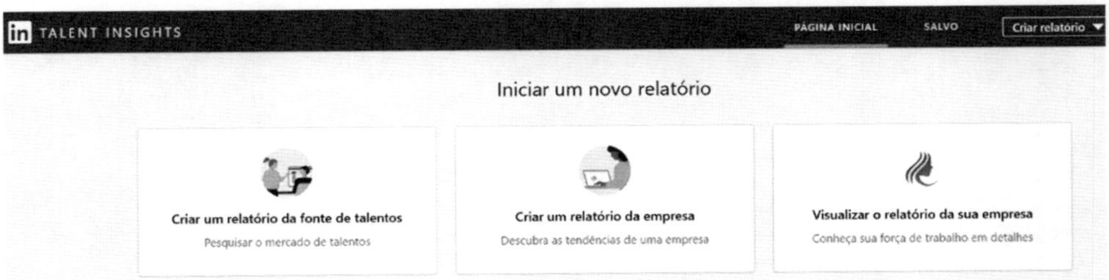

(b)

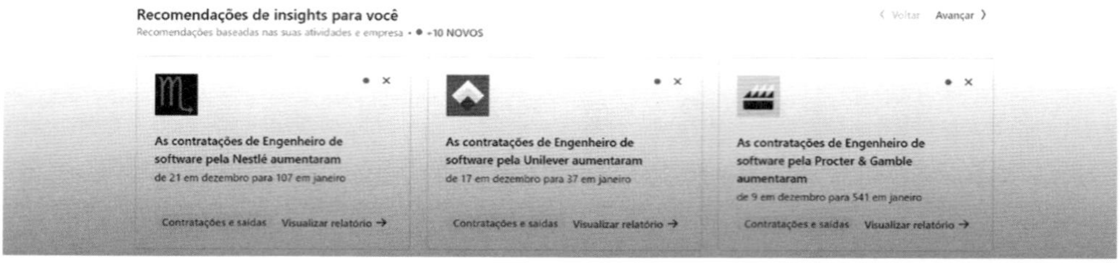

(c)

(d)

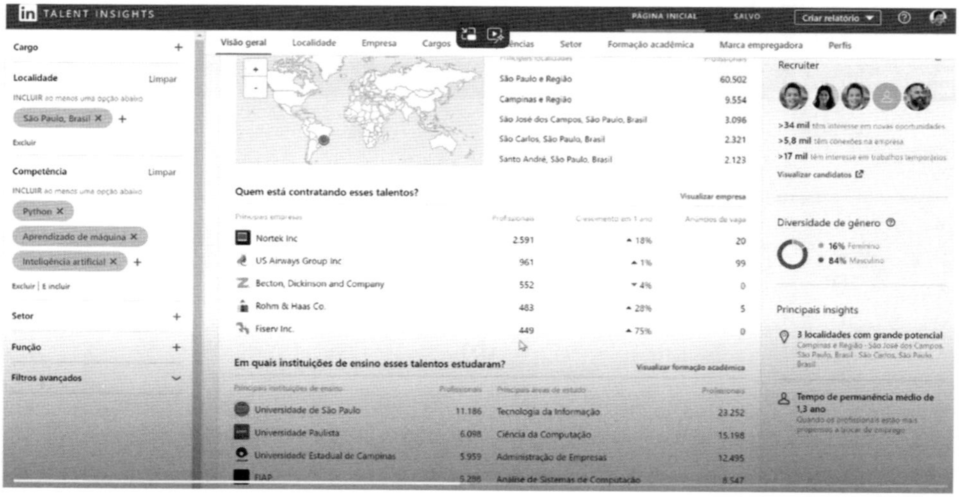

(e)

Figura 10.63 Passo a passo para utilizar o Talent Insights.

Conclusão

Aprender a pesquisa booleana no LinkedIn é essencial para refinar e otimizar as suas buscas de maneira gratuita, já que muitas empresas não assinam o Recruiter. Essa abordagem permite que pessoas profissionais de Aquisição de Talentos filtrem com precisão e encontrem pessoas candidatas que atendam aos critérios desejados. Como limitação, a pesquisa booleana pode restringir a profundidade das análises e a abrangência dos dados aos quais podemos ter acesso.

Para uma experiência mais robusta e eficiente, o LinkedIn Recruiter Lite representa um avanço significativo. Com recursos adicionais como filtros avançados e acesso a um banco de dados mais amplo, o Recruiter Lite permite uma busca mais direcionada e estratégica. Embora ofereça melhorias em relação à versão gratuita, ele ainda tem limitações em comparação com a versão completa do LinkedIn Recruiter, especialmente para empresas com necessidades de recrutamento mais complexas.

Quando pagamos pelo Recruiter, temos uma ferramenta mais poderosa para atender demandas exigentes, pois conseguimos acessar completamente quaisquer funcionalidades de pesquisa e análises. O Recruiter Lite e o Recruiter são escolhidos de acordo com o tamanho das equipes, o volume de contratações e o orçamento disponível. A versão Lite não tem todas as funcionalidades do Recruiter, que é a solução completa.

Já o Talent Insights complementa o uso das ferramentas Recruiter Lite ou Recruiter, e, quando combinadas, temos a oportunidade de fazer uma análise de pessoas, empresas e mercado mais profunda e somos capazes de nos adaptar às mudanças que ocorrem no mercado de maneira geral e no nosso setor de atuação.

Referências bibliográficas

ADAMS, Bryan; MARSHALL, Charlotte. **Give & get employer branding:** repel the many and compel the few with impact, purpose and belonging. Houndstooth Press, 2020. 352 p.

AL DOGHAN, Mohammed A.; BHATTI, Muhammad Awais; JUHARI, Ariff Syah. Do psychological diversity climate, HRM practices, and personality traits (big five) influence multicultural workforce job satisfaction and performance? Current scenario, literature gap, and future research directions. **SAGE Open**, v. 9, n. 2, 215824401985157, May 2019.

ALASHMAWY, Ahmad; YAZDANIFARD, Rashad. A review of the role of marketing in recruitment and talent acquisition. **International Journal of Management Accounting and Economics**, v. 6, n. 7, p. 569-581, July 2019.

ALLDEN, Natasha; HARRIS, Lisa. Building a positive candidate experience: towards a networked model of e-recruitment. **Journal of Business Strategy**, v. 34, n. 5, p. 36-47, 2013.

ALMEIDA, Walnice. **Captação e seleção de talentos:** com foco em competências. 2. ed. São Paulo: Atlas, 2009. 224 p.

ARELLANO, Eliete Bernal. **Gestão de pessoas:** nas empresas contemporâneas brasileiras. São Paulo: Atlas, 2017. 408 p.

ARTHUR, Diane. **Recruiting, interviewing, selecting & orienting new employees.** 6. ed. New York: AMACOM, 2020. 400 p.

BABU, Deepak. Leveraging technology to improve candidate experience. **NHRD Network Journal**, v. 11, n. 2, p. 29-31, 2018.

BANOV, Márcia Regina. **Recrutamento e seleção com foco na transformação digital**. 5. ed. São Paulo: Atlas, 2020.

BARBEDETTE, Patrice. Ensure a positive candidate experience. **Strategic HR Review**, v. 4, n. 5, p. 5, 2005.

BOHLANDER, George W.; SNELL, Scott A. **Administração de recursos humanos**. São Paulo: Cengage, 2016.

BORGES, Livia de Oliveira; MOURÃO, Luciana. **O trabalho e as organizações:** atuações a partir da psicologia. Porto Alegre: Artmed, 2013. 700 p.

BRANDÃO, Hugo Pena. **Mapeamento de competências:** ferramentas, exercícios e aplicações em gestão de pessoas. 2. ed. São Paulo: Atlas, 2017. 196 p.

BRANDÃO, Hugo Pena. **Mapeamento de competências**: métodos, técnicas e instrumentos. 2. ed. São Paulo: Atlas, 2012.

BRASIL. [Constituição (1988)]. **Constituição da República Federativa do Brasil**. Brasília: Senado Federal, 2016. 496 p. Disponível em: https://www2.senado.leg.br/bdsf/bitstream/handle/id/518231/CF88_Livro_EC91_2016.pdf. Acesso em: 05 dez. 2024.

BRASIL. Lei nº 13.146, de 6 de julho de 2015. Institui a Lei Brasileira de Inclusão da Pessoa com Deficiência (Estatuto da Pessoa com Deficiência). **Diário Oficial da União**: 07 jul. 2015.

BRENNER, Falko S.; ORTNER, Tuulia M.; FAY, Doris. Asynchronous video interviewing as a new technology in personnel selection: the applicant's point of view. **Frontiers in Psychology**, v. 7, p. 863, 2016.

BRITO, J. C. Efeito Forer, o principal responsável pela crença em pseudociências. **Universo racionalista**, 2014. Disponível em: https://universoracionalista.org/efeito-forer-principal-responsavel-pela-crenca-em-pseudociencias/. Acesso em: 05 dez. 2024.

BUNCHAFT, Guenia; KRÜGER, Helmut. Credulidade e efeito Barnum ou Forer. **Temas em Psicologia**, v. 18, n. 2, p. 469-479, 2010.

CHAMORRO-PREMUZIC, Tomas; FURNHAM, Adrian. **The psychology of personnel selection**. Cambridge University Press, 2010.

CHARAN, Ram; BARTON, Dominic; CAREY, Dennis. **Talent wins:** the new playbook for putting people first. Boston: Harvard Business Review Press, 2018. 192 p.

CHIAVENATO, Idalberto. **Gerenciando com as pessoas:** transformando o executivo em um excelente gestor de pessoas. 5. ed. Barueri: Manole, 2014. 428 p.

CONSELHO FEDERAL DE PSICOLOGIA. Resolução nº 31, de 15 de dezembro de 2022. Estabelece diretrizes para a realização de Avaliação Psicológica no exercício profissional da psicóloga e do psicólogo, regulamenta o Sistema de Avaliação de Testes Psicológicos - SATEPSI e revoga a Resolução CFP nº 09/2018.

COOK, Mark. **Personnel selection:** adding value through people: a changing picture. 6. ed. Chichester: Wiley-Blackwell, 2016. 367 p.

COSTA, Paul T.; MCCRAE, Robert R. The five-factor model of personality and its relevance to personality disorders. **Journal of Personality Disorders**, v. 6, n. 4, p. 343-359, 1992.

DABIRIAN, Amir; KIETZMANN, Jan; DIBA, Hoda. A great place to work!? Understanding crowdsourced employer branding. **Business Horizons**, v. 60, n. 2, p. 197-205, mar.-abr. 2017.

DESSLER, Gary. **Human resource management**. 15. ed. Upper Saddle River: Pearson Prentice Hall, 2020.

DUTRA, Joel Souza. **Competências:** conceitos, instrumentos e experiências. 2. ed. São Paulo: Atlas, 2017. 358 p.

EARNEST, David R.; ALLEN, David G.; LANDIS, Ronald S. Mechanisms linking realistic job previews with turnover: a meta-analytic path analysis. **Personnel Psychology**, v. 64, n. 4, p. 865-897, 2011.

ELLIS, James. **Talent chooses you:** hire better with employer branding. Saltlab, 2020. 329 p.

ELLIS, James. **The employer brand handbook**: the real world guide to working with recruiters. Saltlab, 2020. v. 1. 127 p.

EVANS, Richard. **The talent magnet:** employer branding & recruitment marketing strategies to attract millennial talent. WriterMotive.com, 2016. 174 p.

FAISSAL, Reinaldo; PASSOS, Antônio Eugênio Valverde Mariani; MENDONÇA, Márcia da Costa Furtado de; ALMEIDA, Walnice Maria da Costa de. **Atração e seleção de pessoas**. 2. ed. Rio de Janeiro: Editora FGV, 2009.

FERREIRA, Patricia Itala. **Atração e seleção de talentos**. Rio de Janeiro: LTC, 2014.

FERREIRA, Patricia Itala. **Gestão por competências**. Rio de Janeiro: LTC, 2015.

FINN, Amy. Reputation management 101: consider candidate experience. **Strategic HR Review**, v. 16, n. 5, p. 239-240, 2017.

FONSECA, Matheus Meoquior da. **Efeito Forer e a pseudociência**. Unicentro, 2019.

FORER, Bertram R. The fallacy of personal validation: a classroom demonstration of gullibility. **Journal of Abnormal and Social Psychology**, v. 44, n. 1, p. 118-123, 1949.

GATEWOOD, Robert D.; FEILD, Hubert S. **Human resource selection**. 4. ed. Fort Worth, TX: Dryden, 1998.

GIBSON, Adam. **Agile workforce planning:** how to align people with organizational strategy for improved performance. London: Kogan Page, 2021. 368 p.

GRAMIGNA, Maria Rita. **Gestão por competências:** ferramentas para avaliar e mapear os perfis. Rio de Janeiro: Alta Books, 2018.

GRAMIGNA, Maria Rita. **Modelo de competências e gestão de talentos**. 2. ed. São Paulo: Pearson Prentice Hall, 2007.

GUPTA, Jaya; MOHAN, Dhyanendra. Candidate experience in recruitment cycle facilitating employer brand: a case study of Idea Cellular Limited in the Delhi and NCR circle. **International Journal of Human Resources Development and Management**, v. 19, n. 1, p. 37-46, 2019.

HADGE, Luke. A candidate's experience doing research during training. **Journal of the American Psychoanalytic Association**, v. 60, n. 5, p. 995-1013, 2012.

HE, Yimin; DONNELLAN, M. Brent; MENDOZA, Anjelica M. Five-factor personality domains and job performance: a second order meta-analysis. **Journal of Research in Personality**, v. 82, 2019.

HICKMAN, Louis et al. Automated video interview personality assessments: reliability, validity, and generalizability investigations. **Journal of Applied Psychology**, v. 107, n. 8, p. 1323-1351, 2022.

IVANCEVICH, John M. **Gestão de recursos humanos**. 10. ed. Porto Alegre: AMGH, 2011.

JOHNSON, Stefanie K. **Inclusifique:** como a inclusão e a diversidade podem trazer mais inovação à sua empresa. Tradução: Ada Felix. São Paulo: Benvirá, 2020. 264 p.

KAHNEMAN, Daniel. **Rápido e devagar:** duas formas de pensar. Rio de Janeiro: Objetiva, 2012. 608 p.

KERR, Cris. **Viés inconsciente:** como identificar nossos vieses inconscientes e abrir caminho para a diversidade e a inclusão nas empresas. São Paulo: Literare Books International, 2021.

KOUTSOUMPIS, Antonis *et al*. Beyond traditional interviews: psychometric analysis of asynchronous video interviews for personality and interview performance evaluation using machine learning. **Computers in Human Behavior**, v. 154, 2024.

KRUEGER, Richard A.; CASEY, Mary Anne. **Focus group:** a practical guide for applied research. Thousand Oaks (USA): Sage, 2000.

LEME, Rogerio. **Aplicação prática da gestão por competências:** mapeamento, treinamento, seleção, avaliação e mensuração de resultados de treinamento. Rio de Janeiro: Qualitymark, 2008.

LEME, Rogerio. **Seleção e entrevista por competências com o Inventário Comportamental**. Rio de Janeiro: Qualitymark, 2019.

LOTZ, Erika Gisele; BARBOZA, Icaro Victor. **Assessments para a gestão estratégica de pessoas nas organizações**. Curitiba: Intersaberes, 2023.

MANSI, Viviane; MASCARENHAS, Bruna G. **Employer branding:** conceitos, modelos e práticas. São Paulo: Haikai Editora, 2020. 132 p.

MATTAR, Fauze Najib. **Pesquisa de marketing:** metodologia, planejamento. São Paulo: Atlas, 1997.

MAXIMIANO, Antonio César Amaru. **Recursos humanos:** estratégia e gestão de pessoas na sociedade global. Rio de Janeiro: LTC, 2014. 406 p.

MAYLETT, Tracy; WRIDE, Mattew; PATTERSON, Kerry. **The employee experience:** how to attract talent, retain top performers, and drive results. Wiley, 2017. 240 p.

MCCARTHY, Julie M. et al. Improving the candidate experience. **Organizational Dynamics**, v. 47, n. 3, 2018.

MILES, Sandra Jeanquart; MCCAMEY, Randy. The candidate experience: is it damaging your employer brand? **Business Horizons**, v. 61, n. 5, 2018.

MILLER-MERREL, Jessica. **Digitizing talent:** creative strategies for the digital recruiting age. Society For Human Resource Management, 2023. 310 p.

MIROWSKA, Agata; MESNET, Laura. Preferring the devil you know: potential applicant reactions to artificial intelligence evaluation of interviews. **Human Resource Management Journal**, v. 32, n. 2, 2021.

MOHAPATRA Mamta; SAHU Priyanka. Optimizing the recruitment funnel in an ITES company: an analytics approach. **Procedia Computer Science**, v. 122, p. 706-714, 2017.

MORGAN, Jacob. **The employee experience advantage:** How to win the war for talent by giving employees the workspaces they want, the tools they need, and a culture they can celebrate. Wiley, 2017.

MOROKO, Lara; UNCLES, Mark D. Employer branding and market segmentation. **Journal of Brand Management**, v. 17, n. 3, p. 181-196, 2009.

PAUL, Annie Murphy. **The cult of personality testing:** how personality tests are leading us to miseducate our children, mismanage our companies, and misunderstand ourselves. Free Press, 2015. 302 p.

PERVIN, Lawrence A.; JOHN, Oliver P. **Personalidade:** teoria e pesquisa. 8. ed. Porto Alegre: Artmed, 2008.

PICARDI, Carrie A. **Recruitment and selection:** strategies for workforce planning & assessment. SAGE Publications, 2020.

PLOYHART, Robert E.; VAN IDDEKINGE, Chad H.; MACKENZIE JR., William I. Acquiring and developing human capital in service contexts: the interconnectedness of human capital resources. **Academy of Management Journal**, v. 54, n. 2, p. 353-368, 2011.

RABAGLIO, Maria Odete. **Gestão por competências:** ferramentas para atração e captação de talentos humanos. 3. ed. Rio de Janeiro: QualityMark, 2008.

RABAGLIO, Maria Odete. **Seleção por competências**. São Paulo: Educator, 2001.

REILL, Amanda. A simple way to make better decisions. **Harvard Business Review**, 2023. Disponível em: https://hbr.org/2023/12/a-simple-way-to-make-better-decisions. Acesso em: 05 dez. 2024.

RICHARDSON, Roberto Jarry. **Pesquisa social:** métodos e técnicas. São Paulo: Atlas, 1999.

ROBBINS, Stephen P. **A nova administração**. 2. ed. São Paulo: Saraiva Educação, 2020.

ROBBINS, Stephen P. **Decida e conquiste:** o guia definitivo para tomada de decisão. São Paulo: Saraiva, 2015.

ROBBINS, Stephen P. **Lidere & inspire:** a verdade sobre a gestão de pessoas. São Paulo: Saraiva, 2015.

RUBINSON, Joel; PFEIFFER, Markus. Brand key performance indicators as a force for brand equity management. **Journal of Advertising Research**, v. 45, n. 2, p. 187-197, 2005.

SCHEIN, Edgar H.; SCHEIN, Peter. **Cultura organizacional e liderança**. 5. ed. Barueri: Atlas, 2022. 328 p.

SCHMIDT, Frank L. **The validity and utility of selection methods in personnel psychology:** practical and theoretical implications of 100 years of research findings. 2016.

SCHMIDT, Frank; HUNTER, John E. The validity and utility of selection methods in personnel psychology. **Psychological Bulletin**, v. 124, n. 2, p. 262-274, 1998.

SIMS, Doris M. **Creative onboarding programs:** tools for energizing your orientation program. McGraw Hill, 2010. 400 p.

SPARKMAN, Ross. **Strategic workforce planning:** developing optimized talent strategies for future growth. London: Kogan Page, 2018. 280 p.

STEWART, Charles J.; CASH JR, William B. **Técnicas de entrevista:** estruturação e dinâmica para entrevistados e entrevistadores. 14. ed. Porto Alegre: AMGH, 2015. 816 p.

TAY, Louis *et al.* A conceptual framework for investigating and mitigating machine-learning measurement bias (MLMB) in psychological assessment. **Advances in Methods and Practices in Psychological Science**, v. 5, n. 1, 25152459211061337, 2022.

TAYLOR, Stephen. **Resourcing and talent management**. 7. ed. London: Chartered Institute of Personnel and Development - Kogan Page, 2018. 512 p.

TORRES, Edwin N.; GREGORY, Amy. Hiring manager's evaluations of asynchronous video interviews: the role of candidate competencies, aesthetics, and resume placement. **International Journal of Hospitality Management**, v. 75, p. 86-93, 2018.

TORRES, Edwin N.; MEJIA, Cynthia. Asynchronous video interviews in the hospitality industry: considerations for virtual employee selection. **International Journal of Hospitality Management**, v. 61, p. 4-13, 2017.

TREFF, Marcelo. **Gestão de pessoas:** olhar estratégico com foco em competências. Rio de Janeiro: Atlas, 2016. 208 p.

VECCHIO, Robert P. **Comportamento organizacional**. São Paulo: Cengage Learning, 2008.

VELDSMAN, Dieter; VAN DER MERWE, Marna. Promises in action: the role of employer brand, employee value proposition and employee experience in delivering on psychological contract expectations. **EWOP in Practice**, v. 16, n. 1, p. 14-44, 2022.

WARD, Dan; TRIP, Rob. **Positioned:** strategic workforce planning that gets the right person in the right job. New York: AMACOM, 2013. 304 p.

ZABOJNIK, Rastislav. Personal branding and marketing strategies. **European Journal of Science and Theology**, v. 14, n. 6, p. 159-169, 2018.

SITES

ÀRÍBÍSÁLÀ, Fólúsọ́. **The 7 Rs of strategic workforce planning.** LinkedIn, 2021. Disponível em: https://www.linkedin.com/pulse/7-rs-strategic-workforce-planning-foluso-aribisala/. Acesso em: 05 dez. 2024.

BOATMAN, Andrea. **12 employer branding metrics for HR to track**. AIHR. Disponível em: https://www.aihr.com/blog/employer-branding-metrics/. Acesso em: 05 dez. 2024.

CHAMBERS, Brad. **Is your hiring process costing you talent**? Disponível em: https://hbr.org/2022/06/is-your-hiring-process-costing-you-talent. Acesso em: 05 dez. 2024.

CONSELHO FEDERAL DE PSICOLOGIA. **Código de Ética Profissional do Psicólogo**. Disponível em: https://site.cfp.org.br/wp-content/uploads/2022/06/WEB_29535_Codigo_de_etica_da_profissao_14.04-1.pdf. Acesso em: 05 dez. 2024.

CONSELHO FEDERAL DE PSICOLOGIA. **Resolução nº 9, de 25 de abril de 2018**. Estabelece diretrizes para a realização de Avaliação Psicológica no exercício profissional da psicóloga e do psicólogo, regulamenta o Sistema de Avaliação de Testes Psicológicos - SATEPSI e revoga as Resoluções nº 002/2003, nº 006/2004 e nº 005/2012 e Notas Técnicas nº 01/2017 e 02/2017. Disponível em: https://satepsi.cfp.org.br/docs/ResolucaoCFP009-18.pdf. Acesso em: 05 dez. 2024.

CONSELHO FEDERAL DE PSICOLOGIA. **Testes desfavoráveis**. Disponível em: https://satepsi.cfp.org.br/testesDesfavoraveis.cfm. Acesso em: 05 dez. 2024.

CONSELHO FEDERAL DE PSICOLOGIA. **Testes não avaliados**. Disponível em: https://satepsi.cfp.org.br/testesNaoAvaliados.cfm. Acesso em: 05 dez. 2024.

CREATE a content marketing strategy for your talent acquisitions team. Harvard Business School, 2014. Disponível em: https://www.hbs.edu/recruiting/insights-and-advice/blog/post/create-a-content-marketing-strategy-for-your-talent-acquisitions-team. Acesso em: 05 dez. 2024.

DABIRIAN, Amir; KIETZMANN, Jan; DIBA, Hoda. A great place to work!? Understanding crowdsourced employer branding. **Business Horizon**, v. 60, n. 2, p. 197-205, 2017. Disponível em: https://www.sciencedirect.com/science/article/abs/pii/S0007681316301276?via%3Dihub#fig0010. Acesso em: 05 dez. 2024.

DIFERENÇAS entre Recruiter, Recruiter Professional Services e Recruiter Lite | Ajuda do LinkedIn. LinkedIn, 2024. Disponível em: https://www.linkedin.com/help/linkedin/answer/a418228?hcppcid=search. Acesso em: 05 dez. 2024.

EMAIL Syncing - Integration Guide. LinkedIn. Disponível em: https://business.linkedin.com/content/dam/me/business/en-us/talent-solutions/resources/pdfs/email_sync_enablement_guide.pdf. Acesso em: 05 dez. 2024.

EMAIL template for sourcing a referred candidate. **Resources for Employers**, 2020. Disponível em: https://resources.workable.com/sourcing-email-template-referral. Acesso em: 05 dez. 2024.

GARDNER, William L.; MARTINKO, Mark J. Using the Myers-Briggs type indicator to study managers: a literature review and research Agenda. **Journal of Management**, v. 22, n. 1, 1996. Disponível em: https://journals.sagepub.com/doi/abs/10.1177/014920639602200103. Acesso em: 05 dez. 2024.

GRANT, Adam. Goodbye to MBTI, the fad that won't die. **Psychology Today**, 2013. Disponível em: https://www.psychologytoday.com/ca/blog/give-and-take/201309/goodbye-to-mbti-the-fad-that-wont-die. Acesso em: 05 dez. 2024.

GRENSING-POPHAL, Lin. **How to evaluate hiring assessments**. SHRM, 2020. Disponível em: https://www.shrm.org/topics-tools/news/talent-acquisition/how-to-evaluate-hiring-assessments. Acesso em: 05 dez. 2024.

INTEGRAÇÕES de vídeo para agendamento de calendário no Recruiter. LinkedIn, 2024. Disponível em: https://www.linkedin.com/help/recruiter/answer/a1583053?src=direct%2Fnone&veh=direct%2Fnone. Acesso em: 05 dez. 2024.

JAY, Shani. **9 recruitment KPIs to measure success in your organization**. AIHR, 2023. Disponível em: https://www.aihr.com/blog/recruitment-kpis/. Acesso em: 05 dez. 2024.

JOHN, Oliver P.; SRIVASTAVA, Sanjay. **The big-five trait taxonomy:** history, measurement, and theoretical perspectives. 1999. Disponível em: https://mindsight.com.br/wp-content/uploads/2021/08/Big-Five-Model.pdf. Acesso em: 05 dez. 2024.

LE, Huy et al. Too much of a good thing: curvilinear relationships between personality traits and job performance. **The Journal of Applied Psychology**, v. 96, n. 1, p. 113-33, 2011. Disponível em: https://pubmed.ncbi.nlm.nih.gov/20939656/. Acesso em: 05 dez. 2024.

LinkedIn. **Employer brand playbook:** 5 steps to crafting a highly social talent brand. Disponível em: https://customersuccess.linkedin.com/content/dam/customersuccess/employerBranding/employerBranding_PDFs/LinkedIn_Employer_Brand_Playbook.pdf. Acesso em: 05 dez. 2024.

MACCARTHY, Libby. Why your Myers-Briggs Personality Type is meaningless. **HealthCentral**, 2023. Disponível em: https://www.healthcentral.com/mental-health/myers-briggs-personality-type?legacy=psycom. Acesso em: 05 dez. 2024.

MARICK, P. K. The most common hiring methods don't work. **ERE**, 2021. Disponível em: https://www.ere.net/articles/the-most-common-hiring-methods-dont-work. Acesso em: 05 dez. 2024.

MCCRAE, R. R.; COSTA JR, P. T. Reinterpreting the Myers-Briggs type indicator from the perspective of the five-factor model of personality. **Journal of Personality**, v. 57, n. 1, p. 17-40, 1989. Disponível em: https://pubmed.ncbi.nlm.nih.gov/2709300/. Acesso em: 05 dez. 2024.

MYERS & BRIGGS FOUNDATION. **Ethical use of the MBTI® assessment**. Disponível em: https://www.myersbriggs.org/unique-features-of-myers-briggs/ethical-use-of-the-mbti/. Acesso em: 05 dez. 2024.

PULAKOS, Elaine D. **Selection assessment methods:** a guide to implementing formal assessments to build a high-quality workforce. SHRM Foundation, 2005. Disponível em: https://www.shrm.org/content/dam/en/shrm/topics-tools/news/hr-magazine/assessment_methods.pdf. Acesso em: 05 dez. 2024.

RECRUITER System Connect Onboarding Guide. LinkedIn. Disponível em: https://training.talent.linkedin.com/path/maximize-your-hiring-efficiency-using-linkedin-hiring-integrations/recruiter-system-connect-customer-success-guide/1478059. Acesso em: 05 dez. 2024.

REILLY, Kate. **How to create a LinkedIn company page that candidates will love**. LinkedIn, 2022. Disponível em: https://www.linkedin.com/business/talent/

blog/product-tips/how-to-create-company-page-candidates-will-love. Acesso em: 05 dez. 2024.

SCHMIDT, Frank L.; HUNTER, John E. The validity and utility of selection methods in personnel psychology. **Psychological Bulletin**, v. 124, n. 2, p. 262-274, 1998. Disponível em: https://www.researchgate.net/publication/232564809_The_Validity_and_Utility_of_Selection_Methods_in_Personnel_Psychology. Acesso em: 05 dez. 2024.

SRIVASTAVA, S. **Measuring the big five personality factors**. Disponível em: https://psdlab.uoregon.edu/measuring-the-big-five-personality-domains/. Acesso em: 05 dez. 2024.

STRATEGIZE: creating a winning playbook. **SmartRecruiters**. Disponível em: https://www.smartrecruiters.com/resources/hiring-success-guide/strategize. Acesso em: 05 dez. 2024.

TESTE de associação implícita. Disponível em: https://implicit.harvard.edu/implicit/brazil/takeatest.html. Acesso em: 05 dez. 2024.

USAR pesquisa booleana no LinkedIn | Ajuda do LinkedIn. LinkedIn, 2024. Disponível em: https://www.linkedin.com/help/linkedin/answer/a524335/usando-pesquisa-booleana-em-linkedin?lang=pt#:~:text=Pesquisas%20com%20par%C3%AAntese. Acesso em: 05 dez. 2024.

USE CRM connect to drive more impactful candidate outreach. LinkedIn. Disponível em: https://training.talent.linkedin.com/path/maximize-your-hiring-efficiency-using-linkedin-hiring-integrations/use-crm-connect-to-drive-more-impactful-candidate-outreach/1818896/scorm/21ps9yu4ky5nk. Acesso em: 05 dez. 2024.

VELDSMAN, D.; VAN DER MERWE, M. Promises in action: the role of employer brand, employee value proposition and employee experience in delivering on psychological contract expectations. **EWOP in Practice**, v. 16, n. 1, p. 14-44, 2022. Disponível em: https://openjournals.ugent.be/ewopinpractice/article/id/87160/. Acesso em: 05 dez. 2024.

Índice alfabético

10 1 2 3 4 5 6 7 8 9
2025

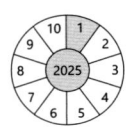